税收法律实务

SHUISHOU FALÜ SHIWU

（第五版）

郝琳琳　佘倩影　杜津宇◎著

图书在版编目(CIP)数据

税收法律实务/郝琳琳,佘倩颖,杜津宇著.—5版.—北京:北京大学出版社,2021.3
北京市法学品牌专业实践课程系列特色教材
ISBN 978-7-301-31996-3

Ⅰ.①税… Ⅱ.①郝… ②佘… ③杜… Ⅲ.①税法—中国—高等学校—教材
Ⅳ.①D922.22

中国版本图书馆CIP数据核字(2021)第022846号

书　　名　税收法律实务(第五版)
SHUISHOU FALÜ SHIWU(DI-WU BAN)
著作责任者　郝琳琳　佘倩影　杜津宇　著
责 任 编 辑　王　晶
标 准 书 号　ISBN 978-7-301-31996-3
出 版 发 行　北京大学出版社
地　　址　北京市海淀区成府路205号　100871
网　　址　http://www.pup.cn
电 子 信 箱　law@pup.pku.edu.cn
新 浪 微 博　@北京大学出版社　@北大出版社法律图书
电　　话　邮购部010-62752015　发行部010-62750672　编辑部010-62752027
印 刷 者　北京圣夫亚美印刷有限公司
经 销 者　新华书店
730毫米×980毫米　16开本　20.25印张　368千字
2006年9月第1版　2008年3月第2版
2011年7月第3版　2015年1月第4版
2021年3月第5版　2021年3月第1次印刷
定　　价　55.00元

第五版前言

《税收法律实务》(第五版)在结构上沿袭了第四版的模式，每章均分为两个部分：第一部分是对基本概念、基本知识、基本理论和重点、难点、疑点问题的解析。第二部分则由个案组成，围绕案情提出问题，力图激发学生讨论、参与的积极性，引导学生思考案件的若干种可能性；以简明扼要的解题思路代替标准答案，目的在于对学生进行鼓励、引导、提示，从而最大程度地发掘学生的潜力；相关法律链接则为分析、解决问题提供了依据。

自本书第四版问世后的五年多来，我国的税收立法工作进展迅速。在落实税收法定原则的过程中，先后出台、修订了多部税收法律、法规和规章，经过第五版的修订，不仅将原来书中有些陈旧、过时的案例、解答和相关法律链接进行了修改和更新，而且充实了本书的内容，使结构更加合理、完整。

增值税法部分根据财政部、国家税务总局《关于全面推开营业税改征增值税试点的通知》(财税〔2016〕36 号)及其附件的相关规定进行了修改，并吸收了后续出台的系列减税降费文件的内容。企业所得税法部分按照国家新出台的企业所得税优惠政策进行了更新，增加了高新技术企业、小型微利企业优惠等内容。个人所得税法部分按照 2018 年修订的《个人所得税法》进行了修改，增加了分类与综合税制与汇算清缴的内容。税收征管法除了更新法律内容本身之外，还增加了企业与个人税务信用管理的内容，并增加了相关案例。其他各税种法的内容，比如契税法，也都按照现行法进行了修改、补充和完善。

本书第一、二、三、九章由郝琳琳撰写，第四、六、七、八章由佘倩影撰写，第五、十、十一、十二、十三章由杜津宇撰写。

编写本书是作者在教学和科研实践中的一种尝试和一个阶段性成果，但由于水平、时间和视野的限制，即使修订后也难免有错误之处，因此恳请学术界和实务界同仁批评指正。

郝琳琳　佘倩影　杜津宇

2020 年夏于北京工商大学法学院

目　录

第一章 税法总论

第一节 税法总论基本问题

一、税收和税法的概念

税收,是国家为了实现其职能,依据政治权力,按照法律规定的标准,强制地向纳税人无偿征收货币或实物所形成的特定分配关系。在这一分配关系中,权力主体是国家,客体是人民创造的国民收入和积累的社会财富,其目的是为了实现国家的职能。税收具有强制性、无偿性和固定性的特点。税收的强制性是指国家对税收行为凭借公共权力颁布法令实施,任何单位和个人都不得违抗。税收的无偿性是指国家征税以后,税款即为国家所有,既不需要偿还,也不需要对纳税人付出任何直接形式的报酬。税收的固定性是指国家在征税以前就通过法律形式,把税收的各个要素以法律、法规形式规定下来,征纳双方共同遵守,任何人不得随意改变。

税法作为国家制定的特殊行为规范,是税收的法律形式,是国家制定的用以调整国家与纳税人之间在征纳税方面的权利与义务关系的法律规范的总称。按照税法内容的不同,可以将税法分为税收实体法和税收程序法。税收实体法是规定税收法律关系主体的实体权利、义务的法律规范的总称,我国税收实体法的内容主要包括:流转税法、所得税法、资源税法、财产税法和行为税法。税收程序法是以国家税收活动中所发生的程序关系为调整对象的税法,是规定国家征税权行使程序和纳税人纳税义务履行程序的法律规范的总称,税收征收管理法即属于税收程序法。

二、税法的基本原则

税法的基本原则就是指导一国有关税收法律文件的立法、执法、司法和守法诸环节的基础性法律理念。

1. 税收法定原则

税收法定原则也称税收法律主义。它是指所有的税收活动必须依照法律的规定进行，税法的各类构成要素必须而且只能由法律予以明确。

2. 税收公平原则

税收公平原则包括横向公平和纵向公平，即税收负担必须根据纳税人的负担能力进行分配，负担能力相等，税负相同；负担能力不等，则税负不同。

3. 税收效率原则

税收效率原则包括经济效率和行政效率。税收效率原则要求税法的制定要有利于资源的有效配置和经济体制的有效运行，并有利于提高行政效率。

4. 实质课税原则

实质课税原则是指在适用税法确认的各个要素时，必须从实际出发，从事物的本质而不是根据其外在形式或者表面现象去审查确认。

三、税法的构成要素

税法的构成要素也称税法的基本结构，即构成各种税法的基本要素。一般来说，税法构成要素包括税收主体、征税范围、税率、纳税环节、纳税期限、纳税地点、税收优惠以及法律责任等共八项内容。

1. 税收主体

税收主体是指税法规定享有权利和承担义务的当事人，包括征税主体和纳税主体。征税主体是代表国家行使税收管理权的各级征税机关，例如国家各级税务机关、财政机关和海关。纳税主体则是指依税法负有纳税义务的纳税人和负有代扣代缴、代收代缴税款义务的扣缴义务人。

2. 征税范围

征税范围又称征税对象、征税客体，是征纳税主体权利与义务指向的对象，即征税标的。它包括物和行为，代表课税的广度，是区别不同税种的主要标志。与征税范围有关的概念还有税目和计税依据。税目是税法上规定应征税的具体项目，是征税范围的具体化。计税依据是指计算应纳税额所根据的标准，例如，从价计算的税收以计税金额为计税依据，而从量计征的税收则以征税对象的重量、容积、体积、数量为计税依据。

3. 税率

税率是指应征税额与征税对象数额之间的比率，代表课税的深度。目前我国的税率形式主要有比例税率、累进税率和定额税率。

（1）比例税率。比例税率是指应征税额与征税客体数量为等比关系。比例税率又可分为单一比例税率、差别比例税率和幅度比例税率。

（2）累进税率。累进税率是随着征税客体数量的增加，其适用的税率也随之提高的一种税率形式。累进税率在具体运用时，又分为全额累进税率和超额累进税率。全额累进税率是指征税对象都按其相应等级的累进税率计算征收。超额累进税率则是指征税对象数额超过某一等级时，仅就其超过的部分按高一级税率计算征税。根据我国个人所得税法的规定，工资薪金所得就是按照七级超额累进税率计算征税的。

（3）定额税率。定额税率是按单位征税对象直接规定固定税额的一种税率形式。

4. 纳税环节

纳税环节是指对处于运动中的征税对象，选定应该缴纳税款的环节。按照缴纳税款环节的多少，税收的纳税环节可分为一次课征制、二次课征制和多次课征制。例如，消费税就是一次课征制的税种，增值税则采用多次课征制。

5. 纳税期限

纳税期限是指税法规定的纳税人应纳税款的期限。税法明确规定了每种税的纳税期限，纳税人必须依法如期纳税，逾期纳税者将受到加收滞纳金等处罚。

6. 纳税地点

纳税地点是纳税人申报缴纳税款的场所。

7. 税收优惠

税收优惠是国家为了体现鼓励和扶持政策，在税收方面采取的鼓励和照顾措施。目前我国税法规定的税收优惠形式主要有减税、免税、退税、加速折旧、延缓纳税和亏损结转抵补等。

8. 法律责任

法律责任是税法规定的纳税人和征税工作人员违反税法规范应当承担的法律后果。是规定对纳税人和征税工作人员违反税法的行为采取的惩罚措施。例如，根据我国《税收征收管理法》的规定，纳税人伪造、变造、隐匿、擅自销毁账簿、记账凭证，或者在账簿上多列支出或者不列、少列收入，或者经税务机关通知申报而拒不申报或者进行虚假的纳税申报，不缴或者少缴应纳税款的是偷税。对纳税人偷税的，由税务机关追缴其不缴或者少缴的税款、滞纳金，并处不缴或者少缴的税款50%以上5倍以下的罚款。就是对纳税人违反税法的行为而规定的违法处理措施。

第二节　税法总论法律实务

【案例 1】　纳税人的权利与义务

国家税务总局2009年11月30日在其官方网站上发布了《关于纳税人权利与义务的公告》，就纳税人在纳税过程中的权利与义务进行了详细解读。主要内容如下：

一、纳税人的权利

(1) 知情权；(2) 保密权；(3) 税收监督权；(4) 纳税申报方式选择权；(5) 申请延期申报权；(6) 申请延期缴纳税款权；(7) 申请退还多缴税款权；(8) 依法享受税收优惠权；(9) 委托税务代理权；(10) 陈述与申辩权；(11) 对未出示税务检查证和税务检查通知书的拒绝检查权；(12) 税收法律救济权；(13) 依法要求听证的权利；(14) 索取有关税收凭证的权利。

二、纳税人的义务

(1) 依法进行税务登记的义务；(2) 依法设置账簿、保管账簿和有关资料以及依法开具、使用、取得和保管发票的义务；(3) 财务会计制度和会计核算软件备案的义务；(4) 按照规定安装、使用税控装置的义务；(5) 按时、如实申报的义务；(6) 按时缴纳税款的义务；(7) 代扣、代收税款的义务；(8) 接受依法检查的义务；(9) 及时提供信息的义务；(10) 报告其他涉税信息的义务。

【要求】

请了解我国纳税人的权利与义务，提高纳税人意识。

【解题思路】

《税收征收管理法》对于加强税收征管，规范税收征收和缴纳行为，保障国家税收收入，保护纳税人合法权益，促进经济和社会发展，发挥了积极作用。国家税务总局在2009年11月发布的《关于纳税人权利与义务的公告》中，把分散在我国《税收征收管理法》及其实施细则和相关税收法律、行政法规中的相关规定进行了梳理，明确列举规定了我国纳税人拥有的十四项权利与十项义务。公告的意义在于将既有的权利与义务明晰化，从而便于纳税人在实践中具体操作。一方面，明确具体的权利种类有利于提高纳税人的权利意识、维权意识和维权能力；另一方面，公告对纳税义务的详细列举，也便于纳税人准确快捷地履行相关手续，完成纳税事宜。

【案例2】　赵某拒绝缴税案

赵某系个体工商户，经营日用百货，生意红火，利润颇丰。可当税务机关向其征税时，赵某以其收入是自己辛勤劳动经营的结果为由，不愿将自己的辛苦钱无偿交给别人，于是拒绝缴纳税款。

【问题】

1. 什么是税收？
2. 赵某是否应该缴纳税款？

【解题思路】

1. 税收，是国家为了实现其职能，依据政治权力，按照法律规定的标准，强制地向纳税人无偿征收货币或实物所形成的特定分配关系。

2. 在本案中，赵某无论是在学习、生活还是在社会活动中都享受到了作为纳税人的待遇，税收是“取之于民，用之于民”的，因此，赵某应当纳税，否则将违背税收的强制性和无偿性原则，受到应有的处罚。

【案例3】　依据省税务局文件征税是否符合税收法定原则

2019年5月，某市的一家公路建设工程公司承接了该市境内某段公路的路基建设施工工程。在施工期间，该公司从当地购买了20万立方米的河沙作为路基建设材料。据此，市税务局依照省税务局有关文件规定，核定该公司应缴纳资源税396472.53元，并且责令其限期缴纳。

该公司接到市税务局下达的税务处理决定后，认为《中华人民共和国资源税法》（以下简称《资源税法》）所列举的应税产品中不含河沙，因此他们不是资源税纳税人，不应缴纳资源税。在足额缴纳396472.53元税款后，该公司向市税务局的上级主管机关提出了税务行政复议申请。

市税务局上级主管机关作出了维持市税务局原税务处理决定的复议决定。该公司不服，在合理期限内向市人民法院提起了行政诉讼，要求法院撤销市税务局作出的原税务处理决定，退还其已经缴纳的资源税税款396472.53元。

市人民法院经审理后，认定市税务局适用税收法律错误，依法作出了撤销市税务局原税务处理决定的判决。

【问题】

1. 什么是“税收法定原则”？

2. 依据省税务局文件征税是否符合“税收法定原则”？

【解题思路】

1. 税收法定原则，是我国税法至为重要的基本原则，是指征税与纳税都必须有法律根据，并且应当依法征税和纳税。税收法定主义原则一方面要求纳税人必须依法纳税；另一方面，课税只能在法律的授权下进行，超越法律规定的课征是违法和无效的。

我国2015年4月修订的《税收征收管理法》第3条明确规定：“税收的开征、停征以及减税、免税、退税、补税，依照法律的规定执行；法律授权国务院规定的，依照国务院制定的行政法规的规定执行。任何机关、单位和个人不得违反法律、行政法规的规定，擅自作出税收开征、停征以及减税、免税、退税、补税和其他同税收法律、行政法规相抵触的决定。”

2. 根据《资源税法》第1条第2款的规定，应税资源的具体范围，由《税目税率表》确定。根据《资源税法》第2条的规定，资源税的税目、税率，依照《税目税率表》执行。《税目税率表》中规定实行幅度税率的，其具体适用税率由省、自治区、直辖市人民政府统筹考虑该应税资源的品位、开采条件以及对生态环境的影响等情况，在《税目税率表》规定的税率幅度内提出，报同级人民代表大会常务委员会决定，并报全国人民代表大会常务委员会和国务院备案。

本案中该省税务局有关文件设定河沙为资源税的应税产品，涉及的是应税的具体范围，并非税目和税率，显然违反了《资源税法》的规定，也不符合税收法定原则。

第二章 增值税法

第一节 增值税法基本问题

增值税是以商品和劳务在流转过程中产生的增值额作为征税对象而征收的一种流转税。

具体而言，增值税是对在我国境内销售货物或者提供加工、修理修配服务（以下简称“劳务”）、销售服务、无形资产、不动产以及进口货物的单位和个人，就其销售货物、劳务、服务、无形资产、不动产（以下统称应税销售行为）的增值额和货物进口金额为计税依据而课征的一种流转税。

一、纳税主体

增值税的纳税人是在我国境内销售货物、劳务、服务、无形资产、不动产以及进口货物的单位和个人。增值税的纳税人分为一般纳税人和小规模纳税人，它们在税款计算方法、适用税率以及管理办法上都有所不同。对一般纳税人实行购进扣税法，对小规模纳税人则实行简易征收法。

根据我国《增值税暂行条例》及其《实施细则》的规定，小规模纳税人是指年销售额在规定标准以下，并且会计制度不健全，不能按照规定报送有关税务资料的增值税纳税人。小规模纳税人的具体认定标准为年应税销售额500万元及以下。

二、征税范围

增值税的征税范围为在境内发生应税销售行为以及进口货物等。增值税的征税范围包括一般规定和特殊规定。

（一）一般规定

现行增值税征税范围的一般规定包括应税销售行为和进口货物。具体规定如下：

(1) 销售货物。销售货物是指有偿转让货物的所有权，这里的“货物”是指有形动产，包括电力、热力、气体在内。

（2）销售劳务。劳务是指纳税人提供的加工、修理修配劳务。所谓“加工”，是指受托加工货物，即委托方提供原料及主要材料，受托方按照委托方的要求，制造货物并收取加工费的业务。“修理修配”，则是指受托对损伤和丧失功能的货物进行修复，使其恢复原状和功能的业务。销售劳务，是指有偿提供劳务。单位或者个体工商户聘用的员工为本单位或者雇主提供加工、修理修配劳务不包括在内。

（3）进口货物。进口货物是指报关进入我国海关境内的货物。

（4）销售服务。服务包括交通运输服务、邮政服务、电信服务、建筑服务、金融服务、现代服务、生活服务。

（5）销售无形资产。销售无形资产是指转让无形资产所有权或者使用权的业务活动。

（6）销售不动产。销售不动产是指转让不动产所有权的业务活动。

确定一项经济行为是否需要缴纳增值税，一般应同时具备四个条件：

（1）应税行为是发生在中国境内；

（2）应税行为是属于《销售服务、无形资产、不动产注释》范围内的业务活动；

（3）应税服务是为他人提供的；

（4）应税行为是有偿的。

（二）征税范围的特殊规定

增值税的征税范围除了上述一般规定以外，还对经济实务中某些特殊项目或行为是否属于增值税的征税范围，作出了具体界定。

1. 视同发生应税销售行为

单位或者个体工商户的下列行为，视同发生应税销售行为：

（1）将货物交付其他单位或者个人代销；

（2）销售代销货物；

（3）设有两个以上机构并实行统一核算的纳税人，将货物从一个机构移送其他机构用于销售，但相关机构设在同一县（市）的除外；

（4）将自产或者委托加工的货物用于非增值税应税项目；

（5）将自产、委托加工的货物用于集体福利或者个人消费；

（6）将自产、委托加工或者购进的货物作为投资，提供给其他单位或者个体工商户；

（7）将自产、委托加工或者购进的货物分配给股东或者投资者；

（8）将自产、委托加工或者购进的货物无偿赠送其他单位或者个人；

(9) 单位和个体工商户向其他单位或者个人无偿销售应税服务、无偿转让无形资产或者不动产，但用于公益事业或者以社会公众为对象的除外；

(10) 财政部和国家税务总局规定的其他情形。

上述10种情况应该确定为视同发生应税销售行为，均要征收增值税。

2. 混合销售

一项销售行为如果既涉及货物又涉及服务，为混合销售。从事货物的生产、批发或者零售的单位和个体工商户的混合销售，按照销售货物缴纳增值税；其他单位和个体工商户的混合销售，按照销售服务缴纳增值税。

三、税率和征收率

（一）税率

纳税人销售货物、劳务、有形动产租赁服务或者进口货物，除另有规定外，税率为13%。

纳税人销售交通运输、邮政、基础电信、建筑、不动产租赁服务，销售不动产，转让土地使用权，销售或者进口下列货物，税率为9%。

(1) 粮食等农产品、食用植物油、食用盐；

(2) 自来水、暖气、冷气、热水、煤气、石油液化气、天然气、二甲醚、沼气、居民用煤炭制品；

(3) 图书、报纸、杂志、音像制品、电子出版物；

(4) 饲料、化肥、农药、农机、农膜；

(5) 国务院规定的其他货物。

纳税人销售服务、无形资产，除另有规定外，税率为6%。

纳税人出口货物以及境内单位和个人跨境销售国务院规定范围内的服务、无形资产税率为零，但是国务院另有规定的除外。

（二）增值税征收率

增值税征收率适用于两种情况：一是小规模纳税人；二是一般纳税人发生应税销售行为按规定可以选择简易计税方法计税的。

下列情况适用5%的征收率：

(1) 小规模纳税人销售自建或者取得的不动产；

(2) 一般纳税人选择简易计税方法计税的不动产销售；

(3) 房地产开发企业中的小规模纳税人，销售自行开发的房地产项目；

(4) 其他个人销售其取得(不含自建)的不动产(不含其购买的住房)；

(5)一般纳税人选择简易计税方法计税的不动产经营租赁;

(6)小规模纳税人出租(经营租赁)其取得的不动产(不含个人出租住房);

(7)其他个人出租(经营租赁)其取得的不动产(不含住房);

(8)个人出租住房,应按照5%的征收率减按1.5%计算应纳税额;

(9)一般纳税人和小规模纳税人提供劳务派遣服务选择差额纳税的;

(10)一般纳税人2016年4月30日前签订的不动产融资租赁合同,或以2016年4月30日前取得的不动产提供的融资租赁服务,选择适用简易计税方法的;

(11)一般纳税人收取试点前开工的一级公路、二级公路、桥、闸通行费,选择适用简易计税方法的;

(12)一般纳税人提供人力资源外包服务,选择适用简易计税方法的;

(13)纳税人转让2016年4月30日前取得的土地使用权,选择适用简易计税方法的。

除上述适用5%征收率以外的纳税人选择简易计税方法发生的应税销售行为均为3%。

(三)兼营行为的税率选择

试点纳税人发生应税销售行为适用不同税率或者征收率的,应当分别核算适用不同税率或者征收率的销售额,未分别核算销售额的,按照以下方法适用税率或者征收率:

(1)兼有不同税率的应税销售行为,从高适用税率。

(2)兼有不同征收率的应税销售行为,从高适用征收率。

(3)兼有不同税率和征收率的应税销售行为,从高适用税率。

(4)纳税人销售活动板房、机器设备、钢结构件等自产货物的同时提供建筑、安装服务,不属于混合销售,应分别核算货物和建筑服务的销售额,分别适用不同的税率或者征收率。

四、增值税的计算

(一)一般计税方法

一般纳税人发生应税销售行为适用一般计税方法的,计算公式是:

当期应纳增值税税额=当期销项税额-当期进项税额

1. 销项税额

销项税额的公式如下:

销项税额＝销售额×适用税率

（1）确定销售额的一般规定。

销售额是指纳税人发生应税销售行为时向购买方收取的全部价款和价外费用，不包括销项税额。

价外费用，是指价外向购买方收取的手续费、补贴、基金、集资费、返还利润、奖励费、违约金、滞纳金、延期付款利息、赔偿金、代收款项、代垫款项、包装费、包装物租金、储备费、优质费、运输装卸费以及其他各种性质的价外收费。

价外费用不包括下列项目：

① 受托加工应征消费税的消费品所代收代缴的消费税；

② 同时符合以下条件的代垫运输费用：承运部门的运输费用发票开具给购买方的；纳税人将该项发票转交给购买方的。

③ 同时符合以下条件代为收取的政府性基金或者行政事业性收费：由国务院或者财政部批准设立的政府性基金，由国务院或者省级人民政府及其财政、价格主管部门批准设立的行政事业性收费；收取时开具省级以上财政部门印制的财政票据；所收款项全额上缴财政。

④ 销售货物的同时代办保险等而向购买方收取的保险费，以及向购买方收取的代购买方缴纳的车辆购置税、车辆牌照费。

凡随同应税销售行为向购买方收取的价外费用，无论其会计制度如何核算，均应并入销售额计算应纳税额。

因为增值税是价外税，因此一般纳税人销售货物、提供应税劳务以及发生其他应税行为取得的价外费用和逾期包装物押金在计算销项税额时，就必须将其换算为不含税销售额。将含税销售额换算为不含税销售额的计算公式为：

不含税销售额＝含税销售额÷（1＋税率）

（2）特殊销售方式下的销售额。

税法对以下几种销售方式分别作了规定：

① 折扣销售（商业折扣）：销售额和折扣额在同一张发票上分别注明的，可按折扣后的余额作为销售额计算增值税；如果将折扣额另开发票，不论其在财务上如何处理，均不得从销售额中减除折扣额。销售折扣（现金折扣）不得从销售额中减除现金折扣额。

② 以旧换新：按新货物的同期销售价格确定销售额，不得扣减旧货物的收购价格。注意对金银首饰以旧换新业务可以按销售方实际收取的不含增值税的全部价款征收增值税。

③ 还本销售：以货物的销售价格为销售额，不得从销售额中扣减还本支出。

④ 以物易物：双方都应作购销处理，以各自发出的货物核算销售额并计算销项税额，以各自收到的货物按规定核算购货额并计算进项税额。

⑤ 包装物押金：包装物押金单独记账核算的，时间在1年以内，又未过期的，不并入销售额征税；但对因逾期未收回包装物不再退还的押金，应按所包装货物的适用税率计算销项税额。但对销售除啤酒、黄酒外的其他酒类产品而收取的包装物押金，无论是否返还以及会计上如何核算，均应并入当期销售额征税。

⑥ 直销企业的税务处理：直销企业先将货物销售给直销员，直销员再将货物销售给消费者的，直销企业的销售额为其向直销员收取的全部价款和价外费用。直销企业通过直销员向消费者销售货物，直接向消费者收取货款，直销企业的销售额为其向消费者收取的全部价款和价外费用。

⑦ 贷款服务。贷款服务以提供贷款服务取得的全部利息及利息性质的收入为销售额。

⑧ 直接收费金融服务的销售额。直接收费金融服务以提供直接收费金融服务收取的手续费、佣金、酬金、管理费、服务费、经手费、开户费、过户费、结算费、转托管费等各类费用为销售额。

(3) 视同发生应税销售行为的销售额确定。

对视同销售征税而无销售额的按下列顺序确定其销售额：

① 按纳税人当月同类货物的平均销售价格确定。

② 按纳税人最近时期同类货物的平均销售价格确定。

③ 按组成计税价格确定。组成计税价格的公式为：

$$组成计税价格=成本\times(1+成本利润率)$$

征收增值税的货物，同时又征收消费税的，其组成计税价格中应加计消费税税额。其组成计税价格公式为：

$$组成计税价格=成本\times(1+成本利润率)+消费税税额$$

或：

$$组成计税价格=成本\times(1+成本利润率)\div(1-消费税税率)$$

公式中的成本，是指销售自产货物的为实际生产成本，销售外购货物的为实际采购成本。公式中的成本利润率确定为10%，但属于应从价定率征收消费税的货物，其组成计税价格公式中的成本利润率，按照消费税的有关规定执行。

2. 进项税额

(1) 准予从销项税额中抵扣的进项税额。

① 从销售方取得的增值税专用发票上注明的增值税额。

② 从境外取得的海关进口增值税专用缴款书上注明的增值税额。

③ 自境外单位或者个人购进劳务、服务、无形资产或者境内的不动产，从税务机关或者扣缴义务人取得的代扣代缴税款的完税凭证上注明的增值税额。

④ 纳税人购进农产品，按下列规定抵扣进项税额：

纳税人购进农产品，取得一般纳税人开具的增值税专用发票或海关进口增值税专用缴款书的，以增值税专用发票或海关进口增值税专用缴款书上注明的增值税额为进项税额；从按照简易计税方法依照3%征收率计算缴纳增值税的小规模纳税人取得增值税专用发票的，以增值税专用发票上注明的金额和9%的扣除率计算进项税额；取得（开具）农产品销售发票或收购发票的，以农产品销售发票或收购发票上注明的农产品买价和9%的扣除率计算进项税额。

纳税人购进用于生产销售或委托加工13%税率货物的农产品，按照10%的扣除率计算进项税额。

购进农产品进项税额的计算公式：

$$进项税额=买价\times扣除率$$

⑤ 纳税人购进国内旅客运输服务，其进项税额允许从销项税额中抵扣。纳税人未取得增值税专用发票的，暂按照以下规定确定进项税额：

取得增值税电子普通发票的，为发票上注明的税额；

取得注明旅客身份信息的航空运输电子客票行程单的，为按照下列公式计算进项税额：

$$航空旅客运输进项税额=(票价+燃油附加费)\div(1+9\%)\times9\%$$

取得注明旅客身份信息的铁路车票的，为按照下列公式计算的进项税额：

$$铁路旅客运输进项税额=票面金额\div(1+9\%)\times9\%$$

取得注明旅客身份信息的公路、水路等其他客票的，按照下列公式计算进项税额：

$$公路、水路等其他旅客运输进项税额=票面金额\div(1+3\%)\times3\%$$

（2）不得从销项税额中抵扣的劳务、服务、无形资产、不动产的进项税额。

纳税人购进货物，取得的增值税扣税凭证不符合法律、行政法规或者国务院税务主管部门有关规定的，其进项税额不得从销项税额中抵扣。即使取得合规票证，下列项目的进项税额不得从销项税额中抵扣：

① 用于简易计税方法计税项目、免征增值税项目、集体福利或者个人消费的购进货物、劳务、服务、无形资产和不动产。

② 非正常损失的购进货物以及相关劳务和交通运输服务。

③ 非正常损失的在产品、产成品所耗用的购进货物（不包括固定资产）、劳务和交通运输服务。

④ 非正常损失的不动产以及该不动产所耗用的购进货物、设计服务和建筑服务。

⑤ 非正常损失的不动产在建工程所耗用的购进货物、设计服务和建筑服务。

上述②～⑤项所说的非正常损失，是指因管理不善造成货物被盗、丢失、霉烂变质，以及因违反法律法规造成货物或者不动产被依法没收、销毁、拆除的情形。

⑥ 购进的贷款服务、餐饮服务、居民日常服务和娱乐服务。

⑦ 纳税人接受贷款服务向贷款方支付的与该笔贷款直接相关的投融资顾问费、手续费、咨询费等费用。

⑧ 财政部和国家税务总局规定的其他情形。

⑨ 适用一般计税方法的纳税人，兼营简易计税方法计税项目、免征增值税项目而无法划分不得抵扣的进项税额，按照下列公式计算不得抵扣的进项税额：

不得抵扣的进项税额＝当期无法划分的全部进项税额×（当期简易计税方法计税项目销售额＋免征增值税项目销售额）÷当期全部销售额

（二）小规模纳税人应纳增值税的计算

小规模纳税人销售货物或者应税劳务，实行按照销售额和征收率计算应纳税额的简易办法，并不得抵扣进项税额。应纳税额计算公式：

应纳税额＝销售额×征收率

（三）纳税人进口货物应纳增值税的计算

纳税人进口货物，按照组成计税价格和适用的税率计算应纳税额。组成计税价格和应纳税额计算公式：

组成计税价格＝关税完税价格＋关税＋消费税

应纳税额＝组成计税价格×税率

五、纳税义务发生时间

纳税义务发生时间，是纳税人发生应税行为应当承担纳税义务的起始时间。

（一）发生应税销售行为纳税义务发生时间

纳税人发生应税销售行为，其纳税义务发生时间为收讫销售款项或者取得索取销售款项凭据的当天；先开具发票的，为开具发票的当天。具体规定如下：

（1）采取直接收款方式销售货物，不论货物是否发出，均为收到销售款或者取得索取销售款凭据的当天。

(2) 采取托收承付和委托银行收款方式销售货物,为发出货物并办妥托收手续的当天。

(3) 采取赊销和分期收款方式销售货物,为书面合同约定的收款日期的当天,无书面合同的或者书面合同没有约定收款日期的,为货物发出的当天。

(4) 采取预收货款方式销售货物,为货物发出的当天,但生产销售生产工期超过 12 个月的大型机械设备、船舶、飞机等货物,为收到预收款或者书面合同约定的收款日期的当天。

(5) 委托其他纳税人代销货物,为收到代销单位的代销清单或者收到全部或者部分货款的当天。未收到代销清单及货款的,为发出代销货物满 180 天的当天。

(6) 销售劳务,为提供劳务同时收讫销售款或者取得索取销售款的凭据的当天。

(7) 纳税人发生除将货物交付其他单位或者个人代销和销售代销货物以外的视同销售货物行为,为货物移送的当天。

(8) 纳税人提供租赁服务采取预收款方式的,其纳税义务发生时间为收到预收款的当天。

(9) 纳税人从事金融商品转让的,为金融商品所有权转移的当天。

(10) 纳税人发生视同销售服务、无形资产或者不动产情形的,其纳税义务发生时间为服务、无形资产转让完成的当天或者不动产权属变更的当天。

(二) 进口货物纳税义务发生时间

纳税人进口货物,其增值税纳税义务发生时间为报关进口的当天。增值税扣缴义务发生时间为纳税人增值税纳税义务发生的当天。

六、增值税的减免优惠

(一) 免税项目

增值税的免税项目非常繁杂多样,本书仅列举《增值税暂行条例》规定的免税项目:

(1) 农业生产者销售的自产农产品;

(2) 避孕药品和用具;

(3) 古旧图书;

(4) 直接用于科学研究、科学实验和教学的进口仪器、设备;

(5) 外国政府、国际组织无偿援助的进口物资和设备;

(6) 由残疾人的组织直接进口供残疾人专用的物品;

（7）销售的自己使用过的物品。

除了《增值税暂行条例》规定的增值税减免优惠，国务院《关于做好全面推开营改增试点工作的通知》和财政部、国家税务总局等有关部门还规定了许多其他优惠政策。此外，还有增值税“即征即退”“先征后退”等税收优惠。

（二）小规模纳税人的免征增值税政策

小规模纳税人合计月销售额未超过10万元（以1个季度为1个纳税期的，季度销售额未超过30万元）的，免征增值税。

（三）增值税起征点的规定

纳税人销售额未达到国务院财政、税务主管部门规定的增值税起征点的，免征增值税；达到起征点的，全额计算缴纳增值税。

增值税起征点幅度如下：

（1）按期纳税的，为月销售额5000—20000元（含本数）。

（2）按次纳税的，为每次（日）销售额300—500元（含本数）。

起征点的调整由财政部和国家税务总局规定。省、自治区、直辖市财政厅（局）和国家税务局应当在规定的幅度内，根据实际情况确定本地区适用的起征点，并报财政部和国家税务总局备案。

七、增值税的纳税期限

增值税采用按期纳税和按次纳税的办法确定纳税期限。

增值税的纳税期限分别为1日、3日、5日、10日、15日或者1个季度。纳税人的具体纳税期限，由主管税务机关根据纳税人应纳税额的大小分别核定；不能按照固定期限纳税的，可以按次缴纳。

纳税人以或1个季度为一期纳税的，自期满之日起15日内申报纳税；以1日、3日、5日、10日或15日为一期纳税的，自期满之日起5日内预缴税款，于次月1日起15日内申报纳税并结清上月应纳税款。

纳税人进口货物，应当自海关填发增值税专用缴款书日起15日内缴纳税款。

按固定期限纳税的小规模纳税人可以选择以1个月或1个季度为纳税期限，一经选择，一个会计年度内不得变更。

八、纳税地点

固定业户在机构所在地；非固定业户在其销售地，未在销售地纳税的，回其机构所在地或者居住地补税。

总机构和分支机构不在同一县(市)的,分别向各自所在地主管税务机关申报纳税;经国家税务总局或其授权的税务机关批准,也可以由总机构汇总向总机构所在地主管税务机关申报纳税。

固定业户到外县(市)销售货物或者劳务,应当向其机构所在地的主管税务机关报告外出经营事项,并向其机构所在地的主管税务机关申报纳税;未报告的,应当向销售地或者劳务发生地的主管税务机关申报纳税;未向销售地或者劳务发生地的主管税务机关申报纳税的,由其机构所在地的主管税务机关补征税款。

非固定业户销售货物或者劳务应当向销售地或者劳务发生地主管税务机关申报纳税;未向销售地或者劳务发生地的主管税务机关申报纳税的,由其机构所在地或者居住地主管税务机关补征税款。

进口货物,应当向报关地海关申报纳税。

扣缴义务人应当向其机构所在地或者居住地的主管税务机关申报缴纳其扣缴的税款。

第二节 增值税法律实务

【案例 1】 企业的兼营行为应如何适用税率和处理

佳美公司是一家商业企业,拥有独立的法人资格,主要从事粮食及副食品的购销业务,是增值税的一般纳税人。该公司在 2020 年共取得销售收入 702 万元,其中:(1) 玉米销售收入 182 万元;(2) 面粉销售收入 230 元;(3) 面包、饼干及糖果销售收入 290 万元;(4) 出租办公房取得收入 50 万元;(5) 取得有增值税专用发票的进项税额共 75 万元。该企业在将收入记账时,没有分别核算以上几部分收入,而将其全年收入 752(182+230+290+50)万元,全部按 9%的税率进行纳税申报,缴纳增值税 67.68 万元。

【问题】

1. 我国增值税法律制度中规定了几种税率?如何适用?
2. 该商业企业按 9%的税率缴纳增值税的行为合法吗?

【解题思路】

1. 我国现行增值税共有 13%、9%、6%三档税率及 5%、3%两档征收率。
2. 兼营行为,是指纳税人发生的应税行为,既包括销售货物、应税劳务和应税服务，又包括转让不动产、无形资产。纳税人兼营不同税率的项目，应当分别核算不同税率项目的销售额；未分别核算销售额的，从高适用税率。

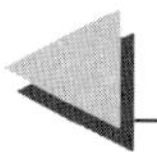

相关法律链接

1.**《增值税暂行条例》**第三条　纳税人兼营不同税率的项目，应当分别核算不同税率项目的销售额；未分别核算销售额的，从高适用税率。

2.**《增值税暂行条例实施细则》**第七条　纳税人兼营非增值税应税项目的，应分别核算货物或者应税劳务的销售额和非增值税应税项目的营业额；未分别核算的，由主管税务机关核定货物或者应税劳务的销售额。

3.**《关于深化增值税改革有关政策的公告》**第一条　增值税一般纳税人（以下称纳税人）发生增值税应税销售行为或者进口货物，原适用16%税率的，税率调整为13%；原适用10%税率的，税率调整为9%。

4.**《营业税改征增值税试点有关事项的规定》**　一、营改增试点期间，试点纳税人有关政策

（一）兼营。

试点纳税人销售货物、加工修理修配劳务、服务、无形资产或者不动产适用不同税率或者征收率的，应当分别核算适用不同税率或者征收率的销售额，未分别核算销售额的，按照以下方法适用税率或者征收率：

1.兼有不同税率的销售货物、加工修理修配劳务、服务、无形资产或者不动产，从高适用税率。

2.兼有不同征收率的销售货物、加工修理修配劳务、服务、无形资产或者不动产，从高适用征收率。

3.兼有不同税率和征收率的销售货物、加工修理修配劳务、服务、无形资产或者不动产，从高适用税率。

【案例2】　建筑材料商店混合销售行为征收增值税案

某建筑材料商店以批发和零售建筑材料为主营业务，其下设非独立核算的装修队，该商店业务收入的80%来自销售建筑材料，20%来自装修队为客户提供的装饰、装修服务。2019年9月，该商店与某业主签订了一份居室装修合同，合同约定：商店以“包工包料”的方式履行义务，合同总价款为5万元，其中含装修费2万元，材料费3万元。业主于合同订立后，先支付定金1万元，待装修结

束并验收合格后再支付余款 4 万元。装修队于半年后完成了全部装修工作并通过验收。

【问题】

1. 什么是混合销售行为？
2. 企业发生混合销售行为，应如何缴纳税款？

【解题思路】

1. 一项销售行为如果既涉及服务又涉及货物，为混合销售。

2. 从事货物的生产、批发或者零售的单位和个体工商户的混合销售行为，按照销售货物缴纳增值税；其他单位和个体工商户的混合销售行为，按照销售服务缴纳增值税。

相关法律链接

1. **《增值税暂行条例实施细则》**第五条　一项销售行为如果既涉及货物又涉及非增值税应税劳务，为混合销售行为。除本细则第六条规定外，从事货物的生产、批发或零售的企业、企业性单位和个体工商户的混合销售行为，视为销售货物，应当缴纳增值税；其他单位和个人的混合销售行为，视为销售非应税劳务，不征收增值税。

本条第一款所称非增值税应税劳务，是指属于应缴营业税的交通运输业、建筑业、金融保险业、邮电通信业、文化体育业、娱乐业、服务业税目征收范围的劳务。

本条第一款所称从事货物的生产、批发或零售的企业、企业性单位和个体工商户，包括以从事货物的生产、批发或者零售为主，并兼营非增值税应税劳务的单位和个体工商户在内。

2. **《营业税改征增值税试点实施办法》**第四十条　一项销售行为如果既涉及服务又涉及货物，为混合销售。从事货物的生产、批发或者零售的单位和个体工商户的混合销售行为，按照销售货物缴纳增值税；其他单位和个体工商户的混合销售行为，按照销售服务缴纳增值税。

本条所称从事货物的生产、批发或者零售的单位和个体工商户，包括以从事货物的生产、批发或者零售为主，并兼营销售服务的单位和个体工商户在内。

【案例3】 一般纳税人应如何缴纳增值税

A县某企业为增值税一般纳税人，2019年11月发生下列业务：

1. 该企业从农业生产者手中收购玉米30000公斤，共计支付收购价款90000元。企业将收购的玉米从收购地A县直接运往B县的来福酒厂生产加工药酒（药酒税率13%）。药酒加工完毕后，企业收回药酒时酒厂开具了增值税专用发票，注明加工费20000元、增值税额2600元，加工的药酒当地无同类产品市场价格。在本月内，企业将收回的药酒批发销售，取得不含税销售额230000元。另外支付给运输单位运输费用，取得增值税专用发票，注明金额15000元，增值税额1350元。

2. 该企业购进货物取得增值税专用发票，注明金额350000元、增值税额45500元；支付给运输单位的购货运输费18000元，取得专用发票，增值税额1620元。本月将该批货物的70%零售，取得含税销售额452000元，30%用于本企业集体福利。

3. 该公司购进一批原材料取得增值税专用发票，注明金额120000元、增值税额15600元。本月生产加工一批新产品360件，每件成本价420元（无同类产品市场价格），该企业将这批新产品全部用于向甲企业投资。

4. 本月发生逾期仍未收回的出租物包装物押金5650元，计入销售收入中。

以上相关票据均符合税法的规定并可以当月抵扣。

已知：纳税人因销售价格明显偏低或无销售价格等原因，按规定需组成计税价格确定销售额的，其组价公式中的成本利润率为10%。

【问题】

1. 怎样计算增值税销项税额，如何抵扣增值税进项税额？
2. 请分析并计算该企业当月发生的以上四项业务应缴纳的增值税。

【解题思路】

业务1中应缴纳的增值税为：230000×13%－90000×10%－2600－1350＝16950（元）。

业务2中应缴纳的增值税为：452000÷（1＋13%）×13%－45500×70%－1620×70%＝19016（元）。

业务3中应缴纳的增值税为：420×（1＋10%）×360×13%－15600＝6021.6（元）。

业务 4 中应缴纳的增值税为：5650÷(1+13%)×13%=650 元。

相关法律链接

1.**《增值税暂行条例》**第四条 除本条例第十一条规定外，纳税人销售货物、劳务、服务、无形资产、不动产（以下统称应税销售行为），应纳税额为当期销项税额抵扣当期进项税额后的余额。应纳税额计算公式：

应纳税额=当期销项税额－当期进项税额

当期销项税额小于当期进项税额不足抵扣时，其不足部分可以结转下期继续抵扣。

第五条 纳税人发生应税销售行为，按照销售额和本条例第二条规定的税率计算收取的增值税额，为销项税额。销项税额计算公式：

销项税额=销售额×税率

第八条 纳税人购进货物、劳务、服务、无形资产、不动产支付或者负担的增值税额，为进项税额。

下列进项税额准予从销项税额中抵扣：

（一）从销售方取得的增值税专用发票上注明的增值税额。

（二）从海关取得的海关进口增值税专用缴款书上注明的增值税额。

（三）购进农产品，除取得增值税专用发票或者海关进口增值税专用缴款书外，按照农产品收购发票或者销售发票上注明的农产品买价和 11%[①] 的扣除率计算的进项税额，国务院另有规定的除外。进项税额计算公式：

进项税额=买价×扣除率

（四）自境外单位或者个人购进劳务、服务、无形资产或者境内的不动产，从税务机关或者扣缴义务人取得的代扣代缴税款的完税凭证上注明的增值税额。

准予抵扣的项目和扣除率的调整，由国务院决定。

第十条 下列项目的进项税额不得从销项税额中抵扣：

（一）用于简易计税方法计税项目、免征增值税项目、集体福利或者个人消费的购进货物、劳务、服务、无形资产和不动产；

① 根据《关于深化增值税改革有关政策的公告》第 2 条，纳税人购进用于生产或者委托加工 13%税率货物的农产品，按照 10%的扣除率计算进项税额。

（二）非正常损失的购进货物，以及相关的劳务和交通运输服务；

（三）非正常损失的在产品、产成品所耗用的购进货物（不包括固定资产）、劳务和交通运输服务；

（四）国务院规定的其他项目。

2.**《增值税暂行条例实施细则》**第十四条　一般纳税人销售货物或者应税劳务，采用销售额和销项税额合并定价方法的，按下列公式计算销售额：

销售额＝含税销售额÷(1＋税率)

3.**《增值税若干具体问题的规定》**　二、计税依据　（二）纳税人为销售货物而出租出借包装物收取的押金，单独记账核算的，不并入销售额征税。但对因逾期未收回包装物不再退还的押金，应按所包装货物的适用税率征收增值税。

4.**《关于取消包装物押金逾期期限审批后有关问题的通知》**　纳税人为销售货物出租出借包装物而收取的押金，无论包装物使用期限长短，超过一年(含一年)以上仍不退还的均并入销售额征收增值税。

5.**《关于增值税若干征管问题的通知》**　一、对增值税一般纳税人(包括纳税人自己或代其他部门)向购买方收取的价外费用和逾期包装物押金，应视为含税收入，在征税时换算成不含税收入再并入销售额。

【案例4】　春雨纺织厂应如何缴纳增值税

春雨纺织厂为增值税一般纳税人，2019年10月经营情况如下：

1. 该纺织厂将其生产的一批棉织品作为节日礼物发给职工，按同规格棉织品的同期销售价格计算的不含税销售额为20万元。

2. 销售绸缎2万匹，含税销售收入为226万元。

3. 向当地农业生产者收购蚕茧一批，作为生产的原材料，收购发票上注明的农产品买价共计10万元，全部用于生产税率13%的产品。

4. 向外地经销商销售真丝一批，由甲公司负责运输，真丝的不含税销售额为30万元，收到甲公司开具的增值税专用发票上注明运费2万元，增值税0.18万元。

5. 该纺织厂从A生产企业(小规模纳税人)处购进纱线一批，价款为6万元，未取得专用发票；同时向B企业(小规模纳税人)销售棉布一批，不含税销售额为40万元。

【要求】

请计算春雨纺织厂当月应纳的增值税税额。

【解题思路】

该纺织厂当月应纳增值税：

销项税额为：20×13%＋226÷(1＋13%)×13%＋30×13%＋40×13%＝37.7(万元)。

进项税额为：10×10%＋0.18＝1.18(万元)。

当月应纳增值税额为：37.7－1.18＝36.52(万元)。

相关法律链接

1.**《增值税暂行条例》**第四条　除本条例第十一条规定外，纳税人销售货物、劳务、服务、无形资产、不动产(以下统称应税销售行为)，应纳税额为当期销项税额抵扣当期进项税额后的余额。应纳税额计算公式：

应纳税额＝当期销项税额－当期进项税额

当期销项税额小于当期进项税额不足抵扣时，其不足部分可以结转下期继续抵扣。

第五条　纳税人发生应税销售行为，按照销售额和本条例第二条规定的税率计算收取的增值税额，为销项税额。销项税额计算公式：

销项税额＝销售额×税率

第八条　纳税人购进货物、劳务、服务、无形资产、不动产支付或者负担的增值税额，为进项税额。

下列进项税额准予从销项税额中抵扣：

(一)从销售方取得的增值税专用发票上注明的增值税额。

(二)从海关取得的海关进口增值税专用缴款书上注明的增值税额。

(三)购进农产品，除取得增值税专用发票或者海关进口增值税专用缴款书外，按照农产品收购发票或者销售发票上注明的农产品买价和11%的扣除率计算的进项税额，国务院另有规定的除外。进项税额计算公式：

进项税额＝买价×扣除率

（四）自境外单位或者个人购进劳务、服务、无形资产或者境内的不动产，从税务机关或者扣缴义务人取得的代扣代缴税款的完税凭证上注明的增值税额。

准予抵扣的项目和扣除率的调整，由国务院决定。

第十条　下列项目的进项税额不得从销项税额中抵扣：

（一）用于简易计税方法计税项目、免征增值税项目、集体福利或者个人消费的购进货物、劳务、服务、无形资产和不动产；

（二）非正常损失的购进货物，以及相关的劳务和交通运输服务；

（三）非正常损失的在产品、产成品所耗用的购进货物（不包括固定资产）、劳务和交通运输服务；

（四）国务院规定的其他项目。

2.**《增值税暂行条例实施细则》**第十四条　一般纳税人销售货物或者应税劳务，采用销售额和销项税额合并定价方法的，按下列公式计算销售额：

销售额＝含税销售额÷(1＋税率)

【案例5】　金融机构应如何缴纳增值税

大夏银行系增值税一般纳税人，主要提供存贷款、货币兑换、基金管理、资金结算、金融商品转让等相关金融服务，2019年第三季度有关经营业务如下：

1. 销售一批公司债券，卖出价742万元（含增值税），该批债券得买入价为636万元（含增值税），除此之外无其他金融商品买卖业务。

2. 取得利息收入8480万元（含增值税），支付存款利息6500万元，取得转贷利息收入3180万元（含增值税），支付转贷利息2100万元。

3. 购进自动存取款机10台，每台价格4.52万（含增值税），取得增值税专用发票；另外支付购买上述机器的运输费1.09万元（含增值税），并取得增值税专用发票。

已知金融服务业税率6%，交通运输服务增值税税率为9%，销售自动存取款机增值税税率为13%。

【要求】

1. 计算业务1中大夏银行贷款利息及转贷业务的增值税销项税额。

2. 计算业务2中大夏银行金融商品买卖业务的增值税销项税额。

3. 计算业务3大夏银行购进存取款机及支付运费准予抵扣的进项税额。

【解题思路】

1. 金融商品买卖业务的增值税税额为：(742－636)÷(1＋6%)×6%＝6(万元)。

2. 贷款利息及转贷业务的增值税税额为：(8480＋3180)÷(1＋6%)×6%＝660(万元)。

3. 准予抵扣的进项税额为：10×4.52÷(1＋13%)×13%＋1.09÷(1＋9%)×9%＝5.2＋0.09＝5.29(万元)。

相关法律链接

1. **《增值税暂行条例》**第五条　纳税人发生应税销售行为，按照销售额和本条例第二条规定的税率计算收取的增值税额，为销项税额。销项税额计算公式：

销项税额＝销售额×税率

第八条第一款　纳税人购进货物、劳务、服务、无形资产、不动产支付或者负担的增值税额，为进项税额。

第十条　下列项目的进项税额不得从销项税额中抵扣：

(一) 用于简易计税方法计税项目、免征增值税项目、集体福利或者个人消费的购进货物、劳务、服务、无形资产和不动产；

(二) 非正常损失的购进货物，以及相关的劳务和交通运输服务；

(三) 非正常损失的在产品、产成品所耗用的购进货物(不包括固定资产)、劳务和交通运输服务；

(四) 国务院规定的其他项目。

2. **《增值税暂行条例实施细则》**第十四条　一般纳税人销售货物或者应税劳务，采用销售额和销项税额合并定价方法的，按下列公式计算销售额：

销售额＝含税销售额÷(1＋税率)

3. **《销售服务、无形资产、不动产注释》**　一、销售服务

(五) 金融服务。金融服务，是指经营金融保险的业务活动。包括贷款服务、直接收费金融服务、保险服务和金融商品转让。

1．贷款服务。

贷款，是指将资金贷与他人使用而取得利息收入的业务活动。

各种占用、拆借资金取得的收入，包括金融商品持有期间（含到期）利息（保本收益、报酬、资金占用费、补偿金等）收入、信用卡透支利息收入、买入返售金融商品利息收入、融资融券收取的利息收入，以及融资性售后回租、押汇、罚息、票据贴现、转贷等业务取得的利息及利息性质的收入，按照贷款服务缴纳增值税。

融资性售后回租，是指承租方以融资为目的，将资产出售给从事融资性售后回租业务的企业后，从事融资性售后回租业务的企业将该资产出租给承租方的业务活动。

以货币资金投资收取的固定利润或者保底利润，按照贷款服务缴纳增值税。

2．直接收费金融服务。

直接收费金融服务，是指为货币资金融通及其他金融业务提供相关服务并且收取费用的业务活动。包括提供货币兑换、账户管理、电子银行、信用卡、信用证、财务担保、资产管理、信托管理、基金管理、金融交易场所（平台）管理、资金结算、资金清算、金融支付等服务。

3．保险服务。

保险服务，是指投保人根据合同约定，向保险人支付保险费，保险人对于合同约定的可能发生的事故因其发生所造成的财产损失承担赔偿保险金责任，或者当被保险人死亡、伤残、疾病或者达到合同约定的年龄、期限等条件时承担给付保险金责任的商业保险行为。包括人身保险服务和财产保险服务。

人身保险服务，是指以人的寿命和身体为保险标的的保险业务活动。

财产保险服务，是指以财产及其有关利益为保险标的的保险业务活动。

4．金融商品转让。

金融商品转让，是指转让外汇、有价证券、非货物期货和其他金融商品所有权的业务活动。

其他金融商品转让包括基金、信托、理财产品等各类资产管理产品和各种金融衍生品的转让。

> **4.《营业税改征增值税试点有关事项的规定》** 一、营改增试点期间，试点纳税人有关政策
>
> （三）销售额。
>
> 1. 贷款服务，以提供贷款服务取得的全部利息及利息性质的收入为销售额。
>
> 2. 直接收费金融服务，以提供直接收费金融服务收取的手续费、佣金、酬金、管理费、服务费、经手费、开户费、过户费、结算费、转托管费等各类费用为销售额。
>
> 3. 金融商品转让，按照卖出价扣除买入价后的余额为销售额。
>
> 转让金融商品出现的正负差，按盈亏相抵后的余额为销售额。若相抵后出现负差，可结转下一纳税期与下期转让金融商品销售额相抵，但年末时仍出现负差的，不得转入下一个会计年度。
>
> 金融商品的买入价，可以选择按照加权平均法或者移动加权平均法进行核算，选择后36个月内不得变更。
>
> 金融商品转让，不得开具增值税专用发票。

【案例6】 货运公司应如何缴纳增值税

某中型货运公司主要经营陆路运输、装卸和仓储业务，是增值税一般纳税人，其2019年6月发生如下经济业务：

1. 取得国内交通运输收入500万元。
2. 为经营货物运输业务外购汽油，取得专用发票，注明价款10万元，增值税1.3万元。
3. 购入运输车辆，取得专用发票，注明价款100万元，增值税13万元。
4. 该月提供的应税服务均已开具发票，但仍有100万元收入未收讫。

该公司取得的专用发票均合法可在当期抵扣。

已知：交通运输业增值税税率为9%。

【问题】

该企业本月应缴纳的增值税为多少？

【解题思路】

该企业本月允许抵扣的进项税额为：1.3+13=14.3(万元)。

该企业本月应缴纳的增值税为：500×9%－14.3＝30.7（万元）。

相关法律链接

1.**《销售服务、无形资产、不动产注释》** 一、销售服务

（一）交通运输服务。交通运输服务，是指利用运输工具将货物或者旅客送达目的地，使其空间位置得到转移的业务活动。包括陆路运输服务、水路运输服务、航空运输服务和管道运输服务。

2.**《增值税暂行条例》**第五条 纳税人发生应税销售行为，按照销售额和本条例第二条规定的税率计算收取的增值税额，为销项税额。销项税额计算公式：

销项税额＝销售额×税率

第八条第一款 税人购进货物、劳务、服务、无形资产、不动产支付或者负担的增值税额，为进项税额。

3.**《营业税改征增值税试点实施办法》**第四十五条 增值税纳税义务、扣缴义务发生时间为：

（一）纳税人发生应税行为并收讫销售款项或者取得索取销售款项凭据的当天；先开具发票的，为开具发票的当天。

收讫销售款项，是指纳税人销售服务、无形资产、不动产过程中或者完成后收到款项。

取得索取销售款项凭据的当天，是指书面合同确定的付款日期；未签订书面合同或者书面合同未确定付款日期的，为服务、无形资产转让完成的当天或者不动产权属变更的当天。

（二）纳税人提供建筑服务、租赁服务采取预收款方式的，其纳税义务发生时间为收到预收款的当天。

（三）纳税人从事金融商品转让的，为金融商品所有权转移的当天。

（四）纳税人发生本办法第十四条规定情形的，其纳税义务发生时间为服务、无形资产转让完成的当天或者不动产权属变更的当天。

（五）增值税扣缴义务发生时间为纳税人增值税纳税义务发生的当天。

【案例7】 A企业应纳增值税案

某市A企业为增值税一般纳税人，2019年9月发生如下经济业务：

1. 本月为了生产进口一批原材料，从海关取得的增值税专用缴款书上注明的关税完税价格200万元，关税80万元，消费税120万元，增值税52万元。

2. 从该市B企业（小规模纳税人）处购入辅助材料，由当地税务机关代该小规模纳税人开出增值税专用发票，金额50万元，增值税1.5万元。

3. 月初转来上月未抵扣完的进项税额30万元。

4. 购进燃料一批准备用于生产，专用发票注明价款200万元，增值税26万元，因管理不善，这部分燃料全部损失。

5. 为集团福利购进商品取得增值税专用发票，注明价款10万元，增值税1.3万元。

6. 为生产免税产品购进原材料一批取得增值税专用发票，注明买价100万元，增值税13万元。

7. 本月共生产销售a产品，折扣前含增值税售价1130万元，增值税税率为13%。

8. 为及时推销a产品，采用折扣销售。本月共发生折扣额113万元，并单独开具专用发票入账。

9. 本月销售b、c两种产品，未分别核算，b产品税率13%，c产品税率9%，含税售价共565万元。

【问题】

1. 该企业本月有哪些进项税额不可抵扣，为什么？
2. 该企业本月允许抵扣的进项税额为多少？
3. 该企业本月应缴纳的增值税为多少？

【解题思路】

1. 该企业本月第4、5、6项业务中所含的进项税不能抵扣。
2. 该企业本月允许抵扣的进项税额为：52＋1.5＋30＝83.5(万元)。
3. 该企业本月应交增值税额为：1130÷(1＋13%)×13%＋565÷(1＋13%)×13%－83.5＝111.5(万元)。

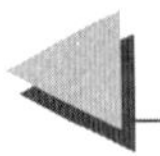

相关法律链接

1.《**增值税暂行条例**》第三条　纳税人兼营不同税率的项目，应当分别核算不同税率项目的销售额；未分别核算销售额的，从高适用税率。

第八条　纳税人购进货物、劳动、服务、无形资产、不动产支付或者负担的增值税额，为进项税额。

下列进项税额准予从销项税额中抵扣：

（一）从销售方取得的增值税专用发票上注明的增值税额。

（二）从海关取得的海关进口增值税专用缴款书上注明的增值税额。

（三）购进农产品，除取得增值税专用发票或者海关进口增值税专用缴款书外，按照农产品收购发票或者销售发票上注明的农产品买价和11%的扣除率计算的进项税额，国务院另有规定的除外。进项税额计算公式：

进项税额＝买价×扣除率

（四）自境外单位或者个人购进劳务、服务、无形资产或者境内的不动产，从税务机关或者扣缴义务人取得的代扣代缴的完税凭证上注明的增值税额。

准予抵扣的项目和扣除率的调整，由国务院决定。

第十条　下列项目的进项税额不得从销项税额中抵扣：

（一）用于简易计税方法计税项目、免征增值税项目、集体福利或者个人消费的购进货物、劳务、服务、无形资产和不动产；

（二）非正常损失的购进货物，以及相关的劳务和交通运输服务；

（三）非正常损失的在产品、产成品所耗用的购进货物（不包括固定资产）、劳务和交通运输服务；

（四）国务院规定的其他项目。

2.《**营业税改征增值税试点有关事项的规定**》　一、营改增试点期间，试点纳税人有关政策

（一）兼营。

试点纳税人销售货物、加工修理修配劳务、服务、无形资产或者不动产适用不同税率或者征收率的，应当分别核算适用不同税率或者征收率的销售额，未分别核算销售额的，按照以下方法适用税率或者征收率：

1. 兼有不同税率的销售货物、加工修理修配劳务、服务、无形资产或者不动产，从高适用税率。

2. 兼有不同征收率的销售货物、加工修理修配劳务、服务、无形资产或者不动产，从高适用征收率。

3. 兼有不同税率和征收率的销售货物、加工修理修配劳务、服务、无形资产或者不动产，从高适用税率。

3.《**营业税改征增值税试点实施办法**》第四十三条　纳税人发生应税行为，将价款和折扣额在同一张发票上分别注明的，以折扣后的价款为销售额；未在同一张发票上分别注明的，以价款为销售额，不得扣减折扣额。

【案例8】　企业采用折扣方式销售商品应如何缴纳增值税

蓝天公司是一家专营家电的企业，2019年11月，该公司向本地的方圆商场批发销售电视机200台，每台含税价格为4500元。

【问题】

1. 蓝天公司销售该批电视机的销项税额是多少？

2. 如果蓝天公司的进项税额为30784.56元，则蓝天公司应缴纳的增值税额是多少？

3. 如果蓝天公司给方圆商场10%的销售折扣，则在公司将折扣额与销售额在同一张发票上注明或未予注明的情况下，该公司的销项税额是否有所不同（用数据说明）。

【解题思路】

1. 蓝天公司销售此批彩电的销项税额为：销售额×税率＝[4500×200÷(1＋13%)]×13%＝103539.82（元）。

2. 应纳增值税额为：当期销项税额－当期进项税额＝103539.82－30784.56＝72755.26（元）。

3. 如果销售额和折扣额是在同一张发票上注明的情况下，蓝天公司的销项税额为：[4500×200×(1－10%)÷(1＋13%)]×13%＝93185.84（元）。

如果销售额和折扣额未在同一张发票上注明，则销项税额同（1），仍为103539.82元。

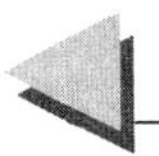

相关法律链接

1.**《增值税暂行条例实施细则》**第十四条　一般纳税人销售货物或者应税劳务，采用销售额和销项税额合并定价方法的，按下列方式计算销售额：

销售额＝含税销售额÷(1＋税率)

2.**《营业税改征增值税试点实施办法》**第四十三条　纳税人发生应税行为，将价款和折扣额在同一张发票上分别注明的，以折扣后的价款为销售额；未在同一张发票上分别注明的，以价款为销售额，不得扣减折扣额。

【案例9】　以物易物未缴增值税案

某市钢铁厂增值税的一般纳税人，该市税务稽查人员对该厂的纳税情况进行检查。在检查过程中，稽查人员发现2019年8月"工程物资"账户反映该厂从某水泥厂购进水泥一批，金额为200000元，然而在检查"银行存款""应付账款"账户时，均未发现有这笔交易的记录。稽查人员进一步查看对应的记账凭证，发现企业所做的会计分录为：

借：工程物资——水泥　　　　200000

　贷：库存商品——钢材　　　　200000

稽查人员接着检查记账凭证所附的原始凭证，原始凭证共有三份，第一份是该厂开出的销售钢材的普通发票记账联，第二份是水泥厂开出的出售水泥的普通发票，第三份是该厂基建仓库将水泥验收入库后开具的验收单，金额均为250000元(不含税)。显而易见，该厂用本厂生产的钢材换取了水泥厂生产的水泥，并且未记入销售收入。该批钢材成本价为200000元，市场价为250000元(不含税)。经查，该厂换入水泥是为了建造职工食堂，该工程现尚未完工。后来通过向水泥厂调查了解，也证明了这一事实。

【问题】

1. 企业"以物易物"的行为，是否应缴纳增值税？
2. 该企业就该笔"以物易物"的交易，应如何缴纳增值税？

【解题思路】

1. 企业"以物易物"的行为，应缴纳增值税。

2. 企业应补缴增值税为：250000×13％＝32500(元)。

相关法律链接

1.**《增值税暂行条例》**第一条　在中华人民共和国境内销售货物或者加工、修理修配劳务(以下简称劳务)，销售服务、无形资产、不动产以及进口货物的单位和个人，为增值税的纳税人，应当依照本条例缴纳增值税。

2.**《增值税暂行条例实施细则》**第三条　条例第一条所称销售货物，是指有偿转让货物的所有权。条例第一条所称提供加工、修理修配劳务(以下简称应税劳务)，是指有偿提供加工、修理修配劳务。单位或个体工商户聘用的员工为本单位或雇主提供加工、修理修配劳务，不包括在内。本细则所称有偿，包括从购买方取得货币、货物或其他经济利益。

【案例10】　安信租赁公司税务处理案

安信租赁公司是一家从事电子生产设备租赁的企业，为增值税一般纳税人，于2019年8月发生如下经济业务：

1. 购入A型号电子生产设备一台，收到增值税专用发票，支付价款100万元，增值税13万元。

2. 为运输A型号电子生产设备，向甲运输公司支付运费1.09万元(含增值税)，取得增值税专用发票并可在当月抵扣。

3. 当月出租A型号电子生产设备10台，共取得租金收入200万元(不含税)。

4. 为维修一台生产设备，向乙技术咨询公司进行咨询，支付其咨询费2.12万元(含增值税)，取得增值税专用发票并可在当月抵扣。

已知：销售电子设备、有形动产租赁税率13％，交通运输业税率9％，现代服务业税率6％。

【问题】

安信公司该月的增值税应如何计算？

【解题思路】

安信公司当月应纳增值税额为：200×13%－[13＋1.09÷(1＋9%)×9%＋2.12÷(1＋6%)×6%]＝12.79(万元)。

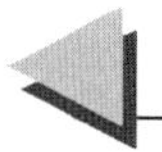

相关法律链接

《营业税改征增值税试点实施办法》第十七条　增值税的计税方法，包括一般计税方法和简易计税方法。

第十八条　一般纳税人发生应税行为适用一般计税方法计税。

一般纳税人发生财政部和国家税务总局规定的特定应税行为，可以选择适用简易计税方法计税，但一经选择，36个月内不得变更。

第二十一条　一般计税方法的应纳税额，是指当期销项税额抵扣当期进项税额后的余额。应纳税额计算公式：

应纳税额＝当期销项税额－当期进项税额

当期销项税额小于当期进项税额不足抵扣时，其不足部分可以结转下期继续抵扣。

第二十二条　销项税额，是指纳税人发生应税行为按照销售额和增值税税率计算并收取的增值税额。销项税额计算公式：

销项税额＝销售额×税率

第二十三条　一般计税方法的销售额不包括销项税额，纳税人采用销售额和销项税额合并定价方法的，按照下列公式计算销售额：

销售额＝含税销售额÷(1＋税率)

第二十四条　进项税额，是指纳税人购进货物、加工修理修配劳务、服务、无形资产或者不动产，支付或者负担的增值税额。

第二十五条　下列进项税额准予从销项税额中抵扣：

(一)从销售方取得的增值税专用发票(含税控机动车销售统一发票，下同)上注明的增值税额。

(二)从海关取得的海关进口增值税专用缴款书上注明的增值税额。

……

【案例11】 科达电子公司错误计算增值税案

科达电子公司为增值税一般纳税人，2019年10月销售电脑，销售单价为每台5000元(不含税)，本月发生如下购销业务：

1. 该公司从某商贸公司购进生产用的原材料和零部件，取得增值税专用发票，专用发票上注明的价款为20万元，增值税2.6万元。

2. 进口电子元器件一批，从海关取得的增值税缴款书上注明的增值税1.3万元。

3. 向海天电脑城销售电脑300台，由于和该电脑城有长期的业务往来，该公司给予15%的折扣，并另开发票入账。

4. 为扩大销售，提高市场占有率，该公司对原销售的电脑采取以旧换新的方式销售，共收回旧电脑50台，每台收购价600元。

5. 本单位人事部门领取5台电脑发给职工做集体福利。

6. 本公司新成立营业部，尚未办理税务登记，且未领购专用发票，公司为其销售电脑代开发票，金额为40万元。

7. 该公司从某小规模纳税人企业购进1.5万元的修理用配件，未取得增值税专用发票。

当月该企业会计计算本月的应纳增值税如下：

当月销项税额＝5000×300×(1－15%)×13%＋50×(5000－600)×13%＝194350(元)

当月进项税额＝26000＋13000＋15000×3%＝39450(元)

当月应纳增值税税额＝194350－39450＝154900(元)

【问题】

1. 请按增值税税法的有关规定，分析该公司当月应纳增值税的计算是否正确。若有错误，请指出错误在何处。

2. 请正确计算该公司当月应纳增值税税额。

【解题思路】

1. 该公司当月应纳增值税的计算是错误的。

2. 正确计算该公司当月应纳增值税税额：

当月销项税额为：300×5000×13%＋50×5000×13%＋5×5000×13%＋400000×13%＝282750(元)。

当月进项税额为:26000+13000=39000(元)。

当月应纳增值税税额为:282750-39000=243750(元)。

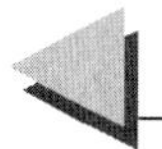

相关法律链接

1.**《增值税暂行条例实施细则》**第四条　单位或个体工商户的下列行为,视同销售货物:

(一)将货物交付其他单位或者个人代销;

(二)销售代销货物;

(三)设有两个以上机构并实行统一核算的纳税人,将货物从一个机构移送其他机构用于销售,但相关机构设在同一县(市)的除外;

(四)将自产或者委托加工的货物用于非应增值税应税项目;

(五)将自产、委托加工的货物用于集体福利或者个人消费;

(六)将自产、委托加工或者购进的货物作为投资,提供给其他单位或者个体工商户;

(七)将自产、委托加工或者购进的货物分配给股东或者投资者;

(八)将自产、委托加工或者购进的货物无偿赠送其他单位或者个人。

2.**《营业税改征增值税试点实施办法》**第二十四条　进项税额,是指纳税人购进货物、加工修理修配劳务、服务、无形资产或者不动产,支付或者负担的增值税额。

第二十五条　下列进项税额准予从销项税额中抵扣:

(一)从销售方取得的增值税专用发票(含税控机动车销售统一发票,下同)上注明的增值税额。

(二)从海关取得的海关进口增值税专用缴款书上注明的增值税额。

……

第三十三条　有下列情形之一者,应当按照销售额和增值税税率计算应纳税额,不得抵扣进项税额,也不得使用增值税专用发票:

(一)一般纳税人会计核算不健全,或者不能够提供准确税务资料的。

(二)应当办理一般纳税人资格登记而未办理的。

第四十三条　纳税人发生应税行为,将价款和折扣额在同一张发票上分别注明的,以折扣后的价款为销售额;未在同一张发票上分别注明的,以价款为销售额,不得扣减折扣额。

【案例 12】　彩虹电视机厂应纳增值税案

2019 年 7 月，彩虹电视机厂生产出最新型号的电视机，每台不含税销售单价 7000 元。当月发生如下经济业务：

1. 3 日，向某商场销售电视机 200 台，由于该商场一向信誉良好，电视机厂给予 10%的折扣，并且将销售额和折扣额在同一张发票上分别注明。

2. 5 日，向本市一新落成的宾馆无偿提供电视机 100 台。

3. 10 日，发货给外省分支机构 300 台，用于销售，并支付运输公司运费 1500 元(不含税)，取得专用发票。

4. 12 日，为扩大市场销售，该厂采用以旧换新的方式，从消费者个人手中收购旧型号电视机，销售新型号电视机 500 台，每台旧型号电视机折价为 500 元。

5. 20 日，购进用于生产电视机的原材料一批，取得增值税专用发票上注明的价款为 3000000 元，增值税税额为 390000 元。

6. 从国外购进一台电视机大型检测设备，取得的海关增值税缴款书上注明的增值税税额为 100000 元。

已知：该企业当月取得的增值税抵扣凭证均合法并可在当月抵扣。

【要求】

请分析并计算彩虹电视机厂当月应纳增值税税额。

【解题思路】

当月销项税额为：200×7000×(1－10%)×13%＋100×7000×13%＋300×7000×13%＋500×7000×13%＝982800(元)。

当月进项税额为：390000＋1500×9%＋100000＝490135(元)。

彩虹电视机厂该月应纳增值税税额为：982800－490135＝492665(元)。

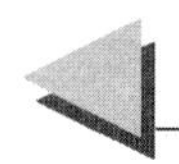

相关法律链接

1.《**增值税暂行条例实施细则**》第四条　单位或个体工商户的下列行为，视同销售货物：

(一) 将货物交付其他单位或者个人代销；

（二）销售代销货物；

（三）设有两个以上机构并实行统一核算的纳税人，将货物从一个机构移送其他机构用于销售，但相关机构设在同一县（市）的除外；

（四）将自产或者委托加工的货物用于非应增值税应税项目；

（五）将自产、委托加工的货物用于集体福利或者个人消费；

（六）将自产、委托加工或者购进的货物作为投资，提供给其他单位或者个体工商户；

（七）将自产、委托加工或者购进的货物分配给股东或者投资者；

（八）将自产、委托加工或者购进的货物无偿赠送其他单位或者个人。

第二十四条　进项税额，是指纳税人购进货物、加工修理修配劳务、服务、无形资产或者不动产，支付或者负担的增值税额。

第二十五条　下列进项税额准予从销项税额中抵扣：

（一）从销售方取得的增值税专用发票（含税控机动车销售统一发票，下同）上注明的增值税额。

（二）从海关取得的海关进口增值税专用缴款书上注明的增值税额。

……

2.**《营业税改征增值税试点实施办法》**第三十三条　有下列情形之一者，应当按照销售额和增值税税率计算应纳税额，不得抵扣进项税额，也不得使用增值税专用发票：

（一）一般纳税人会计核算不健全，或者不能够提供准确税务资料的。

（二）应当办理一般纳税人资格登记而未办理的。

第四十三条　纳税人发生应税行为，将价款和折扣额在同一张发票上分别注明的，以折扣后的价款为销售额；未在同一张发票上分别注明的，以价款为销售额，不得扣减折扣额。

3.**《增值税若干具体问题的规定》**　二、计税依据　（三）纳税人采取以旧换新方式销售货物，应按新货物的同期销售价格确定销售额。

【案例13】　鼎盛货物代理公司应纳增值税案

鼎盛货运代理公司是国内一家从事货物代理业务的一般纳税人，其2019年6月发生如下经济业务：

1. 为A公司提供物流辅助服务，取得不含税价款为200万元。

2. 支付给A公司修理费总计11.3万元(含税),取得增值税专用发票。

3. 为拓展业务,支付给B广告公司广告费10万元(不含税)取得增值税专用发票。

4. 在国内提供货物运输代理业务,取得含税收入750万元。

5. 接受C交通运输企业的运输服务,支付C公司运输费共计109万元(含税),取得增值税专用发票。

已知:该企业当月取得的增值税专用发票均合法并可在当月抵扣。

【要求】

请分析并计算鼎盛公司当月应纳增值税额。

【解题思路】

鼎盛公司当月增值税销项税额为:200×6%+750÷(1+6%)×6%=54.45(万元)。

鼎盛公司该月增值税进项税额为:11.3÷(1+13%)×13%+10×6%+109÷(1+9%)×9%=10.9(万元)。

鼎盛公司当月应纳增值税为:54.45−10.9=43.55(万元)。

相关法律链接

1.**《销售服务、无形资产、不动产注释》** 一、销售服务

(一)交通运输服务。

交通运输服务,是指利用运输工具将货物或者旅客送达目的地,使其空间位置得到转移的业务活动。包括陆路运输服务、水路运输服务、航空运输服务和管道运输服务。

……

(六)现代服务。

现代服务,是指围绕制造业、文化产业、现代物流产业等提供技术性、知识性服务的业务活动。包括研发和技术服务、信息技术服务、文化创意服务、物流辅助服务、租赁服务、鉴证咨询服务、广播影视服务、商务辅助服务和其他现代服务。

……

2.《**营业税改征增值税试点实施办法**》第十四条　下列情形视同销售服务、无形资产或者不动产：

（一）单位或者个体工商户向其他单位或者个人无偿提供服务，但用于公益事业或者以社会公众为对象的除外。

（二）单位或者个人向其他单位或者个人无偿转让无形资产或者不动产，但用于公益事业或者以社会公众为对象的除外。

（三）财政部和国家税务总局规定的其他情形。

【案例 14】 新兴印刷厂应纳增值税案

新兴印刷厂为增值税一般纳税人，2019 年 12 月份发生如下经济业务：

1. 印刷台历 1500 本，每本售价 33.9 元(含税)，其中零售 100 本。

2. 批发给某商场 700 本，实行 7 折优惠，开发票时将销售额和折扣额开在了同一张专用发票上。

3. 接受白云出版社委托，印刷图书 2000 册，每册不含税的印刷价格 10 元。

4. 由于该印刷厂与白云出版社有长期的业务往来，该印刷厂赠与白云出版社台历 400 本。

5. 为免税产品印刷说明书收取加工费 3000 元(不含税)。

6. 该印刷厂以前购进的原材料取得增值税专用发票上注明增值税 5000 元，已办理发票认证手续并可于本月抵扣进项税额。

7. 购买一台机械设备，尚未取得发票。

8. 以前购进的价值 10000 元(不含税价)的纸张本月因管理不善浸水，无法使用，但进项税额已于上月抵扣。

9. 由于元旦将至，该印刷厂将剩下的 300 本台历发给本企业职工作为节日礼物。

【要求】

请根据以上情况，分析并计算该企业当月应纳增值税额。

【解题思路】

该企业当月应纳增值税的计算过程为：

销项税额为：33.9÷(1+13%)×(100+400+300)×13%+33.9÷(1+13%)×700×70%×13%+10×2000×13%+3000×13%=8021(元)。

进项税额为：5000－10000×13％＝3700(元)。

应纳增值税额为：8021－3700＝4321(元)。

相关法律链接

1.**《增值税暂行条例》**第十条　下列项目的进项税额不得从销项税额中抵扣：

(一)用于简易计税方法计税项目、免征增值税项目、集体福利或者个人消费的购进货物、劳务、服务、无形资产和不动产；

(二)非正常损失的购进货物，以及相关的劳务和交通运输服务；

(三)非正常损失的在产品、产成品所耗用的购进货物(不包括固定资产)、劳务和交通运输服务；

(四)国务院规定的其他项目。

2.**《增值税暂行条例实施细则》**第二十四条　条例第十条第(二)项所称非正常损失，是指因管理不善造成被盗、丢失、霉烂变质的损失。

第二十七条　已抵扣进项税额的购进货物或者应税劳务，发生条例第十条规定的情形的(免税项目、非增值税应税劳务除外)，应当将该项购进货物或者应税劳务的进项税额从当期的进项税额中扣减；无法确定该进项税额的，按当期实际成本计算应扣减的增值税额。

3.**《营业税改征增值税试点实施办法》**第四十三条　纳税人发生应税行为，将价款和折扣额在同一张发票上分别注明的，以折扣后的价款为销售额；未在同一张发票上分别注明的，以价款为销售额，不得扣减折扣额。

【案例15】　如何确定增值税的纳税义务发生时间

某物资贸易公司为增值税一般纳税人，2019年9月发生以下业务：

1.上月购进并入库的原材料一批，本月付款，取得增值税专用发票上注明价款100万元，税金13万元。

2.采用托收承付结算方式销售给A厂机床30台，共60万元(不含税)，货已发出，托收手续已在银行办妥，货款尚未收到。

3.采用分期付款结算方式销售给B厂机床100台，价款共200万元(不含税），货已发出，合同规定本月到期货款40万元，但实际上只收回了30万元。

4. 销售一批小型农用机械，开具普通发票上注明销售额109万元，上月已收预收款20万元，本月发货并办托银行托收手续，但货款未到。

5. 盘亏一批2019年7月购入的物资（已抵扣进项税额为），盘亏金额为1万元。

6. 采用其他方式销售给C厂一些机床配件，价款70万元（不含税），货已发出，货款已收到。

【问题】

1. 如何确定本案中各项增值税纳税义务的发生时间？
2. 请根据上述资料分析并计算该物资公司当月应纳增值税。

【解题思路】

1. 该公司销售给A、B、C厂的机床和配件以及销售小型农用机械，增值税纳税义务发生时间均为2019年9月。

2. 该公司的销项税额为：60×13%＋40×13%＋109÷（1＋9%）×9%＋70×13%＝31.1（万元）。

进项税额为：13－1×13%＝12.87（万元）。

应纳增值税额为：31.1－12.87＝18.23（万元）。

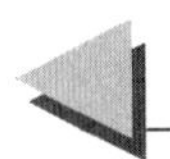

相关法律链接

1.《**增值税暂行条例**》第十条　下列项目的进项税额不得从销项税额中抵扣：

（一）用于简易计税方法计税项目、免征增值税项目、集体福利或者个人消费的购进货物、劳务、服务、无形资产和不动产；

（二）非正常损失的购进货物，以及相关的劳务和交通运输服务；

（三）非正常损失的在产品、产成品所耗用的购进货物（不包括固定资产）、劳务和交通运输服务；

（四）国务院规定的其他项目。

第十九条　增值税纳税义务发生时间：

（一）发生应税销售行为，为收讫销售款或者取得索取销售款凭据的当天；先开具发票的，为开具发票的当天。

（二）进口货物，为报关进口的当天。

增值税扣缴义务发生时间为纳税义务发生的当天。

2.**《增值税暂行条例实施细则》**第二十四条　条例第十条第（二）项所称非正常损失，是指因管理不善造成被盗、丢失、霉烂变质的损失。

第三十八条　条例第十九条第（一）项规定的销售货物或者应税劳务的纳税义务发生时间，按销售结算方式的不同，具体为：

（一）采取直接收款方式销售货物，不论货物是否发出，均为收到销售额或取得索取销售额的凭据，并将提货单交给买方的当天；

（二）采取托收承付和委托银行收款方式销售货物，为发出货物并办妥托收手续的当天；

（三）采取赊销和分期收款方式销售货物，为按合同约定的收款日期的当天；

（四）采取预收货款方式销售货物，为货物发出的当天；

（五）委托其他纳税人代销货物，为收到代销单位销售的代销清单的当天；

（六）销售应税劳务，为提供劳务同时收讫销售额或取得索取销售额的凭据的当天；

（七）纳税人发生本细则第四条第（三）项至第（八）项所列视同销售货物行为，为货物移送的当天。

【案例16】　销售货物价格明显偏低时如何缴纳增值税

某洗衣机厂是增值税一般纳税人，2019年11月销售某型号洗衣机3批：

第一批洗衣机销售增值税专用发票上注明的单价是每件0.3万元，数量是1000件；

第二批洗衣机销售增值税专用发票上注明的单价是每件0.32万元，数量是2000件；

第三批洗衣机销售增值税专用发票上注明的单价是每件0.08万元，数量是200件；

第三批的价格被税务机关认为是价格明显偏低，又没有正当理由。

【问题】

1. 当纳税人发生应税销售行为的价格明显偏低而无正当理由的，税务机关如何核定其售价和销售额？

2. 根据以上情况计算该企业的销项税税额是多少？

【解题思路】

1. 税务机关应按该洗衣机厂当月同类货物的平均销售价格核定其售价和销售额。

2. 该企业的销项税额为：[0.3×1000＋0.32×2000＋(0.3×1000＋0.32×2000)÷(1000＋2000)×200]×13%＝130.35(万元)。

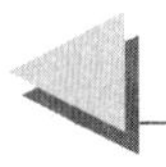

相关法律链接

1. **《增值税暂行条例》**第七条　纳税人发生应税销售行为的价格明显偏低并无正当理由的，由主管税务机关核定其销售额。

2. **《增值税暂行条例实施细则》**第十六条　纳税人有条例第七条所称价格明显偏低并无正当理由或者有本细则第四条所列视同销售货物行为而无销售额者，按下列顺序确定销售额：

（一）按纳税人当月同类货物的平均销售价格确定；

（二）按纳税人最近时期同类货物的平均销售价格确定；

（三）按组成计税价格确定。组成计税价格的公式为：

组成计税价格＝成本×(1＋成本利润率)

属于应征消费税的货物，其组成计税价格中应加计消费税额。

公式中的成本是指：销售自产货物的为实际生产成本，销售外购货物的为实际采购成本。公式中的成本利润率由国家税务总局确定。

【案例17】　伊林纺织品公司骗取出口退税款案

伊林纺织品有限责任公司是一家有进出口经营权的增值税一般纳税人，出口货物的征税税率为13%，退税率为11%。2019年11月该公司的经营业务为：购进原材料一批，取得增值税专用发票注明的价款为200万元，外购货物准予抵扣的进项税额为26万元。当月进料加工免税进口材料的组成计税价格为100万元。上期末留抵税款6万元，本月在国内销售货物取得含税销售额113万元。当月出口货物销售额折合人民币200万元。

【问题】

1. 什么是出口退(免)税？
2. 伊林公司当月依法能取得的增值税退税额应是多少？

【解题思路】

1. 出口退(免)税，是指货物报关出口销售后，将其国内所缴纳的税收退还给货物出口企业或对出口企业给予免税的一种制度。出口货物准予退(免)税的仅限于已征收的增值税、消费税。出口货物退(免)税为世界各国所采用，一般都是以法定的税率确定出口货物的退税率。其目的在于鼓励产品出口，使本国产品以不含税价格进入国际市场增强竞争能力，促进对外出口贸易。

2. 当月伊林公司免抵退税不得免征和抵扣税额抵减额为：100×(13%－11%)＝2(万元)。

免抵退税不得免征和抵扣税额为：200×(13%－11%)－2＝2(万元)。

当期应纳税额为：100×13%－(26－2)－6＝－17(万元)。

免抵退税额抵减额为：100×11%＝11(万元)。

出口货物免抵退税额为：200×11%－11＝11(万元)。

当期期末留抵税额＞当期免抵退税额，所以当期应退税额为：当期免抵退税额，即当期应退税额＝11(万元)。

伊林公司当期免抵税额为：当期免抵退税额－当期应退税额＝0(万元)。

伊林公司当月期末留抵结转下期继续抵扣税额为：17－11＝6(万元)。

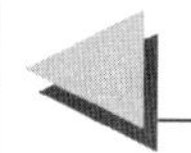

相关法律链接

1. **《增值税暂行条例》**第二十五条　纳税人出口货物适用退(免)税规定的，应当向海关办理出口手续，凭出口报关单等有关凭证，在规定的出口退(免)税申报期内按月向主管税务机关申报办理该项出口货物的退(免)税……具体办法由国务院财政、税务主管部门制定。

出口货物办理退税后发生退货或者退关的，纳税人应当依法补缴已退的税款。

2.**《跨境应税行为适用增值税零税率和免税政策的规定》** 四、境内的单位和个人提供适用增值税零税率的服务或者无形资产，如果属于适用简易计税方法的，实行免征增值税办法。如果属于适用增值税一般计税方法的，生产企业实行免抵退税办法，外贸企业外购服务或者无形资产出口实行免退税办法，外贸企业直接将服务或自行研发的无形资产出口，视同生产企业连同其出口货物统一实行免抵退税办法。

服务和无形资产的退税率为其按照《试点实施办法》第十五条第（一）至（三）项规定适用的增值税税率。实行退（免）税办法的服务和无形资产，如果主管税务机关认定出口价格偏高的，有权按照核定的出口价格计算退（免）税，核定的出口价格低于外贸企业购进价格的，低于部分对应的进项税额不予退税，转入成本。

3.**《关于深化增值税改革有关政策的公告》**

三、原适用16%税率且出口退税率为16%的出口货物劳务，出口退税率调整为13%；原适用10%税率且出口退税率为10%的出口货物、跨境应税行为，出口退税率调整为9%。

2019年6月30日前（含2019年4月1日前），纳税人出口前款所涉货物劳务、发生前款所涉跨境应税行为，适用增值税免退税办法的，购进时已按调整前税率征收增值税的，执行调整前的出口退税率，购进时已按调整后税率征收增值税的，执行调整后的出口退税率；适用增值税免抵退税办法的，执行调整前的出口退税率，在计算免抵退税时，适用税率低于出口退税率的，适用税率与出口退税率之差视为零参与免抵退税计算。

出口退税率的执行时间及出口货物劳务、发生跨境应税行为的时间，按照以下规定执行：报关出口的货物劳务（保税区及经保税区出口除外），以海关出口报关单上注明的出口日期为准；非报关出口的货物劳务、跨境应税行为，以出口发票或普通发票的开具时间为准；保税区及经保税区出口的货物，以货物离境时海关出具的出境货物备案清单上注明的出口日期为准。

四、适用13%税率的境外旅客购物离境退税物品，退税率为11%；适用9%税率的境外旅客购物离境退税物品，退税率为8%。

2019年6月30日前，按调整前税率征收增值税的，执行调整前的退税率；按调整后税率征收增值税的，执行调整后的退税率。

退税率的执行时间，以退税物品增值税普通发票的开具日期为准。

【案例 18】　A 国际运输公司退税案

A 国际货物运输公司为一般纳税人，该企业实行“免、抵、退”税管理办法。该企业 2019 年 10 月发生如下业务：

1. 该企业当月承接了 3 个国际运输业务，取得确认的收入 50 万元人民币。

2. 企业增值税纳税申报时，期末留抵税额为 10 万元人民币。

【要求】

计算该企业当月的退税额。

【解题思路】

当期零税率应税服务“免、抵、退”税额＝当期零税率应税服务“免、抵、退”税计税依据×外汇人民币折合率×零税率应税服务增值税退税率，为：50×9%＝4.5(万元)。

当期期末留抵税额 10 万元大于当期“免、抵、退”税额 4.5 万元。

当期应退税额为：当期“免、抵、退”税额 4.5 万元。

退税申报后，结转下期留抵的税额为 5.5 万元。

相关法律链接

1. **《增值税暂行条例》**第二十五条　纳税人出口适用退(免)规定的，应当向海关办理出口手续后，凭出口报关单等有关凭证，在规定的出口退(免)税申报期内按月向主管税务机关申报办理该项出口货物的退(免)税；境内单位和个人跨境销售服务和无形资产适用退(免)税规定的，应当按期向主管税务机关申报办理退(免)税。具体办法由国务院财政、税务主管部门制定。

出口货物办理退税后发生退货或者退关的，纳税人应当依法补缴已退的税款。

2. **《跨境应税行为适用增值税零税率和免税政策的规定》**　四、境内的单位和个人提供适用增值税零税率的服务或者无形资产，如果属于适用简易计税方法的，实行免征增值税办法。如果属于适用增值税一般计税方法的，生产企业实行免抵退税办法，外贸企业外购服务或者无形资产出口实行免退税办法，外贸企业直接将服务或自行研发的无形资产出口，视同生产企业连同其出口货物统一实行免抵退税办法。

服务和无形资产的退税率为其按照《试点实施办法》第十五条第（一）至（三）项规定适用的增值税税率。实行退（免）税办法的服务和无形资产，如果主管税务机关认定出口价格偏高的，有权按照核定的出口价格计算退（免）税，核定的出口价格低于外贸企业购进价格的，低于部分对应的进项税额不予退税，转入成本。

3.**《关于深化增值税改革有关政策的公告》**

三、原适用16%税率且出口退税率为16%的出口货物劳务，出口退税率调整为13%；原适用10%税率且出口退税率为10%的出口货物、跨境应税行为，出口退税率调整为9%。

2019年6月30日前（含2019年4月1日前），纳税人出口前款所涉货物劳务、发生前款所涉跨境应税行为，适用增值税免退税办法的，购进时已按调整前税率征收增值税的，执行调整前的出口退税率，购进时已按调整后税率征收增值税的，执行调整后的出口退税率；适用增值税免抵退税办法的，执行调整前的出口退税率，在计算免抵退税时，适用税率低于出口退税率的，适用税率与出口退税率之差视为零参与免抵退税计算。

出口退税率的执行时间及出口货物劳务、发生跨境应税行为的时间，按照以下规定执行：报关出口的货物劳务（保税区及经保税区出口除外），以海关出口报关单上注明的出口日期为准；非报关出口的货物劳务、跨境应税行为，以出口发票或普通发票的开具时间为准；保税区及经保税区出口的货物，以货物离境时海关出具的出境货物备案清单上注明的出口日期为准。

4.**《适用增值税零税率应税服务退（免）税管理办法》**第一条　中华人民共和国境内（以下简称境内）的增值税一般纳税人提供适用增值税零税率的应税服务，实行增值税退（免）税办法。

第二条　本办法所称的增值税零税率应税服务提供者是指，提供适用增值税零税率应税服务，且认定为增值税一般纳税人，实行增值税一般计税方法的境内单位和个人。属于汇总缴纳增值税的，为经财政部和国家税务总局批准的汇总缴纳增值税的总机构。

第四条　增值税零税率应税服务退（免）税办法包括免抵退税办法和免退税办法，具体办法及计算公式按《财政部国家税务总局关于出口货物劳务增值税和消费税政策的通知》（财税〔2012〕39号）有关出口货物劳务退（免）税的规定执行。

实行免抵退税办法的增值税零税率应税服务提供者如果同时出口货物劳务且未分别核算的，应一并计算免抵退税。税务机关在审批时，应按照增值税零税率应税服务、出口货物劳务免抵退税额的比例划分其退税额和免抵税额。

第八条　增值税零税率应税服务提供者办理出口退（免）税资格认定后，方可申报增值税零税率应税服务退（免）税。如果提供的适用增值税零税率应税服务发生在办理出口退（免）税资格认定前，在办理出口退（免）税资格认定后，可按规定申报退（免）税。

第十条　已办理过出口退（免）税资格认定的出口企业，提供增值税零税率应税服务的，应填报《出口退（免）税资格认定变更申请表》及电子数据，提供第九条所列的增值税零税率应税服务对应的资料，向主管税务机关申请办理出口退（免）税资格认定变更。

【案例19】　李某虚开增值税专用发票案

2018年2月18日至27日，主要犯罪嫌疑人某贸易公司法定代表人李某在利益驱动下，利用增值税防伪税控系统先后多次为他人虚开增值税专用发票97份，涉税金额达8510万余元，税额1447万余元，价税合计9957万余元，虚开发票涉及北京、上海、福建等18个省级行政区的60余家企业。同时，该贸易公司为抵扣进项税额，又从张某处取得虚假进项税发票（手写万元版）912份，金额8330万余元，税款1416万余元，价税合计9746万余元。2018年11月19日，经检察院批准，对犯罪嫌疑人某贸易公司法定代表人李某以及张某依法逮捕。某市中级人民法院对该贸易公司虚开增值税专用发票案作出一审判决，以虚开增值税专用发票罪，判处主犯李某有期徒刑10年。

【问题】

1. 何为虚开增值税专用发票罪？
2. 虚开增值税专用发票罪应当承担什么法律责任？
3. 开增值税专用发票应当注意什么？

【解题思路】

1. 虚开增值税专用发票是指有为他人虚开、为自己虚开、让他人为自己虚开、介绍他人虚开的行为。

2. 虚开税款数额1万元以上的或者虚开增值税专用发票致使国家税款被骗取5000元以上的，应当依法定罪处罚。

相关法律链接

1.**《增值税专用发票使用规定》**第十一条　专用发票应按下列要求开具：

(1) 项目齐全，与实际交易相符；

(2) 字迹清楚，不得压线、错格；

(3) 发票联和抵扣联加盖财务专用章或者发票专用章；

(4) 按照增值税纳税义务的发生时间开具。

对不符合上列要求的专用发票，购买方有权拒收。

2.**《刑法》**第二百零五条　虚开增值税专用发票或者虚开用于骗取出口退税、抵扣税款的其他发票的，处3年以下有期徒刑或者拘役，并处2万元以上20万元以下罚金；虚开的税款数额较大或者有其他严重情节的，处3年以上10年以下有期徒刑，并处5万元以上50万元以下罚金；虚开的税款数额巨大或者有其他特别严重情节的，处10年以上有期徒刑或者无期徒刑，并处5万元以上50万元以下罚金或者没收财产。

单位犯本条规定之罪的，对单位判处罚金，并对其直接负责的主管人员和其他直接责任人员，处3年以下有期徒刑或者拘役；虚开的税款数额较大或者有其他严重情节的，处3年以上10年以下有期徒刑；虚开的税款数额巨大或者有其他特别严重情节的，处10年以上有期徒刑或者无期徒刑。

虚开增值税专用发票或者虚开用于骗取出口退税、抵扣税款的其他发票，是指有为他人虚开、为自己虚开、让他人为自己虚开、介绍他人虚开行为之一的。

第二百零五条之一　虚开本法第二百零五条规定以外的其他发票，情节严重的，处2年以下有期徒刑、拘役或者管制，并处罚金；情节特别严重的，处2年以上7年以下有期徒刑，并处罚金。

单位犯前款罪的，对单位判处罚金，并对其直接负责的主管人员和其他直接责任人员，依照前款的规定处罚。

第二百零六条　伪造或者出售伪造的增值税专用发票的，处3年以下有期徒刑、拘役或者管制，并处2万元以上20万元以下罚金；数量较大或者有其他严重情节的，处3年以上10年以下有期徒刑，并处5万元以上50万元以下罚金；数量巨大或者有其他特别严重情节的，处10年以上有期徒刑或者无期徒刑，并处5万元以上50万元以下罚金或者没收财产。

单位犯本条规定之罪的，对单位判处罚金，并对其直接负责的主管人员和其他直接责任人员，处3年以下有期徒刑、拘役或者管制；数量较大或者有其他严重情节的，处3年以上10年以下有期徒刑；数量巨大或者有其他特别严重情节的，处10年以上有期徒刑或者无期徒刑。

3. **《关于适用〈全国人民代表大会常务委员会关于惩治虚开、伪造和非法出售增值税专用发票犯罪的决定〉的若干问题的解释》** 一、根据《决定》第一条规定，虚开增值税专用发票的，构成虚开增值税专用发票罪。

具有下列行为之一的，属于"虚开增值税专用发票"：(1) 没有货物购销或者没有提供或接受应税劳务而为他人、为自己、让他人为自己、介绍他人开具增值税专用发票；(2) 有货物购销或者提供或接受了应税劳务但为他人、为自己、让他人为自己、介绍他人开具数量或者金额不实的增值税专用发票；(3) 进行了实际经营活动，但让他人为自己代开增值税专用发票。

虚开税款数额1万元以上的或者虚开增值税专用发票致使国家税款被骗取5000元以上的，应当依法定罪处罚。

虚开税款数额10万元以上的，属于"虚开的税款数额较大"；具有下列情形之一的，属于"有其他严重情节"：(1) 因虚开增值税专用发票致使国家税款被骗取5万元以上的；(2) 具有其他严重情节的。

虚开税款数额50万元以上的，属于"虚开的税款数额巨大"；具有下列情形之一的，属于"有其他特别严重情节"：(1) 因虚开增值税专用发票致使国家税款被骗取30万元以上的；(2) 虚开的税款数额接近巨大并有其他严重情节的；(3) 具有其他特别严重情节的。

利用虚开的增值税专用发票实际抵扣税款或者骗取出口退税100万元以上的，属于"骗取国家税款数额特别巨大"；造成国家税款损失50万元以上并且在侦查终结前仍无法追回的，属于"给国家利益造成特别重大损失"。利用虚开的增值税专用发票骗取国家税款数额特别巨大、给国家利益造成特别重大损失，为"情节特别严重"的基本内容。

虚开增值税专用发票犯罪分子与骗取税款犯罪分子均应当对虚开的税款数额和实际骗取的国家税款数额承担刑事责任。

利用虚开的增值税专用发票抵扣税款或者骗取出口退税的，应当依照《决定》第一条的规定定罪处罚；以其他手段骗取国家税款的，仍应依照《全国人民代表大会常务委员会关于惩治偷税、抗税犯罪的补充规定》（说明：此文件已全文废止）的有关规定定罪处罚。

第三章 消费税法

第一节 消费税法基本问题

消费税是对我国境内从事生产、委托加工和进口应税消费品的单位和个人，就其销售额或销售数量，在特定环节征收的一种税。

消费税具有如下特点：(1) 征税范围具有选择性；(2) 征税环节具有单一性；(3) 征收方法具有多样性；(4) 税率、税额具有差别性；(5) 税负具有转嫁性。

一、纳税主体

按消费税法规定，在中华人民共和国境内生产、委托加工和进口规定的应税消费品的单位和个人，以及国务院确定的销售《消费税暂行条例》规定的消费品的其他单位和个人，为消费税的纳税人。

二、征税范围和税目

消费税的征收范围比较狭窄，同时也会根据经济发展、环境保护等国家大政方针进行修订。目前征收消费税的消费品包括：烟、酒、高档化妆品、贵重首饰及珠宝玉石、鞭炮焰火、成品油、小汽车、摩托车、高尔夫球及球具、高档手表、游艇、木制一次性筷子、实木地板、电池、涂料等 15 个税目。

三、税率

消费税根据不同的税目或子目确定相应的税率或单位税额。大部分应税消费品适用比例税率，例如，烟丝税率为 30%，摩托车税率为 3%等；黄酒、啤酒、成品油按单位重量或单位体积确定单位税额；卷烟、白酒采用比例税率和定额税率双重征收形式(详见表 3-1 消费税税目、税率、税额表)。

纳税人兼营不同税率的应税消费品，应当分别核算不同税率应税消费品的销售额、销售数量。未分别核算销售额、销售数量，或者将不同税率的应税消费品组成成套消费品销售的，从高适用税率。

表 3-1　消费税税目税率表

税目	税率(额)
一、烟	
1. 卷烟	
(1) 甲类卷烟(生产或进口环节)	56%加 0.003 元/支
(2) 乙类卷烟(生产或进口环节)	36%加 0.003 元/支
(3) 批发环节	11%加 0.005 元/支
2. 雪茄烟	36%
3. 烟丝	30%
二、酒	
1. 白酒	20%加 0.5 元/500 克(或者 500 毫升)
2. 黄酒	240 元/吨
3. 啤酒	
(1) 甲类啤酒	250 元/吨
(2) 乙类啤酒	220 元/吨
4. 其他酒	10%
三、高档化妆品	15%
四、贵重首饰及珠宝玉石	
1. 金银首饰、铂金首饰和钻石及钻石饰品	5%
2. 其他贵重首饰和珠宝玉石	10%
五、鞭炮、焰火	15%
六、成员油	
1. 汽油	1.52 元/升
2. 柴油	1.2 元/升
3. 航空煤油	1.2 元/升
4. 石脑油	1.52 元/升
5. 溶剂油	1.52 元/升
6. 润滑油	1.52 元/升
7. 燃料油	1.2 元/升
七、小汽车	
1. 乘用车	
(1) 气缸容量(排气量，下同)在 1.0 升(含 1.0 升)以下的	1%
(2) 气缸容量在 1.0 升以上至 1.5 升(含 1.5 升)的	3%

（续表）

税目	税率(额)
(3) 气缸容量在1.5升以上至2.0升(含2.0升)的	5%
(4) 气缸容量在2.0升以上至2.5升(含2.5升)的	9%
(5) 气缸容量在2.5升以上至3.0升(含3.0升)的	12%
(6) 气缸容量在3.0升以上至4.0升(含4.0升)的	25%
(7) 气缸容量在4.0升以上的	40%
2. 中轻型商用客车	5%
3. 超豪华小汽车	10%
八、摩托车	
1. 气缸容量为250毫升的	3%
2. 气缸容量为250毫升以上的	10%
九、高尔夫球及球具	10%
十、高档手表	20%
十一、游艇	10%
十二、木制一次性筷子	5%
十三、实木地板	5%
十四、电池	4%
十五、涂料	4%

四、计税依据与应纳税额的计算

（一）计税依据

按照现行消费税法规定，消费税应纳税额的计算分为从价计征、从量计征和从价从量复合计征三种方法。

1. 从价计征

在从价定率计算方法下，应纳税额等于应税消费品的销售额乘以适用税率，应纳税额的多少取决于应税消费品的销售额和适用税率两个因素。

销售额为纳税人销售应税消费品向购买方收取的全部价款和价外费用。销售，是指有偿转让应税消费品的所有权；有偿，是指从购买方取得货币、货物或者其他经济利益。

应税消费品在缴纳消费税的同时，与一般货物一样，还应缴纳增值税。如果纳税人应税消费品的销售额中未扣除增值税税款或者因不得开具增值税专用发票而发生价款和增值税税款合并收取的，在计算消费税时，应将含增值税的销售额换算为不含增值税税款的销售额。

实行从价定率办法计算应纳税额的应税消费品连同包装销售的，无论包装是否单独计价，也不论在会计上如何核算，均应并入应税消费品的销售额中征收消费税。如果包装物不作价随同产品销售，而是收取押金，此项押金则不应并入应税消费品的销售额中征税。但对因逾期未收回的包装物不再退还的或者已收取的时间超过12个月的押金，应并入应税消费品的销售额，按照应税消费品的适用税率缴纳消费税。

对既作价随同应税消费品销售，又另外收取押金的包装物的押金，凡纳税人在规定的期限内没有退还的，均应并入应税消费品的销售额，按照应税消费品的适用税率缴纳消费税。

从1995年6月1日起，对销售啤酒、黄酒外的其他酒类产品而收取的包装物押金，无论是否返还以及会计上如何核算，均应并入当期销售额征税。

2. 从量计征

在从量定额计算方法下，应纳税额等于应税消费品的销售数量乘以单位税额，应纳税额的多少取决于应税消费品的销售数量和单位税额两个因素。

3. 从价从量复合计征

现行消费税的征税范围中，只有卷烟、白酒采用复合计征方法。应纳税额等于应税销售数量乘以定额税率再加上应税销售额乘以比例税率。

生产销售卷烟、白酒从量定额计税依据为实际销售数量。进口、委托加工、自产自用卷烟、白酒从量定额计税依据分别为海关核定的进口征税数量、委托方收回数量、移送使用数量。

（二）应纳税额的计算

1. 生产销售环节应纳消费税的计算

纳税人在生产销售环节应缴纳的消费税，包括直接对外销售应税消费品应缴纳的消费税和自产自用应税消费品应缴纳的消费税。

（1）直接对外销售应纳消费税的计算。

直接对外销售应税消费品涉及三种计算方法：

① 从价定率计算。在从价定率计算方法下，应纳消费税额等于销售额乘以适用税率。基本计算公式为：

应纳税额＝应税消费品的销售额×比例税率

② 从量定额计算。在从量定额计算方法下，应纳税额等于应税消费品的销售数量乘以单位税额。基本计算公式为：

应纳税额＝应税消费品的销售数量×定额税率

③ 从价定率和从量定额复合计算。现行消费税的征税范围中，只有卷烟、白酒采用复合计算方法。基本计算公式为：

应纳税额＝应税消费品的销售数量×定额税率＋应税销售额×比例税率

（2）自产自用应纳消费税的计算。

自产自用，是指纳税人生产应税消费品后，不是用于直接对外销售，而是用于自己连续生产应税消费品或用于其他方面。

纳税人自产自用的应税消费品，用于连续生产应税消费品的，不纳税。

纳税人自产自用的应税消费品，除用于连续生产应税消费品外，凡用于其他方面的，于移送使用时纳税。纳税人自产自用的应税消费品，凡用于其他方面，应当纳税的，按照纳税人生产的同类消费品的销售价格计算纳税。同类消费品的销售价格是指纳税人当月销售的同类消费品的销售价格，如果当月同类消费品各期销售价格高低不同，应按销售数量加权平均计算。但销售的应税消费品有下列情况之一的，不得列入加权平均计算：① 销售价格明显偏低又无正当理由的；② 无销售价格的。如果当月无销售或者当月未完结，应按照同类消费品上月或者最近月份的销售价格计算纳税。没有同类消费品销售价格的，按照组成计税价格计算纳税。组成计税价格的计算公式是：

实行从价定率办法计算纳税的组成计税价格计算公式：

组成计税价格＝（成本＋利润）÷（1－比例税率）

应纳税额＝组成计税价格×比例税率

实行复合计税办法计算纳税的组成计税价格计算公式：

组成计税价格＝（成本＋利润＋自产自用数量×定额税率）÷（1－比例税率）

应纳税额＝组成计税价格×比例税率＋自产自用数量×定额税率

2．委托加工环节应税消费品应纳税额的计算

委托加工的应税消费品，一般由受托方在向委托方交货时代收代缴税款。委托加工的应税消费品是指由委托方提供原料和主要材料，受托方只收取加工费和代垫部分辅助材料加工的应税消费品。对于由受托方提供原材料生产的应税消费品，或者受托方先将原材料卖给委托方，然后再接受加工的应税消费品，以及由受托方以委托方名义购进原材料生产的应税消费品，不论纳税人在财务上是否作销售处理，都不得作为委托加工应税消费品，而应当按照销售自制应税消费品缴纳消费税。

委托加工的应税消费品，受托方在交货时已代收代缴消费税，委托方将收回的应税消费品，以不高于受托方的计税价格出售的，为直接出售，不再缴纳消费税；委托方以高于受托方的计税价格出售的，不属于直接出售，需按照规定申报

缴纳消费税，在计税时准予扣除受托方已代收代缴的消费税。

委托加工的应税消费品，按照受托方的同类消费品的销售价格计算纳税，同类消费品的销售价格是指受托方（代收代缴义务人）当月销售的同类消费品的销售价格，如果当月同类消费品各期销售价格高低不同，应按销售数量加权平均计算。但销售的应税消费品有下列情况之一的，不得列入加权平均计算：(1) 销售价格明显偏低又无正当理由的；(2) 无销售价格的。如果当月无销售或者当月未完结，应按照同类消费品上月或最近月份的销售价格计算纳税。没有同类消费品销售价格的，按照组成计税价格计算纳税。组成计税价格的计算公式为：

实行从价定率办法计算纳税的组成计税价格计算公式：

组成计税价格＝（材料成本＋加工费）÷（1－比例税率）

实行复合计税办法计算纳税的组成计税价格计算公式：

组成计税价格＝（材料成本＋加工费＋委托加工数量×定额税率）÷（l－比例税率）

3. 进口环节应纳消费税的计算

纳税人进口应税消费品，按照组成计税价格和规定的税率计算应纳税额。计算方法如下：

(1) 从价定率计征应纳税额的计算。实行从价定率办法计算纳税的组成计税价格计算公式：

组成计税价格＝（关税完税价格＋关税）÷（1－消费税比例税率）

应纳税额＝组成计税价格×消费税比例税率

(2) 实行从量定额计征应纳税额的计算。应纳税额的计算公式：

应纳税额＝应税消费品数量×消费税定额税率

(3) 实行从价定率和从量定额复合计税办法应纳税额的计算。应纳税额的计算公式：

组成计税价格＝（关税完税价格＋关税＋进口数量×消费税定额税率）÷（1－消费税比例税率）

应纳税额＝组成计税价格×消费税税率＋应税消费品进口数量×消费税定额税率

4. 已纳消费税扣除的计算

为了避免重复征税，现行消费税规定，将外购应税消费品和委托加工收回的应税消费品继续生产应税消费品销售的，可以将外购应税消费品和委托加工收回应税消费品已缴纳的消费税给予扣除。

(1) 外购应税消费品已纳税款的扣除。

由于某些应税消费品是用外购已缴纳消费税的应税消费品连续生产出来

的，在对这些连续生产出来的应税消费品计算征税时，税法规定应按当期生产领用数量计算准予扣除外购的应税消费品已纳的消费税税款。当期准予扣除外购应税消费品已纳消费税税款的计算公式为：

当期准予扣除的外购应税消费品已纳税款＝当期准予扣除的外购应税消费品买价×外购应税消费品适用税率

当期准予扣除的外购应税消费品买价＝期初库存的外购应税消费品的买价＋当期购进的应税消费品的买价－期末库存的外购应税消费品的买价

（2）委托加工收回的应税消费品已纳税款的扣除。

委托加工的应税消费品因为已由受托方代收代缴消费税，因此，委托方收回货物后用于连续生产应税消费品的，其已纳税款准予按照规定从连续生产的应税消费品应纳消费税税额中抵扣。

当期准予扣除委托加工收回的应税消费品已纳消费税税款的计算公式是：

当期准予扣除的委托加工应税消费品已纳税款＝期初库存的委托加工应税消费品已纳税款＋当期收回的委托加工应税消费品已纳税款－期末库存的委托加工应税消费品已纳税款

五、消费税的征收管理

（一）纳税义务发生时间

消费税纳税义务发生的时间，以货款结算方式或行为发生时间分别确定。

（1）纳税人销售应税消费品，其纳税义务的发生时间为：

① 纳税人采取赊销和分期收款结算方式的，为书面合同约定的收款日期的当天，书面合同没有约定收款日期或者无书面合同的，为发出应税消费品的当天。

② 纳税人采取预收货款结算方式的，其纳税义务的发生时间，为发出应税消费品的当天。

③ 纳税人采取托收承付和委托银行收款方式销售的应税消费品，其纳税义务的发生时间，为发出应税消费品并办妥托收手续的当天。

④ 纳税人采取其他结算方式的，其纳税义务的发生时间，为收讫销售款或者取得索取销售款凭据的当天。

（2）纳税人自产自用应税消费品，其纳税义务的发生时间，为移送使用的当天。

（3）纳税人委托加工应税消费品，其纳税义务的发生时间，为纳税人提货的当天。

(4) 纳税人进口应税消费品，其纳税义务的发生时间，为报关进口的当天。

（二）纳税期限

按照《消费税暂行条例》规定，消费税的纳税期限分别为1日、3日、5日、10日、15日、1个月或者1个季度。纳税人的具体纳税期限，由主管税务机关根据纳税人应纳税额的大小分别核定；不能按照固定期限纳税的，可以按次纳税。

（三）纳税地点

(1) 纳税人销售的应税消费品，以及自产自用的应税消费品，除国务院财政、税务主管部门另有规定外，应当向纳税人机构所在地或者居住地的主管税务机关申报纳税。

纳税人到外县（市）销售或者委托外县（市）代销自产应税消费品的，于应税消费品销售后，向机构所在地或者居住地主管税务机关申报纳税。

纳税人的总机构与分支机构不在同一县（市）的，应当分别向各自机构所在地的主管税务机关申报纳税；经财政部、国家税务总局或者其授权的财政、税务机关批准，可以由总机构汇总向总机构所在地的主管税务机关申报纳税。

(2) 委托个人加工的应税消费品，由委托方向其机构所在地或者居住地主管税务机关申报纳税。

(3) 进口的应税消费品，由进口人或者其代理人向报关地海关申报纳税。

第二节　消费税法律实务

【案例1】　卷烟批发企业应如何缴纳消费税

绿洲烟草公司是增值税的一般纳税人，并持有烟草批发许可证，2019年10月购进已税烟丝768.4万元（含增值税），而后将该批烟丝委托黑土地卷烟厂加工甲类卷烟420箱，黑土地卷烟厂每箱收取加工费0.12万元。

本月绿洲烟草公司按照约定收回黑土地卷烟厂加工的卷烟130箱，绿洲公司将其中50箱批发给红森烟草零售专卖店，取得销售额210万元；其余80箱作为投资，与其他三个股东合资成立了蓝溪烟草零售经销公司。

已知：甲类卷烟在生产（进口）环节消费税税率为56%，定额税率0.003元/支（一箱五万支，定额税150元）；批发商环节消费税比例税率11%，定额税率0.005元/支（一箱五万支，定额税250元）。

【问题】

1. 本月黑土地卷烟厂应如何代收代缴消费税？

2. 本月绿洲烟草公司在批发环节应如何缴纳消费税？

【解题思路】

1. 黑土地卷烟厂本月应代收代缴的消费税为：[768.4÷(1+13%)+420×0.12+420×0.015]÷(1−56%)×130÷420×56%+130×0.015=290.22+1.95=292.17(万元)。

2. 绿洲烟草公司应缴纳的消费税为：(210×11%+50×0.025)+(210÷50×80×11%+80×0.025)=63.31(万元)。

相关法律链接

1. **《消费税暂行条例》**第四条　委托加工的应税消费品，除受托方为个人外，由受托方在向委托方交货时代收代缴税款。委托加工的应税消费品，委托方用于连续生产应税消费品的，所纳税款准予按规定抵扣。

第八条　委托加工的应税消费品，按照受托方的同类消费品的销售价格计算纳税；没有同类消费品销售价格的，按照组成计税价格计算纳税。

实行从价定率办法计算纳税的组成计税价格计算公式：

组成计税价格一(材料成本+加工费)÷(l一比例税率)

实行复合计税办法计算纳税的组成计税价格计算公式：

组成计税价格一(材料成本+加工费+委托加工数量×定额税率)÷(1一比例税率)

2. **《关于调整卷烟消费税的通知》**　一、将卷烟批发环节从价税税率由5%提高至11%，并按0.005元/支加征从量税。

【案例2】　委托加工应税消费品应纳税额的计算

2019年12月，某市A企业委托该市B企业加工一批应税消费品，A企业为B企业提供原材料，原材料成本为5万元，支付B企业加工费4万元，其中包括B企业代垫的辅助材料4000元。

已知：该应税消费品适用消费税税率为10%。同时查知无同类消费品销售价格。

【要求】

试计算该应税消费品的消费税税款。

【解题思路】

本案中应缴的消费税税款为：(5+4)÷(1−10%)×10%=1(万元)。

相关法律链接

1.**《消费税暂行条例》**第八条　委托加工的应税消费品，按照受托方的同类消费品的销售价格计算纳税；没有同类消费品销售价格的，按照组成计税价格计算纳税。实行从价定率办法计算纳税的组成计税价格计算公式：

组成计税价格=(材料成本+加工费)÷(1−比例税率)

实行复合计税办法计算纳税的组成计税价格计算公式：

组成计税价格=(材料成本+加工费+委托加工数量×定额税率)÷(1−比例税率)

2.**《消费税暂行条例实施细则》**第七条　条例第四条第二款所称委托加工的应税消费品，是指由委托方提供原料和主要材料，受托方只收取加工费和代垫部分辅助材料加工的应税消费品。对于由受托方提供原材料生产的应税消费品，或者受托方先将原材料卖给委托方，然后再接受加工的应税消费品，以及由受托方以委托方名义购进原材料生产的应税消费品，不论在财务上是否作销售处理，都不得作为委托加工应税消费品，而应当按照销售自制应税消费品缴纳消费税。

委托加工的应税消费品直接出售的，不再缴纳消费税。

委托个人加工的应税消费品，由委托方收回后缴纳消费税。

【案例3】　金山卷烟厂应纳消费税案

金山卷烟厂生产销售卷烟和烟丝，2019年10月发生如下经济业务：

1. 1日，期初库存外购烟丝10万元，3日，购进已税烟丝买价20万元，31

日，期末结存烟丝5万元，这批烟丝用于生产卷烟。

2. 7日，销售卷烟50标准箱，取得不含税收入80万元(卷烟消费税税率为56%，单位税额为每标准箱150元)。

3. 10日，发往B烟厂烟叶一批，委托B烟厂加工烟丝，发出烟叶成本30万元，支付加工费5万元，B烟厂没有同类烟丝销售价格。

4. 15日，委托B烟厂加工的烟丝收回，出售一半，生产卷烟领用另一半。

5. 26日，没收逾期未收回的卷烟包装物押金11300元。

6. 28日，收回委托个体户王某加工的烟丝(发出烟叶成本为2万元，支付加工费6000元，王某处同类烟丝销售价格为5万元)，直接出售取得收入5.5万元。

7. 29日，该卷烟厂销售烟丝200万元，其中包括销售烟丝时向购买方收取的手续费10万元、集资费5万元、包装押金8万元。

【要求】

请分析并计算该烟厂当月应纳消费税税额。

【解题思路】

1. 在第1笔业务中，当期准予扣除的外购应税消费品已纳税款＝当期准予扣除的外购应税消费品买价×外购应税消费品适用税率为：(10＋20－5)×30%＝7.5(万元)。

2. 在第2笔业务中，应纳消费税额为：销售数量×定额税额＋销售额×比例税率＝50×0.015＋80×56%＝45.55(万元)。

3. 在第3笔业务中，应纳消费税额为：组成计税价格×税率＝(30＋5)÷(1－30%)×30%＝15(万元)。

4. 在第4笔业务中，可抵扣的消费税税额为：15÷2＝7.5(万元)。

5. 第5笔业务应纳消费税为：1.13÷(1＋13%)×56%＝0.56(万元)。

6. 第6笔业务应纳消费税为：5.5×30%＝1.65(万元)。

7. 第7笔业务应纳消费税为：(200－8)×30%＝57.6(万元)。

该卷烟厂当月应纳消费税税额为：45.55＋15＋0.56＋1.65＋57.6－7.5－7.5＝105.36(万元)。

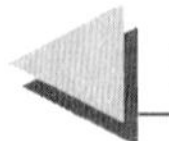

相关法律链接

1.**《消费税暂行条例》**第八条　委托加工的应税消费品，按照受托方的同类消费品的销售价格计算纳税；没有同类消费品销售价格的，按照组成计税价格计算纳税。

实行从价定率办法计算纳税的组成计税价格计算公式：

组成计税价格＝（材料成本＋加工费）÷（1－比例税率）

实行复合计税办法计算纳税的组成计税价格计算公式：

组成计税价格＝（材料成本＋加工费＋委托加工数量×定额税率）÷（1－比例税率）

2.**《消费税暂行条例实施细则》**第七条　条例第四条第二款所称委托加工的应税消费品，是指由委托方提供原料和主要材料，受托方只收取加工费和代垫部分辅助材料加工的应税消费品。对于由受托方提供原材料生产的应税消费品，或者受托方先将原材料卖给委托方，然后再接受加工的应税消费品，以及由受托方以委托方名义购进原材料生产的应税消费品，不论在财务上是否作销售处理，都不得作为委托加工应税消费品，而应当按照销售自制应税消费品缴纳消费税。

委托加工的应税消费品直接出售的，不再缴纳消费税。

委托个人加工的应税消费品，由委托方收回后缴纳消费税。

第十三条　应税消费品连同包装物销售的，无论包装物是否单独计价以及在会计上如何核算，均应并入应税消费品的销售额中缴纳消费税。如果包装物不作价随同产品销售，而是收取押金，此项押金则不应并入应税消费品的销售额中征税。但对因逾期未收回的包装物不再退还的或者已收取的时间超过12个月的押金，应并入应税消费品的销售额，按照应税消费品的适用税率缴纳消费税。

对既作价随同应税消费品销售，又另外收取押金的包装物的押金，凡纳税人在规定的期限内没有退还的，均应并入应税消费品的销售额，按照应税消费品的适用税率征收消费税。

第十四条　条例第六条所称价外费用，是指价外向购买方收取的手续费、补贴、基金、集资费、返还利润、奖励费、违约金、滞纳金、延期付款利息、赔

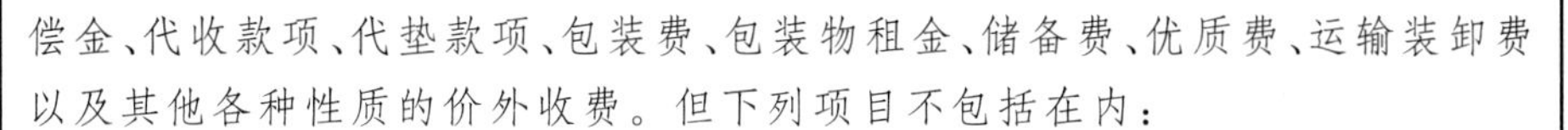

偿金、代收款项、代垫款项、包装费、包装物租金、储备费、优质费、运输装卸费以及其他各种性质的价外收费。但下列项目不包括在内：

（一）同时符合以下条件的代垫运输费用：

1. 承运部门的运输费用发票开具给购买方的；

2. 纳税人将该项发票转交给购买方的。

（二）同时符合以下条件代为收取的政府性基金或者行政事业性收费：

1. 由国务院或者财政部批准设立的政府性基金，由国务院或者省级人民政府及其财政、价格主管部门批准设立的行政事业性收费；

2. 收取时开具省级以上财政部门印制的财政票据；

3. 所收款项全额上缴财政。

3.**《关于用外购和委托加工收回的应税消费品连续生产应税消费品征收消费税问题的通知》** 二、当期准予扣除的外购或委托加工收回的应税消费品的已纳消费税税款，应按当期生产领用数量计算。计算公式如下：

（一）当期准予扣除的外购应税消费品已纳税款＝当期准予扣除的外购应税消费品买价×外购应税消费品适用税率

当期准予扣除的外购应税消费品买价＝期初库存的外购应税消费品的买价＋当期购进的应税消费品的买价－期末库存的外购应税消费品的买价

（二）当期准予扣除的委托加工应税消费品已纳税款＝期初库存的委托加工应税消费品已纳税款＋当期收回的委托加工应税消费品已纳税款－期末库存的委托加工应税消费品已纳税款

【案例4】 用于抵债的应税消费品应纳消费税未纳案

某化妆品公司2019年拖欠某原材料生产企业货款22.6万元，后该化妆品公司与原材料生产企业协商，愿以该公司生产的高档化妆品实物抵偿这笔债务。经原材料生产企业同意，化妆品公司以价值20万元的高档化妆品及销项税额2.6万元共计22.6万元抵偿这笔债务，原材料生产企业以这批化妆品作为劳动节礼品发给了职工。化妆品公司缴纳了增值税款，却没有申报缴纳消费税款。

【问题】

用于抵债的应税消费品是否缴纳消费税？

【解题思路】

用于抵债的应税消费品也应缴纳消费税，以防止企业间以交换货物的方式偷逃税。

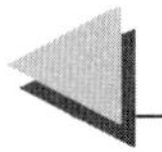

相关法律链接

1.**《关于调整化妆品消费税政策的通知》** 一、取消对普通美容、修饰类化妆品征收消费税，将“化妆品”税目名称更名为“高档化妆品”。征收范围包括高档美容、修饰类化妆品、高档护肤类化妆品和成套化妆品。税率调整为15%。

高档美容、修饰类化妆品和高档护肤类化妆品是指生产（进口）环节销售（完税）价格（不含增值税）在10元/毫升（克）或15元/片（张）及以上的美容、修饰类化妆品和护肤类化妆品。

2.**《消费税暂行条例》**第六条 销售额为纳税人销售应税消费品向购买方收取的全部价款和价外费用。

3.**《消费税暂行条例实施细则》**第十二条 条例第六条所称销售额，不包括应向购货方收取的增值税税款。如果纳税人应税消费品的销售额中未扣除增值税税款或者因不得开具增值税专用发票而发生价款和增值税税款合并收取的，在计算消费税时，应当换算为不含增值税税款的销售额。其换算公式为：

应税消费品的销售额＝含增值税的销售额÷（1＋增值税税率或者征收率）

【案例5】 某酒厂收到代销清单未纳消费税案

某酒厂为增值税一般纳税人，2019年11月税务部门对该酒厂流转税纳税情况进行审查。稽查人员查看了企业的会计报表、账簿和增值税、消费税纳税申报表等资料，发现企业“委托代销商品”账户有借方发生额。于是查阅了委托代销合同，发现酒厂9月份委托某商业企业代销粮食白酒，以成本价结转了库存商品，合同规定受托代销企业按不含税销售额的6%收取手续费。次月酒厂收到代销清单，清单资料如下：销售粮食白酒5000公斤，不含税销售额为60000元，

代收白酒增值税额为7800元，按合同规定计扣代销手续费3600元。酒厂实际收到货款64200元，账务处理如下：

借：银行存款　　64200

　贷：应付账款　　64200

经查实，该批粮食白酒成本价为24000元，消费税税率为20%。

依税法规定，该酒厂将产品委托他人代销属视同销售行为，以收到代销清单之日确定为纳税义务发生时间。

【问题】

1. 该企业申报的流转税额是否正确？
2. 该企业应补缴多少增值税和消费税？

【解题思路】

1. 该企业申报的流转税额不正确。
2. 该企业应补增值税为：60000×13%＝7800（元），应补消费税为：60000×20%＋5000×2×0.5＝17000（元）。

相关法律链接

1. **《关于调整和完善消费税政策的通知》** 四、关于调整税目税率

（四）调整白酒税率。

粮食白酒、薯类白酒的比例税率统一为20%。定额税率为0.5元/斤（500克）或0.5元/500毫升。从量定额税的计量单位按实际销售商品重量确定，如果实际销售商品是按体积标注计量单位的，应按500毫升为1斤换算，不得按酒度折算。

2. **《增值税暂行条例实施细则》**第四条　单位或个体经营者的下列行为，视同销售货物：

（一）将货物交付其他单位或者个人代销；

（二）销售代销货物；

（三）设有两个以上机构并实行统一核算的纳税人，将货物从一个机构移送其他机构用于销售，但相关机构设在同一县（市）的除外；

（四）将自产或者委托加工的货物用于非增值税应税项目；

（五）将自产、委托加工的货物用于集体福利或者个人消费；

（六）将自产、委托加工或者购进的货物作为投资，提供给其他单位或者个体工商户；

（七）将自产、委托加工或者购进的货物分配给股东或者投资者；

（八）将自产、委托加工或者购进的货物无偿赠送其他单位或者个人。

3. **《消费税暂行条例实施细则》**第八条　消费税纳税义务发生时间，根据条例第四条的规定，分列如下：

（一）纳税人销售应税消费品的，按不同的销售结算方式分别为：

1. 采取赊销和分期收款结算方式的，为书面合同约定的收款日期的当天，书面合同没有约定收款日期或者无书面合同的，为发出应税消费品的当天；

2. 采取预收货款结算方式的，为发出应税消费品的当天；

3. 采取托收承付和委托银行收款方式的，为发出应税消费品并办妥托收手续的当天；

4. 采取其他结算方式的，为收讫销售款或者取得索取销售款凭据的当天。

（二）纳税人自产自用应税消费品的，为移送使用的当天。

（三）纳税人委托加工应税消费品的，为纳税人提货的当天。

（四）纳税人进口应税消费品的，为报关进口的当天。

【案例6】　如何计算酒厂的消费税

新兴酒厂2019年9月份发生如下经济业务：

1. 销售粮食白酒10000瓶，每瓶500克，每瓶不含税售价为200元，同时，销售黄酒500吨。

2. 销售薯类白酒5000箱，每箱300元，每箱10瓶，每瓶500克。收取包装物押金3000元（不含税），采取委托收款结算方式，货已发出，托收手续已办妥。

3. 向方圆商场分期收款销售的其他酒的第三批收款期限已到，按照双方签订的合同规定，本期应收货款40000元，但方圆商场由于资金周转困难尚未付款。

【要求】

计算新兴酒厂9月应纳消费税税额（注：白酒定额税率0.5元/500克；比例

税率为20%；黄酒定额税率240元/吨）。

【解题思路】

第1笔业务应纳消费税为：10000×200×20%+10000×0.5+500×240=525000(元)。

第2笔业务应纳消费税为：5000×300×20%+50000×0.5=325000(元)。

第3笔业务应纳消费税为：40000×10%=4000(元)。

当月合计应纳消费税税额为：525000+325000+4000=854000(元)。

相关法律链接

1.**《关于调整和完善消费税政策的通知》** 四、关于调整税目税率

（四）调整白酒税率。

粮食白酒、薯类白酒的比例税率统一为20%。定额税率为0.5元/斤(500克)或0.5元/500毫升。从量定额税的计量单位按实际销售商品重量确定，如果实际销售商品是按体积标注计量单位的，应按500毫升为1斤换算，不得按酒度折算。

2.**《消费税暂行条例实施细则》**第八条 消费税纳税义务发生时间，根据条例第四条的规定，分列如下：

（一）纳税人销售应税消费品的，按不同的销售结算方式分别为：

1. 采取赊销和分期收款结算方式的，为书面合同约定的收款日期的当天，书面合同没有约定收款日期或者无书面合同的，为发出应税消费品的当天；

2. 采取预收货款结算方式的，为发出应税消费品的当天；

3. 采取托收承付和委托银行收款方式的，为发出应税消费品并办妥托收手续的当天；

4. 采取其他结算方式的，为收讫销售款或者取得索取销售款凭据的当天。

（二）纳税人自产自用应税消费品的，为移送使用的当天。（三）纳税人委托加工应税消费品的，为纳税人提货的当天。

（四）纳税人进口应税消费品的，为报关进口的当天。

第四章　企业所得税法

第一节　企业所得税法基本问题

企业所得税是指企业和其他取得收入的组织，就其生产经营所得和其他所得依法缴纳的一种税。

一、纳税主体与客体

根据我国《企业所得税法》的规定，除个人独资企业、合伙企业不适用企业所得税法外，凡在中华人民共和国境内，企业和其他取得收入的组织（以下统称企业）为企业所得税的纳税人。

企业所得税的纳税人分为居民企业和非居民企业。居民企业，是指依法在中国境内成立，或者依照外国（地区）法律成立但实际管理机构在中国境内的企业。非居民企业，是指依照外国（地区）法律成立且实际管理机构不在中国境内，但在中国境内设立机构、场所的，或者在中国境内未设立机构、场所，但有来源于中国境内所得的企业。

企业所得税的征税客体是指企业的生产经营所得、其他所得和清算所得。

居民企业应当就其来源于中国境内、境外的所得缴纳企业所得税。非居民企业在中国境内设立机构、场所的，应当就其所设机构、场所取得的来源于中国境内的所得，以及发生在中国境外但与其所设机构、场所有实际联系的所得，缴纳企业所得税。非居民企业在中国境内未设立机构、场所的，或者虽设立机构、场所但取得的所得与其所设机构、场所没有实际联系的，应当就其来源于中国境内的所得缴纳企业所得税。

表 4-1　居民企业和非居民企业的纳税义务

企业类型	所负纳税义务	具体范围
居民企业	无限纳税义务	来源于中国境内、境外的所得
非居民企业	有限纳税义务	1. 来源于中国境内的所得 2. 发生在中国境外但与其在中国境内所设机构、场所有实际联系的所得

二、税率

企业所得税实行比例税率。企业所得税的基本税率为25%,适用于居民企业和在中国境内设有机构、场所且所得与机构、场所有关联的非居民企业。但在中国境内未设立机构、场所但有来源于中国境内所得的,或者虽设立机构、场所但取得的所得与其所设机构、场所没有实际联系的非居民企业,适用20%的低税率(在实际适用时减按10%的优惠税率征税)。

三、应纳税所得额与应纳税额的计算

企业应税所得额的计算以权责发生制为原则,属于当期的收入和费用,不论款项是否收付,均作为当期的收入和费用;不属于当期的收入和费用,即使款项已经在当期收付,均不得作为当期的收入和费用。

应税所得额的计算方法分为直接计算法和间接计算法。在直接计算法下,企业每一纳税年度的收入总额减除不征税收入、免税收入、各项扣除以及允许弥补的以前年度亏损后的余额为应纳税所得额;在间接计算法下,在企业利润总额的基础上加上或减去按照税法规定调整的项目金额后,即为应纳税所得额。

企业的应纳税所得额乘以适用税率,减除依照企业所得税法关于税收优惠的规定减免和抵免的税额后的余额,为应纳税额。计算公式为:

应纳税额=应纳税所得额×适用税率－减免税额－抵免税额

企业取得的下列所得已在境外缴纳的所得税税额,可以从其当期应纳税额中抵免,抵免限额为该项所得依照企业所得税法规定计算的应纳税额;超过抵免限额的部分,可以在以后5个年度内,用每年度抵免限额抵免当年应抵税额后的余额进行抵补:(1)居民企业来源于中国境外的应税所得;(2)非居民企业在中国境内设立机构、场所,取得发生在中国境外但与该机构、场所有实际联系的应税所得。

1. 收入总额

企业以货币形式和非货币形式从各种来源取得的收入,为收入总额。具体包括:

(1) 销售货物收入;

(2) 提供劳务收入;

(3) 转让财产收入;

(4) 股息、红利等权益性投资收益;

(5) 利息收入;

（6）租金收入；

（7）特许权使用费收入；

（8）接受捐赠收入；

（9）其他收入。

2. 不征税收入

下列收入为不征税收入：

（1）财政拨款；

（2）依法收取并纳入财政管理的行政事业性收费、政府性基金；

（3）国务院规定的其他不征税收入。

3. 免税收入

下列收入为免税收入：

（1）国债利息收入；

（2）符合条件的居民企业之间的股息、红利等权益性投资收益；

（3）在中国境内设立机构、场所的非居民企业从居民企业取得与该机构、场所有实际联系的股息、红利等权益性投资收益；

（4）符合条件的非营利组织的收入。

4. 扣除的项目范围及标准

企业实际发生的与取得收入有关的、合理的支出，包括成本、费用、税金、损失和其他支出，准予在计算应纳税所得额时扣除。

① 成本，是指企业在生产经营活动中发生的销售成本、销货成本、业务支出及其他耗费，即企业销售商品、提供劳务、转让固定资产、无形资产的成本。② 费用，是指企业每一个纳税年度为生产、经营商品和提供劳务等所发生的销售费用、管理费用和财务费用。已经计入成本的有关费用除外。③ 税金，是企业发生的除企业所得税和允许抵扣的增值税以外的企业缴纳的各项税金及其附加。④ 损失，是指企业在生产经营活动中发生的固定资产和存货的盘亏、毁损、报废损失、转让财产损失、呆账损失、坏账损失、自然灾害等不可抗力因素造成的损失以及其他损失。⑤ 其他支出，是指除成本、费用、税金、损失外，企业在生产经营活动中发生的与生产经营活动有关的、合理的支出。

具体扣除项目及标准包括：

（1）工资、薪金支出。企业发生的合理的工资、薪金支出，准予据实扣除。工资薪金，是指企业每一纳税年度支付给在本企业任职或者受雇的员工的所有现金形式或者非现金形式的劳动报酬，包括基本工资、奖金、津贴、补贴、年终加薪、加班工资，以及与员工任职或者受雇有关的其他支出。

(2) 企业发生的职工福利费支出，不超过工资薪金总额 14%的部分，准予扣除。

(3) 企业拨缴的工会经费，不超过工资薪金总额 2%的部分，准予扣除。

(4) 除国务院财政、税务主管部门另有规定外，企业发生的职工教育经费支出，不超过工资薪金总额 8%的部分，准予扣除；超过部分，准予在以后纳税年度结转扣除。

(5) 社会保险费。企业依照国务院有关主管部门或者省级人民政府规定的范围和标准为职工缴纳的基本养老保险费、基本医疗保险费、失业保险费、工伤保险费、生育保险费等基本社会保险费和住房公积金，准予扣除。企业为投资者或者职工支付的补充养老保险费、补充医疗保险费，在国务院财政、税务主管部门规定的范围和标准内，准予扣除。

除企业依照国家有关规定为特殊工种职工支付的人身安全保险费和国务院财政、税务主管部门规定可以扣除的其他商业保险费外，企业为投资者或者职工支付的商业保险费，不得扣除。

(6) 借款费用。企业在生产经营活动中发生的合理的不需要资本化的借款费用，准予扣除。企业为购置、建造固定资产、无形资产和经过 12 个月以上的建造才能达到预定可销售状态的存货发生借款的，在有关资产购置、建造期间发生的合理的借款费用，应当作为资本性支出计入有关资产的成本，并依照《企业所得税法实施条例》的规定扣除。

(7) 利息费用。企业在生产经营活动中发生的下列利息支出，准予扣除：① 非金融企业向金融企业借款的利息支出、金融企业的各项存款利息支出和同业拆借利息支出、企业经批准发行债券的利息支出；② 非金融企业向非金融企业借款的利息支出，不超过按照金融企业同期同类贷款利率计算的数额的部分。

(8) 汇兑损失。企业在货币交易中，以及纳税年度终了时将人民币以外的货币性资产、负债按照期末即期人民币汇率中间价折算为人民币时产生的汇兑损失，除已经计入有关资产成本以及与向所有者进行利润分配相关的部分外，准予扣除。

(9) 业务招待费。企业发生的与生产经营活动有关的业务招待费支出，按照发生额的 60%扣除，但最高不得超过当年销售(营业)收入的 5‰。

(10) 广告费和业务宣传费。企业发生的符合条件的广告费和业务宣传费支出，除国务院财政、税务主管部门另有规定外，不超过当年销售(营业)收入 15%的部分，准予扣除；超过部分，准予在以后纳税年度结转扣除。自 2021 年 1 月 1 日起至 2025 年 12 月 31 日止，对化妆品制造、医药制造和饮料制造(不含酒类制造）企业发生的广告和业务宣传费支出，不超过当年销售（营业）收入30%的部分，准予扣除；超过部分，准予在以后纳税年度结转扣除。

（11）环境保护专项资金。企业依照法律、行政法规有关规定提取的用于环境保护、生态恢复等方面的专项资金，准予扣除。上述专项资金提取后改变用途的，不得扣除。

（12）企业参加财产保险，按照规定缴纳的保险费，准予扣除。

表4-2　可以扣除的保险费

保险费类型		投保对象	能否扣除
财产保险		企业财产	准予扣除
		职工家庭财产	不得扣除
人身保险	社会保险	五险一金、补充养老保险费、补充医疗保险费	准予扣除
	商业保险	为股东、职工支付	不得扣除
		为特殊工种职工支付	准予扣除

（13）企业根据生产经营活动的需要租入固定资产支付的租赁费，按照以下方法扣除：① 以经营租赁方式租入固定资产发生的租赁费支出，按照租赁期限均匀扣除；② 以融资租赁方式租入固定资产发生的租赁费支出，按照规定构成融资租入固定资产价值的部分应当提取折旧费用，分期扣除。

（14）企业发生的合理的劳动保护支出，准予扣除。

（15）非居民企业在中国境内设立的机构、场所，就其中国境外总机构发生的与该机构、场所生产经营有关的费用，能够提供总机构出具的费用汇集范围、定额、分配依据和方法等证明文件，并合理分摊的，准予扣除。

（16）企业发生的公益性捐赠支出，在年度利润总额12%以内的部分，准予在计算应纳税所得额时扣除，超过部分，准予向以后年度结转3年扣除。

公益性捐赠，是指企业通过公益性社会团体或者县级以上人民政府及其部门，用于《公益事业捐赠法》规定的公益事业的捐赠。年度利润总额，是指企业依照国家统一会计制度的规定计算的年度会计利润。

自2019年1月1日至2022年12月31日，企业通过公益性社会组织或者县级（含县级）以上人民政府及其组成部门和直属机构，用于目标脱贫地区的扶贫捐赠支出，准予在计算企业所得税应纳税所得额时据实扣除。在政策执行期限内，目标脱贫地区实现脱贫的，可继续适用上述政策。

（17）在计算应纳税所得额时，企业按照规定计算的固定资产折旧，准予

扣除。

(18) 企业按照规定计算的无形资产摊销费用,准予扣除。

(19) 企业发生的下列支出作为长期待摊费用,按照规定摊销的,准予扣除:已足额提取折旧的固定资产的改建支出;租入固定资产的改建支出;固定资产的大修理支出;其他应当作为长期待摊费用的支出。

(20) 企业使用或者销售存货,按照规定计算的存货成本,准予在计算应纳税所得额时扣除。

(21) 企业转让资产,该项资产的净值,准予在计算应纳税所得额时扣除。

5. 不得扣除的项目

在计算应纳税所得额时,下列支出不得扣除:

(1) 向投资者支付的股息、红利等权益性投资收益款项;

(2) 企业所得税税款;

(3) 税收滞纳金;

(4) 罚金、罚款和被没收财物的损失;

(5) 超过规定标准的捐赠支出;

(6) 赞助支出;

(7) 未经核定的准备金支出;

(8) 企业之间支付的管理费、企业内营业机构之间支付的租金和特许权使用费;

(9) 非银行企业内营业机构之间支付的利息;

(10) 与取得收入无关的其他支出。

6. 亏损弥补

企业纳税年度发生的亏损,准予向以后年度结转,用以后年度的所得弥补,但结转年限最长不得超过 5 年。

自 2018 年 1 月 1 日起,当年具备高新技术企业或科技型中小企业资格的企业,其具备资格年度之前 5 个年度发生的尚未弥补完的亏损,准予结转以后年度弥补,最长结转年限由 5 年延长至 10 年。

四、税收优惠

税收优惠,是指国家对特定企业和课税对象给予减轻或免除税收负担的一种措施。

1. 免征与减征

企业的下列所得,可以免征、减征企业所得税:

（1）从事农、林、牧、渔业项目的所得；

（2）从事国家重点扶持的公共基础设施项目投资经营的所得；

（3）从事符合条件的环境保护、节能节水项目的所得；

（4）符合条件的技术转让所得。

2. 降低税率

在下列情况下，可以降低税率：

（1）2019年1月1日至2021年12月31日，对小型微利企业年应纳税所得额不超过100万元的部分，减按25%计入应纳税所得额，按20%的税率缴纳企业所得税；对年应纳税所得额超过100万元但不超过300万元的部分，减按50%计入应纳税所得额，按20%的税率缴纳企业所得税。小型微利企业是指从事国家非限制和禁止行业，且同时符合年度应纳税所得额不超过300万元、从业人数不超过300人、资产总额不超过5000万元等三个条件的企业。

（2）国家重点扶持的高新技术企业、技术先进型服务企业、西部鼓励类产业企业、从事污染防治的第三方企业等减按15%的税率征收企业所得税。

3. 加计扣除额

企业的下列支出，可以在计算应纳税所得额时加计扣除：

（1）一般企业的研究开发费用，未形成无形资产的，按照实际发生额的75%加计扣除；形成无形资产的，按照无形资产成本的175%在税前摊销；

（2）科技型中小企业的研究开发费用，未形成无形资产的，按照实际发生额的75%加计扣除；形成无形资产的，按照无形资产成本的175%在税前摊销；

（3）企业安置残疾人员及所支付的工资，按照支付给残疾职工工资的100%加计扣除；

（4）企业委托境外的研发费用按照费用实际发生额的80%计入委托方的委托境外研发费用，不超过境内符合条件的研发费用2/3的部分，可以按规定在企业所得税前加计扣除。

4. 减计收入额

企业综合利用资源，生产符合国家产业政策规定的产品所取得的收入，可以在计算应纳税所得额时减计收入。

5. 抵扣应纳税所得额

创业投资企业从事国家需要重点扶持和鼓励的创业投资，可以按投资额的一定比例抵扣应纳税所得额。

6. 抵免税额

企业购置用于环境保护、节能节水、安全生产等专用设备的投资额，可以按一定比例实行税额抵免。

7. 加速折旧

企业的固定资产由于技术进步等原因，确需加速折旧的，可以缩短折旧年限或者采取加速折旧的方法。

8. 非居民企业优惠

在我国境内未设机构场所的非居民企业，减按10%的所得税税率征收企业所得税。外国政府向中国政府提供贷款取得的利息所得、国际金融组织向中国政府和居民企业提供优惠贷款取得的利息所得以及经国务院批准的其他所得免征企业所得税。

9. 特殊行业优惠

为鼓励某些特定行业的发展，国家在一定时期内给予这些行业，如软件产业、集成电路产业、证券投资基金、节能服务公司等特定的税收优惠。

五、特别纳税调整

(1) 企业与其关联方之间的业务往来，不符合独立交易原则而减少企业或者其关联方应纳税收入或者所得额的，税务机关有权按照合理方法调整。企业与其关联方共同开发、受让无形资产，或者共同提供、接受劳务发生的成本，在计算应纳税所得额时应当按照独立交易原则进行分摊。

(2) 企业可以向税务机关提出与其关联方之间业务往来的定价原则和计算方法，税务机关与企业协商、确认后，达成预约定价安排。

(3) 企业向税务机关报送年度企业所得税纳税申报表时，应当就其与关联方之间的业务往来，附送年度关联业务往来报告表。税务机关在进行关联业务调查时，企业及其关联方，以及与关联业务调查有关的其他企业，应当按照规定提供相关资料。

(4) 企业不提供与其关联方之间业务往来资料，或者提供虚假、不完整资料，未能真实反映其关联业务往来情况的，税务机关有权依法核定其应纳税所得额。

(5) 由居民企业，或者由居民企业和中国居民控制的设立在实际税负明显低于我国法定税率水平的国家(地区)的企业，并非由于合理的经营需要而对利润不作分配或者减少分配的，上述利润中应归属于该居民企业的部分，应当计入该居民企业的当期收入。

(6) 企业从其关联方接受的债权性投资与权益性投资的比例超过规定标准

而发生的利息支出，不得在计算应纳税所得额时扣除。

（7）企业实施其他不具有合理商业目的的安排而减少其应纳税收入或者所得额的，税务机关有权按照合理方法调整。

（8）税务机关依照《企业所得税法》规定作出纳税调整，需要补征税款的，应当补征税款并按照国务院规定加收利息。

六、征收管理

（1）除税收法律、行政法规另有规定外，居民企业以企业登记注册地为纳税地点；但登记注册地在境外的，以实际管理机构所在地为纳税地点。居民企业在中国境内设立不具有法人资格的营业机构的，应当汇总计算并缴纳企业所得税。

（2）非居民企业在中国境内设立机构、场所的，其所设机构、场所取得的来源于中国境内的所得，以及发生在中国境外但与其所设机构、场所有实际联系的所得，以机构、场所所在地为纳税地点。非居民企业在中国境内设立两个或者两个以上机构、场所的，经税务机关审核批准，可以选择由其主要机构、场所汇总缴纳企业所得税。

非居民企业在中国境内未设立机构、场所的，或者虽设立机构、场所但取得的所得与其所设机构、场所没有实际联系的，以扣缴义务人所在地为纳税地点。

（3）除国务院另有规定外，企业之间不得合并缴纳企业所得税。

（4）企业所得税按纳税年度计算。纳税年度自公历 1 月 1 日起至 12 月 31 日止。企业在一个纳税年度中间开业，或者终止经营活动，使该纳税年度的实际经营期不足 12 个月的，应当以其实际经营期为一个纳税年度。企业依法清算时，应当以清算期间作为一个纳税年度。

（5）企业所得税分月或者分季预缴。企业应当自月份或者季度终了之日起 15 日内，向税务机关报送预缴企业所得税纳税申报表，预缴税款。企业应当自年度终了之日起 5 个月内，向税务机关报送年度企业所得税纳税申报表，并汇算清缴，结清应缴应退税款。企业在报送企业所得税纳税申报表时，应当按照规定附送财务会计报告和其他有关资料。

（6）企业在年度中间终止经营活动的，应当自实际经营终止之日起 60 日内，向税务机关办理当期企业所得税汇算清缴。企业应当在办理注销登记前，就其清算所得向税务机关申报并依法缴纳企业所得税。

第二节　企业所得税法律实务

【案例1】　合伙企业是否为企业所得税的纳税主体

G企业是国内一家大型家电连锁企业，从事家电销售业务，2019年全年企业应纳税所得额为247万元。H公司是一家以从事特种光源生产为主的美国企业，其实际管理机关也设在美国，且在我国境内未设立机构场所，2019年在上海举办了一次产品展销会，取得应纳税所得额50万元。J家政中心成立于2017年，成立时的经济性质为合伙企业，由于服务周到、信誉良好，到2019年发展成为拥有60名从业人员的有限责任公司，在工商行政管理部门办理了变更登记，且符合小型微利企业的条件，2019年应纳税所得额为12万元。W公司成立于2017年，主要从事电子信息技术开发业务，并被认定为高新技术企业，2019年应纳税所得额为800万元。

【要求】

请分析并计算以上四家企业2019年应纳的企业所得税。

【解题思路】

1. G企业是居民企业，适用25%的税率，应纳税额为：247×25%＝61.75(万元)。

2. H公司属于在我国境内未设立机构、场所的非居民企业，适用20%的税率，实际减按10%的税率征收，应纳税额为：50×10%＝5(万元)。

3. J家政中心前身是合伙企业，是个人所得税的纳税主体，不缴纳企业所得税；但是变更为有限责任公司后即成为企业所得税的纳税人，并属于符合条件的小型微利企业，其应纳税额为：12×25%×20%＝0.6(万元)。

4. W公司属于国家重点扶植的高新技术企业，减按15%的税率征税，应纳税额为：800×15%＝120(万元)。

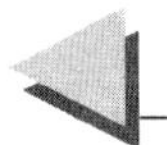

相关法律链接

1.《企业所得税法》第一条　在中华人民共和国境内，企业和其他取得收入的组织（以下统称企业）为企业所得税的纳税人，依照本法的规定缴纳企业所得税。

个人独资企业、合伙企业不适用本法。

第三条　居民企业应当就其来源于中国境内、境外的所得缴纳企业所得税。

非居民企业在中国境内设立机构、场所的，应当就其所设机构、场所取得的来源于中国境内的所得，以及发生在中国境外但与其所设机构、场所有实际联系的所得，缴纳企业所得税。

非居民企业在中国境内未设立机构、场所的，或者虽设立机构、场所但取得的所得与其所设机构、场所没有实际联系的，应当就其来源于中国境内的所得缴纳企业所得税。

第四条　企业所得税的税率为25%。

非居民企业取得本法第三条第三款规定的所得，适用税率为20%。

第二十七条　企业的下列所得，可以免征、减征企业所得税：

（一）从事农、林、牧、渔业项目的所得；

（二）从事国家重点扶持的公共基础设施项目投资经营的所得；

（三）从事符合条件的环境保护、节能节水项目的所得；

（四）符合条件的技术转让所得；

（五）本法第三条第三款规定的所得。

第二十八条　符合条件的小型微利企业，减按20%的税率征收企业所得税。

国家需要重点扶持的高新技术企业，减按15%的税率征收企业所得税。

2.《企业所得税法实施条例》第六条　企业所得税法第三条所称所得，包括销售货物所得、提供劳务所得、转让财产所得、股息红利等权益性投资所得、利息所得、租金所得、特许权使用费所得、接受捐赠所得和其他所得。

第九十一条　非居民企业取得企业所得税法第二十七条第（五）项规定的所得，减按10%的税率征收企业所得税。……

第九十三条 企业所得税法第二十八条第二款所称国家需要重点扶持的高新技术企业，是指拥有核心自主知识产权，并同时符合下列条件的企业：

（一）产品（服务）属于《国家重点支持的高新技术领域》规定的范围；

（二）研究开发费用占销售收入的比例不低于规定比例；

（三）高新技术产品（服务）收入占企业总收入的比例不低于规定比例；

（四）科技人员占企业职工总数的比例不低于规定比例；

（五）高新技术企业认定管理办法规定的其他条件。

《国家重点支持的高新技术领域》和高新技术企业认定管理办法由国务院科技、财政、税务主管部门商国务院有关部门制定，报国务院批准后公布施行。

3. **《关于实施小微企业普惠性税收减免政策的通知》** 二、对小型微利企业年应纳税所得额不超过100万元的部分，减按25%计入应纳税所得额，按20%的税率缴纳企业所得税；对年应纳税所得额超过100万元但不超过300万元的部分，减按50%计入应纳税所得额，按20%的税率缴纳企业所得税。

上述小型微利企业是指从事国家非限制和禁止行业，且同时符合年度应纳税所得额不超过300万元、从业人数不超过300人、资产总额不超过5000万元等三个条件的企业。……

六、本通知执行期限为2019年1月1日至2021年12月31日。……

【案例2】 怎样辨别居民企业和非居民企业

三味公司是依据我国公司法设立的企业，其实际经营管理机构设在天津；四美公司是依据我国香港特别行政区的法律设立的企业，其实际经营管理机构也设在香港；五德公司是依据我国澳门特别行政区的法律设立的企业，其实际经营管理机构设在武汉。

【问题】

请问三味公司、四美公司和五德公司都是居民企业吗？

【解题思路】

1. 根据《企业所得税法》第2条的规定，居民企业，是指依法在中国境内成立，或者依照外国（地区）法律成立但实际管理机构在中国境内的企业；非居民企业，是指依照外国（地区）法律成立且实际管理机构不在中国境内，但在中国境内设立机构、场所的，或者在中国境内未设立机构、场所，但有来源于中国境内所得的企业。

2. 三味公司依据我国公司法设立，其实际经营管理机构设在我国境内，当然属于我国的居民企业。香港虽然是我国领土，但实行独立的税收制度，四美公司依据香港特别行政区的法律设立，且实际经营管理机构也设在香港，相当于“依照外国（地区）法律成立且实际管理机构不在中国境内”的企业，属于非居民企业。五德公司虽然依据澳门特别行政区的法律设立，但因其实际经营管理机构设在武汉，也属于居民企业。

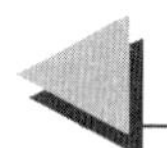

相关法律链接

1. **《企业所得税法》**第二条　企业分为居民企业和非居民企业。

本法所称居民企业，是指依法在中国境内成立，或者依照外国（地区）法律成立但实际管理机构在中国境内的企业。

本法所称非居民企业，是指依照外国（地区）法律成立且实际管理机构不在中国境内，但在中国境内设立机构、场所的，或者在中国境内未设立机构、场所，但有来源于中国境内所得的企业。

2. **《企业所得税法实施条例》**第三条　企业所得税法第二条所称依法在中国境内成立的企业，包括依照中国法律、行政法规在中国境内成立的企业、事业单位、社会团体以及其他取得收入的组织。

企业所得税法第二条所称依照外国（地区）法律成立的企业，包括依照外国（地区）法律成立的企业和其他取得收入的组织。

第四条　企业所得税法第二条所称实际管理机构，是指对企业的生产经营、人员、账务、财产等实施实质性全面管理和控制的机构。

第一百三十一条　在香港特别行政区、澳门特别行政区和台湾地区成立的企业，参照适用企业所得税法第二条第二款、第三款的有关规定。

【案例3】　企业如何弥补以前年度的亏损

假设甲企业2008—2017年间境内应纳税所得额如下所示（单位：万元）：

年份	2008	2009	2010	2011	2012	2013	2014	2015	2016	2017
应纳税所得额	－450	－150	65	50	75	55	200	－22	78	110

其中2014年境内应纳税所得额200万元，境外营业机构亏损88万元。

【要求】

根据上表资料计算该企业2008—2017年间共应缴纳的所得税税额。

【解题思路】

1. 2008年亏损，不纳所得税。

2. 2009年亏损，不纳所得税。

3. 2010年盈利65万元，但在2008年－450万元的亏损补亏期内，补亏后(65－450＝－385)，不纳所得税。

4. 2011年盈利50万元，仍在2008年－450万元的亏损补亏期内，补亏后(50－385＝－335)，不纳所得税。

5. 2012年盈利75万元，仍在2008年－450万元的亏损补亏期内，补亏后(75－335＝－260)，不纳所得税。

6. 2013年盈利55万元，仍在2008年－450万元的亏损补亏期内，补亏后(55－260＝－205)，不纳所得税。

7. 2014年盈利200万元，不在2008年－450万元的亏损补亏期内，但是在2009年－150万元的亏损补亏期内，应纳税所得额是200－150＝50(万元)，境外营业机构的亏损不得抵减境内营业机构的盈利。适用税率25％，企业2014年应纳税额为：50×25％＝12.5(万元)。

8. 2015年亏损，不纳所得税。

9. 2016年盈利78万元，但在2015年－22万元的亏损补亏期内，补亏后(78－22＝56)，适用税率25％，企业2016年应纳税额为：56×25％＝14(万元)。

10. 2017年企业盈利110万元，应纳税额为：110×25％＝27.5(万元)。

11. 甲企业2008年至2017年间共应缴纳的所得税税额为：12.5＋14＋27.5＝54(万元)。

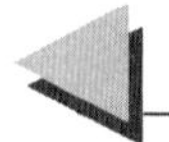

相关法律链接

1.**《企业所得税法》**第四条　企业所得税的税率为25%。非居民企业取得本法第三条第三款规定的所得，适用税率为20%。

第五条　企业每一纳税年度的收入总额，减除不征税收入、免税收入、各项扣除以及允许弥补的以前年度亏损后的余额，为应纳税所得额。

第十七条　企业在汇总计算缴纳企业所得税时，其境外营业机构的亏损不得抵减境内营业机构的盈利。

第十八条　企业纳税年度发生的亏损，准予向以后年度结转，用以后年度的所得弥补，但结转年限最长不得超过五年。

第二十二条　企业的应纳税所得额乘以适用税率，减除依照本法关于税收优惠的规定减免和抵免的税额后的余额，为应纳税额。

2.**《企业所得税法实施条例》**第十条　企业所得税法第五条所称亏损，是指企业依照企业所得税法和本条例的规定将每一纳税年度的收入总额减除不征税收入、免税收入和各项扣除后小于零的数额。

第七十六条　企业所得税法第二十二条规定的应纳税额的计算公式为：应纳税额＝应纳税所得额×适用税率－减免税额－抵免税额。

公式中的减免税额和抵免税额，是指依照企业所得税法和国务院的税收优惠规定减征、免征和抵免的应纳税额。

3.**《关于延长高新技术企业和科技型中小企业亏损结转年限的通知》**　为支持高新技术企业和科技型中小企业发展，现就高新技术企业和科技型中小企业亏损结转年限政策通知如下：

一、自2018年1月1日起，当年具备高新技术企业或科技型中小企业资格（以下统称资格）的企业，其具备资格年度之前5个年度发生的尚未弥补完的亏损，准予结转以后年度弥补，最长结转年限由5年延长至10年。

二、本通知所称高新技术企业，是指按照《科技部 财政部 国家税务总局关于修订印发〈高新技术企业认定管理办法〉的通知》（国科发火〔2016〕32号）规定认定的高新技术企业；所称科技型中小企业，是指按照《科技部 财政部 国家税务总局关于印发〈科技型中小企业评价办法〉的通知》（国科发政〔2017〕115号）规定取得科技型中小企业登记编号的企业。

【案例 4】　高等院校创收是否应纳企业所得税

北京某高校开办自学考试辅导班，2019 年获得纯收益 89 万元。该学校财务处认为，对于其开办自学考试辅导班所获得的收益，不应征收企业所得税，故未进行纳税申报。而当地税务机关则坚持认为，该学校开办自考班的收益必须缴纳企业所得税。

【问题】

请问该高校应就该项收益缴纳企业所得税吗？

【解题思路】

该高校开办自学考试辅导班所得的收益应当缴纳企业所得税，进行纳税申报。该高校属于我国企业所得税法中规定纳税人中的“其他取得收入的组织”；其开办自学考试辅导班的收入为“提供劳务收入”中的“教育培训收入”，是高校在完成国家教育事业计划之外从事有偿活动所获得的营利性活动收入。所以本题中该高校对其开办自学考试辅导班的所得，应当缴纳企业所得税。

相关法律链接

1.《企业所得税法》第一条　在中华人民共和国境内，企业和其他取得收入的组织（以下统称企业）为企业所得税的纳税人，依照本法的规定缴纳企业所得税。

第二条　企业分为居民企业和非居民企业。本法所称居民企业，是指依法在中国境内成立，或者依照外国（地区）法律成立但实际管理机构在中国境内的企业。本法所称非居民企业，是指依照外国（地区）法律成立且实际管理机构不在中国境内，但在中国境内设立机构、场所的，或者在中国境内未设立机构、场所，但有来源于中国境内所得的企业。

第三条　居民企业应当就其来源于中国境内、境外的所得缴纳企业所得税。

非居民企业在中国境内设立机构、场所的，应当就其所设机构、场所取得的来源于中国境内的所得，以及发生在中国境外但与其所设机构、场所有实际联系的所得，缴纳企业所得税。

非居民企业在中国境内未设立机构、场所的，或者虽设立机构、场所但取得的所得与其所设机构、场所没有实际联系的，应当就其来源于中国境内的所得缴纳企业所得税。

第四条　企业所得税的税率为25%。非居民企业取得本法第三条第三款规定的所得，适用税率为20%。

第六条　企业以货币形式和非货币形式从各种来源取得的收入，为收入总额。包括：

（一）销售货物收入；

（二）提供劳务收入；

（三）转让财产收入；

（四）股息、红利等权益性投资收益；

（五）利息收入；

（六）租金收入；

（七）特许权使用费收入；

（八）接受捐赠收入；

（九）其他收入。

第二十六条　企业的下列收入为免税收入：

（一）国债利息收入；

（二）符合条件的居民企业之间的股息、红利等权益性投资收益；

（三）在中国境内设立机构、场所的非居民企业从居民企业取得与该机构、场所有实际联系的股息、红利等权益性投资收益；

（四）符合条件的非营利组织的收入。

2.**《企业所得税法实施条例》**第二条　企业所得税法第一条所称个人独资企业、合伙企业，是指依照中国法律、行政法规成立的个人独资企业、合伙企业。

第十五条　企业所得税法第六条第（二）项所称提供劳务收入，是指企业从事建筑安装、修理修配、交通运输、仓储租赁、金融保险、邮电通信、咨询经纪、文化体育、科学研究、技术服务、教育培训、餐饮住宿、中介代理、卫生保健、社区服务、旅游、娱乐、加工以及其他劳务服务活动取得的收入。

第八十四条　企业所得税法第二十六条第（四）项所称符合条件的非营利组织，是指同时符合下列条件的组织：

（一）依法履行非营利组织登记手续；

（二）从事公益性或者非营利性活动；

（三）取得的收入除用于与该组织有关的、合理的支出外，全部用于登记核定或者章程规定的公益性或者非营利性事业；

（四）财产及其孳息不用于分配；

（五）按照登记核定或者章程规定，该组织注销后的剩余财产用于公益性或者非营利性目的，或者由登记管理机关转赠给与该组织性质、宗旨相同的组织，并向社会公告；

（六）投入人对投入该组织的财产不保留或者享有任何财产权利；

（七）工作人员工资福利开支控制在规定的比例内，不变相分配该组织的财产。

前款规定的非营利组织的认定管理办法由国务院财政、税务主管部门会同国务院有关部门制定。

第八十五条　企业所得税法第二十六条第（四）项所称符合条件的非营利组织的收入，不包括非营利组织从事营利性活动取得的收入，但国务院财政、税务主管部门另有规定的除外。

【案例5】　如何确认应税收入

瑞林公司2019年度获得了以下收入：

1. 销售商品收入2000万元。

2. 转让固定资产收入500万元。

3. 运费收入30万元。

4. 获得直接投资我国非上市居民企业取得股息600万元。

5. A企业使用瑞林公司的商标支付其300万元。

6. B公司将一台大型机器设备无偿赠送给瑞林公司，该机器设备的市场价值为200万元。

7. 获得财政拨款800万元。

8. 获得国库券利息收入100万元。

9. C公司因违反合同，向瑞林公司支付违约金80万元。

10. D公司租用瑞林公司的固定资产向其支付150万元。

【问题】

如何确认计算瑞林公司2019年度的收入总额？

【解题思路】

1. 第1项收入是“销售货物收入”，计入收入总额。

2. 第2项收入是“转让财产收入”，计入收入总额。

3. 第3项收入是“提供劳务收入”，计入收入总额。

4. 第4项收入是“股息、红利等权益性投资收益”，属于“免税收入”，不计入收入总额。

5. 第5项收入是“特许权使用费收入”，计入收入总额。

6. 第6项收入是“接受捐赠收入”，计入收入总额。

7. 第7项收入是“财政拨款”，属于“不征税收入”，不计入收入总额。

8. 第8项收入是“国债利息收入”，属于“免税收入”，不计入收入总额。

9. 第9项收入是“其他收入”，计入收入总额。

10. 第10项收入是“租金收入”，计入收入总额。

因此，瑞林公司2019年度的收入总额为：2000＋500＋30＋300＋200＋80＋150＝3260（万元）。

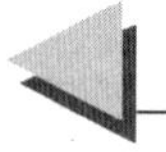

相关法律链接

1.《**企业所得税法**》第六条　企业以货币形式和非货币形式从各种来源取得的收入，为收入总额。包括：

（一）销售货物收入；

（二）提供劳务收入；

（三）转让财产收入；

（四）股息、红利等权益性投资收益；

（五）利息收入；

（六）租金收入；

（七）特许权使用费收入；

（八）接受捐赠收入；

（九）其他收入。

 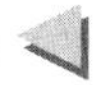

第七条　收入总额中的下列收入为不征税收入：

（一）财政拨款；

（二）依法收取并纳入财政管理的行政事业性收费、政府性基金；

（三）国务院规定的其他不征税收入。

第二十六条　企业的下列收入为免税收入：

（一）国债利息收入；

（二）符合条件的居民企业之间的股息、红利等权益性投资收益；

（三）在中国境内设立机构、场所的非居民企业从居民企业取得与该机构、场所有实际联系的股息、红利等权益性投资收益；

（四）符合条件的非营利组织的收入。

2.**《企业所得税法实施条例》**第十四条　企业所得税法第六条第（一）项所称销售货物收入，是指企业销售商品、产品、原材料、包装物、低值易耗品以及其他存货取得的收入。

第十五条　第十五条企业所得税法第六条第（二）项所称提供劳务收入，是指企业从事建筑安装、修理修配、交通运输、仓储租赁、金融保险、邮电通信、咨询经纪、文化体育、科学研究、技术服务、教育培训、餐饮住宿、中介代理、卫生保健、社区服务、旅游、娱乐、加工以及其他劳务服务活动取得的收入。

第十六条　企业所得税法第六条第（三）项所称转让财产收入，是指企业转让固定资产、生物资产、无形资产、股权、债权等财产取得的收入。

第十七条　企业所得税法第六条第（四）项所称股息、红利等权益性投资收益，是指企业因权益性投资从被投资方取得的收入。

股息、红利等权益性投资收益，除国务院财政、税务主管部门另有规定外，按照被投资方作出利润分配决定的日期确认收入的实现。

第十八条　企业所得税法第六条第（五）项所称利息收入，是指企业将资金提供他人使用但不构成权益性投资，或者因他人占用本企业资金取得的收入，包括存款利息、贷款利息、债券利息、欠款利息等收入。

利息收入，按照合同约定的债务人应付利息的日期确认收入的实现。

第十九条　企业所得税法第六条第（六）项所称租金收入，是指企业提供固定资产、包装物或者其他有形资产的使用权取得的收入。

租金收入，按照合同约定的承租人应付租金的日期确认收入的实现。

第二十条　企业所得税法第六条第（七）项所称特许权使用费收入，是指企业提供专利权、非专利技术、商标权、著作权以及其他特许权的使用权取得的收入。

特许权使用费收入，按照合同约定的特许权使用人应付特许权使用费的日期确认收入的实现。

第二十一条　企业所得税法第六条第（八）项所称接受捐赠收入，是指企业接受的来自其他企业、组织或者个人无偿给予的货币性资产、非货币性资产。

接受捐赠收入，按照实际收到捐赠资产的日期确认收入的实现。

第二十二条　企业所得税法第六条第（九）项所称其他收入，是指企业取得的除企业所得税法第六条第（一）项至第（八）项规定的收入外的其他收入，包括企业资产溢余收入、逾期未退包装物押金收入、确实无法偿付的应付款项、已作坏账损失处理后又收回的应收款项、债务重组收入、补贴收入、违约金收入、汇兑收益等。

第二十六条　企业所得税法第七条第（一）项所称财政拨款，是指各级人民政府对纳入预算管理的事业单位、社会团体等组织拨付的财政资金，但国务院和国务院财政、税务主管部门另有规定的除外。

企业所得税法第七条第（二）项所称行政事业性收费，是指依照法律法规等有关规定，按照国务院规定程序批准，在实施社会公共管理，以及在向公民、法人或者其他组织提供特定公共服务过程中，向特定对象收取并纳入财政管理的费用。

企业所得税法第七条第（二）项所称政府性基金，是指企业依照法律、行政法规等有关规定，代政府收取的具有专项用途的财政资金。

企业所得税法第七条第（三）项所称国务院规定的其他不征税收入，是指企业取得的，由国务院财政、税务主管部门规定专项用途并经国务院批准的财政性资金。

第八十二条　企业所得税法第二十六条第（一）项所称国债利息收入，是指企业持有国务院财政部门发行的国债取得的利息收入。

第八十三条　企业所得税法第二十六条第（二）项所称符合条件的居民企业之间的股息、红利等权益性投资收益，是指居民企业直接投资于其他居民企业取得的投资收益。企业所得税法第二十六条第（二）项和第（三）项所称股息、红利等权益性投资收益，不包括连续持有居民企业公开发行并上市流通的股票不足12个月取得的投资收益。

【案例 6】 如何确认合理支出

扬光公司 2019 年度发生了以下支出：

1. 购买原材料支出 1000 万元。

2. 职工工资 500 万元。

3. 消费税及其附加共 300 万元。

4. 增值税 200 万元。

5. 固定资产盘亏 50 万元。

6. 因违反合同，向甲企业支付违约金 80 万元。

7. 缴纳基本医疗保险费、养老保险费、失业保险费、工伤保险费、生育保险费等基本社会保险费和住房公积金 100 万元。

8. 为员工向商业保险公司投保人寿保险支出 60 万元。

9. 向乙银行贷款 1000 万元，支付贷款利息 80 万元。

10. 为建造固定资产发生借款费用 100 万元，其中在建造期间发生的借款费用 70 万元，竣工结算交付使用后发生的借款费用 30 万元。

【问题】

扬光公司 2019 年度的上述支出中允许在当期直接扣除的数额是多少？

【解题思路】

1. 第 1 项支出是合理的成本支出，准予扣除。

2. 第 2 项支出是合理的支出，准予扣除。

3. 第 3 项支出是合理的税金支出，准予扣除。

4. 第 4 项是增值税，不得扣除。

5. 第 5 项支出是合理的损失支出，准予扣除。

6. 第 6 项支出是合理的其他支出，准予扣除。

7. 根据《企业所得税法实施条例》第 35 条的规定，第 7 项支出准予扣除。

8. 根据《企业所得税法实施条例》第 36 条的规定，第 8 项支出不得扣除。

9. 根据《企业所得税法实施条例》第 38 条的规定，第 9 项支出准予扣除。

10. 根据《企业所得税法实施条例》第 37 条的规定，第 10 项支出中固定资产建造期间发生的费用应计入固定资产成本，不得直接扣除，竣工结算交付使用后发生的借款费用准予扣除。

因此，扬光公司 2019 年度的上述支出中允许在当期直接扣除的数额为：

1000＋500＋300＋50＋80＋100＋80＋30＝2140(万元)。

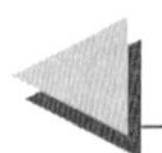

相关法律链接

1.**《企业所得税法》**第八条　企业实际发生的与取得收入有关的、合理的支出，包括成本、费用、税金、损失和其他支出，准予在计算应纳税所得额时扣除。

第十条　在计算应纳税所得额时，下列支出不得扣除：

（一）向投资者支付的股息、红利等权益性投资收益款项；

（二）企业所得税税款；

（三）税收滞纳金；

（四）罚金、罚款和被没收财物的损失；

（五）本法第九条规定以外的捐赠支出；

（六）赞助支出；

（七）未经核定的准备金支出；

（八）与取得收入无关的其他支出。

2.**《企业所得税法实施条例》**第二十七条　企业所得税法第八条所称有关的支出，是指与取得收入直接相关的支出。

企业所得税法第八条所称合理的支出，是指符合生产经营活动常规，应当计入当期损益或者有关资产成本的必要和正常的支出。

第二十八条　企业发生的支出应当区分收益性支出和资本性支出。收益性支出在发生当期直接扣除；资本性支出应当分期扣除或者计入有关资产成本，不得在发生当期直接扣除。

企业的不征税收入用于支出所形成的费用或者财产，不得扣除或者计算对应的折旧、摊销扣除。

除企业所得税法和本条例另有规定外，企业实际发生的成本、费用、税金、损失和其他支出，不得重复扣除。

第二十九条　企业所得税法第八条所称成本，是指企业在生产经营活动中发生的销售成本、销货成本、业务支出以及其他耗费。

第三十条　企业所得税法第八条所称费用，是指企业在生产经营活动中发生的销售费用、管理费用和财务费用，已经计入成本的有关费用除外。

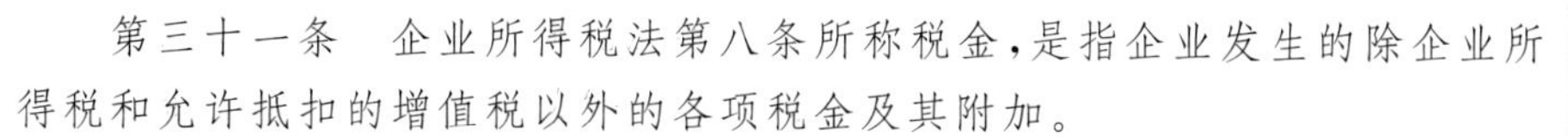

第三十一条　企业所得税法第八条所称税金，是指企业发生的除企业所得税和允许抵扣的增值税以外的各项税金及其附加。

第三十二条　企业所得税法第八条所称损失，是指企业在生产经营活动中发生的固定资产和存货的盘亏、毁损、报废损失，转让财产损失，呆账损失，坏账损失，自然灾害等不可抗力因素造成的损失以及其他损失。

企业发生的损失，减除责任人赔偿和保险赔款后的余额，依照国务院财政、税务主管部门的规定扣除。

企业已经作为损失处理的资产，在以后纳税年度又全部收回或者部分收回时，应当计入当期收入。

第三十三条　企业所得税法第八条所称其他支出，是指除成本、费用、税金、损失外，企业在生产经营活动中发生的与生产经营活动有关的、合理的支出。

第三十四条　企业发生的合理的工资、薪金支出，准予扣除。前款所称工资、薪金，是指企业每一纳税年度支付给在本企业任职或者受雇的员工的所有现金形式或者非现金形式的劳动报酬，包括基本工资、奖金、津贴、补贴、年终加薪、加班工资，以及与员工任职或者受雇有关的其他支出。

第三十五条　企业依照国务院有关主管部门或者省级人民政府规定的范围和标准为职工缴纳的基本养老保险费、基本医疗保险费、失业保险费、工伤保险费、生育保险费等基本社会保险费和住房公积金，准予扣除。

企业为投资者或者职工支付的补充养老保险费、补充医疗保险费，在国务院财政、税务主管部门规定的范围和标准内，准予扣除。

第三十六条　除企业依照国家有关规定为特殊工种职工支付的人身安全保险费和国务院财政、税务主管部门规定可以扣除的其他商业保险费外，企业为投资者或者职工支付的商业保险费，不得扣除。

第三十七条　企业在生产经营活动中发生的合理的不需要资本化的借款费用，准予扣除。

企业为购置、建造固定资产、无形资产和经过 12 个月以上的建造才能达到预定可销售状态的存货发生借款的，在有关资产购置、建造期间发生的合理的借款费用，应当作为资本性支出计入有关资产的成本，并依照本条例的规定扣除。

第三十八条　企业在生产经营活动中发生的下列利息支出，准予扣除：

（一）非金融企业向金融企业借款的利息支出、金融企业的各项存款利息支出和同业拆借利息支出、企业经批准发行债券的利息支出；

（二）非金融企业向非金融企业借款的利息支出，不超过按照金融企业同期同类贷款利率计算的数额的部分。

【案例7】 支出大于收入要缴纳企业所得税吗

某企业是一家生产大型机床设备的企业，2019年会计资料登记的收入状况如下：接受财政拨款200万元；销售企业生产的机床20台，取得收入3400万元；修理机床收入750万元；转让房产收入400万元；许可他人使用专利获得特许权使用费收入72万元；利息收入100万元，其中包括贷款利息60万元，国债利息40万元。会计资料登记的支出状况如下：生产成本1650元；销售费用450万元；管理费用90万元；财务费用220万元；年底购买新的机器设备花费5000万元。在申报企业所得税时，该企业以年支出大于年收入为由拒绝缴纳企业所得税。

【问题】

企业全年的支出大于收入也要缴纳企业所得税吗？

【解题思路】

即使企业没有取得会计利润，也可能要缴纳企业所得税。企业所得税是针对纳税人在一定时期内取得的净收益征收的一种税。但这里的净收益并非指纳税人的经营收入减去经营成本后的余额（会计利润），而是指纳税人在一定的时期内所取得的"税法规定范围内的支出后的余额"。即使纳税人在一定时期内没有实现会计利润，但只要有应纳税所得额，就得缴纳企业所得税。

在本案例中，由于接受财政拨款为不征税收入、国债利息为免税收入，所以该企业的计税收入为：3400＋750＋400＋72＋60＝4682（万元）。企业发生的支出应当区分收益性支出和资本性支出。收益性支出在发生当期直接扣除；资本性支出应当分期扣除或者计入有关资产成本，不得在发生当期直接扣除。购买新的机器设备花费5000万元属于资本性支出，所以应当分期扣除或者计入有关资产成本，不得在发生当期直接扣除，那么该企业依法可扣除的支出为：1650＋450＋90＋220＝2410（万元）。因此，企业的应纳税所得额为：4682－2410＝2272

（万元），应该缴纳企业所得税。

相关法律链接

1.**《企业所得税法》**第三条　居民企业应当就其来源于中国境内、境外的所得缴纳企业所得税。

非居民企业在中国境内设立机构、场所的，应当就其所设机构、场所取得的来源于中国境内的所得，以及发生在中国境外但与其所设机构、场所有实际联系的所得，缴纳企业所得税。

非居民企业在中国境内未设立机构、场所的，或者虽设立机构、场所但取得的所得与其所设机构、场所没有实际联系的，应当就其来源于中国境内的所得缴纳企业所得税。

第五条　企业每一纳税年度的收入总额，减除不征税收入、免税收入、各项扣除以及允许弥补的以前年度亏损后的余额，为应纳税所得额。

第六条　企业以货币形式和非货币形式从各种来源取得的收入，为收入总额。包括：

（一）销售货物收入；

（二）提供劳务收入；

（三）转让财产收入；

（四）股息、红利等权益性投资收益；

（五）利息收入；

（六）租金收入；

（七）特许权使用费收入；

（八）接受捐赠收入；

（九）其他收入。

第七条　收入总额中的下列收入为不征税收入：

（一）财政拨款；

（二）依法收取并纳入财政管理的行政事业性收费、政府性基金；

（三）国务院规定的其他不征税收入。

第八条　企业实际发生的与取得收入有关的、合理的支出，包括成本、费用、税金、损失和其他支出，准予在计算应纳税所得额时扣除。

第二十六条　企业的下列收入为免税收入：

（一）国债利息收入；

（二）符合条件的居民企业之间的股息、红利等权益性投资收益；

（三）在中国境内设立机构、场所的非居民企业从居民企业取得与该机构、场所有实际联系的股息、红利等权益性投资收益；

（四）符合条件的非营利组织的收入。

2.**《企业所得税法实施条例》**第六条　企业所得税法第三条所称所得，包括销售货物所得、提供劳务所得、转让财产所得、股息红利等权益性投资所得、利息所得、租金所得、特许权使用费所得、接受捐赠所得和其他所得。

3.**《企业会计制度》**第一百零六条　利润，是指企业在一定会计期间的经营成果，包括营业利润、利润总额和净利润。

（一）营业利润，是指主营业务收入减去主营业务成本和主营业务税金及附加，加上其他业务利润，减去营业费用、管理费用和财务费用后的金额。

（二）利润总额，是指营业利润加上投资收益、补贴收入、营业外收入，减去营业外支出后的金额。

（三）投资收益，是指企业对外投资所取得的收益，减去发生的投资损失和计提的投资减值准备后的净额。

（四）补贴收入，是指企业按规定实际收到退还的增值税，或按销量或工作量等依据国家规定的补助定额计算并按期给予的定额补贴，以及属于国家财政扶持的领域而给予的其他形式的补贴。

（五）营业外收入和营业外支出，是指企业发生的与其生产经营活动无直接关系的各项收入和各项支出。营业外收入包括固定资产盘盈、处置固定资产净收益、处置无形资产净收益、罚款净收入等。营业外支出包括固定资产盘亏、处置固定资产净损失、处置无形资产净损失、债务重组损失、计提的无形资产减值准备、计提的固定资产减值准备、计提的在建工程减值准备、罚款支出、捐赠支出、非常损失等。营业外收入和营业外支出应当分别核算，并在利润表中分列项目反映。营业外收入和营业外支出还应当按照具体收入和支出设置明细项目，进行明细核算。

（六）所得税，是指企业应计入当期损益的所得税费用。

（七）净利润，是指利润总额减去所得税后的金额。

【案例 8】 固定资产应如何进行税务处理

2019 年 4 月,某市税务稽查分局对该市一家大型生产企业 2018 年所得税缴纳情况进行税务稽查,发现以下情况:(1) 该企业 2018 年 6 月报废机器设备一批,价值 500 万元,通过对“累计折旧”与“固定资产明细账”的审查发现该企业 2018 年 7 月至 12 月继续对该批报废的设备计提折旧,共计 34.452 万元。(2) 另外通过对上述两个账户的审查还发现该企业将 2018 年通过经营性租赁的方式租入使用的一台机器计提折旧共计 5.548 万元。(3) 在对该企业 2018 年“财务费用”的检查中发现比 2017 年有很大增长。通过对财务费用明细账审查,发现费用增长过大主要是由于利息支出过大。税务人员在检查每笔利息支出与“长期负债”“短期负债”之间对应关系时,了解到该企业 2017 年将此项贷款利息 30 万元记入了“在建工程”,而 2018 年却将贷款利息 30 万元记入了“财务费用”。该项设备在 2018 年底才正式安装完毕并投入生产。税务机关对上述情况进行了立案查处,并追缴了税款,同时对偷逃税加收滞纳金和罚款。

【问题】

1. 该企业哪些行为违反了法律的规定?

2. 企业的上述行为是否违反了税法的规定?税务机关应如何处罚企业的上述行为?

【解题思路】

1. 该企业违反税法规定的行为有:(1) 对 2018 年 6 月报废的固定资产和经营性租赁租入使用的固定资产计提折旧,增大当期的“制造费用”,减少了当期利润,进而减少了应纳税所得额,达到少缴企业所得税的目的。(2) 对记入“在建工程”的利息支出,只能在转为“固定资产”后通过折旧进行摊销,而不能一次性地通过“财务费用”从税前扣除。

2. 该企业多列资本支出,违规增加当期费用,少缴应纳税款的行为违反了税法的规定。税务机关可以要求其调增利润,补缴所得税款,并处不缴或少缴的税款 50%以上 5 倍以下的罚款;构成犯罪的,依法追究刑事责任。

相关法律链接

1.**《企业所得税法》**第八条　企业实际发生的与取得收入有关的、合理的支出，包括成本、费用、税金、损失和其他支出，准予在计算应纳税所得额时扣除。

第十一条　在计算应纳税所得额时，企业按照规定计算的固定资产折旧，准予扣除。

下列固定资产不得计算折旧扣除：

（一）房屋、建筑物以外未投入使用的固定资产；

（二）以经营租赁方式租入的固定资产；

（三）以融资租赁方式租出的固定资产；

（四）已足额提取折旧仍继续使用的固定资产；

（五）与经营活动无关的固定资产；

（六）单独估价作为固定资产入账的土地；

（七）其他不得计算折旧扣除的固定资产。

2.**《企业所得税法实施条例》**第二十七条　企业所得税法第八条所称有关的支出，是指与取得收入直接相关的支出。

企业所得税法第八条所称合理的支出，是指符合生产经营活动常规，应当计入当期损益或者有关资产成本的必要和正常的支出。

第二十八条　企业发生的支出应当区分收益性支出和资本性支出。收益性支出在发生当期直接扣除；资本性支出应当分期扣除或者计入有关资产成本，不得在发生当期直接扣除。

企业的不征税收入用于支出所形成的费用或者财产，不得扣除或者计算对应的折旧、摊销扣除。

除企业所得税法和本条例另有规定外，企业实际发生的成本、费用、税金、损失和其他支出，不得重复扣除。

第二十九条　企业所得税法第八条所称成本，是指企业在生产经营活动中发生的销售成本、销货成本、业务支出以及其他耗费。

第三十条　企业所得税法第八条所称费用，是指企业在生产经营活动中发生的销售费用、管理费用和财务费用，已经计入成本的有关费用除外。

第三十七条　企业在生产经营活动中发生的合理的不需要资本化的借款费用，准予扣除。

企业为购置、建造固定资产、无形资产和经过12个月以上的建造才能达到预定可销售状态的存货发生借款的，在有关资产购置、建造期间发生的合理的借款费用，应当作为资本性支出计入有关资产的成本，并依照本条例的规定扣除。

第四十七条　企业根据生产经营活动的需要租入固定资产支付的租赁费，按照以下方法扣除：

（一）以经营租赁方式租入固定资产发生的租赁费支出，按照租赁期限均匀扣除；

（二）以融资租赁方式租入固定资产发生的租赁费支出，按照规定构成融资租入固定资产价值的部分应当提取折旧费用，分期扣除。

3.**《税收征收管理法》**第六十三条第一款　纳税人伪造、变造、隐匿、擅自销毁账簿、记账凭证，或者在账簿上多列支出或者不列、少列收入，或者经税务机关通知申报而拒不申报或者进行虚假的纳税申报，不缴或者少缴应纳税款的，是偷税。对纳税人偷税的，由税务机关追缴其不缴或者少缴的税款、滞纳金，并处不缴或者少缴的税款百分之五十以上五倍以下的罚款；构成犯罪的，依法追究刑事责任。

【案例9】　固定资产折旧应如何进行税务处理

某食品加工公司于2019年5月以经营租赁方式租得一台原价值160万元的食品加工设备，并且从5月到11月共提取了折旧费6万元，将此记入管理费用；该公司于2008年1月购置的一台设备在2019年一年内共提取折旧费5万元（该设备已于2018年底停用）；2019年11月公司又新购进了一台价值为110万元的烘焙设备并在当月投入使用，11月计提折旧费0.6万元列入了制造费用中。

【问题】

该公司固定资产的折旧费提取有何不当？

【解题思路】

1.以经营租赁方式租入的固定资产不得计提折旧费，该公司从2019年5月到11月所提的折旧费6万元是不当的。

2. 停止使用的固定资产，应当自停止使用月份的次月起停止计算折旧，所以该公司2008年购置并在2018年底停用的生产设备不得在2019年提取折旧费，这里的5万元折旧费提取不当。

3. 企业的固定资产折旧按月计提，月份内开始使用的，当月不计提折旧，从下月起计提，故该公司2019年11月对新投入的生产线计提折旧费0.6万元是不当的。另外，根据2019年固定资产一次性扣除的政策规定，企业也可以选择将该设备一次性计入当期成本费用在计算应纳税所得额时扣除，不再分年度计算折旧。

相关法律链接

1.**《企业所得税法》**第十一条　在计算应纳税所得额时，企业按照规定计算的固定资产折旧，准予扣除。

下列固定资产不得计算折旧扣除：

（一）房屋、建筑物以外未投入使用的固定资产；

（二）以经营租赁方式租入的固定资产；

（三）以融资租赁方式租出的固定资产；

（四）已足额提取折旧仍继续使用的固定资产；

（五）与经营活动无关的固定资产；

（六）单独估价作为固定资产入账的土地；

（七）其他不得计算折旧扣除的固定资产。

2.**《企业所得税法实施条例》**第四十七条　企业根据生产经营活动的需要租入固定资产支付的租赁费，按照以下方法扣除：

（一）以经营租赁方式租入固定资产发生的租赁费支出，按照租赁期限均匀扣除；

（二）以融资租赁方式租入固定资产发生的租赁费支出，按照规定构成融资租入固定资产价值的部分应当提取折旧费用，分期扣除。

第五十七条　企业所得税法第十一条所称固定资产，是指企业为生产产品、提供劳务、出租或者经营管理而持有的、使用时间超过12个月的非货币性资产，包括房屋、建筑物、机器、机械、运输工具以及其他与生产经营活动有关的设备、器具、工具等。

第五十六条　企业的各项资产，包括固定资产、生物资产、无形资产、长期待摊费用、投资资产、存货等，以历史成本为计税基础。前款所称历史成本，是指企业取得该项资产时实际发生的支出。企业持有各项资产期间资产增值或者减值，除国务院财政、税务主管部门规定可以确认损益外，不得调整该资产的计税基础。

第五十七条　企业所得税法第十一条所称固定资产，是指企业为生产产品、提供劳务、出租或者经营管理而持有的、使用时间超过12个月的非货币性资产，包括房屋、建筑物、机器、机械、运输工具以及其他与生产经营活动有关的设备、器具、工具等。

第五十八条　固定资产按照以下方法确定计税基础：

（一）外购的固定资产，以购买价款和支付的相关税费以及直接归属于使该资产达到预定用途发生的其他支出为计税基础；

（二）自行建造的固定资产，以竣工结算前发生的支出为计税基础；

（三）融资租入的固定资产，以租赁合同约定的付款总额和承租人在签订租赁合同过程中发生的相关费用为计税基础，租赁合同未约定付款总额的，以该资产的公允价值和承租人在签订租赁合同过程中发生的相关费用为计税基础；

（四）盘盈的固定资产，以同类固定资产的重置完全价值为计税基础；

（五）通过捐赠、投资、非货币性资产交换、债务重组等方式取得的固定资产，以该资产的公允价值和支付的相关税费为计税基础；

（六）改建的固定资产，除企业所得税法第十三条第（一）项和第（二）项规定的支出外，以改建过程中发生的改建支出增加计税基础。

第五十九条　固定资产按照直线法计算的折旧，准予扣除。

企业应当自固定资产投入使用月份的次月起计算折旧；停止使用的固定资产，应当自停止使用月份的次月起停止计算折旧。

企业应当根据固定资产的性质和使用情况，合理确定固定资产的预计净残值。固定资产的预计净残值一经确定，不得变更。

第六十条　除国务院财政、税务主管部门另有规定外，固定资产计算折旧的最低年限如下：

（一）房屋、建筑物，为20年；

（二）飞机、火车、轮船、机器、机械和其他生产设备，为10年；

（三）与生产经营活动有关的器具、工具、家具等，为5年；

（四）飞机、火车、轮船以外的运输工具，为4年；

（五）电子设备，为3年。

3.**《关于设备器具扣除有关企业所得税政策执行问题的公告》**

一、企业在2018年1月1日至2020年12月31日期间新购进的设备、器具，单位价值不超过500万元的，允许一次性计入当期成本费用在计算应纳税所得额时扣除，不再分年度计算折旧（以下简称一次性税前扣除政策）。

（一）所称设备、器具，是指除房屋、建筑物以外的固定资产（以下简称固定资产）；所称购进，包括以货币形式购进或自行建造，其中以货币形式购进的固定资产包括购进的使用过的固定资产；以货币形式购进的固定资产，以购买价款和支付的相关税费以及直接归属于使该资产达到预定用途发生的其他支出确定单位价值，自行建造的固定资产，以竣工结算前发生的支出确定单位价值。

（二）固定资产购进时点按以下原则确认：以货币形式购进的固定资产，除采取分期付款或赊销方式购进外，按发票开具时间确认；以分期付款或赊销方式购进的固定资产，按固定资产到货时间确认；自行建造的固定资产，按竣工结算时间确认。

二、固定资产在投入使用月份的次月所属年度一次性税前扣除。

三、企业选择享受一次性税前扣除政策的，其资产的税务处理可与会计处理不一致。

四、企业根据自身生产经营核算需要，可自行选择享受一次性税前扣除政策。未选择享受一次性税前扣除政策的，以后年度不得再变更。

【案例10】 无形资产应如何进行税务处理

2019年初，某市税务机关在一次例行的税务大检查中发现该市某企业上年度无形资产摊销不当。该企业“管理费用　无形资产摊销”账户的借方1月至4月每月摊销7500元，而5月至12月每月摊销30000元。经审核其原始凭证以及有关合同发现该企业1月份分别以240000元和300000元购入甲、乙两项专利技术，合同中注明甲项专利的有效期是4年，每月应分摊5000元（240000/4/12），乙项专利技术未注明有效期，每月应分摊2500元（300000/10/12）。2019年下半年，该企业负责人为控制企业利润，以本年经营状况较好为理由，指使该企业会计人员将甲专利每月的无形资产摊销提高到10000元、乙专利每月的无

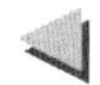

形资产摊销提高到 20000 元。

【问题】

1. 按照相关法律规定，该企业应该如何摊销无形资产？
2. 该企业变更无形资产摊销额后当年少纳多少所得税？
3. 税务机关对此应如何处理？

【解题思路】

1. 根据我国《企业所得税法实施条例》的规定，无形资产按照直线法计算的摊销费用，准予扣除。作为投资或者受让的无形资产，有关法律规定或者合同约定了使用年限的，可以按照规定或者约定的使用年限分期摊销；无形资产的摊销年限不得低于 10 年。所以甲项专利技术应该在 4 年内均摊，其中每月应分摊 5000 元(240000/4/12)；乙项专利技术应该在 10 年内均摊，其中每月应分摊 2500 元(300000/10/12)。

2. 该企业违反了会计制度的一贯性原则，变更了无形资产的摊销额，造成当年少计所得 180000 元[(10000－5000)×8＋(20000－2500)×8]，应当限期补缴所得税 45000 元(180000×25％)。

3. 根据税收征管法的规定，该企业存在逃避缴纳税款的行为，应依法更正无形资产摊销计提方法，税务机关可追缴其不缴或者少缴的税款、滞纳金，并处不缴或者少缴的税款 50％以上 5 倍以下的罚款；构成犯罪的，依法追究刑事责任。

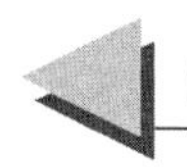

相关法律链接

1.**《企业所得税法》**第十二条　在计算应纳税所得额时，企业按照规定计算的无形资产摊销费用，准予扣除。

下列无形资产不得计算摊销费用扣除：

(一) 自行开发的支出已在计算应纳税所得额时扣除的无形资产；

(二) 自创商誉；

(三) 与经营活动无关的无形资产；

(四) 其他不得计算摊销费用扣除的无形资产。

2.**《企业所得税法实施条例》**第六十六条　无形资产按照以下方法确定计税基础：

（一）外购的无形资产，以购买价款和支付的相关税费以及直接归属于使该资产达到预定用途发生的其他支出为计税基础；

（二）自行开发的无形资产，以开发过程中该资产符合资本化条件后至达到预定用途前发生的支出为计税基础；

（三）通过捐赠、投资、非货币性资产交换、债务重组等方式取得的无形资产，以该资产的公允价值和支付的相关税费为计税基础。

第六十七条　无形资产按照直线法计算的摊销费用，准予扣除。

无形资产的摊销年限不得低于10年。

作为投资或者受让的无形资产，有关法律规定或者合同约定了使用年限的，可以按照规定或者约定的使用年限分期摊销。

外购商誉的支出，在企业整体转让或者清算时，准予扣除。

3.**《税收征收管理法》**第六十三条　纳税人伪造、变造、隐匿、擅自销毁账簿、记账凭证，或者在账簿上多列支出或者不列、少列收入，或者经税务机关通知申报而拒不申报或者进行虚假的纳税申报，不缴或者少缴应纳税款的，是偷税。对纳税人偷税的，由税务机关追缴其不缴或者少缴的税款、滞纳金，并处不缴或者少缴的税款百分之五十以上五倍以下的罚款；构成犯罪的，依法追究刑事责任。

扣缴义务人采取前款所列手段，不缴或者少缴已扣、已收税款，由税务机关追缴其不缴或者少缴的税款、滞纳金，并处不缴或者少缴的税款百分之五十以上五倍以下的罚款；构成犯罪的，依法追究刑事责任。

【案例11】　费用当期未扣的税务处理

某市税务稽查分局对某企业2019年度企业所得税的缴纳情况进行检查，发现该企业2019年度多结转各项费用、折旧共27万元，包括管理费用18万元和折旧费9万元。据调查得知：这些费用都是2018年发生并应计入2018年度损益的，但企业2018年度严重亏损，为减少账面亏损额，企业在年终做账时少计了27万元的成本费用。稽查人员对其2018年度财务情况进行检查，确认了应弥补的亏损50万元。对该企业将2018年度应计而未计的成本、费用27万元计入2019年度成本费用这一做法，税务机关责令其改正，调整2019年应纳税所得额，补缴税款，并对其违法行为进行处罚。

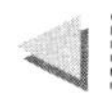

【问题】

企业当年未扣除的费用能否转移到下一年扣除？

【解题思路】

企业当年未扣除的费用不能转移到下一年扣除。企业应纳税所得额的计算，以权责发生制为原则，当期收入与当期成本费用相配比。该公司将2018年应计而未计的成本与费用27万元结转到2019年，违反了企业所得税法和企业会计制度的规定。

相关法律链接

1.《企业所得税法》第五条　企业每一纳税年度的收入总额，减除不征税收入、免税收入、各项扣除以及允许弥补的以前年度亏损后的余额，为应纳税所得额。

2.《企业所得税法实施条例》第九条　企业应纳税所得额的计算，以权责发生制为原则，属于当期的收入和费用，不论款项是否收付，均作为当期的收入和费用；不属于当期的收入和费用，即使款项已经在当期收付，均不作为当期的收入和费用。本条例和国务院财政、税务主管部门另有规定的除外。

3.《关于查增应纳税所得额弥补以前年度亏损处理问题的公告》一、根据《中华人民共和国企业所得税法》（以下简称企业所得税法）第五条的规定，税务机关对企业以前年度纳税情况进行检查时调增的应纳税所得额，凡企业以前年度发生亏损、且该亏损属于企业所得税法规定允许弥补的，应允许调增的应纳税所得额弥补该亏损。弥补该亏损后仍有余额的，按照企业所得税法规定计算缴纳企业所得税。对检查调增的应纳税所得额应根据其情节，依照《中华人民共和国税收征收管理法》有关规定进行处理或处罚。

【案例12】　企业的境外所得应如何抵免

凤华公司是中国的居民企业，并在法国和德国设立了机构。2018年，该公司来源于法国的所得为800万元（人民币，下同），来源于德国的所得为1200万元。该公司已在法国和德国分别缴纳了180万元和400万元的企业所得税，此外，该公司2018年度境内应纳税所得额为3000万元。

【问题】

凤华公司2018年度的境外所得应如何抵免？

【解题思路】

1. 分国不分项抵免方法

凤华公司2018年度来源于境外的所得应可以在境内抵免。

其来源于法国的所得的税收抵免限额为：(800＋1200＋3000)×25％×800÷(800＋1200＋3000)＝200(万元)。

其来源于德国的所得的税收抵免限额为：(800＋1200＋3000)×25％×1200÷(800＋1200＋3000)＝300(万元)。

因此，凤华公司在法国已纳所得税180万元可以全额抵免，而在德国已纳所得税400万元则只能抵免300万元，超过抵免限额的100万元可以在以后五个年度内，用每年度抵免限额抵免当年应抵税额后的余额进行抵补。

2. 不分国不分项抵免方法

凤华公司2018年度全部境外所得扣除限额为：(800＋1200)×25％＝500(万元)。

企业在德国、法国实际缴纳企业所得税580万元，大于“不分国不分项”方式计算的境外可抵免扣除限额500万元。因此，企业只可抵免500万元税款，其余80万可在税法规定结转的剩余年限内，按新方式计算的抵免限额中继续结转抵免。

相关法律链接

1.**《企业所得税法》**第二十三条　企业取得的下列所得已在境外缴纳的所得税税额，可以从其当期应纳税额中抵免，抵免限额为该项所得依照本法规定计算的应纳税额；超过抵免限额的部分，可以在以后五个年度内，用每年度抵免限额抵免当年应抵税额后的余额进行抵补：

（一）居民企业来源于中国境外的应税所得；

（二）非居民企业在中国境内设立机构、场所，取得发生在中国境外但与该机构、场所有实际联系的应税所得。

第二十四条　居民企业从其直接或者间接控制的外国企业分得的来源于中国境外的股息、红利等权益性投资收益，外国企业在境外实际缴纳的所得税税额中属于该项所得负担的部分，可以作为该居民企业的可抵免境外所得税税额，在本法第二十三条规定的抵免限额内抵免。

2. **《企业所得税法实施条例》**第七十七条　企业所得税法第二十三条所称已在境外缴纳的所得税税额，是指企业来源于中国境外的所得依照中国境外税收法律以及相关规定应当缴纳并已经实际缴纳的企业所得税性质的税款。

第七十八条　企业所得税法第二十三条所称抵免限额，是指企业来源于中国境外的所得，依照企业所得税法和本条例的规定计算的应纳税额。除国务院财政、税务主管部门另有规定外，该抵免限额应当分国（地区）不分项计算，计算公式如下：

抵免限额＝中国境内、境外所得依照企业所得税法和本条例的规定计算的应纳税总额×来源于某国（地区）的应纳税所得额÷中国境内、境外应纳税所得总额

第七十九条　企业所得税法第二十三条所称5个年度，是指从企业取得的来源于中国境外的所得，已经在中国境外缴纳的企业所得税性质的税额超过抵免限额的当年的次年起连续5个纳税年度。

第八十条　企业所得税法第二十四条所称直接控制，是指居民企业直接持有外国企业20%以上股份。企业所得税法第二十四条所称间接控制，是指居民企业以间接持股方式持有外国企业20%以上股份，具体认定办法由国务院财政、税务主管部门另行制定。

第八十一条　企业依照企业所得税法第二十三条、第二十四条的规定抵免企业所得税税额时，应当提供中国境外税务机关出具的税款所属年度的有关纳税凭证。

3. **《关于完善企业境外所得税收抵免政策问题的通知》**

一、企业可以选择按国（地区）别分别计算（即“分国（地区）不分项”），或者不按国（地区）别汇总计算（即“不分国（地区）不分项”）其来源于境外的应纳税所得额，并按照财税〔2009〕125号文件第八条规定的税率，分别计算其可抵免境外所得税税额和抵免限额。上述方式一经选择，5年内不得改变。企业选择采用不同于以前年度的方式（以下简称新方式）计算可抵免境外所得税税额和抵免限额时，对该企业以前年度按照财税〔2009〕125号文件规定没有抵免完的余额，可在税法规定结转的剩余年限内，按新方式计算的抵免限

额中继续结转抵免。

二、企业在境外取得的股息所得，在按规定计算该企业境外股息所得的可抵免所得税额和抵免限额时，由该企业直接或者间接持有20%以上股份的外国企业，限于按照财税〔2009〕125号文件第六条规定的持股方式确定的五层外国企业，即：第一层：企业直接持有20%以上股份的外国企业；第二层至第五层：单一上一层外国企业直接持有20%以上股份，且由该企业直接持有或通过一个或多个符合财税〔2009〕125号文件第六条规定持股方式的外国企业间接持有总和达到20%以上股份的外国企业。

三、企业境外所得税收抵免的其他事项，按照财税〔2009〕125号文件的有关规定执行。

四、本通知自2017年1月1日起执行。

【案例13】 符合条件的环保企业可享受哪些企业所得税优惠

天地水处理股份有限公司于2014年设立并致力于开发公共污水处理系统方案的研究，2015年6月这一污水处理系统项目开始投产使用，并取得生产经营收入。2019年1月天地水处理股份有限公司将这一项目转让给海洁股份有限公司。由于技术优越，海洁公司在这一项目上的经营状况良好，当年就取得应纳税所得额200万元。

【问题】

海洁股份有限公司2018年在这一项目上如何纳税？

【解题思路】

根据《企业所得税法实施条例》的规定，该项公共污水处理项目，取得第一笔生产经营收入所属纳税年度2015年起，2015年至2017年免征企业所得税，2018年至2020年减半征收企业所得税；在减免税期限内转让的，受让方自受让之日起，可以在剩余期限内享受规定的减免税优惠。所以海洁公司2019年在这一项目上的应纳所得税税款为：200×25%×50%=25(万元)。

相关法律链接

1.**《企业所得税法》**第二十七条　企业的下列所得，可以免征、减征企业所得税：

（一）从事农、林、牧、渔业项目的所得；

（二）从事国家重点扶持的公共基础设施项目投资经营的所得；

（三）从事符合条件的环境保护、节能节水项目的所得；

（四）符合条件的技术转让所得；

（五）本法第三条第三款规定的所得。

2.**《企业所得税法实施条例》**第八十八条　企业所得税法第二十七条第（三）项所称符合条件的环境保护、节能节水项目，包括公共污水处理、公共垃圾处理、沼气综合开发利用、节能减排技术改造、海水淡化等。项目的具体条件和范围由国务院财政、税务主管部门商国务院有关部门制定，报国务院批准后公布施行。

企业从事前款规定的符合条件的环境保护、节能节水项目的所得，自项目取得第一笔生产经营收入所属纳税年度起，第一年至第三年免征企业所得税，第四年至第六年减半征收企业所得税。

第八十九条　依照本条例第八十七条和第八十八条规定享受减免税优惠的项目，在减免税期限内转让的，受让方自受让之日起，可以在剩余期限内享受规定的减免税优惠；减免税期限届满后转让的，受让方不得就该项目重复享受减免税优惠。

【案例 14】　何种情况下需对所得进行源泉扣缴

大和医药公司是依照日本法律在日本设立的企业，在中国境内未设机构、场所。2019 年 3 月，大和公司与中国玉潭制药厂签订了一份技术合同。合同约定，大和公司将其生产某药品的方法发明专利授权玉潭制药厂使用，由玉潭制药厂支付不含增值税的许可使用费 800 万元，同时支付不含增值税的技术咨询以及人员培训费共 200 万元。

【要求】

请计算大和医药公司应向我国缴纳的企业所得税。

【解题思路】

由于大和医药公司是依照日本法律在日本设立的企业，且在中国境内未设机构、场所，所以该公司属于非居民企业。该公司因授权玉潭制药厂使用专利而获得的收入属于特许权使用费收入，根据税法规定，非居民企业取得特许权使用费所得，以收入全额为应纳税所得额。

大和医药公司应向我国缴纳的企业所得税为：(800＋200)×10％＝100(万元)。

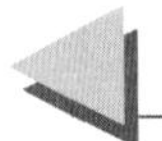

相关法律链接

1.**《企业所得税法》**第三条　居民企业应当就其来源于中国境内、境外的所得缴纳企业所得税。

非居民企业在中国境内设立机构、场所的，应当就其所设机构、场所取得的来源于中国境内的所得，以及发生在中国境外但与其所设机构、场所有实际联系的所得，缴纳企业所得税。

非居民企业在中国境内未设立机构、场所的，或者虽设立机构、场所但取得的所得与其所设机构、场所没有实际联系的，应当就其来源于中国境内的所得缴纳企业所得税。

第四条　企业所得税的税率为25％。

非居民企业取得本法第三条第三款规定的所得，适用税率为20％。

第十九条　非居民企业取得本法第三条第三款规定的所得，按照下列方法计算其应纳税所得额：

（一）股息、红利等权益性投资收益和利息、租金、特许权使用费所得，以收入全额为应纳税所得额；

（二）转让财产所得，以收入全额减除财产净值后的余额为应纳税所得额；

（三）其他所得，参照前两项规定的方法计算应纳税所得额。

第三十七条 对非居民企业取得本法第三条第三款规定的所得应缴纳的所得税，实行源泉扣缴，以支付人为扣缴义务人。税款由扣缴义务人在每次支付或者到期应支付时，从支付或者到期应支付的款项中扣缴。

第三十八条 对非居民企业在中国境内取得工程作业和劳务所得应缴纳的所得税，税务机关可以指定工程价款或者劳务费的支付人为扣缴义务人。

第三十九条 依照本法第三十七条、第三十八条规定应当扣缴的所得税，扣缴义务人未依法扣缴或者无法履行扣缴义务的，由纳税人在所得发生地缴纳。纳税人未依法缴纳的，税务机关可以从该纳税人在中国境内其他收入项目的支付人应付的款项中，追缴该纳税人的应纳税款。

2.**《企业所得税法实施条例》**第九十一条 非居民企业取得企业所得税法第二十七条第(五)项规定的所得，减按10%的税率征收企业所得税。

下列所得可以免征企业所得税：

(一) 外国政府向中国政府提供贷款取得的利息所得；

(二) 国际金融组织向中国政府和居民企业提供优惠贷款取得的利息所得；

(三) 经国务院批准的其他所得。

第一百零三条 依照企业所得税法对非居民企业应当缴纳的企业所得税实行源泉扣缴的，应当依照企业所得税法第十九条的规定计算应纳税所得额。

企业所得税法第十九条所称收入全额，是指非居民企业向支付人收取的全部价款和价外费用。

第一百零四条 企业所得税法第三十七条所称支付人，是指依照有关法律规定或者合同约定对非居民企业直接负有支付相关款项义务的单位或者个人。

【案例15】 特别纳税调整后如何补缴税款和利息

2019年8月，某市税务局在对某公司进行关联交易的检查中发现该公司2018年度发生的某些业务不符合独立交易原则，有转让定价行为，但该公司未能按照规定提供与关联业务相关的资料。后经税务局核定，调增该公司的应纳税所得额300万元。2019年11月30日，该公司依法补缴了税款(已知:2019年度中国人民银行公布的人民币贷款基准利率为6%）。

【问题】

该公司在进行了特别纳税调整后，应如何补缴税款并支付利息？

【解题思路】

税务机关根据税收法律、行政法规的规定，对企业作出特别纳税调整的，应当对补征的税款，自税款所属纳税年度的次年6月1日起至补缴税款之日止的期间，按照税款所属纳税年度中国人民银行公布的与补税期间同期的人民币贷款基准利率加5个百分点计算。在本案中，加收利息的期间是2019年6月1日起至2019年11月30日止，计算加收利息的利率应为11%。

该公司在进行了特别纳税调整后，应补缴税款数额为：300×25%＝75（万元）；税务机构对该公司加收利息额为：75×11%×183÷365＝4.14（万元）。

相关法律链接

1.《企业所得税法》第四十一条　企业与其关联方之间的业务往来，不符合独立交易原则而减少企业或者其关联方应纳税收入或者所得额的，税务机关有权按照合理方法调整。

企业与其关联方共同开发、受让无形资产，或者共同提供、接受劳务发生的成本，在计算应纳税所得额时应当按照独立交易原则进行分摊。

第四十三条　企业向税务机关报送年度企业所得税纳税申报表时，应当就其与关联方之间的业务往来，附送年度关联业务往来报告表。

税务机关在进行关联业务调查时，企业及其关联方，以及与关联业务调查有关的其他企业，应当按照规定提供相关资料。

第四十一条　企业不提供与其关联方之间业务往来资料，或者提供虚假、不完整资料，未能真实反映其关联业务往来情况的，税务机关有权依法核定其应纳税所得额。

第四十七条　企业实施其他不具有合理商业目的的安排而减少其应纳税收入或者所得额的，税务机关有权按照合理方法调整。

第四十八条　税务机关依照本章规定作出纳税调整，需要补征税款的，应当补征税款，并按照国务院规定加收利息。

2.《企业所得税法实施条例》第一百二十条　企业所得税法第四十七条所称不具有合理商业目的，是指以减少、免除或者推迟缴纳税款为主要目的。

第一百二十一条　税务机关根据税收法律、行政法规的规定，对企业作出特别纳税调整的，应当对补征的税款，自税款所属纳税年度的次年6月1日起至补缴税款之日止的期间，按日加收利息。

前款规定加收的利息，不得在计算应纳税所得额时扣除。

第一百二十二条　企业所得税法第四十八条所称利息，应当按照税款所属纳税年度中国人民银行公布的与补税期间同期的人民币贷款基准利率加5个百分点计算。

企业依照企业所得税法第四十三条和本条例的规定提供有关资料的，可以只按前款规定的人民币贷款基准利率计算利息。

第一百二十三条　企业与其关联方之间的业务往来，不符合独立交易原则，或者企业实施其他不具有合理商业目的安排的，税务机关有权在该业务发生的纳税年度起10年内，进行纳税调整。

【案例16】　如何处理企业清算中的所得税问题

某公司因经营不善严重亏损，于2019年6月30日宣布破产，实施解散清算。清算结果如下：

1. 企业存货变现价值4700万元；
2. 清算资产盘盈87万元；
3. 应付未付职工工资230万元；
4. 在清算时期限届满应偿未偿债务18万元；
5. 企业的注册资本金3000万元，累计未分配利润85万元；
6. 清算中所发生的费用是300万元。

【要求】

计算该公司在清算时应缴纳的企业所得税。

【解题思路】

清算所得是企业的全部资产可变现价值或者交易价格减除资产净值、清算费用以及相关税费等后的余额。因此该企业的清算所得为：4700＋87－230－18

－3000－85－300＝1154(万元)，其应纳税额为：1154×25％＝288.5(万元)。

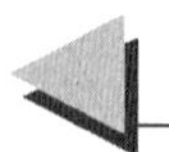

相关法律链接

1.**《企业所得税法》**第五十五条　企业在年度中间终止经营活动的，应当自实际经营终止之日起60日内，向税务机关办理当期企业所得税汇算清缴。

企业应当在办理注销登记前，就其清算所得向税务机关申报并依法缴纳企业所得税。

2.**《企业所得税法实施条例》**第十一条　企业所得税法第五十五条所称清算所得，是指企业的全部资产可变现价值或者交易价格减除资产净值、清算费用以及相关税费等后的余额。

投资方企业从被清算企业分得的剩余资产，其中相当于从被清算企业累计未分配利润和累计盈余公积中应当分得的部分，应当确认为股息所得；剩余资产减除上述股息所得后的余额，超过或者低于投资成本的部分，应当确认为投资资产转让所得或者损失。

【案例17】　怎样预缴企业所得税

某企业2018年全年应纳税所得额720万元。2019年企业经税务机关同意，每月按2018年应纳税所得额的1/12预缴企业所得税。2019年全年实现利润经调整后的应纳税所得额为900万元。

【要求】

请计算该企业2019年每月应预缴的企业所得税，年终汇算清缴时应补缴的企业所得税。

【解题思路】

由于该企业2019年每月按2018年应纳税所得额的1/12预缴企业所得税，因此其每月应预缴的企业所得税为：720÷12×25％＝15(万元)。

2019年1—12月实际预缴所得税额为：15×12＝180(万元)。

2019年全年应纳所得税税额为：900×25％＝225(万元)。

年终汇算清缴时应补缴所得税额为：225－180＝45(万元)。

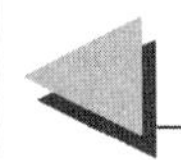

相关法律链接

1.《企业所得税法》第五十四条　企业所得税分月或者分季预缴。企业应当自月份或者季度终了之日起十五日内，向税务机关报送预缴企业所得税纳税申报表，预缴税款。

企业应当自年度终了之日起五个月内，向税务机关报送年度企业所得税纳税申报表，并汇算清缴，结清应缴应退税款。

企业在报送企业所得税纳税申报表时，应当按照规定附送财务会计报告和其他有关资料。

2.《企业所得税法实施条例》第一百二十七条　企业所得税分月或者分季预缴，由税务机关具体核定。

企业根据企业所得税法第五十四条规定分月或者分季预缴企业所得税时，应当按照月度或者季度的实际利润额预缴；按照月度或者季度的实际利润额预缴有困难的，可以按照上一纳税年度应纳税所得额的月度或者季度平均额预缴，或者按照经税务机关认可的其他方法预缴。预缴方法一经确定，该纳税年度内不得随意变更。

【案例 18】　分公司、子公司应如何缴纳所得税

京云公司是我国的居民企业，其总公司设在广州，并在北京、上海、西安设立了三家分公司，同时还在厦门设立了一家全资子公司。2019 年度，三家分公司按税法规定计算出的应纳税所得额分别为 300 万元、600 万元和 800 万元；子公司按税法规定计算出的应纳税所得额为 2000 万元。

【问题】

京云公司的分公司和子公司应怎样缴纳企业所得税？

【解题思路】

根据《企业所得税法》第 50 条的规定，居民企业以企业登记注册地为纳税地点。居民企业在中国境内设立不具有法人资格的营业机构的，应当汇总计算并缴纳企业所得税。由于分公司不具有法人资格，因此，京云公司设在北京、上海、

西安的三家分公司应分月或分季分别向所在地主管税务机关申报、预缴企业所得税,并在年度终了后,总机构负责进行企业所得税的年度汇算清缴,统一计算企业的年度应纳所得税额,抵减总机构、分支机构当年已就地分期预缴的企业所得税款后,多退少补税款。京云公司设在厦门的全资子公司因具有独立的法人资格,应独立核算所得额并向厦门的税务机关申报缴纳所得税。

相关法律链接

1.《企业所得税法》第五十条　除税收法律、行政法规另有规定外,居民企业以企业登记注册地为纳税地点;但登记注册地在境外的,以实际管理机构所在地为纳税地点。

居民企业在中国境内设立不具有法人资格的营业机构的,应当汇总计算并缴纳企业所得税。

2.《企业所得税法实施条例》第一百二十四条　企业所得税法第五十条所称企业登记注册地,是指企业依照国家有关规定登记注册的住所地。

第一百二十五条　企业汇总计算并缴纳企业所得税时,应当统一核算应纳税所得额,具体办法由国务院财政、税务主管部门另行制定。

3.《跨地区经营汇总纳税企业所得税征收管理办法》第三条　汇总纳税企业实行"统一计算、分级管理、就地预缴、汇总清算、财政调库"的企业所得税征收管理办法:

(一)统一计算,是指总机构统一计算包括汇总纳税企业所属各个不具有法人资格分支机构在内的全部应纳税所得额、应纳税额。

(二)分级管理,是指总机构、分支机构所在地的主管税务机关都有对当地机构进行企业所得税管理的责任,总机构和分支机构应分别接受机构所在地主管税务机关的管理。

(三)就地预缴,是指总机构、分支机构应按本办法的规定,分月或分季分别向所在地主管税务机关申报预缴企业所得税。

(四)汇总清算,是指在年度终了后,总机构统一计算汇总纳税企业的年度应纳税所得额、应纳所得税额,抵减总机构、分支机构当年已就地分期预缴的企业所得税款后,多退少补。

(五)财政调库,是指财政部定期将缴入中央国库的汇总纳税企业所得税待分配收入，按照核定的系数调整至地方国库。

第六条 汇总纳税企业按照《企业所得税法》规定汇总计算的企业所得税，包括预缴税款和汇算清缴应缴应退税款，50%在各分支机构间分摊，各分支机构根据分摊税款就地办理缴库或退库；50%由总机构分摊缴纳，其中25%就地办理缴库或退库，25%就地全额缴入中央国库或退库。具体的税款缴库或退库程序按照财预〔2012〕40号文件第五条等相关规定执行。

第七条 企业所得税分月或者分季预缴，由总机构所在地主管税务机关具体核定。

汇总纳税企业应根据当期实际利润额，按照本办法规定的预缴分摊方法计算总机构和分支机构的企业所得税预缴额，分别由总机构和分支机构就地预缴；在规定期限内按实际利润额预缴有困难的，也可以按照上一年度应纳税所得额的1/12或1/4，按照本办法规定的预缴分摊方法计算总机构和分支机构的企业所得税预缴额，分别由总机构和分支机构就地预缴。预缴方法一经确定，当年度不得变更。

第八条 总机构应将本期企业应纳所得税额的50%部分，在每月或季度终了后15日内就地申报预缴。总机构应将本期企业应纳所得税额的另外50%部分，按照各分支机构应分摊的比例，在各分支机构之间进行分摊，并及时通知到各分支机构；各分支机构应在每月或季度终了之日起15日内，就其分摊的所得税额就地申报预缴。

分支机构未按税款分配数额预缴所得税造成少缴税款的，主管税务机关应按照《征收管理法》的有关规定对其处罚，并将处罚结果通知总机构所在地主管税务机关。

【案例19】 企业所得税应纳税额的计算(一)

某企业2019年度实现会计利润360万元，自行向税务机关申报的应纳税所得额是360万元，适用企业所得税税率25%，缴纳企业所得税90万元。

经某注册会计师进行年终核查，发现与应纳税所得额有关的业务内容如下：

1. 应纳税所得额中含2019年的国债利息收入10万元，购买其他企业的债券取得利息收入4万元。

2. 2019年5月销售产品取得价外收入46.8万元，并开具了普通发票。企业将这笔收入直接计入“应付福利费”中。经核定该产品的增值税税率是13%、消费税税率15%、城市维护建设税税率7%、教育费附加征收率为3%。

3. 应纳税所得额中含从M公司（居民企业）分回的税后权益性投资收益5万元，经核定M公司适用的企业所得税税率是25%。

4. “营业外支出”账户中，含有上缴的税收罚款6万元。

5. “管理费用”账户中，列支了2019年度的新产品开发费用8万元，尚未形成无形资产。

6. 企业发生的与生产有关的业务招待费用20万元，企业实际列支12万元，经核定企业全年的销售（营业）收入为1000万元。

7. 为庆祝某商场成立赞助3万元。

8. 该企业不符合小型微利企业的条件。

【问题】

1. 根据企业上述资料，分析2019年度自行申报的应纳税所得额是否正确。

2. 计算企业2019年度共计应缴纳的企业所得税税额。

3. 应补缴多少企业所得税？

【解题思路】

1. 该企业自行申报的应纳税所得额是错误的。

2. 该企业2019年的应纳税所得额及所得税税率应作如下调整：

（1）国库券利息收入10万元为免税收入，应调减应纳税所得额。

（2）销售产品取得的价外收入46.8万元应当在补缴纳各项税费后计入应纳税所得额。该企业补缴的增值税、消费税、城市维护建设税及教育费附加共计：46.8÷(1+13%)×(13%+15%)×(1+7%+3%)=12.8(万元)，应调增的所得额为：46.8−12.8=34(万元)。

（3）从M公司分回的税后权益性投资收益5万元，属于免税收入，不应计入所得额。

（4）税收罚款6万元不得在税前扣除，应调增应纳税所得额。

（5）新产品的研究开发费用可加计扣除75%，应调减应纳税所得额为：8×75%=6(万元)。

（6）该企业业务招待费的扣除限额为：1000×5‰=5(万元)，超标准扣除额为：12−5=7(万元)，应调增应纳所得额。

（7）赞助支出3万元不得税前扣除，应调增应纳税所得额。

（8）该企业2019年的应纳税所得额为：360−10+34−5+6−6+7+3=

389(万元)。

(9) 该企业2019年的应纳税额为:389×25%=97.25(万元)。

3. 该企业应补缴的企业所得税税额为:97.25-90=7.25(万元)。

相关法律链接

1.《企业所得税法》第六条　企业以货币形式和非货币形式从各种来源取得的收入,为收入总额。包括:

(一) 销售货物收入;

(二) 提供劳务收入;

(三) 转让财产收入;

(四) 股息、红利等权益性投资收益;

(五) 利息收入;

(六) 租金收入;

(七) 特许权使用费收入;

(八) 接受捐赠收入;

(九) 其他收入。

第十条　在计算应纳税所得额时,下列支出不得扣除:

(一) 向投资者支付的股息、红利等权益性投资收益款项;

(二) 企业所得税税款;

(三) 税收滞纳金;

(四) 罚金、罚款和被没收财物的损失;

(五) 本法第九条规定以外的捐赠支出;

(六) 赞助支出;

(七) 未经核定的准备金支出;

(八) 与取得收入无关的其他支出。

第二十六条　企业的下列收入为免税收入:

(一) 国债利息收入;

(二) 符合条件的居民企业之间的股息、红利等权益性投资收益;

(三) 在中国境内设立机构、场所的非居民企业从居民企业取得与该机构、场所有实际联系的股息、红利等权益性投资收益;

（四）符合条件的非营利组织的收入。

第三十条 企业的下列支出，可以在计算应纳税所得额时加计扣除：

（一）开发新技术、新产品、新工艺发生的研究开发费用；

（二）安置残疾人员及国家鼓励安置的其他就业人员所支付的工资。

2. **《企业所得税法实施条例》**第四十三条 企业发生的与生产经营活动有关的业务招待费支出，按照发生额的60%扣除，但最高不得超过当年销售（营业）收入的5‰。

第八十二条 企业所得税法第二十六条第（一）项所称国债利息收入，是指企业持有国务院财政部门发行的国债取得的利息收入。

第八十三条 企业所得税法第二十六条第（二）项所称符合条件的居民企业之间的股息、红利等权益性投资收益，是指居民企业直接投资于其他居民企业取得的投资收益。企业所得税法第二十六条第（二）项和第（三）项所称股息、红利等权益性投资收益，不包括连续持有居民企业公开发行并上市流通的股票不足12个月取得的投资收益。

第九十五条 企业所得税法第三十条第（一）项所称研究开发费用的加计扣除，是指企业为开发新技术、新产品、新工艺发生的研究开发费用，未形成无形资产计入当期损益的，在按照规定据实扣除的基础上，按照研究开发费用的50%加计扣除；形成无形资产的，按照无形资产成本的150%摊销。

3. **《关于提高研究开发费用税前加计扣除比例的通知》** 为进一步激励企业加大研发投入，支持科技创新，现就提高企业研究开发费用（以下简称研发费用）税前加计扣除比例有关问题通知如下：

一、企业开展研发活动中实际发生的研发费用，未形成无形资产计入当期损益的，在按规定据实扣除的基础上，在2018年1月1日至2020年12月31日期间，再按照实际发生额的75%在税前加计扣除；形成无形资产的，在上述期间按照无形资产成本的175%在税前摊销。

二、企业享受研发费用税前加计扣除政策的其他政策口径和管理要求按照《财政部 国家税务总局 科技部关于完善研究开发费用税前加计扣除政策的通知》（财税〔2015〕119号）、《财政部 税务总局 科技部关于企业委托境外研究开发费用税前加计扣除有关政策问题的通知》（财税〔2018〕64号）、《国家税务总局关于企业研究开发费用税前加计扣除政策有关问题的公告》（国家税务总局公告2015年第97号）等文件规定执行。

【案例 20】 企业所得税应纳税额的计算(二)

某企业为居民企业,2019 年发生经营业务如下:

1. 取得产品销售收入 4000 万元。

2. 发生产品销售成本 2600 万元。

3. 发生销售费用 770 万元(其中广告费 650 万元);管理费用 480 万元(其中业务招待费 25 万元);财务费用 60 万元。

4. 销售税金 160 万元(含增值税 120 万元)。

5. 营业外收入 80 万元,营业外支出 50 万元(其中符合条件的公益性捐赠 30 万元,支付税收滞纳金 6 万元)。

6. 计入成本、费用中的实发工资总额 200 万元(其中支付残疾职工工资 5 万元),拨缴职工工会经费 5 万元,发生职工福利费 31 万元,发生职工教育经费 7 万元。

7. 计入制造费用中的已足额提取折旧的生产车间所使用的固定资产折旧 1 万元。

【要求】

计算该企业 2019 年度应缴纳的企业所得税(无须考虑小微企业税收优惠等情况)。

【解题思路】

1. 该企业 2019 年度实现的会计利润为:4000－2600－770－480－60－40＋80－50＝80(万元)。

2. 该企业的广告费、业务宣传费扣除限额为:4000×15%＝600(万元),应调增应税所得额为:650－600＝50(万元)。

3. 该企业的招待费用的扣除限额为:25×60%＝15(万元)与 4000×5‰＝20(万元)中的较小者,应调增应税所得额为:25－15＝10(万元)。

4. 该企业捐赠支出扣除限额为:80×12%＝9.6(万元),应调增应税所得额为:30－9.6＝20.4(万元)。

5. 该企业的税收滞纳金不得扣除,应调增应税所得额为:6 万元。

6. 该企业的职工工会经费的扣除限额为:200×2%＝4(万元),应调增应税所得额为:5－4＝1(万元)。

7. 该企业的职工福利费的扣除限额为:200×14%＝28(万元),应调增应税所得额：31－28＝3(万元)。

8. 该企业的职工教育经费的扣除限额为：200×8%＝16(万元)，无须调增。

9. 支付给残疾职工的工资可加计100%扣除，应调减应税所得额为：5×100%＝5(万元)。

10. 该企业的已足额提取折旧的固定资产计提的折旧不得扣除，应调增应税所得额为：1－0＝1(万元)。

11. 该企业2019年度的应税所得额为：80＋50＋10＋20.4＋6＋1＋3＋1－5＝166.4(万元)。

12. 该企业2019年度应缴纳企业所得税为：166.4×25%＝41.6(万元)。

相关法律链接

1. **《企业所得税法》**第六条　企业以货币形式和非货币形式从各种来源取得的收入，为收入总额。包括：

（一）销售货物收入；

（二）提供劳务收入；

（三）转让财产收入；

（四）股息、红利等权益性投资收益；

（五）利息收入；

（六）租金收入；

（七）特许权使用费收入；

（八）接受捐赠收入；

（九）其他收入。

第九条　企业发生的公益性捐赠支出，在年度利润总额12%以内的部分，准予在计算应纳税所得额时扣除；超过年度利润总额12%的部分，准予结转以后三年内在计算应纳税所得额时扣除。

第十条　在计算应纳税所得额时，下列支出不得扣除：

（一）向投资者支付的股息、红利等权益性投资收益款项；

（二）企业所得税税款；

（三）税收滞纳金；

（四）罚金、罚款和被没收财物的损失；

（五）本法第九条规定以外的捐赠支出；

（六）赞助支出；

（七）未经核定的准备金支出；

（八）与取得收入无关的其他支出。

第十一条 在计算应纳税所得额时，企业按照规定计算的固定资产折旧，准予扣除。

下列固定资产不得计算折旧扣除：

（一）房屋、建筑物以外未投入使用的固定资产；

（二）以经营租赁方式租入的固定资产；

（三）以融资租赁方式租出的固定资产；

（四）已足额提取折旧仍继续使用的固定资产；

（五）与经营活动无关的固定资产；

（六）单独估价作为固定资产入账的土地；

（七）其他不得计算折旧扣除的固定资产。

第三十条 企业的下列支出，可以在计算应纳税所得额时加计扣除：

（一）开发新技术、新产品、新工艺发生的研究开发费用；

（二）安置残疾人员及国家鼓励安置的其他就业人员所支付的工资。

2.**《企业所得税法实施条例》**第四十条 企业发生的职工福利费支出，不超过工资薪金总额14%的部门，准予扣除。

第四十一条 企业拨缴的工会经费，不超过工资薪金总额2%的部分，准予扣除。

第四十三条 企业发生的与生产经营活动有关的业务招待费支出，按照发生额的60%扣除，但最高不得超过当年销售(营业)收入的5‰。

第九十六条 企业所得税法第三十条第(二)项所称企业安置残疾人员所支付的工资的加计扣除，是指企业安置残疾人员的，在按照支付给残疾职工工资据实扣除的基础上，按照支付给残疾职工工资的100%加计扣除。残疾人员的范围适用《中华人民共和国残疾人保障法》的有关规定。

企业所得税法第三十条第(二)项所称企业安置国家鼓励安置的其他就业人员所支付的工资的加计扣除办法，由国务院另行规定。

3.**《关于企业职工教育经费税前扣除政策的通知》** 为鼓励企业加大职工教育投入，现就企业职工教育经费税前扣除政策通知如下：

一、企业发生的职工教育经费支出，不超过工资薪金总额8%的部分，准予在计算企业所得税应纳税所得额时扣除；超过部分，准予在以后纳税年度结转扣除。

二、本通知自2018年1月1日起执行。

【案例21】 某企业逃避缴纳企业所得税案

位于某地级市的企业为增值税一般纳税人，2019年度损益表中填报的产品销售收入1500万元，减除成本、费用、税金后，利润总额为40万元，应纳税所得额也是40万元，并如期缴纳全年所得税。后经税务机关的核查证实该企业有以下几项支出：

1. 企业在册职工人数120人（不含由福利费开支工资的职工），全年工资总额215.2万元，已列支。

2. 企业按工资总额提取的职工福利费、教育经费、工会经费共60.6万元，已列支。

3. 企业通过市残联向残疾人捐赠35万元，已列支。

4. 企业全年发生的与业务有关的业务招待费15万元，已列支。

5. 已知该企业通过“应交税金”已缴纳的税金为65万元。

【问题】

该企业计算的应纳税所得额是否正确？如有错误，请予以纠正（无须考虑小微企业税收优惠等情况）。

【解题思路】

1. 根据税法规定，允许扣除的职工福利费、教育经费、工会经费为：215.2×(2%＋14%＋8%)＝51.65（万元），该企业超标准列支额为：60.6－51.65＝8.95（万元），应调增应纳税所得额。

2. 该企业公益性捐赠支出的限额为：40×12%＝4.8（万元），那么因实际捐赠额超过捐赠限额而调增的应纳税所得额为：35－4.8＝30.2（万元）。

3. 业务招待费支出，按照发生额的60%扣除，但最高不得超过当年销售（营业）收入的5‰。按60%计算招待费限额为：15×60%＝9（万元）；按销售（营业）收入计算招待费限额为：1500×5‰＝7.5（万元）。因此该企业业务招待费超标准扣除额为：15－7.5＝7.5（万元），应调增应纳所得额。

4. 经上述调整后，该企业的应纳税所得额为：40＋8.95＋30.2＋7.5＝86.65（万元）。

5. 该企业适用25%的税率，应纳所得税为：86.65×25%＝21.66（万元）。

相关法律链接

1.**《企业所得税法》**第九条　企业发生的公益性捐赠支出，在年度利润总额12%以内的部分，准予在计算应纳税所得额时扣除；超过年度利润总额12%的部分，准予结转以后三年内在计算应纳税所得额时扣除。

2.**《企业所得税法实施条例》**第三十四条　企业发生的合理的工资、薪金支出，准予扣除。

前款所称工资、薪金，是指企业每一纳税年度支付给在本企业任职或者受雇的员工的所有现金形式或者非现金形式的劳动报酬，包括基本工资、奖金、津贴、补贴、年终加薪、加班工资，以及与员工任职或者受雇有关的其他支出。

第四十条　企业发生的职工福利费支出，不超过工资、薪金总额14%的部分，准予扣除。

第四十一条　企业拨缴的工会经费，不超过工资、薪金总额2%的部分，准予扣除。

第四十三条　企业发生的与生产经营活动有关的业务招待费支出，按照发生额的60%扣除，但最高不得超过当年销售（营业）收入的5‰。

第五十一条　企业所得税法第九条所称公益性捐赠，是指企业通过公益性社会组织或者县级以上人民政府及其部门，用于符合法律规定的慈善活动、公益事业的捐赠。

第五十二条　本条例第五十一条所称公益性社会组织，是指同时符合下列条件的慈善组织以及其他社会组织：

（一）依法登记，具有法人资格；

（二）以发展公益事业为宗旨，且不以营利为目的；

（三）全部资产及其增值为该法人所有；

（四）收益和营运结余主要用于符合该法人设立目的的事业；

（五）终止后的剩余财产不归属任何个人或者营利组织；

（六）不经营与其设立目的无关的业务；

（七）有健全的财务会计制度；

（八）捐赠者不以任何形式参与该法人财产的分配；

（九）国务院财政、税务主管部门会同国务院民政部门等登记管理部门规定的其他条件。

第五十三条　企业当年发生以及以前年度结转的公益性捐赠支出，不超过年度利润总额12%的部分，准予扣除。

年度利润总额，是指企业依照国家统一会计制度的规定计算的年度会计利润。

3.**《关于企业职工教育经费税前扣除政策的通知》**　为鼓励企业加大职工教育投入，现就企业职工教育经费税前扣除政策通知如下：

一、企业发生的职工教育经费支出，不超过工资薪金总额8%的部分，准予在计算企业所得税应纳税所得额时扣除；超过部分，准予在以后纳税年度结转扣除。

二、本通知自2018年1月1日起执行。

【案例22】　企业如何确认收入总额

某家具生产企业为增值税一般纳税人，2018年度会计自行核算取得营业收入3000万元、营业外收入300万元、投资收益120万元，企业自行核算实现年度利润总额450万元。2019年初聘请某会计师事务所进行审计，发现该企业与境内关联企业签订资产交换协议，以成本200万元，不含税售价280万元的机床换入等值设备一台，会计上未做收入核算。

【问题】

企业应如何确认2018年度的收入总额和销售收入？

【解题思路】

应确认收入总额为：3000＋300＋120＋280＝3700（万元）。

销售收入为：3000＋280＝3280（万元）。

相关法律链接

1.《企业所得税法》第六条　企业以货币形式和非货币形式从各种来源取得的收入，为收入总额。包括：

（一）销售货物收入；

（二）提供劳务收入；

（三）转让财产收入；

（四）股息、红利等权益性投资收益；

（五）利息收入；

（六）租金收入；

（七）特许权使用费收入；

（八）接受捐赠收入；

（九）其他收入。

2.《企业所得税法实施条例》第十二条　企业所得税法第六条所称企业取得收入的货币形式，包括现金、存款、应收账款、应收票据、准备持有至到期的债券投资以及债务的豁免等。企业所得税法第六条所称企业取得收入的非货币形式，包括固定资产、生物资产、无形资产、股权投资、存货、不准备持有至到期的债券投资、劳务以及有关权益等。

第十三条　企业所得税法第六条所称企业以非货币形式取得的收入，应当按照公允价值确定收入额。前款所称公允价值，是指按照市场价格确定的价值。

第十六条　企业所得税法第六条第（三）项所称转让财产收入，是指企业转让固定资产、生物资产、无形资产、股权、债权等财产取得的收入。

第二十五条　企业发生非货币性资产交换，以及将货物、财产、劳务用于捐赠、偿债、赞助、集资、广告、样品、职工福利或者利润分配等用途的，应当视同销售货物、转让财产或者提供劳务，但国务院财政、税务主管部门另有规定的除外。

【案例 23】　企业应如何计算多项税金

传奇针织厂是一家注册资本 5000 万元的生产企业，是增值税一般纳税人。

2019 年度相关生产经营业务如下：

1. 企业厂区坐落在某县城，实际占地 10000 平方米，其中，厂房占地 8000 平方米，办公楼占地 1200 平方米，厂区内部道路及绿化占地 800 平方米。

2. 该厂拥有货车 10 辆（每辆净吨位 10 吨），大型商用客车 3 辆（每辆乘 50 人），5 座小型客车 15 辆，每辆车的排气量均为 2.0 升。

3. 当年销售自产针织衫、内衣等共计 8000 万元（不含税价格）；购进原材料，取得增值税专用发票，注明购货金额 3000 万元、进项税额 390 万元，原材料全部验收入库；支付购货的运输费用 300 万元，装卸费和保险费 60 万元，取得运输公司及其他单位开具的专用发票；收购农民种植的良种棉花，在经主管税务机关批准使用的收购凭证上注明的买价累计为 1000 万元。

4. 全年应扣除的销售产品成本 5000 万元，发生财务费用 200 万元、销售费用 1200 万元、管理费用 600 万元（不含应计入管理费用中的税金）。

5. 全年实发工资总额为 900 万元，并按照实发工资和税法规定的比例计算提取了职工工会经费、职工福利费和职工教育经费。

6. 2 月份，该厂接受 A 公司赠与的机器设备一台并于当月投入使用，发票所列金额为 400 万元，企业自己负担的运输费、保险费和安装调试费 50 万元；全年计入成本、费用的固定资产折旧为 60 万元，企业采用直线折旧法，期限为 10 年，残值率为 5%。

7. 所发生的财务费用中包括支付银行贷款的利息 120 万元和向关联企业支付借款 1000 万元的本年利息 80 万元（同期银行贷款年利率为 6%）。

8. 所发生的销售费用中含有实际支出的广告费 1500 万元。

9. 所发生的管理费用中包含业务招待费 58 万元。

（说明：城镇土地使用税每平方米税额 3 元，商用货车纳税额每吨 40 元，商用客车纳税额为每辆 600 元，排气量 2.0 升乘用车的年纳税额为每辆 400 元。）

【要求】

根据上述资料，请分析并计算：

1. 该企业应缴纳的城镇土地使用税。
2. 该企业应缴纳的车船税。
3. 该企业应缴纳的增值税、城市维护建设税和教育费附加。
4. 该企业超过扣除标准的机器设备的折旧费用。
5. 该企业超过扣除标准的财务费用。
6. 该企业超过扣除标准的广告费用。

7. 该企业超过扣除标准的业务招待费用。

8. 该企业 2019 年度应纳税所得额。

9. 该企业 2019 年度应缴纳的企业所得税(印花税等忽略不计)。

【解题思路】

1. 该企业应缴纳的城镇土地使用税为:10000×3=3(万元)。

2. 该企业应缴纳的车船税为:10×0.004×10+3×0.06+15×0.04=1.18(万元)。

3. 该企业应缴纳的增值税为:8000×13%−(390+300×9%+1000×10%)=523(万元)。

该企业应缴纳的城市维护建设税、教育费附加为:523×(5%+3%)=41.84(万元)。

4. 该企业超标折旧费为:60−(400+50)×(1−5%)÷10÷12×10=24.38(万元)。

5. 该企业超标列支的财务费用为:80−1000×6%=20(万元)。

6. 该企业超标列支的广告费用为:1500−8000×15%=300(万元)。

7. 该企业超标列支的业务招待费为:58−58×60%=23.2(万元)。

8. 该企业应税所得额为:8000+400−5000−200−1200−600−900−900×(2%+14%+8%)−3−1.18−41.84+24.38+20+300+23.2=605.56(万元)。

9. 该企业应纳企业所得税为:605.56×25%=151.39(万元)。

相关法律链接

1. **《城镇土地使用税暂行条例》**第二条　在城市、县城、建制镇、工矿区范围内使用土地的单位和个人,为城镇土地使用税(以下简称土地使用税)的纳税人,应当依照本条例的规定缴纳土地使用税。

前款所称单位,包括国有企业、集体企业、私营企业、股份制企业、外商投资企业、外国企业以及其他企业和事业单位、社会团体、国家机关、军队以及其他单位;所称个人,包括个体工商户以及其他个人。

第三条　土地使用税以纳税人实际占用的土地面积为计税依据,依照规定税额计算征收。

前款土地占用面积的组织测量工作，由省、自治区、直辖市人民政府根据实际情况确定。

第四条　土地使用税每平方米年税额如下：

（一）大城市1.5元至30元；

（二）中等城市1.2元至24元；

（三）小城市0.9元至18元；

（四）县城、建制镇、工矿区0.6元至12元。

第五条　省、自治区、直辖市人民政府，应当在本条例第四条规定的税额幅度内，根据市政建设状况、经济繁荣程度等条件，确定所辖地区的适用税额幅度。

市、县人民政府应当根据实际情况，将本地区土地划分为若干等级，在省、自治区、直辖市人民政府确定的税额幅度内，制定相应的适用税额标准，报省、自治区、直辖市人民政府批准执行。

经省、自治区、直辖市人民政府批准，经济落后地区土地使用税的适用税额标准可以适当降低，但降低额不得超过本条例第四条规定最低税额的30%。经济发达地区土地使用税的适用税额标准可以适当提高，但须报经财政部批准。

第八条　土地使用税按年计算、分期缴纳。缴纳期限由省、自治区、直辖市人民政府确定。

2.**《车船税法》**第一条　在中华人民共和国境内属于本法所附《车船税税目税额表》规定的车辆、船舶（以下简称车船）的所有人或者管理人，为车船税的纳税人，应当依照本法缴纳车船税。

第二条　车船的适用税额依照本法所附《车船税税目税额表》执行。

车辆的具体适用税额由省、自治区、直辖市人民政府依照本法所附《车船税税目税额表》规定的税额幅度和国务院的规定确定。

船舶的具体适用税额由国务院在本法所附《车船税税目税额表》规定的税额幅度内确定。

3.**《企业所得税法》**第十条　在计算应纳税所得额时，下列支出不得扣除：

（一）向投资者支付的股息、红利等权益性投资收益款项；

（二）企业所得税税款；

（三）税收滞纳金；

(四)罚金、罚款和被没收财物的损失;

(五)本法第九条规定以外的捐赠支出;

(六)赞助支出;

(七)未经核定的准备金支出;

(八)与取得收入无关的其他支出。

4.**《企业所得税法实施条例》**第三十八条　企业在生产经营活动中发生的下列利息支出,准予扣除:

(一)非金融企业向金融企业借款的利息支出、金融企业的各项存款利息支出和同业拆借利息支出、企业经批准发行债券的利息支出;

(二)非金融企业向非金融企业借款的利息支出,不超过按照金融企业同期同类贷款利率计算的数额的部分。

第四十条　企业发生的职工福利费支出,不超过工资薪金总额14%的部分,准予扣除。

第四十一条　企业拨缴的工会经费,不超过工资薪金总额2%的部分,准予扣除。

第四十三条　企业发生的与生产经营活动有关的业务招待费支出,按照发生额的60%扣除,但最高不得超过当年销售(营业)收入的5‰。

第四十四条　企业发生的符合条件的广告费和业务宣传费支出,除国务院财政、税务主管部门另有规定外,不超过当年销售(营业)收入15%的部分,准予扣除;超过部分,准予在以后纳税年度结转扣除。

第五十九条　固定资产按照直线法计算的折旧,准予扣除。

企业应当自固定资产投入使用月份的次月起计算折旧;停止使用的固定资产,应当自停止使用月份的次月起停止计算折旧。

企业应当根据固定资产的性质和使用情况,合理确定固定资产的预计净残值。固定资产的预计净残值一经确定,不得变更。

5.**《关于企业职工教育经费税前扣除政策的通知》**　一、企业发生的职工教育经费支出,不超过工资薪金总额8%的部分,准予在计算企业所得税应纳税所得额时扣除;超过部分,准予在以后纳税年度结转扣除。

【案例24】　小微企业的税收优惠

A为一家小型社区便利店,从业人数20人,资产总额300万,主要经营日杂百货，欲进行纳税申报。2019年期间，该便利店年应纳税所得额为120万元。

【要求】

结合国家关于小微企业的新政策计算该便利店应如何缴纳企业所得税。

【解题思路】

根据相关规定，对小型微利企业年应纳税所得额不超过100万元的部分，减按25％计入应纳税所得额，按20％的税率缴纳企业所得税；对年应纳税所得额超过100万元但不超过300万元的部分，减按50％计入应纳税所得额，按20％的税率缴纳企业所得税。

因此A便利店全年应缴纳企业所得税为：100×25％×20％＋（120－100）×50％×20％＝7（万元）。

相关法律链接

《关于实施小微企业普惠性税收减免政策的通知》 二、对小型微利企业年应纳税所得额不超过100万元的部分，减按25％计入应纳税所得额，按20％的税率缴纳企业所得税；对年应纳税所得额超过100万元但不超过300万元的部分，减按50％计入应纳税所得额，按20％的税率缴纳企业所得税。

上述小型微利企业是指从事国家非限制和禁止行业，且同时符合年度应纳税所得额不超过300万元、从业人数不超过300人、资产总额不超过5000万元等三个条件的企业。

从业人数，包括与企业建立劳动关系的职工人数和企业接受的劳务派遣用工人数。所称从业人数和资产总额指标，应按企业全年的季度平均值确定。具体计算公式如下：

季度平均值＝（季初值＋季末值）÷2；

全年季度平均值＝全年各季度平均值之和÷4；

年度中间开业或者终止经营活动的，以其实际经营期作为一个纳税年度确定上述相关指标。

【案例 25】 企业债务重组业务如何进行税务处理

A 公司 2019 年 12 月与 B 公司达成债务重组协议，A 公司以一批库存商品抵偿所欠 B 公司一年前发生的债务 40 万元，这批库存商品的账面成本为 25 万元，市场销售价格为 30 万元(不含税)，该商品的增值税税率为 13%。假设 A 公司适用的企业所得税税率为 25%。

【问题】

1. A 公司该项债务重组业务的收益是多少(城市维护建设税和教育费附加忽略不计)？应缴纳多少企业所得税？

2. B 公司有多少债务重组损失？

【解题思路】

1. A 公司作为债务人应按公允价值转让非现金财产计算财产转让所得的所得税。在计算财产转让所得时，应先扣除该财产的成本和应缴纳的增值税。

A 公司该项债务重组业务的收益为：40－30×(1＋13%)＋(30－25)＝11.1(万元)。

A 公司应缴纳的所得税为：11.1×25%＝2.775(万元)。

2. B 公司的债务重组损失额为：40－30×(1＋13%)＝6.1(万元)。

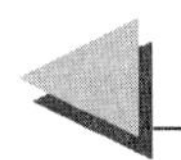

相关法律链接

《关于企业重组业务企业所得税处理若干问题的通知》 一、本通知所称企业重组，是指企业在日常经营活动以外发生的法律结构或经济结构重大改变的交易，包括企业法律形式改变、债务重组、股权收购、资产收购、合并、分立等。

(一) 企业法律形式改变，是指企业注册名称、住所以及企业组织形式等的简单改变，但符合本通知规定其他重组的类型除外。

(二) 债务重组，是指在债务人发生财务困难的情况下，债权人按照其与债务人达成的书面协议或者法院裁定书，就其债务人的债务作出让步的事项。

（三）股权收购，是指一家企业（以下称为收购企业）购买另一家企业（以下称为被收购企业）的股权，以实现对被收购企业控制的交易。收购企业支付对价的形式包括股权支付、非股权支付或两者的组合。

（四）资产收购，是指一家企业（以下称为受让企业）购买另一家企业（以下称为转让企业）实质经营性资产的交易。受让企业支付对价的形式包括股权支付、非股权支付或两者的组合。

（五）合并，是指一家或多家企业（以下称为被合并企业）将其全部资产和负债转让给另一家现存或新设企业（以下称为合并企业），被合并企业股东换取合并企业的股权或非股权支付，实现两个或两个以上企业的依法合并。

（六）分立，是指一家企业（以下称为被分立企业）将部分或全部资产分离转让给现存或新设的企业（以下称为分立企业），被分立企业股东换取分立企业的股权或非股权支付，实现企业的依法分立。

四、企业重组，除符合本通知规定适用特殊性税务处理规定的外，按以下规定进行税务处理：……（二）企业债务重组，相关交易应按以下规定处理：

1. 以非货币资产清偿债务，应当分解为转让相关非货币性资产、按非货币性资产公允价值清偿债务两项业务，确认相关资产的所得或损失。

2. 发生债权转股权的，应当分解为债务清偿和股权投资两项业务，确认有关债务清偿所得或损失。

3. 债务人应当按照支付的债务清偿额低于债务计税基础的差额，确认债务重组所得；债权人应当按照收到的债务清偿额低于债权计税基础的差额，确认债务重组损失。

4. 债务人的相关所得税纳税事项原则上保持不变。

第五章　个人所得税法

第一节　个人所得税法基本问题

个人所得税，是对在中国境内居住的个人所得和不在中国境内居住的个人而在中国取得的所得征收的一种税。

一、纳税主体

1. 纳税人

居民纳税人是指在中国境内有住所，或者无住所而一个纳税年度内在中国境内居住累计满 183 天的个人，为居民个人。居民个人从中国境内和境外取得的所得，依照《个人所得税法》规定缴纳个人所得税。

非居民纳税人是指在中国境内无住所又不居住，或者无住所而一个纳税年度内在中国境内居住累计不满 183 天的个人，为非居民个人。非居民个人从中国境内取得的所得，依照《个人所得税法》规定缴纳个人所得税。

个人所得税法所称在中国境内有住所，是指因户籍、家庭、经济利益关系而在中国境内习惯性居住；所称从中国境内和境外取得的所得，分别是指来源于中国境内的所得和来源于中国境外的所得。

2. 扣缴义务人

对掌握所得信息并能够控制支付所得过程的单位，税务机关可以确定其为扣缴义务人，实际支付方应当协助其履行扣缴义务。对于两个以上单位掌握同一项所得信息并均能控制支付所得过程的，税务机关可以确定其中一个单位履行代扣代缴义务。《个人所得税法》第 9 条规定："个人所得税以所得人为纳税人，以支付所得的单位或者个人为扣缴义务人。"扣缴义务人应当按照国家规定办理全员全额扣缴申报，并向纳税人提供其个人所得和已扣缴税款等信息。

二、征税对象

1. 所得分类

我国采用分类与综合税制征收个人所得税。缴纳个人所得税的所得包括：

(1) 工资、薪金所得；(2) 劳务报酬所得；(3) 稿酬所得；(4) 特许权使用费所得；(5) 经营所得；(6) 利息、股息、红利所得；(7) 财产租赁所得；(8) 财产转让所得；(9) 偶然所得。居民个人取得第一项至第四项所得(以下称综合所得)，按纳税年度合并计算个人所得税；非居民个人取得第一项至第四项所得，按月或者按次分项计算个人所得税。纳税人取得第五项至第九项所得，依照《个人所得税法》规定分别计算个人所得税。

2. 各项所得的具体内容

工资、薪金所得，是指个人因任职或者受雇取得的工资、薪金、奖金、年终加薪、劳动分红、津贴、补贴以及与任职或者受雇有关的其他所得。

劳务报酬所得，是指个人从事劳务取得的所得，包括从事设计、装潢、安装、制图、化验、测试、医疗、法律、会计、咨询、讲学、翻译、审稿、书画、雕刻、影视、录音、录像、演出、表演、广告、展览、技术服务、介绍服务、经纪服务、代办服务以及其他劳务取得的所得。

稿酬所得，是指个人因其作品以图书、报刊等形式出版、发表而取得的所得。

特许权使用费所得，是指个人提供专利权、商标权、著作权、非专利技术以及其他特许权的使用权取得的所得；提供著作权的使用权取得的所得，不包括稿酬所得。

经营所得，是指：(1) 个体工商户从事生产、经营活动取得的所得，个人独资企业投资人、合伙企业的个人合伙人来源于境内注册的个人独资企业、合伙企业生产、经营的所得；(2) 个人依法从事办学、医疗、咨询以及其他有偿服务活动取得的所得；(3) 个人对企业、事业单位承包经营、承租经营以及转包、转租取得的所得；(4) 个人从事其他生产、经营活动取得的所得。

利息、股息、红利所得，是指个人拥有债权、股权等而取得的利息、股息、红利所得。

财产租赁所得，是指个人出租不动产、机器设备、车船以及其他财产取得的所得。

财产转让所得，是指个人转让有价证券、股权、合伙企业中的财产份额、不动产、机器设备、车船以及其他财产取得的所得。

偶然所得，是指个人得奖、中奖、中彩以及其他偶然性质的所得。

3. 所得的形式

个人所得的形式，包括现金、实物、有价证券和其他形式的经济利益；所得为实物的，应当按照取得的凭证上所注明的价格计算应纳税所得额，无凭证的实物或者凭证上所注明的价格明显偏低的，参照市场价格核定应纳税所得额；所得为有价证券的，根据票面价格和市场价格核定应纳税所得额；所得为其他形式的经济利益的，参照市场价格核定应纳税所得额。

三、税率

个人所得税法中的税率形式主要有超额累进税率和比例税率。具体包括：

(1) 综合所得，适用7级超额累进税率。该税率按个人全年综合应税所得额划分为7个级距，最低一级为3%，最高一级为45%，其税率如表5-1所示：

表5-1　综合所得个人所得税税率表

级数	全年应纳税所得额	税率(%)
1	不超过36000元的	3
2	超过36000元至144000元的部分	10
3	超过144000元至300000元的部分	20
4	超过300000元至420000元的部分	25
5	超过420000元至660000元的部分	30
6	超过660000元至960000元的部分	35
7	超过960000元的部分	45

(2) 经营所得，适用5%至35%的5级超额累进税率。其税率如表5-2所示：

表5-2　经营所得个人所得税税率表

级数	全年应纳税所得额	税率(%)
1	不超过30000元的	5
2	超过30000元至90000元的部分	10
3	超过90000元至300000元的部分	20
4	超过300000元至500000元的部分	30
5	超过500000元的部分	35

(3) 利息、股息、红利所得，财产租赁所得，财产转让所得和偶然所得，适用比例税率，税率为20%。

四、应纳税所得额的计算

1. 综合所得

（1）我国个人所得税法采用的是分类与综合税制模式，本着有利于防止税款流失和便于征管的原则，对综合所得部分实行累计预扣法。

累计预扣法是指扣缴义务人在一个纳税年度内预扣预缴税款时，以纳税人在本单位截至当前月份工资、薪金所得累计收入减除累计免税收入、累计减除费用、累计专项扣除、累计专项附加扣除和累计依法确定的其他扣除后的余额为累计预扣预缴应纳税所得额，适用个人所得税综合所得年税率表作为预扣表，计算累计应预扣预缴税额，再减除累计减免税额和累计已预扣预缴税额，其余额为本期应预扣预缴税额。余额为负值时，暂不退税。纳税年度终了后余额仍为负值时，由纳税人办理综合所得年度汇算清缴，税款多退少补。

应纳税所得额计算公式如下：

累计预扣预缴应纳税所得额＝累计收入－累计免税收入－累计减除费用－累计专项扣除－累计专项附加扣除－累计依法确定的其他扣除

其中：累计减除费用，按照5000元/月乘以纳税人当年截至本月在本单位的任职受雇月份数计算。

（2）扣缴义务人向居民个人支付劳务报酬所得、稿酬所得、特许权使用费所得时，应当按照以下方法按次或者按月预扣预缴税款：

劳务报酬所得、稿酬所得、特许权使用费所得以收入减除费用后的余额为收入额；其中，稿酬所得的收入额减按70%计算。

减除费用：预扣预缴税款时，劳务报酬所得、稿酬所得、特许权使用费所得每次收入不超过4000元的，减除费用按800元计算；每次收入4000元以上的，减除费用按收入的20%计算。

应纳税所得额：劳务报酬所得、稿酬所得、特许权使用费所得，以每次收入额为预扣预缴应纳税所得额，计算应预扣预缴税额。

（3）扣缴义务人向非居民个人支付工资、薪金所得，劳务报酬所得，稿酬所得和特许权使用费所得时，应当按照以下方法按月或者按次代扣代缴税款：

非居民个人的工资、薪金所得，以每月收入额减除费用5000元后的余额为应纳税所得额；劳务报酬所得、稿酬所得、特许权使用费所得，以每次收入额为应纳税所得额。劳务报酬所得、稿酬所得、特许权使用费所得以收入减除20%的费用后的余额为收入额；其中，稿酬所得的收入额减按70%计算。

非居民个人在一个纳税年度内税款扣缴方法保持不变，达到居民个人条件时，应当告知扣缴义务人基础信息变化情况，年度终了后按照居民个人有关规定办理汇算清缴。

2. 经营所得

以每一纳税年度的收入总额减除成本、费用以及损失后的余额，为应纳税所得额。成本、费用，是指生产、经营活动中发生的各项直接支出和分配计入成本的间接费用以及销售费用、管理费用、财务费用；所称损失，是指生产、经营活动中发生的固定资产和存货的盘亏、毁损、报废损失，转让财产损失，坏账损失，自然灾害等不可抗力因素造成的损失以及其他损失。

取得经营所得的个人，没有综合所得的，计算其每一纳税年度的应纳税所得额时，应当减除费用6万元、专项扣除、专项附加扣除以及依法确定的其他扣除。专项附加扣除在办理汇算清缴时减除。从事生产、经营活动，未提供完整、准确的纳税资料，不能正确计算应纳税所得额的，由主管税务机关核定应纳税所得额或者应纳税额。

3. 财产租赁所得

每次收入不超过4000元的，减除费用800元；4000元以上的，减除20%的费用，其余额为应纳税所得额。

4. 财产转让所得

以转让财产的收入额减除财产原值和合理费用后的余额，为应纳税所得额。财产原值，按照下列方法确定：(1) 有价证券，为买入价以及买入时按照规定交纳的有关费用；(2) 建筑物，为建造费或者购进价格以及其他有关费用；(3) 土地使用权，为取得土地使用权所支付的金额、开发土地的费用以及其他有关费用；(4) 机器设备、车船，为购进价格、运输费、安装费以及其他有关费用。纳税人未提供完整、准确的财产原值凭证，不能确定财产原值的，由主管税务机关核定财产原值。合理费用是指卖出财产时按照规定支付的有关税费。

5. 利息、股息、红利所得和偶然所得，以每次收入额为应纳税所得额。

五、专项附加扣除

1. 子女教育

享受扣除时间：学前教育阶段，为子女年满3周岁当月至小学入学前一月；学历教育，为子女接受全日制学历教育入学的当月至全日制学历教育结束的当月。学历教育包括义务教育（小学、初中教育）、高中阶段教育（普通高中、中等职业、技工教育）、高等教育（大学专科、大学本科、硕士研究生、博士研究生教育）。

扣除标准：纳税人按照每个子女每月1000元的标准定额扣除。父母可以选择由其中一方按扣除标准的100%扣除，也可以选择由双方分别按扣除标准的50%扣除，具体扣除方式在一个纳税年度内不能变更。纳税人子女在中国境外接受教育的，纳税人应当留存境外学校录取通知书、留学签证等相关教育的证明资料备查。

2. 继续教育

享受扣除时间：学历（学位）继续教育，为在中国境内接受学历（学位）继续教育入学的当月至学历（学位）继续教育结束的当月，同一学历（学位）继续教育的扣除期限最长不得超过48个月。技能人员职业资格继续教育、专业技术人员职业资格继续教育，为取得相关证书的当年。

扣除标准：纳税人在中国境内接受学历（学位）继续教育的支出，在学历（学位）教育期间按照每月400元定额扣除。同一学历（学位）继续教育的扣除期限不能超过48个月。纳税人接受技能人员职业资格继续教育、专业技术人员职业资格继续教育的支出，在取得相关证书的当年，按照3600元定额扣除。个人接受本科及以下学历（学位）继续教育，符合本办法规定扣除条件的，可以选择由其父母扣除，也可以选择由本人扣除。

3. 大病医疗

享受扣除时间：为医疗保障信息系统记录的医药费用实际支出的当年。

扣除标准：在一个纳税年度内，纳税人发生的与基本医保相关的医药费用支出，扣除医保报销后个人负担（指医保目录范围内的自付部分）累计超过1.5万元的部分，由纳税人在办理年度汇算清缴时，在8万元限额内据实扣除。纳税人发生的医药费用支出可以选择由本人或者其配偶扣除；未成年子女发生的医药费用支出可以选择由其父母一方扣除。

4. 住房贷款利息

享受扣除时间：为贷款合同约定开始还款的当月至贷款全部归还或贷款合同终止的当月，扣除期限最长不得超过240个月。

扣除标准：纳税人本人或者配偶单独或者共同使用商业银行或者住房公积金个人住房贷款为本人或者其配偶购买中国境内住房，发生的首套住房贷款利息支出，在实际发生贷款利息的年度，按照每月1000元的标准定额扣除。纳税人只能享受一次首套住房贷款的利息扣除。经夫妻双方约定，可以选择由其中一方扣除，具体扣除方式在一个纳税年度内不能变更。夫妻双方婚前分别购买住房发生的首套住房贷款，其贷款利息支出，婚后可以选择其中一套购买的住房，由购买方按扣除标准的100%扣除，也可以由夫妻双方对各自购买的住房分别按扣除标准的50%扣除，具体扣除方式在一个纳税年度内不能变更。

5. 住房租金

享受扣除时间：为租赁合同（协议）约定的房屋租赁期开始的当月至租赁期结束的当月。提前终止合同（协议）的，以实际租赁期限为准。

扣除标准：纳税人在主要工作城市没有自有住房而发生的住房租金支出，可以按照以下标准定额扣除：(1) 直辖市、省会（首府）城市、计划单列市以及国务院确定的其他城市，扣除标准为每月1500元；(2) 除第一项所列城市以外，市辖区户籍人口超过100万的城市，扣除标准为每月1100元；市辖区户籍人口不超过100万的城市，扣除标准为每月800元。纳税人的配偶在纳税人的主要工作城市有自有住房的，视同纳税人在主要工作城市有自有住房。夫妻双方主要工作城市相同的，只能由一方扣除住房租金支出。纳税人及其配偶在一个纳税年度内不能同时分别享受住房贷款利息和住房租金专项附加扣除。

6. 赡养老人

享受扣除时间：为被赡养人年满60周岁的当月至赡养义务终止的年末。被赡养人是指年满60岁的父母，以及子女均已去世的年满60岁的祖父母、外祖父母。

扣除标准：纳税人赡养一位及以上被赡养人的赡养支出，统一按照以下标准定额扣除：(1) 纳税人为独生子女的，按照每月2000元的标准定额扣除；(2) 纳税人为非独生子女的，由其与兄弟姐妹分摊每月2000元的扣除额度，每人分摊的额度不能超过每月1000元。可以由赡养人均摊或者约定分摊，也可以由被赡养人指定分摊。约定或者指定分摊的须签订书面分摊协议，指定分摊优先于约定分摊。具体分摊方式和额度在一个纳税年度内不能变更。

六、税收优惠

1. 免征

(1) 省级人民政府、国务院部委和中国人民解放军军以上单位，以及外国组织、国际组织颁发的科学、教育、技术、文化、卫生、体育、环境保护等方面的奖金；

(2) 国债和国家发行的金融债券利息；

(3) 按照国家统一规定发给的补贴、津贴；

(4) 福利费、抚恤金、救济金；

(5) 保险赔款；

(6) 军人的转业费、复员费、退役金；

（7）按照国家统一规定发给干部、职工的安家费、退职费、基本养老金或者退休费、离休费、离休生活补助费；

（8）依照有关法律规定应予免税的各国驻华使馆、领事馆的外交代表、领事官员和其他人员的所得；

（9）中国政府参加的国际公约、签订的协议中规定免税的所得；

（10）国务院规定的其他免税所得。

2. 减征

（1）残疾、孤老人员和烈属的所得；

（2）因自然灾害遭受重大损失的。

3. 境外收入与非居民个人减免

居民个人从中国境外取得的所得，可以从其应纳税额中抵免已在境外缴纳的个人所得税税额，但抵免额不得超过该纳税人境外所得依照《个人所得税法》规定计算的应纳税额。

在中国境内无住所的个人，在中国境内居住累计满183天的年度连续不满六年的，经向主管税务机关备案，其来源于中国境外且由境外单位或者个人支付的所得，免予缴纳个人所得税；在中国境内居住累计满183天的任一年度中有一次离境超过30天的，其在中国境内居住累计满183天的年度的连续年限重新起算。在中国境内无住所的个人，在一个纳税年度内在中国境内居住累计不超过90天的，其来源于中国境内的所得，由境外雇主支付并且不由该雇主在中国境内的机构、场所负担的部分，免予缴纳个人所得税。

七、应纳税额的计算

1. 综合所得的预扣预缴与汇算清缴

（1）预扣预缴

扣缴义务人向居民个人支付工资、薪金所得，劳务报酬所得，稿酬所得，特许权使用费所得时，预扣预缴个人所得税。

① 扣缴义务人向居民个人支付工资、薪金所得时，应当按照累计预扣法计算预扣税款，并按月办理全员全额扣缴申报。具体计算公式如下：

本期应预扣预缴税额＝（累计预扣预缴应纳税所得额×预扣率－速算扣除数）－累计减免税额－累计已预扣预缴税额（预扣率与速算扣除数见表5-3）

表 5-3　居民个人工资、薪金所得预扣率与速算扣除数

级数	累计预扣预缴应纳税所得额	预扣率(%)	速算扣除数
1	不超过 36000 元的部分	3	0
2	超过 36000 元至 144000 元的部分	10	2520
3	超过 144000 元至 300000 元的部分	20	16920
4	超过 300000 元至 420000 元的部分	25	31920
5	超过 420000 元至 660000 元的部分	30	52920
6	超过 660000 元至 960000 元的部分	35	85920
7	超过 960000 元的部分	45	181920

② 扣缴义务人向居民个人支付劳务报酬所得、稿酬所得、特许权使用费所得，按次或者按月预扣预缴个人所得税。具体预扣预缴方法如下：

减除费用：劳务报酬所得、稿酬所得、特许权使用费所得每次收入不超过 4000 元的，减除费用按 800 元计算；每次收入 4000 元以上的，减除费用按 20%计算。

应纳税所得额：劳务报酬所得、稿酬所得、特许权使用费所得，以每次收入额为预扣预缴应纳税所得额。劳务报酬所得适用 20%至 40%的超额累进预扣率（见表 5-4），稿酬所得、特许权使用费所得适用 20%的比例预扣率。

具体计算方式如下：

劳务报酬所得应预扣预缴税额＝预扣预缴应纳税所得额×预扣率－速算扣除数

稿酬所得、特许权使用费所得应预扣预缴税额＝预扣预缴应纳税所得额×20%

表 5-4　居民个人劳务报酬所得预扣率与速算扣除数

级数	预扣预缴应纳税所得额	预扣率(%)	速算扣除数
1	不超过 20000 元的	20	0
2	超过 20000 元至 50000 元的部分	30	2000
3	超过 50000 元的部分	40	7000

对上一完整纳税年度内每月均在同一单位预扣预缴工资、薪金所得个人所得税且全年工资、薪金收入不超过 6 万元的居民个人，扣缴义务人在预扣预缴本年度工资、薪金所得个人所得税时，累计减除费用自 1 月份起直接按照全年 6 万元计算扣除。即，在纳税人累计收入不超过 6 万元的月份，暂不预扣预缴个人所得税；在其累计收入超过 6 万元的当月及年内后续月份，再预扣预缴个人所得税。对按照累计预扣法预扣预缴劳务报酬所得个人所得税的居民个人，扣缴义务人比照此规定执行。

(2) 汇算清缴

根据《个人所得税法》第 10 条规定，有下列情形之一的，纳税人应当依法办

理纳税申报：① 取得综合所得需要办理汇算清缴；② 取得应税所得没有扣缴义务人；③ 取得应税所得，扣缴义务人未扣缴税款；④ 取得境外所得；⑤ 因移居境外注销中国户籍；⑥ 非居民个人在中国境内从两处以上取得工资、薪金所得；⑦ 国务院规定的其他情形。

根据《个人所得税法实施条例》第25条规定，取得综合所得需要办理汇算清缴的情形包括：① 从两处以上取得综合所得，且综合所得年收入额减除专项扣除的余额超过6万元；② 取得劳务报酬所得、稿酬所得、特许权使用费所得中一项或者多项所得，且综合所得年收入额减除专项扣除的余额超过6万元；③ 纳税年度内预缴税额低于应纳税额；④ 纳税人申请退税。

纳税人取得的工资薪金、劳务报酬、稿酬、特许权使用费等四项所得（以下称"综合所得"）的收入额，减除费用6万元以及专项扣除、专项附加扣除、依法确定的其他扣除和符合条件的公益慈善事业捐赠（以下简称"捐赠"）后，适用综合所得个人所得税税率并减去速算扣除数（税率见表5-5），计算本年度最终应纳税额，再减去本年度已预缴税额，得出本年度应退或应补税额，向税务机关申报并办理退税或补税。纳税人应当在取得所得的次年3月1日至6月30日内办理汇算清缴。具体计算公式如下：

年度汇算应退或应补税额=[（综合所得收入额－60000元－"三险一金"等专项扣除－子女教育等专项附加扣除－依法确定的其他扣除－捐赠）×适用税率－速算扣除数]－已预缴税额

表5-5 综合所得汇算清缴税率表

级数	全年应纳税所得额	税率(%)	速算扣除数
1	不超过36000元的	3	0
2	超过36000元至144000元的	10	2520
3	超过144000元至300000元的	20	16920
4	超过300000元至420000元的	25	31920
5	超过420000元至660000元的	30	52920
6	超过660000元至960000元的	35	85920
7	超过960000元的	45	181920

2. 经营所得的预扣预缴与汇算清缴

纳税人取得经营所得，按年计算个人所得税，由纳税人在月度或者季度终了后15日内向税务机关报送纳税申报表，并预缴税款；在取得所得的次年3月31日前办理汇算清缴。

预扣预缴阶段，其计算公式如下：

预缴经营所得应纳税额＝［已取得收入总额－（成本＋费用＋损失）］×适用税率－已预缴税额

汇算清缴阶段，其公式如下：

经营所得应纳税额＝［全年收入总额－（成本＋费用＋损失）］×适用税率

3．财产性收入的计算

财产租赁所得，每次收入不超过4000元的，减除费用800元；4000元以上的，减除20％的费用，其余额为应纳税所得额，适用比例税率，税率为20％。财产转让所得，以转让财产的收入额减除财产原值和合理费用后的余额，为应纳税所得额。其计算公式为：

应纳税额＝应纳税所得额×适用税率＝（收入总额－财产原值－合理税费）×20％

利息、股息、红利所得，偶然所得和其他所得应纳税额的计算。利息、股息、红利所得，偶然所得和其他所得，以每次收入额为应纳税所得额。其应纳税额的计算公式为：

应纳税额＝应纳税所得额×适用税率＝每次收入额×20％

4．非居民纳税人应纳税额的计算

非居民个人的工资、薪金所得，以每月收入额减除费用5000元后的余额为应纳税所得额；劳务报酬所得、稿酬所得、特许权使用费所得，以每次收入额为应纳税所得额，适用按月换算后的非居民个人月度税率表（见表5-6）计算应纳税额。其中，劳务报酬所得、稿酬所得、特许权使用费所得以收入减除20％的费用后的余额为收入额。稿酬所得的收入额减按70％计算。其应纳税额的计算公式为：

非居民个人工资、薪金所得，劳务报酬所得，稿酬所得，特许权使用费所得应纳税额＝应纳税所得额×税率－速算扣除数

表5-6　非居民个人工资、薪金所得，劳务报酬所得，稿酬所得，特许权使用费所得税率表与速算扣除数

级数	应纳税所得额	税率（％）	速算扣除数
1	不超过3000元的	3	0
2	超过3000元至12000元的部分	10	210
3	超过12000元至25000元的部分	20	1410
4	超过25000元至35000元的部分	25	2660
5	超过35000元至55000元的部分	30	4410
6	超过55000元至80000元的部分	35	7160
7	超过80000元的部分	45	15160

八、纳税调整与涉税信息收集

1. 纳税调整

根据《个人所得税法》第 8 条规定，有下列情形之一的，税务机关依照规定作出纳税调整。

（1）个人与其关联方之间的业务往来不符合独立交易原则而减少本人或者其关联方应纳税额，且无正当理由；

（2）居民个人控制的，或者居民个人和居民企业共同控制的设立在实际税负明显偏低的国家（地区）的企业，无合理经营需要，对应当归属于居民个人的利润不作分配或者减少分配；

（3）个人实施其他不具有合理商业目的的安排而获取不当税收利益。

2. 涉税信息收集

公安、银行、金融监督管理等相关部门应当协助税务机关确认纳税人的身份、金融账户信息。教育、卫生、医疗保障、民政、人力资源社会保障、住房城乡建设、公安、人民银行、金融监督管理等相关部门应当向税务机关提供纳税人子女教育、继续教育、大病医疗、住房贷款利息、住房租金、赡养老人等专项附加扣除信息。

个人转让不动产的，税务机关应当根据不动产登记等相关信息核验应缴的个人所得税，登记机构办理转移登记时，应当查验与该不动产转让相关的个人所得税的完税凭证。个人转让股权办理变更登记的，市场主体登记机关应当查验与该股权交易相关的个人所得税的完税凭证。

有关部门依法将纳税人、扣缴义务人遵守《个人所得税法》的情况纳入信用信息系统，并实施联合激励或者惩戒。

九、征收管理

（1）纳税人有中国公民身份号码的，以中国公民身份号码为纳税人识别号；纳税人没有中国公民身份号码的，由税务机关赋予其纳税人识别号。扣缴义务人扣缴税款时，纳税人应当向扣缴义务人提供纳税人识别号。

（2）扣缴义务人应当按照国家规定办理全员全额扣缴申报，并向纳税人提供其个人所得和已扣缴税款等信息。全员全额扣缴申报，是指扣缴义务人在代扣税款的次月 15 日内，向主管税务机关报送其支付所得的所有个人的有关信息、支付所得数额、扣除事项和数额、扣缴税款的具体数额和总额以及其他相关涉税信息资料。

(3) 扣缴义务人应当按照纳税人提供的信息计算办理扣缴申报,不得擅自更改纳税人提供的信息。纳税人发现扣缴义务人提供或者扣缴申报的个人信息、所得、扣缴税款等与实际情况不符的,有权要求扣缴义务人修改。扣缴义务人拒绝修改的,纳税人应当报告税务机关,税务机关应当及时处理。纳税人、扣缴义务人应当按照规定保存与专项附加扣除相关的资料。税务机关可以对纳税人提供的专项附加扣除信息进行抽查,具体办法由国务院税务主管部门另行规定。税务机关发现纳税人提供虚假信息的,应当责令改正并通知扣缴义务人;情节严重的,有关部门应当依法予以处理,纳入信用信息系统并实施联合惩戒。纳税人申请退税时提供的汇算清缴信息有错误的,税务机关应当告知其更正;纳税人更正的,税务机关应当及时办理退税。扣缴义务人未将扣缴的税款解缴入库的,不影响纳税人按照规定申请退税,税务机关应当凭纳税人提供的有关资料办理退税。

(4) 自行申报缴纳个人所得税的纳税义务人,其纳税地点为所得取得地。在中国境内两处或两处以上取得所得的,可以由纳税人选择其中一处所得取得地作为其纳税地点。纳税地点一经选定,若需变更,应经主管税务机关批准。从中国境外取得所得,其申报纳税地点由纳税人选定,一经选定,若需变更,应经原主管税务机关批准。源泉扣缴纳税的,扣缴义务人所在地为税收征收地点。

(5) 居民个人取得综合所得,按年计算个人所得税;有扣缴义务人的,由扣缴义务人按月或者按次预扣预缴税款;需要办理汇算清缴的,应当在取得所得的次年3月1日至6月30日内办理汇算清缴。预扣预缴办法由国务院税务主管部门制定。居民个人向扣缴义务人提供专项附加扣除信息的,扣缴义务人按月预扣预缴税款时应当按照规定予以扣除,不得拒绝。非居民个人取得工资、薪金所得,劳务报酬所得,稿酬所得和特许权使用费所得,有扣缴义务人的,由扣缴义务人按月或者按次代扣代缴税款,不办理汇算清缴。

(6) 纳税人取得应税所得没有扣缴义务人的,应当在取得所得的次月15日内向税务机关报送纳税申报表,并缴纳税款。纳税人取得应税所得,扣缴义务人未扣缴税款的,纳税人应当在取得所得的次年6月30日前,缴纳税款;税务机关通知限期缴纳的,纳税人应当按照期限缴纳税款。居民个人从中国境外取得所得的,应当在取得所得的次年3月1日至6月30日内申报纳税。非居民个人在中国境内从两处以上取得工资、薪金所得的,应当在取得所得的次月15日内申报纳税。纳税人因移居境外注销中国户籍的,应当在注销中国户籍前办理税款清算。

第二节 个人所得税法律实务

【案例1】 如何区分居民纳税人与非居民纳税人

2019年1月，中国公民王先生受总公司委派前往该公司驻加拿大常设机构工作，任职时间为2年。但是由于受到各方面条件的限制，王先生的妻子和女儿仍留在中国。王先生在加拿大工作期间，公司驻加拿大常设机构每年支付其工资收入折合人民币20万元，而且，中国境内总公司仍按月支付其工资收入7000元；王先生在驻加拿大期间，还完成了一部关于市场营销策略的学术著作，并由加拿大一家出版公司出版，取得稿酬收入折合人民币10万元。

当年，王先生仅就中国境内总公司支付的每月7000元工资缴纳了个人所得税，而对加拿大常设机构支付的工资和从加拿大获得的稿酬收入并未申报纳税。

【问题】

1. 根据税法的有关规定，王先生属于我国个人所得税法上的居民纳税人还是非居民纳税人？

2. 王先生应就其取得的哪些收入在中国境内申报纳税？

【解题思路】

1. 在中国境内有住所，或者无住所而一个纳税年度内在中国境内居住累计满183天的个人，为居民个人。居民个人从中国境内和境外取得的所得，依照《个人所得税法》规定缴纳个人所得税。本案中的王先生虽被派往国外工作，但其主要经济关系和家庭仍在国内，所以应确认其在中国境内有住所，属于居民纳税人。

2. 王先生应负无限纳税义务，即就其从中国境内和境外取得的所得，均应缴纳个人所得税。具体包括加拿大常设机构支付的年薪20万元，中国境内总公司支付的每月工资7000元，以及在加拿大取得的稿酬10万元。

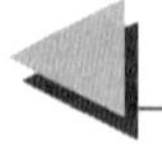

相关法律链接

1.《**个人所得税法**》第一条　在中国境内有住所，或者无住所而一个纳税年度内在中国境内居住累计满一百八十三天的个人，为居民个人。居民个人从中国境内和境外取得的所得，依照《个人所得税法》规定缴纳个人所得税。在中国境内无住所又不居住，或者无住所而一个纳税年度内在中国境内居住累计不满一百八十三天的个人，为非居民个人。非居民个人从中国境内取得的所得，依照《个人所得税法》规定缴纳个人所得税。纳税年度，自公历一月一日起至十二月三十一日止。

2. **《个人所得税法实施条例》**第二条 个人所得税法所称在中国境内有住所，是指因户籍、家庭、经济利益关系而在中国境内习惯性居住；所称从中国境内和境外取得的所得，分别是指来源于中国境内的所得和来源于中国境外的所得。

第三条 除国务院财政、税务主管部门另有规定外，下列所得，不论支付地点是否在中国境内，均为来源于中国境内的所得：

（一）因任职、受雇、履约等在中国境内提供劳务取得的所得；

（二）将财产出租给承租人在中国境内使用而取得的所得；

（三）许可各种特许权在中国境内使用而取得的所得；

（四）转让中国境内的不动产等财产或者在中国境内转让其他财产取得的所得；

（五）从中国境内企业、事业单位、其他组织以及居民个人取得的利息、股息、红利所得。

3. **《征收个人所得税若干问题的规定》** 一、关于如何掌握“习惯性居住”的问题

条例第二条规定，在中国境内有住所的个人，是指因户籍、家庭、经济利益关系而在中国境内习惯性居住的个人。所谓习惯性居住，是判定纳税义务人是居民或非居民的一个法律意义上的标准，不是指实际居住或在某一个特定时期内的居住地。如因学习、工作、探亲、旅游等而在中国境外居住的，在其原因消除之后，必须回到中国境内居住的个人，则中国即为该纳税人习惯性居住地。

【案例 2】 某企业发放年终奖金所引起的纳税争议案

2019 年 12 月，某企业由于该年经营效益不错，所以为了进一步鼓励员工的积极性，给每个员工发放 1200 元的过年费以作为一次性年终奖金，同时声明：该年终奖金由企业来缴纳个人所得税。但不久后，员工们就收到税务机关就年终

奖金补缴税款的通知书，员工们表示不解，认为该年终奖金的税款已经由企业承诺缴纳税款，为什么税务机关还要向自己征税，并拿出了企业承诺代替缴纳个人所得税的有关证明。经查，该企业确实有过这样的承诺，但实际仅就员工该月工资代扣代缴了个人所得税。

【问题】

1. 案例中该企业的声明有何法律效力？
2. 王某等员工获得的年终奖金如何缴纳个人所得税？

【解题思路】

1. 根据税法的有关规定，个人从企业获得工资和奖金时，纳税义务人是个人而不是企业，企业只是代扣代缴，双方的约定不能对抗税收法律的强制性规定。因此，本案中该企业的员工应该就其全部所得（包括当月的工资和1200元的奖金）缴税，至于其与企业之间的约定，只是个人与企业之间的一种债权债务关系，可以依据其他法律请求企业予以返还其所缴纳的税款。

2. 王某等取得的1200元属于全年一次性奖金，可以单独计算纳税。王某等员工也可以选择将1200元并入当年综合所得进行计算纳税。

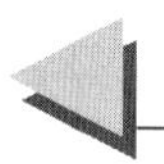

相关法律链接

1. **《税收征收管理法实施细则》**第三条　任何部门、单位和个人作出的与税收法律、行政法规相抵触的决定一律无效，税务机关不得执行，并应当向上级税务机关报告。纳税人应当依照税收法律、行政法规的规定履行纳税义务；其签订的合同、协议等与税收法律、行政法规相抵触的，一律无效。

2. **《关于个人所得税法修改后有关优惠政策衔接问题的通知》**　一、关于全年一次性奖金、中央企业负责人年度绩效薪金延期兑现收入和任期奖励的政策

（一）居民个人取得全年一次性奖金，符合《国家税务总局关于调整个人取得全年一次性奖金等计算征收个人所得税方法问题的通知》（国税发〔2005〕9号）规定的，在2021年12月31日前，不并入当年综合所得，以全年一次性奖金收入除以12个月得到的数额，按照本通知所附按月换算后的综

合所得税率表(以下简称月度税率表),确定适用税率和速算扣除数,单独计算纳税。计算公式为:

应纳税额=全年一次性奖金收入×适用税率-速算扣除数

居民个人取得全年一次性奖金,也可以选择并入当年综合所得计算纳税。

自2022年1月1日起,居民个人取得全年一次性奖金,应并入当年综合所得计算缴纳个人所得税。

(二)中央企业负责人取得年度绩效薪金延期兑现收入和任期奖励,符合《国家税务总局关于中央企业负责人年度绩效薪金延期兑现收入和任期奖励征收个人所得税问题的通知》(国税发〔2007〕118号)规定的,在2021年12月31日前,参照本通知第一条第(一)项执行;2022年1月1日之后的政策另行明确。

【案例3】 李某取得公司股权被征税案

李某是某有限责任公司的职工,由于2019年10月表现优秀,公司依据规定对其进行表彰,奖励的内容是允许其以2000元的价款购买公司价值6000元的股票,11月份李某以2000元的价款购买了该公司价值6000元的股票,并于同月以6500元的价格转让了该股票,不久后,李某被告知需要去税务机关就该购买股票及转让股票所获得的收入缴纳个人所得税,李某表示不解:购买公司股票怎么可能要缴纳个人所得税呢?如果要缴的话也只是就其转让股票所得500元(6500元-6000元)按"财产转让所得"项目缴纳个人所得税,但该所得是免税的。同时还查明,李某还在外面兼任某公司的董事,该月获得"董事费"4200元,被该公司按"工资、薪金"项目代扣代缴了个人所得税共21元。

【问题】

1. 本案中,李某购买并转让股票是否需要纳税,如何纳税?
2. "董事费"如何纳税?

【解题思路】

1. 本案中,该职工李某购买股票的行为其实质是公司通过低价转让股票的方式对其优秀业绩的一种鼓励,其差价就是李某的"所得",应该按"工资、薪金"

税目纳税。6500减除6000元所得500元，适用个人在证券二级市场上转让股票等有价证券而获得的所得，应按照“财产转让所得”适用的征免规定计算缴纳个人所得税。

2. 个人由于担任董事职务所取得的董事费收入，属于劳务报酬所得性质，按照“劳务报酬所得”项目征收个人所得税。2019年后，由于实施综合计征，工资薪金所得与劳务报酬所得合并计税。

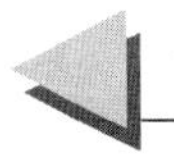

相关法律链接

1. **《个人所得税法》**第二条　下列各项个人所得，应当缴纳个人所得税：

（一）工资、薪金所得；

（二）劳务报酬所得；

（三）稿酬所得；

（四）特许权使用费所得；

（五）经营所得；

（六）利息、股息、红利所得；

（七）财产租赁所得；

（八）财产转让所得；

（九）偶然所得。

居民个人取得第一项至第四项所得（以下称综合所得），按纳税年度合并计算个人所得税；非居民个人取得第一项至第四项所得，按月或者按次分项计算个人所得税。纳税人取得第五项至第九项所得，依照《个人所得税法》规定分别计算个人所得税。

2. **《个人所得税法实施条例》**第六条　个人所得税法规定的各项个人所得的范围：

（一）工资、薪金所得，是指个人因任职或者受雇取得的工资、薪金、奖金、年终加薪、劳动分红、津贴、补贴以及与任职或者受雇有关的其他所得。

（二）劳务报酬所得，是指个人从事劳务取得的所得，包括从事设计、装潢、安装、制图、化验、测试、医疗、法律、会计、咨询、讲学、翻译、审稿、书画、雕刻、影视、录音、录像、演出、表演、广告、展览、技术服务、介绍服务、经纪服务、代办服务以及其他劳务取得的所得。

（三）稿酬所得，是指个人因其作品以图书、报刊等形式出版、发表而取得的所得。

（四）特许权使用费所得，是指个人提供专利权、商标权、著作权、非专利技术以及其他特许权的使用权取得的所得；提供著作权的使用权取得的所得，不包括稿酬所得。

（五）经营所得，是指：

1. 个体工商户从事生产、经营活动取得的所得，个人独资企业投资人、合伙企业的个人合伙人来源于境内注册的个人独资企业、合伙企业生产、经营的所得；

2. 个人依法从事办学、医疗、咨询以及其他有偿服务活动取得的所得；

3. 个人对企业、事业单位承包经营、承租经营以及转包、转租取得的所得；

4. 个人从事其他生产、经营活动取得的所得。

（六）利息、股息、红利所得，是指个人拥有债权、股权等而取得的利息、股息、红利所得。

（七）财产租赁所得，是指个人出租不动产、机器设备、车船以及其他财产取得的所得。

（八）财产转让所得，是指个人转让有价证券、股权、合伙企业中的财产份额、不动产、机器设备、车船以及其他财产取得的所得。

（九）偶然所得，是指个人得奖、中奖、中彩以及其他偶然性质的所得。

个人取得的所得，难以界定应纳税所得项目的，由国务院税务主管部门确定。

第七条　对股票转让所得征收个人所得税的办法，由国务院另行规定，并报全国人民代表大会常务委员会备案。

第八条　个人所得的形式，包括现金、实物、有价证券和其他形式的经济利益；所得为实物的，应当按照取得的凭证上所注明的价格计算应纳税所得额，无凭证的实物或者凭证上所注明的价格明显偏低的，参照市场价格核定应纳税所得额；所得为有价证券的，根据票面价格和市场价格核定应纳税所得额；所得为其他形式的经济利益的，参照市场价格核定应纳税所得额。

3.**《征收个人所得税若干问题的规定》**　八、关于董事费的征税问题：个人由于担任董事职务所取得的董事费收入，属于劳务报酬所得性质，按照劳务报酬所得项目征收个人所得税。

4.《关于个人股票期权所得征收个人所得税问题的通知》 二、关于股票期权所得性质的确认及其具体征税规定：

（一）员工接受实施股票期权计划企业授予的股票期权时，除另有规定外，一般不作为应税所得征税。

（二）员工行权时，其从企业取得股票的实际购买价（施权价）低于购买日公平市场价（指该股票当日的收盘价，下同）的差额，是因员工在企业的表现和业绩情况而取得的与任职、受雇有关的所得，应按"工资、薪金所得"适用的规定计算缴纳个人所得税。

对因特殊情况，员工在行权日之前将股票期权转让的，以股票期权的转让净收入，作为工资薪金所得征收个人所得税。

员工行权日所在期间的工资薪金所得，应按下列公式计算工资薪金应纳税所得额：

股票期权形式的工资薪金应纳税所得额＝（行权股票的每股市场价－员工取得该股票期权支付的每股施权价）×股票数量

（三）员工将行权后的股票再转让时获得的高于购买日公平市场价的差额，是因个人在证券二级市场上转让股票等有价证券而获得的所得，应按照"财产转让所得"适用的征免规定计算缴纳个人所得税。

（四）员工因拥有股权而参与企业税后利润分配取得的所得，应按照"利息、股息、红利所得"适用的规定计算缴纳个人所得税。

5.《关于个人股票期权所得缴纳个人所得税有关问题的补充通知》 二、财税〔2005〕35号文件第二条第（二）项所述"股票期权的转让净收入"，一般是指股票期权转让收入。如果员工以折价购入方式取得股票期权的，可以股票期权转让收入扣除折价购入股票期权时实际支付的价款后的余额，作为股票期权的转让净收入。

三、财税〔2005〕35号文件第二条第（二）项公式中所述"员工取得该股票期权支付的每股施权价"，一般是指员工行使股票期权购买股票实际支付的每股价格。如果员工以折价购入方式取得股票期权的，上述施权价可包括员工折价购入股票期权时实际支付的价格。

【案例4】 张某是否应缴纳"月饼税"

2019年中秋节当日，张某所在单位为了让员工们过一个愉快的节日并鼓励员工的积极性，给每一个员工发了价值400元的月饼，并放假三天。张某领到月饼后特别高兴，便带着一家老小上街买东西，路过一家商店时，恰逢该商店有奖销售。张某发现其中销售的一件东西正是自己所需要的，虽然价格稍微贵了点，但心想碰碰运气也不错，于是张某就购买了该物品。买完物品之后张某按照售货员的要求去一个抽奖台抽奖，结果张某获得了一个二等奖，奖金是一台价值2000元的电视机。当张某兴致勃勃地去领奖时却被告知：领奖之前得先缴纳个人所得税。张某表示不解，认为获得实物是不应该缴纳个人所得税的，只有现金才应该纳税，理由是单位发月饼就没有缴纳个人所得税。

如果张某该月还获得了单位工资5200元，独生子女补贴100元，前8个月累计收入40000元，已缴税款3元，那么张某该月需预缴多少税款？

【问题】

1. 单位发放的实物以及获得的实物奖项是否需缴纳个人所得税，如何缴纳？

2. 张某哪些收入属于免税收入？

【解题思路】

1. 本案中张某400元的月饼属于因任职或者受雇取得的工资、薪金、奖金、年终加薪、劳动分红、津贴、补贴，应该并入“工资、薪金”项目缴纳个人所得税。

应税所得为：40000＋5200＋400－5000×9＝600(元)。

应纳税额为：600×3％＝18(元)。

当月预缴税款为：18－3＝15(元)。

电视机属于偶然所得，按次预扣预缴个人所得税。

应纳税额为：2000×20％＝400(元)。

2. 此案中，张某取得的独生子女补贴属于免税收入。

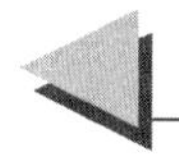

相关法律链接

1. **《个人所得税法实施条例》**第六条　个人所得税法规定的各项个人所得的范围：

（一）工资、薪金所得，是指个人因任职或者受雇取得的工资、薪金、奖金、年终加薪、劳动分红、津贴、补贴以及与任职或者受雇有关的其他所得。

(二)劳务报酬所得,是指个人从事劳务取得的所得,包括从事设计、装潢、安装、制图、化验、测试、医疗、法律、会计、咨询、讲学、翻译、审稿、书画、雕刻、影视、录音、录像、演出、表演、广告、展览、技术服务、介绍服务、经纪服务、代办服务以及其他劳务取得的所得。

(三)稿酬所得,是指个人因其作品以图书、报刊等形式出版、发表而取得的所得。

(四)特许权使用费所得,是指个人提供专利权、商标权、著作权、非专利技术以及其他特许权的使用权取得的所得;提供著作权的使用权取得的所得,不包括稿酬所得。

(五)经营所得,是指:

1. 个体工商户从事生产、经营活动取得的所得,个人独资企业投资人、合伙企业的个人合伙人来源于境内注册的个人独资企业、合伙企业生产、经营的所得;

2. 个人依法从事办学、医疗、咨询以及其他有偿服务活动取得的所得;

3. 个人对企业、事业单位承包经营、承租经营以及转包、转租取得的所得;

4. 个人从事其他生产、经营活动取得的所得。

(六)利息、股息、红利所得,是指个人拥有债权、股权等而取得的利息、股息、红利所得。

(七)财产租赁所得,是指个人出租不动产、机器设备、车船以及其他财产取得的所得。

(八)财产转让所得,是指个人转让有价证券、股权、合伙企业中的财产份额、不动产、机器设备、车船以及其他财产取得的所得。

(九)偶然所得,是指个人得奖、中奖、中彩以及其他偶然性质的所得。

个人取得的所得,难以界定应纳税所得项目的,由国务院税务主管部门确定。

第八条　个人所得的形式,包括现金、实物、有价证券和其他形式的经济利益;所得为实物的,应当按照取得的凭证上所注明的价格计算应纳税所得额,无凭证的实物或者凭证上所注明的价格明显偏低的,参照市场价格核定应纳税所得额;所得为有价证券的,根据票面价格和市场价格核定应纳税所得额;所得为其他形式的经济利益的,参照市场价格核定应纳税所得额。

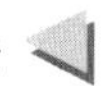

2.《**个人所得税法**》第四条　下列各项个人所得，免征个人所得税：（一）省级人民政府、国务院部委和中国人民解放军军以上单位，以及外国组织、国际组织颁发的科学、教育、技术、文化、卫生、体育、环境保护等方面的奖金；（二）国债和国家发行的金融债券利息；（三）按照国家统一规定发给的补贴、津贴；（四）福利费、抚恤金、救济金；（五）保险赔款；（六）军人的转业费、复员费、退役金；（七）按照国家统一规定发给干部、职工的安家费、退职费、基本养老金或者退休费、离休费、离休生活补助费；（八）依照有关法律规定应予免税的各国驻华使馆、领事馆的外交代表、领事官员和其他人员的所得；（九）中国政府参加的国际公约、签订的协议中规定免税的所得；（十）国务院规定的其他免税所得。第十项免税规定，由国务院报全国人民代表大会常务委员会备案。

3.《**关于个人取得有关收入适用个人所得税应税所得项目的公告**》三、企业在业务宣传、广告等活动中，随机向本单位以外的个人赠送礼品（包括网络红包，下同），以及企业在年会、座谈会、庆典以及其他活动中向本单位以外的个人赠送礼品，个人取得的礼品收入，按照“偶然所得”项目计算缴纳个人所得税，但企业赠送的具有价格折扣或折让性质的消费券、代金券、抵用券、优惠券等礼品除外。

前款所称礼品收入的应纳税所得额按照《财政部　国家税务总局关于企业促销展业赠送礼品有关个人所得税问题的通知》（财税〔2011〕50号）第三条规定计算。

4.《**关于企业促销展业赠送礼品有关个人所得税问题的通知**》

一、企业在销售商品（产品）和提供服务过程中向个人赠送礼品，属于下列情形之一的，不征收个人所得税：

1. 企业通过价格折扣、折让方式向个人销售商品（产品）和提供服务；

2. 企业在向个人销售商品（产品）和提供服务的同时给予赠品，如通信企业对个人购买手机赠话费、入网费，或者购话费赠手机等；

3. 企业对累积消费达到一定额度的个人按消费积分反馈礼品。

二、企业向个人赠送礼品，属于下列情形之一的，取得该项所得的个人应依法缴纳个人所得税，税款由赠送礼品的企业代扣代缴：

1. 企业在业务宣传、广告等活动中，随机向本单位以外的个人赠送礼品，对个人取得的礼品所得，按照“其他所得”项目，全额适用20%的税率缴纳个人所得税。

2. 企业在年会、座谈会、庆典以及其他活动中向本单位以外的个人赠送礼品，对个人取得的礼品所得，按照“其他所得”项目，全额适用20%的税率缴纳个人所得税。

3. 企业对累积消费达到一定额度的顾客，给予额外抽奖机会，个人的获奖所得，按照“偶然所得”项目，全额适用20%的税率缴纳个人所得税。

三、企业赠送的礼品是自产产品（服务）的，按该产品（服务）的市场销售价格确定个人的应税所得；是外购商品（服务）的，按该商品（服务）的实际购置价格确定个人的应税所得。

5.**《征收个人所得税若干问题的规定》** 二、关于工资、薪金所得的征税问题 条例第八条第一款第一项对工资、薪金所得的具体内容和征税范围作了明确规定，应严格按照规定进行征税。对于补贴、津贴等一些具体收入项目应否计入工资、薪金所得的征税范围问题，按下述情况掌握执行：

（一）条例第十三条规定，对按照国务院规定发给的政府特殊津贴和国务院规定免纳个人所得税的补贴、津贴，免予征收个人所得税。其他各种补贴、津贴均应计入工资、薪金所得项目征税。

（二）下列不属于工资、薪金性质的补贴、津贴或者不属于纳税人本人工资、薪金所得项目的收入，不征税：1. 独生子女补贴；2. 执行公务员工资制度未纳入基本工资总额的补贴、津贴差额和家属成员的副食品补贴；3. 托儿补助费；4. 差旅费津贴、误餐补助。

【案例5】 收回已转让股权应如何计税

某集团公司总经理吴某持有本公司80万股权，占公司股份4.5%，是公司成立时以每股1元的价格买入的。2019年4月9日，因公司工作需要吴某被派往加拿大另行任职，吴某提出把股权转让给副总经理郑某。经股东会议同意转让，吴、郑二人签订转让协议，郑某支付90万元购买吴某80万股权，并于4月底由公司进行了股权变更登记，吴某缴纳个人所得税2万元。

2020年5月吴某完成任务回国，又回到原公司任职，遂要求以原价买回已售出的股权。吴、郑双方又一次签订收回股权协议书，吴某支付转让费90万元，并在公司和相关部门进行了股权变更登记手续。于是吴某向税务机关提出退回原缴纳的个人所得税的申请。

【问题】

税务机关应该退回吴某已缴纳的税款吗？

【解题思路】

税务机关不能退回吴某缴纳的税款。因为收回原股权，并签订收回股权协议是又一次股权转让行为，先后两次股权转让行为都符合法律规定的程序，是两次各自独立的转让行为，所以税务机关不应退回吴某原缴纳的税款。

相关法律链接

1.**《关于纳税人收回转让的股权征收个人所得税问题的批复》**　一、根据《中华人民共和国个人所得税法》(以下简称个人所得税法)及其实施条例和《中华人民共和国税收征收管理法》(以下简称征管法)的有关规定，股权转让合同履行完毕、股权已作变更登记，且所得已经实现的，转让人取得的股权转让收入应当依法缴纳个人所得税。转让行为结束后，当事人双方签订并执行解除原股权转让合同、退回股权的协议，是另一次股权转让行为，对前次转让行为征收的个人所得税款不予退回。

2.**《股权转让所得个人所得税管理办法(试行)》**第二条　本办法所称股权是指自然人股东(以下简称个人)投资于在中国境内成立的企业或组织(以下统称被投资企业，不包括个人独资企业和合伙企业)的股权或股份。

第三条　本办法所称股权转让是指个人将股权转让给其他个人或法人的行为，包括以下情形：

(一)出售股权；

(二)公司回购股权；

(三)发行人首次公开发行新股时，被投资企业股东将其持有的股份以公开发行方式一并向投资者发售；

(四)股权被司法或行政机关强制过户；

(五)以股权对外投资或进行其他非货币性交易；

(六)以股权抵偿债务；

(七)其他股权转移行为。

> 第四条　个人转让股权，以股权转让收入减除股权原值和合理费用后的余额为应纳税所得额，按'财产转让所得'缴纳个人所得税。
>
> 合理费用是指股权转让时按照规定支付的有关税费。
>
> 第五条　个人股权转让所得个人所得税，以股权转让方为纳税人，以受让方为扣缴义务人。
>
> 第七条　股权转让收入是指转让方因股权转让而获得的现金、实物、有价证券和其他形式的经济利益。
>
> 第八条　转让方取得与股权转让相关的各种款项，包括违约金、补偿金以及其他名目的款项、资产、权益等，均应当并入股权转让收入。
>
> 第九条　纳税人按照合同约定，在满足约定条件后取得的后续收入，应当作为股权转让收入。

【案例6】　某记者就"稿酬"纳税案

某记者在报纸上连载出版了《社会面面观》长篇纪实文学作品，每星期一在报纸上登出一章，并且每次发表后由报社支付稿酬300元，共出版了10期，获得稿酬3000元。后来，由于该作品引起了社会的轰动，于是该记者又决定出书，经多次协商，某一出版社愿意出版并支付其稿酬4万元，同时，该记者把自己的手稿原件公开拍卖，被一台商以3万元的价格买走。

【问题】

假设只考虑以上收入，记者的稿酬所得和拍卖手稿原件所得应如何缴纳个人所得税？

【解题思路】

1. 预扣预缴阶段

(1) 稿酬所得。

① 在报纸上连载文章：共刊登10期文章，每次获得稿酬300元，共计3000元，由于是同一作品故按一次计征个人所得税。

应纳税所得额为：3000×(1－20％)×70％＝1680(元)。

预扣税额为：1680×20％＝336(元)。

② 出书：获得稿酬40000元。

应纳税所得额为：40000×(1－20％)×70％＝22400(元)。

预扣税额为：22400×20％＝4480(元)。

(2) 拍卖手稿原件所得：拍卖手稿原件所得属于特许权使用费所得。

应纳税所得额为：30000×(1－20％)＝24000(元)。

预扣税额为：24000×20％＝4800(元)。

2. 汇算清缴阶段

综合所得包含稿酬和特许权使用费所得，应合并计算。

全年应税综合所得额为：(3000＋40000)×(1－20％)×70％＋30000×(1－20％)＝48080(元)。

全年应税综合所得额小于60000元，故以上收入不需缴纳个人所得税。

年度汇算清缴应补税额为：应纳税额－预扣预缴税额＝0－(336＋4480＋4800)＝－9616(元)，应退税9616元。

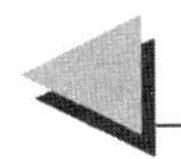

相关法律链接

1. **《个人所得税法》**第六条　应纳税所得额的计算：

(一) 居民个人的综合所得，以每一纳税年度的收入额减除费用六万元以及专项扣除、专项附加扣除和依法确定的其他扣除后的余额，为应纳税所得额。

(二) 非居民个人的工资、薪金所得，以每月收入额减除费用五千元后的余额为应纳税所得额；劳务报酬所得、稿酬所得、特许权使用费所得，以每次收入额为应纳税所得额。

(三) 经营所得，以每一纳税年度的收入总额减除成本、费用以及损失后的余额，为应纳税所得额。

(四) 财产租赁所得，每次收入不超过四千元的，减除费用八百元；四千元以上的，减除百分之二十的费用，其余额为应纳税所得额。

(五) 财产转让所得，以转让财产的收入额减除财产原值和合理费用后的余额，为应纳税所得额。

(六) 利息、股息、红利所得和偶然所得，以每次收入额为应纳税所得额。

劳务报酬所得、稿酬所得、特许权使用费所得以收入减除百分之二十的个费用后的余额为收入额。稿酬所得的收入额减按百分之七十计算。

人将其所得对教育、扶贫、济困等公益慈善事业进行捐赠，捐赠额未超过纳税人申报的应纳税所得额百分之三十的部分，可以从其应纳税所得额中扣除；国务院规定对公益慈善事业捐赠实行全额税前扣除的，从其规定。

本条第一款第一项规定的专项扣除，包括居民个人按照国家规定的范围和标准缴纳的基本养老保险、基本医疗保险、失业保险等社会保险费和住房公积金等；专项附加扣除，包括子女教育、继续教育、大病医疗、住房贷款利息或者住房租金、赡养老人等支出，具体范围、标准和实施步骤由国务院确定，并报全国人民代表大会常务委员会备案。

2. **《个人所得税扣缴申报管理办法(试行)》**第八条　扣缴义务人向居民个人支付劳务报酬所得、稿酬所得、特许权使用费所得时，应当按照以下方法按次或者按月预扣预缴税款：

劳务报酬所得、稿酬所得、特许权使用费所得以收入减除费用后的余额为收入额；其中，稿酬所得的收入额减按百分之七十计算。

减除费用：预扣预缴税款时，劳务报酬所得、稿酬所得、特许权使用费所得每次收入不超过四千元的，减除费用按八百元计算；每次收入四千元以上的，减除费用按收入的百分之二十计算。

应纳税所得额：劳务报酬所得、稿酬所得、特许权使用费所得，以每次收入额为预扣预缴应纳税所得额，计算应预扣预缴税额。劳务报酬所得适用个人所得税预扣率表二(见表 7-4)，稿酬所得、特许权使用费所得适用百分之二十的比例预扣率。

居民个人办理年度综合所得汇算清缴时，应当依法计算劳务报酬所得、稿酬所得、特许权使用费所得的收入额，并入年度综合所得计算应纳税款，税款多退少补。

3. **《征收个人所得税若干问题的规定》**　四、关于稿酬所得的征税问题：

(一) 个人每次以图书、报刊方式出版、发表同一作品(文字作品、书画作品、摄影作品以及其他作品)，不论出版单位是预付还是分笔支付稿酬，或者加印该作品后再付稿酬，均应合并其稿酬所得按一次计征个人所得税。在两处或两处以上出版、发表或再版同一作品而取得稿酬所得，则可分别各处取得的所得或再版所得按分次所得计征个人所得税。

(二) 个人的同一作品在报刊上连载，应合并其因连载而取得的所有稿酬所得为一次，按税法规定计征个人所得税。在其连载之后又出书取得稿酬所

得，或先出书后连载取得稿酬所得，应视同再版稿酬分次计征个人所得税。

（三）作者去世后，对取得其遗作稿酬的个人，按稿酬所得征收个人所得税。

五、关于拍卖文稿所得的征税问题：

作者将自己的文字作品手稿原件或复印件公开拍卖（竞价）取得的所得，应按特许权使用费所得项目征收个人所得税。

【案例7】　王某转让继承房屋纳税案

王某的父亲于2019年1月初将家中闲置的一套面积为130平方米的店面房出租给李某，双方约定租金为每月3000元，租期为1年，由李某先支付租金1.8万元，余下的1.8万元于年底结清。2019年12月，王某的父亲不幸去世，恰好此时李某的租期亦结束，遂将余下的租金1.8万元支付给了王某。王某悲痛之余，为了避免睹物思人，于2020年2月将其父亲遗留的房屋全部卖掉，得价款共计80万元(已扣除售出房屋时缴纳的相关税费)。

已知：王某之父系房屋产权所有人，其房屋为1994年所购，当时的价款是30万元，并且在购买时支付相关税费1万元。此外，王某之父已经就首先取得的租金1.8万元缴纳了个人所得税。

【问题】

本案中，王某应如何缴纳个人所得税？

【解题思路】

本案中，王某应该就两笔收入即租金收入与房屋转让收入缴纳个人所得税。

(1) 租金收入。年底取得的1.8万元的房屋租金收入应该由王某来缴纳个人所得税，税率为10%。

王某每月的租金收入为：18000÷6＝3000(元)。

该租金每月应该缴纳的税款为：(3000－800)×10%＝220(元)。

王某就租金所得应纳税额为：220×6＝1320(元)。

(2) 房屋转让收入。根据规定，王某转让房屋的“财产转让所得”应纳税额为：(800000－300000－10000)×20%＝98000(元)。

相关法律链接

1.**《个人所得税法》**第三条　个人所得税的税率：

（一）综合所得，适用百分之三至百分之四十五的超额累进税率；

（二）经营所得，适用百分之五至百分之三十五的超额累进税率；

（三）利息、股息、红利所得，财产租赁所得，财产转让所得和偶然所得，适用比例税率，税率为百分之二十。

第六条第一款第四项、第五项

（四）财产租赁所得，每次收入不超过四千元的，减除费用八百元；四千元以上的，减除百分之二十的费用，其余额为应纳税所得额。

（五）财产转让所得，以转让财产的收入额减除财产原值和合理费用后的余额，为应纳税所得额。

2.**《个人所得税法实施条例》**第六条第一款第七项、第八项

（七）财产租赁所得，是指个人出租不动产、机器设备、车船以及其他财产取得的所得。

（八）财产转让所得，是指个人转让有价证券、股权、合伙企业中的财产份额、不动产、机器设备、车船以及其他财产取得的所得。

第十六条　个人所得税法第六条第一款第五项规定的财产原值，按照下列方法确定：

（一）有价证券，为买入价以及买入时按照规定交纳的有关费用；

（二）建筑物，为建造费或者购进价格以及其他有关费用；

（三）土地使用权，为取得土地使用权所支付的金额、开发土地的费用以及其他有关费用；

（四）机器设备、车船，为购进价格、运输费、安装费以及其他有关费用。其他财产，参照前款规定的方法确定财产原值。

纳税人未提供完整、准确的财产原值凭证，不能按照本条第一款规定的方法确定财产原值的，由主管税务机关核定财产原值。

个人所得税法第六条第一款第五项所称合理费用，是指卖出财产时按照规定支付的有关税费。

3.**《征收个人所得税若干问题的规定》**　六、关于财产租赁所得的征税问题：

(一)纳税义务人在出租财产过程中缴纳的税金和国家能源交通重点建设基金、国家预算调节基金、教育费附加,可持完税(缴款)凭证,从其财产租赁收入中扣除。

(二)纳税义务人出租财产取得财产租赁收入,在计算征税时,除可依法减除规定费用和有关税、费外,还准予扣除能够提供有效、准确凭证,证明由纳税义务人负担的该出租财产实际开支的修缮费用。允许扣除的修缮费用,以每次800元为限,一次扣除不完的,准予在下一次继续扣除,直至扣完为止。

(三)确认财产租赁所得的纳税义务人,应以产权凭证为依据。无产权凭证的,由主管税务机关根据实际情况确定纳税义务人。

(四)产权所有人死亡,在未办理产权继承手续期间,该财产出租而有租金收入的,以领取租金的个人为纳税义务人。

4.**《关于廉租住房经济适用住房和住房租赁有关税收政策的通知》**
二、支持住房租赁市场发展的税收政策 (一)对个人出租住房取得的所得减按10%的税率征收个人所得税。

【案例8】 个体工商户应如何缴纳所得税

A市B区立新小吃店系个体工商户,账证均比较健全,某年12月取得营业额为266000元,为购买面粉、大米、蔬菜、肉、蛋、植物油等原材料支付费用150000元,缴纳房租、电费、水费、煤气费等20000元,其他税、费合计为59600元。当月支付给3位雇员薪金共4000元,业主个人费用扣除额为2000元。1—11月累计应纳税所得额为55600元,1—11月累计已预缴个人所得税为4397.5元。

【问题】

1. 按照我国税法的规定,个体工商户是否为个人所得税的纳税主体?
2. 本案中的个体工商户当年12月应如何缴纳个人所得税?

【解题思路】

根据我国税法的规定,个体工商户属于个人所得税的纳税主体。

该个体户12月份应纳税所得额为:266000－150000－20000－59600－4000－2000＝30400(元)。

全年累计应纳税所得额为:30400＋55600＝86000(元)。

12月份应缴纳个人所得税为：30000×5%+(86000－30000)×10%－4397.5=2702.5(元)。

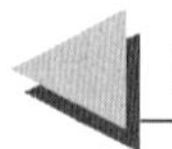

相关法律链接

1.**《个人所得税法》**第三条第二款　（二）经营所得，适用百分之五至百分之三十五的超额累进税率(税率表见表5-2)。

第六条第三款　（三）经营所得，以每一纳税年度的收入总额减除成本、费用以及损失后的余额，为应纳税所得额。

2.**《个人所得税法实施条例》**第六条第一款第(五)项　经营所得，是指：

1.个体工商户从事生产、经营活动取得的所得，个人独资企业投资人、合伙企业的个人合伙人来源于境内注册的个人独资企业、合伙企业生产、经营的所得；

2.个人依法从事办学、医疗、咨询以及其他有偿服务活动取得的所得；

3.个人对企业、事业单位承包经营、承租经营以及转包、转租取得的所得；

4.个人从事其他生产、经营活动取得的所得。

第十五条　个人所得税法第六条第一款第三项所称成本、费用，是指生产、经营活动中发生的各项直接支出和分配计入成本的间接费用以及销售费用、管理费用、财务费用；所称损失，是指生产、经营活动中发生的固定资产和存货的盘亏、毁损、报废损失，转让财产损失，坏账损失，自然灾害等不可抗力因素造成的损失以及其他损失。

取得经营所得的个人，没有综合所得的，计算其每一纳税年度的应纳税所得额时，应当减除费用6万元、专项扣除、专项附加扣除以及依法确定的其他扣除。专项附加扣除在办理汇算清缴时减除。

从事生产、经营活动，未提供完整、准确的纳税资料，不能正确计算应纳税所得额的，由主管税务机关核定应纳税所得额或者应纳税额。

【案例9】　出租车司机缴纳个人所得税案

根据中共中央、国务院、中央军委颁布的《军队转业干部安置暂行办法》，国家对军队转业干部改变了以往单一的指令性计划分配的传统安置模式，实行计

划分配和自主择业相结合的方式进行安置。胡某于2010年转业到地方，用转业费购买了一辆桑塔纳2000挂靠某出租汽车经营单位从事个体出租车运营，并每月向该挂靠单位缴纳管理费600元。同时，听朋友的建议，胡某还持有军级部队颁发的转业证件向主管税务机关申请了免税手续。

由于不用缴税，胡某一直收入可观。但是，2014年某月胡某突然收到缴税的通知单，胡某非常不解，于是，去税务机关询问。

【问题】

1. 转业军人在何种条件下享有何种税收优惠？
2. 出租车司机如何缴纳个人所得税？

【解题思路】

1. 转业军人享有一定的税收优惠政策，但是有时间限制，本案中胡某已经过了享受税收优惠的年限，应该适用个体工商户的生产、经营所得项目缴税。

2. 由于胡某采用挂靠的方式，应按照个体工商户的生产、经营所得项目征税。

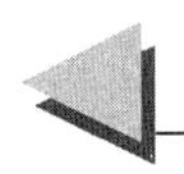

相关法律链接

1. **《关于自主择业的军队转业干部有关税收政策问题的通知》**第一条　从事个体经营的军队转业干部，经主管税务机关批准，自领取税务登记证之日起，3年内免征营业税和个人所得税。

2. **《机动出租车驾驶员个人所得税征收管理暂行办法》**第六条　出租车驾驶员从事出租车运营取得的收入，适用的个人所得税项目为：

（一）出租汽车经营单位对出租车驾驶员采取单车承包或承租方式运营，出租车驾驶员从事客货运营取得的收入，按工资、薪金所得项目征税。

（二）从事个体出租车运营的出租车驾驶员取得的收入，按个体工商户的生产、经营所得项目缴纳个人所得税。

（三）出租车属个人所有，但挂靠出租汽车经营单位或企事业单位，驾驶员向挂靠单位缴纳管理费的，或出租汽车经营单位将出租车所有权转移给驾驶员的，出租车驾驶员从事客货运营取得的收入，比照个体工商户的生产、经营所得项目征税。

> 第七条　县级以上(含县级)税务机关可以根据出租车的不同经营方式、不同车型、收费标准、缴纳的承包承租费等情况，核定出租车驾驶员的营业额并确定征收率或征收额，按月征收出租车驾驶员应纳的个人所得税。

【案例10】　祝某的演出收入应如何纳税

演员祝某于2019年在国内进行巡回演出。6月1日在广州演出一场，取得劳务报酬5000元；8月9日在郑州演出一场，取得劳务报酬3000元；9月20日在长沙演出两场，取得劳务报酬80000元；9月26日又在中央音乐学院举办一次讲座，取得劳务报酬6000元。

【问题】

演员祝某应如何缴纳个人所得税？

【解题思路】

祝某在广州、郑州、长沙、北京四地取得的劳务报酬所得应分别计税，应由支付单位代扣、代缴税款。

1. 广州：应纳税所得额为：5000×(1－20%)＝4000(元)。

应纳税额为：4000×20%＝800(元)。

2. 郑州：应纳税所得额为：3000－800＝2200(元)。

应纳税额为：2200×20%＝440(元)。

3. 长沙：应纳税所得额为：80000×(1－20%)＝64000(元)。

应纳税额为：64000×40%－7000＝18600(元)。

4. 北京：应纳税所得额为：6000×(1－20%)＝4800(元)。

应纳税额为：4800×20%＝960(元)。

祝某办理2019年度综合所得汇算清缴时，应将全部劳务报酬所得并入年度综合所得计算应纳税款，税款多退少补。

相关法律链接

1.**《个人所得税扣缴申报管理办法(试行)》**第八条　扣缴义务人向居民个人支付劳务报酬所得、稿酬所得、特许权使用费所得时,应当按照以下方法按次或者按月预扣预缴税款:

劳务报酬所得、稿酬所得、特许权使用费所得以收入减除费用后的余额为收入额;其中,稿酬所得的收入额减按百分之七十计算。

减除费用:预扣预缴税款时,劳务报酬所得、稿酬所得、特许权使用费所得每次收入不超过四千元的,减除费用按八百元计算;每次收入四千元以上的,减除费用按收入的百分之二十计算。

应纳税所得额:劳务报酬所得、稿酬所得、特许权使用费所得,以每次收入额为预扣预缴应纳税所得额,计算应预扣预缴税额。劳务报酬所得适用个人所得税预扣率表(见表7-4),稿酬所得、特许权使用费所得适用百分之二十的比例预扣率。

居民个人办理年度综合所得汇算清缴时,应当依法计算劳务报酬所得、稿酬所得、特许权使用费所得的收入额,并入年度综合所得计算应纳税款,税款多退少补。

2.**《关于个人所得税偷税案件查处中有关问题的补充通知》**　四、关于劳务报酬所得"次"的规定:

个人所得税法实施条例第二十一条规定"属于同一项目连续性收入的,以一个月内取得的收入为一次",考虑属地管辖与时间划定有交叉的特殊情况,统一规定以县(含县级市、区)为一地,其管辖内的一个月内的劳务服务为一次;当月跨县地域的,则应分别计算。

【案例11】　因专利被侵权所获赔款也应纳税

甲与A电子设备厂签订了一份专利实施许可合同,独家许可A厂生产并销售甲拥有专利权的"多功能控制仪"。A厂生产该产品并投入市场销售,很快便受到消费者的认可。不久,甲发现市场上出现了一种自动控制器,外观和内部结构与自己的专利产品"多功能控制仪"十分相似,功能也相仿,只是该自动控制器工艺粗糙,质量低劣,制造厂家为B电子设备公司。于是甲向有管辖权的法院提起诉讼，要求B公司承担侵犯本人专利权的责任。后经法院判决，由B公司承担侵权责任，赔偿甲经济损失20万元。

【问题】

甲获得20万元的损失赔偿额后，是否应缴纳个人所得税？

【解题思路】

甲应该按“特许权使用费所得”应税项目缴纳个人所得税，税款由支付赔款的单位B公司代扣代缴。

甲应纳税额为：200000×(1－20%)×20%＝32000(元)。

相关法律链接

《关于个人取得专利赔偿所得征收个人所得税问题的批复》安徽省地方税务局：

你局《关于个人取得专利赔偿所得征收个人所得税问题的请示》收悉，经研究，现批复如下：

你省“三相组合式过压保护器”专利的所有者王某，因其该项专利权被安徽省电气研究所使用而取得的经济赔偿收入，应按照个人所得税法及其实施条例的规定，按“特许权使用费所得”应税项目缴纳个人所得税，税款由支付赔款的安徽省电气研究所代扣代缴。

【案例12】 派发红股和转增股本所得如何计税

2019年4月初，某上市公司在分红派息公告中称，公司以股票溢价发行收入所形成的资本公积金向全体股东转增股本，每10股转增1.5股，非流通股股东放弃部分转增所得股份，转送给流通股股东作为对价安排，同时还按每10股派发现金0.80元(含税)作为2018年度分配方案。分红派息及股本转增已实施完毕。何某为该上市公司流通股股东，共计购买该上市公司股票30万股，持有时间为6个月。

【问题】

根据公司实施的分配方案，何某应如何缴纳个人所得税？

【解题思路】

何某获得现金股利为：300000÷10×0.8＝24000(元)。

应纳个人所得税为：24000×20％×50％＝2400(元)。

由于以资本公积金转增的股本不纳税，因此何某获得的每10股转增1.5股股本不纳税。

相关法律链接

1.**《征收个人所得税若干问题的规定》**第十一条　关于派发红股的征税问题：

股份制企业在分配股息、红利时，以股票形式向股东个人支付应得的股息、红利(即派发红股)，应以派发红股的股票票面金额为收入额，按利息、股息、红利项目计征个人所得税。

2.**《关于股份制企业转增股本和派发红股征免个人所得税的通知》**一、股份制企业用资本公积金转增股本不属于股息、红利性质的分配，对个人取得的转增股本数额，不作为个人所得，不征收个人所得税。

第二点　股份制企业用盈余公积金派发红股属于股息、红利性质的分配，对个人取得的红股数额，应作为个人所得征税。

3.**《关于实施上市公司股息红利差别化个人所得税政策有关问题的通知》**　一、个人从公开发行和转让市场取得的上市公司股票，持股期限在1个月以内(含1个月)的，其股息红利所得全额计入应纳税所得额；持股期限在1个月以上至1年(含1年)的，暂减按50％计入应纳税所得额；持股期限超过1年的，暂减按25％计入应纳税所得额。上述所得统一适用20％的税率计征个人所得税。

前款所称上市公司是指在上海证券交易所、深圳证券交易所挂牌交易的上市公司；持股期限是指个人从公开发行和转让市场取得上市公司股票之日至转让交割该股票之日前一日的持有时间。

第六章　房产税、车船税法

第一节　房产税、车船税法基本问题

财产税是以纳税人所拥有或支配的特定价值的财产为征税对象，以财产的价值或者数量为依据征收的一类税。本章内容包括我国现行税制中的房产税与车船税。

一、房产税法

房产税是以房产为课税对象，依据房产余值或房产的租金收入向房产的所有人或经营人征收的一种税。

新中国成立后，中央人民政府政务院颁布的《全国税政实施要则》中，把房产税列为全国开征的一个独立税种。1986 年 9 月 15 日，国务院正式发布了《中华人民共和国房产税暂行条例》（以下简称《房产税暂行条例》），并于 2011 年 1 月 8 日修订。在房产税改革推进过程中，我国对部分个人住房征收房产税改革于 2011 年 1 月 28 日起在上海和重庆两市开始试点。

1. 纳税主体

房产税以在征收范围内的房屋的产权所有人为纳税人。其中：

（1）产权属于国家所有的，由经营管理单位缴纳；产权属于集体、个人所有的，由集体、个人缴纳。

（2）产权出典的，由承典人缴纳。

（3）产权所有人、承典人不在房产所在地的，由房产代管人或使用人缴纳。

（4）产权未确定及租典纠纷未解决的，由房产代管人或使用人缴纳。

（5）纳税单位和个人无租使用房产管理部门、免税单位及纳税单位的房产，应由使用人代为缴纳房产税。

2. 征税客体

房产税的征税对象是房产。房产是指有屋面和围护结构，能够遮风避雨，可供人们在其中生产、学习、工作、娱乐、居住或贮藏物资的场所。

房产税的征税范围为：城市、县城、建制镇和工矿区，不包括农村。房地产开发企业建造的商品房，在出售前，不征收房产税；但对出售前房地产开发企业已使用或出租、出借的商品房应按规定征收房产税。

3. 税率

我国现行房产税采用的是比例税率。由于房产税的计税依据分为从价计征和从租计征两种形式，所以房产税的税率也有两种形式：依照房产余值计算缴纳的，税率为1.2%；依照房产租金收入计算缴纳的，税率为12%。自2008年3月1日起，对个人出租住房，不区分用途，按4%的税率征收房产税。

4. 应纳税额的计算

房产税的计税依据是房产的计税价值或房产的租金收入。按照房产计税价值计征的，称为从价计征；按照房产租金收入计征的，称为从租计征。

(1) 从价计征。对纳税人用于经营的房屋，以房产余值为计税依据。房产余值是指按照房产原值一次减除10%—30%的损耗价值以后的余额。各地扣除比例由当地省、自治区、直辖市人民政府确定。

房产原值是指纳税人按照会计制度规定，在账簿“固定资产”科目中记载的房屋造价(或原价)。对按会计制度规定在账簿中有记载房屋原价的，以房屋原价按规定减除一定比例后作为房产余值计征房产税；对没有记载房屋原价的，由房屋所在地税务机关参考同类房屋的价值核定。计算公式为：

应纳税额=计税余值应税房产原值×(1-扣除比例)×1.2%

(2) 从租计征。从租计征以房产的租金收入作为房产税的计税依据。计算公式为：

应纳税额=租金收入×12%(或4%)

5. 税收优惠

(1) 国家机关、人民团体、军队自用的房产免征房产税。但上述免税单位的出租房产以及非自身业务使用的生产、营业用房，不属于免税范围。

(2) 由国家财政部门拨付事业经费的单位，如学校、医疗卫生单位、托儿所、幼儿园、敬老院、文化、体育、艺术等实行全额或差额预算管理的事业单位所有的，本身业务范围内使用的房产免征房产税。上述单位所属的附属工厂、商店、招待所等不属于单位公务、业务的用房，应照章纳税。

(3) 宗教寺庙、公园、名胜古迹自用的房产免征房产税。

(4) 个人所有非营业用的房产免征房产税。

(5) 经财政部批准免税的其他房产免征房产税。主要包括：

① 对非营利性医疗机构、疾病控制机构和妇幼保健机构等卫生机构自用的房产，免征房产税。

② 从2001年1月1日起，对按政府规定价格出租的公有住房和廉租住房，包括企业和自收自支事业单位向职工出租的单位自有住房，房管部门向居民出租的公有住房，落实私房政策中带户发还产权并以政府规定租金标准向居民出租的私有住房等，暂免征收房产税。

③ 经营公租房的租金收入免征房产税。

二、车船税法

车船税是以车船为征税对象，向拥有车船的单位和个人征收的一种税。

1. 纳税主体

车船税的纳税人为《车船税法》所附《车船税税目税额表》规定的车辆、船舶的所有人或者管理人。从事机动车第三者责任强制保险业务的保险机构为机动车车船税的扣缴义务人，应当在收取保险费时依法代收车船税，并出具代收税款凭证。

2. 征税客体

车船税的征税范围分为车辆和船舶两大类，具体是指依法在公安、交通、农业等车船管理部门登记的车船，包括机动车辆、非机动车辆、机动船舶和非机动驳船。

3. 税率

车船税采用定额税率。自2012年1月1日起，乘用车按排气量分档以每辆为计税单位，客车和摩托车以每辆为计税单位，货车、专用作业车和轮式专用机械车按自重每吨为计税单位，机动船舶按净吨位每吨为计税单位，游艇以艇身长度每米为计税单位。

4. 应纳税额的计算

$$乘用车、商用客车、摩托车的应纳税额=辆数\times适用年税额$$

$$商用货车、其他车辆的应纳税额=自重吨位数\times适用年税额$$

$$船舶的应纳税额=净吨位数\times适用年税额$$

5. 税收优惠

(1) 下列车船免征车船税：

① 捕捞、养殖渔船；

② 军队、武装警察部队专用的车船；

③ 警用车船；

④ 依照法律规定应当予以免税的外国驻华使领馆、国际组织驻华代表机构及其有关人员的车船；

⑤ 新能源车船。

（2）对节能汽车，减半征收车船税。

（3）省、自治区、直辖市人民政府根据当地实际情况，可以对公共交通车船，农村居民拥有并主要在农村地区使用的摩托车、三轮汽车和低速载货汽车定期减征或者免征车船税。

表 6-1　车船税税目税额表

税目		计税单位	年基准税额	备注
乘用车〔按发动机汽缸容量（排气量）分档〕	1.0 升（含）以下的	每辆	60 元至 360 元	核定载客人数 9 人（含）以下
	1.0 升以上至 1.6 升（含）的		300 元至 540 元	
	1.6 升以上至 2.0 升（含）的		360 元至 660 元	
	2.0 升以上至 2.5 升（含）的		660 元至 1200 元	
	2.5 升以上至 3.0 升（含）的		1200 元至 2400 元	
	3.0 升以上至 4.0 升（含）的		2400 元至 3600 元	
	4.0 升以上的		3600 元至 5400 元	
商用车	客车	每辆	480 元至 1440 元	核定载客人数 9 人以上，包括电车
	货车	整备质量每吨	16 元至 120 元	包括半挂牵引车、三轮汽车和低速载货汽车等
	挂车	整备质量每吨	按照货车税额的 50%计算	
其他车辆	专用作业车	整备质量每吨	16 元至 120 元	不包括拖拉机
	轮式专用机械车		16 元至 120 元	
摩托车		每辆	36 元至 180 元	
船舶	机动船舶	净吨位每吨	3 元至 6 元	拖船、非机动驳船分别按照机动船舶税额的 50%计算
	游艇	艇身长度每米	600 元至 2000 元	

第二节　房产税、车船税法律实务

【案例1】　医院是否需要缴纳房产税

北京市某医院是由财政部差额拨款的事业单位，该医院为了给患者提供更好的医疗服务，经医院领导集体研究决定新建一座大楼以提供更多的病房。经有关部门批准后，该医院开始着手筹资建楼，经过半年多的建设，大楼竣工并投入使用。由于楼房中有部分房屋闲置，于是医院负责人将空闲的房间出租并于当年取得租金收入100万元。年底时医院准备将租金收入作为奖金发放给职工，被税务部门知晓并上门征收房产税。

该院领导表示不解，认为医院属于公益性的事业单位，根据《房产税暂行条例》第5条之规定，由国家财政部门拨付事业经费的单位自用的房产是免纳房产税的，所以租金收入应该免税。但税务机关认为：只有全额拨款的事业单位才应该免税，由于该医院属于差额拨款，所以不应该免税。该医院不服，去询问某税务律师。

【问题】

如你是税务律师，你将作何解释？

【解题思路】

本案中，税务机关与医院的说法都不够准确。免税单位的出租房产以及非自身业务使用的生产、营业用房，不属于免税范围。该医院建房以供病人住院是不交房产税的，但如果用来出租，则需要缴税，税率为12%。

相关法律链接

1.**《房产税暂行条例》**第三条　房产税依照房产原值一次减除10%至30%后的余值计算缴纳。具体减除幅度，由省、自治区、直辖市人民政府规定。

没有房产原值作为依据的，由房产所在地税务机关参考同类房产核定。

房产出租的，以房产租金收入为房产税的计税依据。

第四条　房产税的税率，依照房产余值计算缴纳的，税率为1.2%；依照房产租金收入计算缴纳的，税率为12%。

第五条　下列房产免纳房产税：

一、国家机关、人民团体、军队自用的房产；

二、由国家财政部门拨付事业经费的单位自用的房产；

三、宗教寺庙、公园、名胜古迹自用的房产；

四、个人所有非营业用的房产；

五、经财政部批准免税的其他房产。

2.**《关于房产税若干具体问题的解释和暂行规定》**第四条　关于“由国家财政部门拨付事业经费的单位”，是否包括由国家财政部门拨付事业经费，实行差额预算管理的事业单位？

实行差额预算管理的事业单位，虽然有一定的收入，但收入不够本身经费开支的部分，还要由国家财政部门拨付经费补助。因此，对实行差额预算管理的事业单位，也属于是由国家财政部门拨付事业经费的单位，对其本身自用的房产免征房产税。

第六条　关于免税单位自用房产的解释

国家机关、人民团体、军队自用的房产，是指这些单位本身的办公用房和公务用房。事业单位自用的房产，是指这些单位本身的业务用房。宗教寺庙自用的房产，是指举行宗教仪式等的房屋和宗教人员使用的生活用房屋。公园、名胜古迹自用的房产，是指供公共参观游览的房屋及其管理单位的办公用房屋。上述免税单位出租的房产以及非本身业务用的生产、营业用房产不属于免税范围，应征收房产税。

【案例2】　企业有多处房产应如何缴纳房产税

某企业是河南省郑州市市区零售行业的一匹黑马，近年来迅速发展。2018年，随着销售额的增加，该公司着手在异地建立零售网点，经企业高层领导集体研究决定，把首个网点设在郑州市某农村，并且决定各网点的销售大楼由自己建造，同时还在某建制镇所辖的行政村建立了储存存货的仓库。此外，为了给职工看病提供方便，该企业还在企业内部建立了职工医院。

楼房建成之后，税务机关根据《关于房产税若干具体问题的解释和暂行规定》第19条关于新建的房屋如何征税中关于“纳税人自建的房屋，自建成之次月起征收房产税”之规定，要求该企业就该“销售大楼”“仓库”“职工医院”三处房产缴纳房产税。

【问题】

你认为这些房产是不是都要缴纳房产税？

【解题思路】

该企业三处房产都不属于房产税的征税范围，不用缴纳房产税。

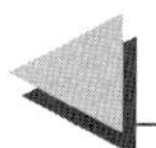

相关法律链接

1.**《房产税暂行条例》**第一条　房产税在城市、县城、建制镇和工矿区征收。

2.**《关于房产税若干具体问题的解释和暂行规定》**第一条　关于城市、县城、建制镇、工矿区的解释

城市是指经国务院批准设立的市。

县城是指未设立建制镇的县人民政府所在地。

建制镇是指经省、自治区、直辖市人民政府批准设立的建制镇。

工矿区是指工商业比较发达，人口比较集中，符合国务院规定的建制镇标准，但尚未设立镇建制的大中型工矿企业所在地。开征房产税的工矿区须经省、自治区、直辖市人民政府批准。

第二条　关于城市、建制镇征税范围的解释

城市的征税范围为市区、郊区和市辖县县城。不包括农村。

建制镇的征税范围为镇人民政府所在地。不包括所辖的行政村。

第九条　关于在开征地区范围之外的工厂、仓库，可否征收房产税？

根据房产税暂行条例的规定，不在开征地区范围之内的工厂、仓库，不应征收房产税。

第十条　关于企业办的各类学校、医院、托儿所、幼儿园自用的房产，可否免征房产税？

企业办的各类学校、医院、托儿所、幼儿园自用的房产，可以比照由国家财政部门拨付事业经费的单位自用的房产，免征房产税。

【案例3】 华侨出租房屋缴纳房产税问题

王某是美籍华侨,2010年4月移民美国并取得了美国国籍,但是王某在我国内地留有房产一处,一直由其表兄代管。2015年,王某给其表兄打电话,要他把房屋租出去。王某表兄按其指示,以1万元每月的租金出租,并把租金寄给远在美国的王某。2019年3月的时候,王某房屋所在地突降暴风雨,使其房屋受到了不同程度的损坏。王某表兄把此事告知王某并取得王某同意后,决定该房屋损坏的部分由承租人负责修补,其修理费抵租金。承租人为了修理该房屋破损处,共花费了1万元,恰好抵减当月租金。

税务机关在年度审查的时候,发现2019年3月王某的表兄没有就该月租金缴纳房产税。王某表兄申辩说:由于当月租金已经抵扣了修理费,没有任何收入入账,所以缴纳房产税是没有理由的。

【问题】

本案中该房屋租金应该如何缴税,被修理费抵扣的租金又如何处理?

【解题思路】

王某的房屋出租所得租金应该交纳税款,由王某之兄代其缴纳。

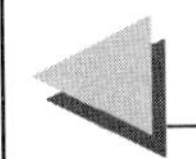

相关法律链接

1.**《关于对外籍人员、华侨、港、澳、台同胞拥有的房产如何征收房产税问题的批复》**第二条 在我国境内拥有房产的外籍人员和在内地拥有房产的华侨、香港、澳门、台湾同胞,如果不在我国境内或内地居住,可由其代管人或使用人代为报缴房产税;如果其房产所有权已转让给国内亲友或有关企、事业单位,则应按《中华人民共和国房产税暂行条例》的规定缴纳房产税。

2.**《关于房产税若干具体问题的解释和暂行规定》**第十二条 关于个人所有的房产用于出租的,应否征收房产税?

个人出租的房产,不分用途,均应征收房产税。

第十三条 关于个人所有的居住房屋,可否由当地核定面积标准,就超过面积标准的部分征收房产税?

根据房产税暂行条例规定，个人所有的非营业用的房产免征房产税。因此，对个人所有的居住用房，不分面积多少，均免征房产税。

第十四条　关于个人所有的出租房屋，是按房产余值计算缴纳房产税还是按房产租金收入计算缴纳房产税？

根据房产税暂行条例规定，房产出租的，以房产租金收入为房产税的计税依据。因此，个人出租房屋，应按房屋租金收入征税。

第二十三条　关于房产出租，由承租人修理，不支付房租，应否征收房产税？

承租人使用房产，以支付修理费抵交房产租金，仍应由房产的产权所有人依照规定缴纳房产税。

【案例4】　大修理房屋和临时性房屋缴纳房产税问题

2018年8月，某企业有一处厂房由于长期没有得到维护，已经成为危险房屋，所以不得不停止使用并进行大修。为了修理该厂房，该企业在该厂房旁建了三个临时的工棚，以供修复之用。经过一段时间的抢修，厂房于2019年3月修复并投入使用。房屋修复之后，该企业把临时工棚改做职工的临时休息室。

此后不久，在税务机关对该企业进行税务审查的时候就该房屋大修期间是否需要缴纳房产税以及该工棚是否需要缴纳房产税等问题发生争议。

【要求】

请依据税法的有关规定，对本案进行分析：

1. 房屋大修期间如何缴纳房产税？

2. 基建工地的临时性房屋如何缴税？

【解题思路】

1. 房屋大修停用在半年以上的，经纳税人申请，在大修期间可免征房产税。

2. 该企业为维修厂房而搭建的临时工棚，在施工期间，免征房产税。在大修之后把该工棚作为职工休息室，应该从接收的次月起，依照税法规定缴纳房产税。

相关法律链接

《关于房产税若干具体问题的解释和暂行规定》第二十一条 关于基建工地的临时性房屋,应否征收房产税?

凡是在基建工地为基建工地服务的各种工棚、材料棚、休息棚和办公室、食堂、茶炉房、汽车房等临时性房屋,不论是施工企业自行建造还是由基建单位出资建造交施工企业使用的,在施工期间,一律免征房产税。但是,如果在基建工程结束以后,施工企业将这种临时性房屋交还或者估价转让给基建单位的,应当从基建单位接收的次月起,依照规定征收房产税。

第二十四条 关于房屋大修停用期间,可否免征房产税?

房屋大修停用在半年以上的,经纳税人申请,在大修期间可免征房产税。

【案例5】 如何确认房产原值争议问题

某企业由于近几年发展迅速,企业规模不断扩大,员工人数也由原来的120人增加到560人。但是,职工宿舍楼却越来越紧张,为了解决这一问题,单位领导决定,再新建一栋职工宿舍楼。按照规划,该职工宿舍楼采用中央空调,并在职工宿舍楼外建了一个露天的游泳馆,免费对职工开放。

在税务机关对其进行税务检查时发现:该企业对该中央空调单独计价,没有计入"固定资产"科目,因此税务机关对其进行了调整,把该中央空调与室外游泳馆的造价都计入了房产原值以计算该企业所应该缴纳的房产税。但是,该企业表示异议。该企业认为,根据财政部、国家税务总局《关于房产税若干具体问题的解释和暂行规定》,房产原值是指纳税人按照会计制度规定,在账簿"固定资产"科目中记载的房屋原价。所以,没有计入"固定资产"科目的中央空调费用与室外游泳馆的造价都不应该计入"房产原值"。

【要求】

请根据税法的有关规定分析本案。

【解题思路】

如何确认房产原值对房产税应纳税额的确认有着非常重要的意义。一般情况下，房产原值是以纳税人按照会计制度规定在账簿“固定资产”科目中记载的数额来确认房产原值的。但是，由于有的企业会计制度不太完善或者对税法中所规定的“房产”及“房产原值”等概念混淆不清，所以有关机关对此问题作出了进一步的规定。在本案中，该室外游泳馆不应计入“房产原值”中，而中央空调无论是否在会计核算中单独计价，都应计入“财产原值”中以计算房产税应纳税额。

相关法律链接

1.**《房产税暂行条例》**第三条　房产税依照房产原值一次减除10%至30%后的余值计算缴纳。具体减除幅度，由省、自治区、直辖市人民政府规定。

没有房产原值作为依据的，由房产所在地税务机关参考同类房产核定。房产出租的，以房产租金收入为房产税的计税依据。

2.**《关于房产税城镇土地使用税有关问题的通知》**第一条　关于房产原值如何确定的问题

对依照房产原值计税的房产，不论是否记载在会计账簿固定资产科目中，均应按照房屋原价计算缴纳房产税。房屋原价应根据国家有关会计制度规定进行核算。对纳税人未按国家会计制度规定核算并记载的，应按规定予以调整或重新评估。

财政部、国家税务总局《关于房产税若干具体问题的解释和暂行规定》（财税地字[86]第008号）第十五条同时废止。

3.**《关于房产税和车船使用税几个业务问题的解释与规定》**第一条　关于“房产”的解释

“房产”是以房屋形态表现的财产。房屋是指有屋面和围护结构（有墙或两边有柱），能够遮风避雨，可供人们在其中生产、工作、学习、娱乐、居住或储藏物资的场所。

独立于房屋之外的建筑物，如围墙、烟囱、水塔、变电塔、油池油柜、酒窖菜窖、酒精池、糖蜜池、室外游泳池、玻璃暖房、砖瓦石灰窑以及各种油气罐等，不属于房产。

根据总局（86）财税地字第008号文法规，“房产原值是指纳税人按照会计制度法规，在账簿‘固定资产’科目中记载的房屋原价”。因此，凡按会计制度法规在账簿中记载有房屋原价的，即应以房屋原价按法规减除一定比例后作为房产余值计征房产税；没有记载房屋原价的，按照上述原则，并参照同类房屋，确定房产原值，计征房产税。

第二条 关于房屋附属设备的解释

房产原值应包括与房屋不可分割的各种附属设备或一般不单独计算价值的配套设施。主要有：暖气、卫生、通风、照明、煤气等设备；各种管线，如蒸气、压缩空气、石油、给水排水等管道及电力、电讯、电缆导线；电梯、升降机、过道、晒台等。

属于房屋附属设备的水管、下水道、暖气管、煤气管等从最近的探视井或三通管算起，电灯网、照明线从进线盒联接管算起。

4. **《关于进一步明确房屋附属设备和配套设施计征房产税有关问题的通知》**第一条 为了维持和增加房屋的使用功能或使房屋满足设计要求，凡以房屋为载体，不可随意移动的附属设备和配套设施，如给排水、采暖、消防、中央空调、电气及智能化楼宇设备等，无论在会计核算中是否单独记账与核算，都应计入房产原值，计征房产税。

第二条 对于更换房屋附属设备和配套设施的，在将其价值计入房产原值时，可扣减原来相应设备和设施的价值；对附属设备和配套设施中易损坏、需要经常更换的零配件，更新后不再计入房产原值。

【案例6】 企业法人应如何缴纳车船税

2019年迅驰公司拥有车辆情况如下：

1. 载货汽车6辆，净吨位均为5吨。
2. 45座的大客车2辆，用于接送企业员工上下班。
3. 5人坐小型乘用车3辆(排气量1.8升)，其中1辆通过租赁方式从某国家机关取得，租赁双方规定，车船使用税由出租方缴纳。

【要求】

请根据《车船税法》分析并计算该公司应纳的车船税。

(备注：该地车船税的年税额为：载重汽车按净吨位每吨40元，客车核定载客人数9人以下的，排量1.0升(含)以下的为每辆80元，排量1.0升以上至1.6升(含)的每辆350元，排量1.6升以上至2.0升(含)的每辆400元，客车核定载客人数30人以上的每辆800元）。

【解题思路】

1. 载货汽车应纳车船税为：6×5×40=1200(元)。
2. 大客车应纳车船税为：2×800=1600(元)。
3. 小轿车应纳车船税为：(3－1)×400=800(元)。

相关法律链接

《车船税法》第一条　在中华人民共和国境内属于本法所附《车船税税目税额表》规定的车辆、船舶（以下简称车船）的所有人或者管理人，为车船税的纳税人，应当依照本法缴纳车船税。

第二条　车船的适用税额依照本法所附《车船税税目税额表》执行。车辆的具体适用税额由省、自治区、直辖市人民政府依照本法所附《车船税税目税额表》规定的税额幅度和国务院的规定确定。船舶的具体适用税额由国务院在本法所附《车船税税目税额表》规定的税额幅度内确定。

第七章　印花税、契税法

第一节　印花税、契税法基本问题

一、印花税法

印花税，是对经济活动和经济交往中书立、使用、领受具有法律效力的凭证的单位和个人征收的一种税。

1．纳税主体

印花税的纳税义务人，是在中国境内书立、使用、领受具有法律效力的凭证，并应依法履行纳税义务的单位和个人。根据书立、使用、领受应税凭证的不同，可以分别确定为立合同人、立据人、立账簿人、领受人、使用人和各类电子应税凭证的签订人。

2．征税客体

印花税的征税范围包括：

(1) 合同或具有合同性质的凭证；

(2) 产权转移书据；

(3) 营业账簿，包括记载资金的账簿和其他账簿；

(4) 权利、许可证照；

(5) 经财政部确定征税的其他凭证。

3．税率

印花税的税率有两种形式，即比例税率和定额税率。各类合同以及具有合同性质的凭证、产权转移书据、营业账簿中记载资金的账簿，适用比例税率。比例税率分为 4 个档次，分别是 0.05‰、0.5‰、0.3‰、1‰。对于权利、许可证照和营业簿中的其他账簿，适用定额税率，均为按件贴花，税额为 5 元。

4．应纳税额的计算

纳税人的应纳税额，根据应税凭证的性质，分别按比例税率或者定额税率计算，其计算公式为：

应纳税额＝应税凭证计税金额(或应税凭证件数)×适用税率

适用比例税率的应税凭证，以凭证所记载的金额为计税依据；对同一凭证因载有两个或两个以上经济事项而适用不同税目税率，如果分别记载金额的，应分别计算应纳税额，税额相加后按合计税额贴花；如未分别记载金额的，按税率高的计税贴花。

5. 税收优惠

（1）对已缴纳印花税的凭证的副本或者抄本免税；

（2）对无息、贴息贷款合同免税；

（3）对房地产管理部门与个人签订的用于生活居住的租赁合同免税；

（4）对农牧业保险合同免税；

（5）对公租房经营管理单位建造管理公租房涉及的印花税予以免征；

（6）自 2018 年 5 月 1 日起，对按 0.5‰税率贴花的资金账簿减半征收印花税，对按件贴花 5 元的其他账簿免征印花税；

（7）对全国社会保障基金理事会、全国社会保障基金投资管理人管理的全国社会保障基金转让非上市公司股权，免征社保基金会、社保基金投资管理人应缴纳的印花税。

二、契税法

契税是指在土地使用权、房屋所有权的权属转移过程中，向取得土地使用权、房屋所有权的单位和个人征收的一种税。

1. 纳税主体

契税的纳税人是指境内转移土地、房屋权属承受的单位和个人。境内是指中华人民共和国实行实际税收行政管辖范围内；土地、房屋权属是指土地使用权和房屋所有权；单位是指企业单位、事业单位、国家机关、军事单位和社会团体以及其他组织；个人是指个体工商户及其他个人，包括中国公民和外籍人员。

2. 征税客体

契税的征税对象是境内发生使用权转移的土地、发生所有权转移的房屋。具体包括：土地使用权出让、土地使用权的转让、房屋买卖、房屋赠与和房屋互换。

3. 税率

契税实行 3%—5%的幅度比例税率。具体适用税率由省、自治区、直辖市人民政府在 3%—5%的幅度内提出，报同级人民代表大会常务委员会决定，并报全国人民代表大会常务委员会和国务院备案。

4. 计税依据

（1）土地使用权出让、出售，房屋买卖，为土地、房屋权属转移合同确定的成交价格，包括应交付的货币以及实物、其他经济利益对应的价款；

（2）土地使用权互换、房屋互换，为所互换的土地使用权、房屋价格的差额；

（3）土地使用权赠与、房屋赠与以及其他没有价格的转移土地、房屋权属行为，为税务机关参照土地使用权出售、房屋买卖的市场价格依法核定的价格。

纳税人申报的成交价格、互换价格差额明显偏低且无正当理由的，由税务机关依照《税收征收管理法》的规定核定。

5. 应纳税额的计算

契税采用比例税率，其计算公式为：

应纳税额＝计税依据×税率

6. 税收优惠

根据《契税法》的规定，有下列情形之一的减征或者免征契税：

（1）国家机关、事业单位、社会团体、军事单位承受土地、房屋权属用于办公、教学、医疗、科研、军事设施，免征契税。

（2）非营利性的学校、医疗机构、社会福利机构承受土地、房屋权属用于办公、教学、医疗、科研、养老、救助，免征。

（3）承受荒山、荒地、荒滩土地使用权用于农、林、牧、渔业生产，免征。

（4）婚姻关系存续期间夫妻之间变更土地、房屋权属，免征。

（5）法定继承人通过继承承受土地、房屋权属，免征。

（6）依照法律规定应当予以免税的外国驻华使馆、领事馆和国际组织驻华代表机构承受土地、房屋权属，免征。

（7）根据国民经济和社会发展的需要，国务院对居民住房需求保障、企业改制重组、灾后重建等情形可以规定免征或者减征契税，报全国人民代表大会常务委员会备案。

（8）对个人购买家庭唯一住房，面积为90平方米及以下的，减按1％的税率征收契税；面积为90平方米以上的，减按1.5％的税率征收契税。

（9）对个人购买家庭第二套改善性住房的，面积为90平方米及以下的，减按1％的税率征收契税；面积为90平方米以上的，减按2％的税率征收契税。

省、自治区、直辖市可以决定对下列情形免征或者减征契税：

（1）因土地、房屋被县级以上人民政府征收、征用，重新承受土地、房屋权属。

（2）因不可抗力灭失住房，重新承受住房权属。

第二节　印花税、契税法律实务

【案例 1】　加工企业缴纳印花税问题

甲企业是一个加工企业，从事金银首饰方面的加工业务，乙公司是一个金银首饰的销售商。2019 年 5 月，甲与乙签订了加工承揽合同，合同规定：乙委托甲加工金银首饰一批，其中加工金银首饰的原材料价款 50 万元，加工费 10 万元，共计 60 万元。合同签订后，甲乙双方各执一份，并对各自的合同进行贴花。但不久后，双方又达成补充协议，约定提高该加工首饰的精细程度，同时提高加工费至 15 万元。后来税务机关进行税务稽查的时候发现，双方没有就增加的加工费进行处理，于是发生争议。

【问题】

本案中的当事人该如何缴税？

【解题思路】

本案中的加工承揽合同属于应该缴纳印花税税款的凭证，应该缴纳印花税，由于双方签订的合同是分别计价的，所以应该分别计税。另外，双方均应就增加的加工费 5 万元补缴税款，应补缴的税款为：50000×0.5‰＝25(元)。

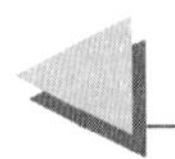

相关法律链接

1.《**印花税暂行条例**》第一条　在中华人民共和国境内书立、领受本条例所列举凭证的单位和个人，都是印花税的纳税义务人，应当按照本条例规定缴纳印花税。

第二条　下列凭证为应纳税凭证：

（一）购销、加工承揽、建设工程承包、财产租赁、货物运输、仓储保管、借款、财产保险、技术合同或者具有合同性质的凭证；

（二）产权转移书据；

（三）营业账簿；

（四）权利、许可证照；

（五）经财政部确定征税的其他凭证。

第三条　纳税人根据应纳税凭证的性质，分别按比例税率或者按件定额计算应纳税额。具体税率、税额的确定，依照本条例所附《印花税税目税率表》执行。

应纳税额不足一角的，免纳印花税。

应纳税额在一角以上的，其税额尾数不满五分的不计，满五分的按一角计算缴纳。

第八条　同一凭证，由两方或者两方以上当事人签订并各执一份的，应当由各方就所执的一份各自全额贴花。

第九条　已贴花的凭证，修改后所载金额增加的，其增加部分应当补贴印花税票。

2.**《关于印花税若干具体问题的规定》**第一条　对由受托方提供原材料的加工、定作合同，如何贴花？

由受托方提供原材料的加工、定作合同，凡在合同中分别记载加工费金额与原材料金额的，应分别按"加工承揽合同""购销合同"计税，两项税额相加数，即为合同应贴印花；合同中不划分加工费金额与原材料金额的，应按全部金额，依照"加工承揽合同"计税贴花。

【案例2】　企业合并后重用印花税票问题

A企业与B企业都是软件公司，各自都设有资金账簿。但是在激烈的市场竞争过程中，B企业每况愈下，于是在2019年被A企业合并成立C企业。合并之时，A企业资金账簿所记载的金额1000万，B企业资金账簿上记载的金额是30万元，各贴有印花税票。合并之后，C企业经有关部门的批准改制成为股份有限责任公司，同时启用了新的账簿，把原来分属于两个企业的资金合并起来并把原企业的债权变成股权，进行债权改股权后C企业新增加资金20万元。C企业为了少缴印花税税款，对新增加的20万资金，决定采取重用原来已经贴用过的印花税税票的手段，但是被税务机关查出。

【问题】

该企业新启用的账簿要不要进行新的印花税贴花？债权改股权所新增加的资金又需不需要贴花？重用已经用过的贴花又如何处理？

【解题思路】

本案中原已贴花的资金在建立新账簿时不必再缴纳印花税。新增加的20万元资金应该缴纳印花税。根据《印花税税目税率表》的规定，记载资金的账簿属于“营业账簿”税目，应按固定资产原值与自有流动资金总额0.5‰贴花，其他账簿按件贴花5元。因此本案中20万元应该按0.5‰补贴印花税税票100元。对于重用已经用过的贴花，税务机关可以对该公司处以重用印花税票金额30倍以下的罚款。

相关法律链接

1.**《关于企业改制过程中有关印花税政策的通知》**第一条 关于资金账簿的印花税

（一）实行公司制改造的企业在改制过程中成立的新企业（重新办理法人登记的），其新启用的资金账簿记载的资金或因企业建立资本纽带关系而增加的资金，凡原已贴花的部分可不再贴花，未贴花的部分和以后新增加的资金按规定贴花。

公司制改造包括国有企业依《公司法》整体改造成国有独资有限责任公司；企业通过增资扩股或者转让部分产权，实现他人对企业的参股，将企业改造成有限责任公司或股份有限公司；企业以其部分财产和相应债务与他人组建新公司；企业将债务留在原企业，而以其优质财产与他人组建的新公司。

（二）以合并或分立方式成立的新企业，其新启用的资金账簿记载的资金，凡原已贴花的部分可不再贴花，未贴花的部分和以后新增加的资金按规定贴花。合并包括吸收合并和新设合并。分立包括存续分立和新设分立。

（三）企业债权转股权新增加的资金按规定贴花。

（四）企业改制中经评估增加的资金按规定贴花。

（五）企业其他会计科目记载的资金转为实收资本或资本公积的资金按规定贴花。

2.**《印花税暂行条例》**第六条 印花税票应当粘贴在应纳税凭证上，并由纳税人在每枚税票的骑缝处盖戳注销或者画销。

已贴用的印花税票不得重用。

第十三条　纳税人有下列行为之一的，由税务机关根据情节轻重，予以处罚：

（一）在应纳税凭证上未贴或者少贴印花税票的，税务机关除责令其补贴印花税票外，可处以应补贴印花税票金额20倍以下的罚款；

（二）违反本条例第六条第一款规定的，税务机关可处以未注销或者画销印花税票金额10倍以下的罚款；

（三）违反本条例第六条第二款规定的，税务机关可处以重用印花税票金额30倍以下的罚款。伪造印花税票的，由税务机关提请司法机关依法追究刑事责任。

【案例3】　企业就多个账簿缴纳印花税问题

湖南省某企业在湖南及湖北两省设有甲、乙、丙三个分支机构，各分支机构分别设有账簿，2019年企业的具体情况是：该企业自身在机构内部的其他车间分设有明细分类账，并采取分级核算形式；甲分支机构的资金由上级机关核拨；乙分支机构的资金不是由上级单位核拨；丙分支机构未按规定建立印花税应税凭证登记簿。

【要求】

请依据税法的有关规定，针对该企业自身及其三个分支机构的具体情况，分析本案中各主体应该如何缴纳印花税。

【解题思路】

本案中，由于该企业采取分级核算形式，所以该企业及企业中各车间都应该按照规定缴税。甲分支机构的资金由于由上级单位核拨，所以按核拨的资金账面额交纳印花税；而乙分支机构的资金不是由上级单位核拨的，只就其他账簿按定额贴花，而2018年5月1日起，对按件贴花的其他账簿免征印花税，因此乙分支机构无须缴纳印花税。丙分支机构未按规定建立印花税应税凭证登记簿，由税务机关核定征收印花税。为避免对同一资金重复计税贴花，上级单位记载资金的账簿，应按扣除拨给下属机构资金数额。

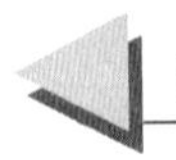

相关法律链接

1.**《关于印花税若干具体问题的规定》**第十四条　设置在其他部门、车间的明细分类账，如何贴花？对采用一级核算形式的，只就财会部门设置的账簿贴花；采用分级核算形式的，除财会部门的账簿应贴花外，财会部门设置在其他部门和车间的明细分类账，亦应按规定贴花。

车间、门市部、仓库设置的不属于会计核算范围或虽属会计核算范围，但不记载金额的登记簿、统计簿、台账等，不贴印花。

第十八条　跨地区经营的分支机构，其营业账簿应如何贴花？

跨地区经营的分支机构使用的营业账簿，应由各分支机构在其所在地缴纳印花税。对上级单位核拨资金的分支机构，其记载资金的账簿按核拨的账面资金数额计税贴花，其他账簿按定额贴花；对上级单位不核拨资金的分支机构，只就其他账簿按定额贴花。为避免对同一资金重复计税贴花，上级单位记载资金的账簿，应按扣除拨给下属机构资金数额后的其余部分计税贴花。

2.**《关于进一步加强印花税征收管理有关问题的通知》**　四、核定征收印花税

根据《税收征管法》第三十五条规定和印花税的税源特征，为加强印花税征收管理，纳税人有下列情形的，地方税务机关可以核定纳税人印花税计税依据：

（一）未按规定建立印花税应税凭证登记簿，或未如实登记和完整保存应税凭证的；

（二）拒不提供应税凭证或不如实提供应税凭证致使计税依据明显偏低的；

（三）采用按期汇总缴纳办法的，未按地方税务机关规定的期限报送汇总缴纳印花税情况报告，经地方税务机关责令限期报告，逾期仍不报告的或者地方税务机关在检查中发现纳税人有未按规定汇总缴纳印花税情况的。

地方税务机关核定征收印花税，应向纳税人发放核定征收印花税通知书，注明核定征收的计税依据和规定的税款缴纳期限。

地方税务机关核定征收印花税，应根据纳税人的实际生产经营收入，参考纳税人各期印花税纳税情况及同行业合同签订情况，确定科学合理的数额

或比例作为纳税人印花税计税依据。

各级地方税务机关应逐步建立印花税基础资料库，包括：分行业印花税纳税情况、分户纳税资料等，确定科学合理的评估模型，保证核定征收的及时、准确、公平、合理。

3.**《关于对营业账簿减免印花税的通知》** 为减轻企业负担，鼓励投资创业，现就减免营业账簿印花税有关事项通知如下：

自2018年5月1日起，对按万分之五税率贴花的资金账簿减半征收印花税，对按件贴花五元的其他账簿免征印花税。

【案例4】 购买某破产企业厂房缴纳契税问题

某企业成立于2005年，成立之初，建造了一座厂房用于生产，该厂房属自己筹资建造，共花费成本100万元。由于市场环境发生变化，企业接连亏损，2020年10月，该企业由于无力承担已经欠下的债务，经有关部门批准，决定申请破产。经过有关的法定程序，该企业进入破产清算阶段。在破产清算中，清算组决定对该厂房进行拍卖，非债权人某有限责任公司以500万元的价格买下了该厂房。之后，该有限公司对原企业的100位员工进行了安置。公司与其中的80位员工签订了为期1年的临时劳动合同，与另外20位员工签订了为期5年的劳动用工合同。据此，该公司认为该公司已经百分之百地安置了原企业的员工，因此应该免交契税。

【问题】

请依据税法有关规定分析本案，该公司是否需要缴纳契税？

【解题思路】

本案中，该有限责任公司的说法是不准确的。该有限责任公司实际上只妥善安排了20人，又由于该公司不属于该企业的债权人，不应该享受免税的待遇，因此该有限责任公司应该缴纳契税。

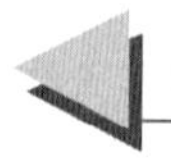

相关法律链接

1.**《契税法》**第一条　在中华人民共和国境内转移土地、房屋权属，承受的单位和个人为契税的纳税人，应当依照本法规定缴纳契税。

第二条　本法所称转移土地、房屋权属，是指下列行为：

（一）土地使用权出让；

（二）土地使用权转让，包括出售、赠与、互换；

（三）房屋买卖、赠与、互换。

前款第二项土地使用权转让，不包括土地承包经营权和土地经营权的转移。

以作价投资（入股）、偿还债务、划转、奖励等方式转移土地、房屋权属的，应当依照本法规定征收契税。

第四条　契税的计税依据：

（一）土地使用权出让、出售，房屋买卖，为土地、房屋权属转移合同确定的成交价格，包括应交付的货币以及实物、其他经济利益对应的价款；

（二）土地使用权互换、房屋互换，为所互换的土地使用权、房屋价格的差额；

（三）土地使用权赠与、房屋赠与以及其他没有价格的转移土地、房屋权属行为，为税务机关参照土地使用权出售、房屋买卖的市场价格依法核定的价格。

纳税人申报的成交价格、互换价格差额明显偏低且无正当理由的，由税务机关依照《中华人民共和国税收征收管理法》的规定核定。

2.**《关于继续支持企业 事业单位改制重组有关契税政策的通知》**五、企业破产

企业依照有关法律法规规定实施破产，债权人（包括破产企业职工）承受破产企业抵偿债务的土地、房屋权属，免征契税；对非债权人承受破产企业土地、房屋权属，凡按照《中华人民共和国劳动法》等国家有关法律法规政策妥善安置原企业全部职工规定，与原企业全部职工签订服务年限不少于三年的劳动用工合同的，对其承受所购企业土地、房屋权属，免征契税；与原企业超过30%的职工签订服务年限不少于三年的劳动用工合同的，减半征收契税。

（本通知自2018年1月1日起至2020年12月31日执行。本通知发布前，企业、事业单位改制重组过程中涉及的契税尚未处理的，符合本通知规定的可按本通知执行。）

【案例 5】　大学合并之后改变房屋用途补缴契税问题

北京某大学创建于 1994 年，创建时以 40 万元的价格购买了一栋房屋作为教学楼，2020 年，该大学经教育部等部门批准与另外一所大学合并成立了一所新的大学，并把该教学楼及学校的其他资产过户给新的大学名下。但是，学校合并之后不久，由于学校规模扩大，一时资金紧张，为了解决资金紧张的困难，学校领导经集体研究决定，把该房屋用于出租，用租金缓解学校资金紧张的状况。后经多方联系，该学校把教学楼以 6 万元每月的租金租给某企业作办公之用。2021 年，税务机关在税务检查时发现了上述情况，便以学校合并后转移房产权属以及改变教学楼用途为由，要求该学校缴纳契税。

【问题】

1. 学校合并之后过户房屋权属要不要缴纳契税？
2. 该学校合并后出租教学楼取得的收入在税法上应该怎么处理？

【解题思路】

1. 学校合并进行有关房产过户时不应该缴纳契税。
2. 学校改变了房屋的用途，应当补缴已经减征、免征的税款。

相关法律链接

1.《**契税法**》第六条　有下列情形之一的，免征契税：

（一）国家机关、事业单位、社会团体、军事单位承受土地、房屋权属用于办公、教学、医疗、科研、军事设施；

（二）非营利性的学校、医疗机构、社会福利机构承受土地、房屋权属用于办公、教学、医疗、科研、养老、救助；

（三）承受荒山、荒地、荒滩土地使用权用于农、林、牧、渔业生产；

（四）婚姻关系存续期间夫妻之间变更土地、房屋权属；

（五）法定继承人通过继承承受土地、房屋权属；

（六）依照法律规定应当予以免税的外国驻华使馆、领事馆和国际组织驻华代表机构承受土地、房屋权属。

根据国民经济和社会发展的需要，国务院对居民住房需求保障、企业改制重组、灾后重建等情形可以规定免征或者减征契税，报全国人民代表大会常务委员会备案。

第八条　纳税人改变有关土地、房屋的用途，或者有其他不再属于本法第六条规定的免征、减征契税情形的，应当缴纳已经免征、减征的税款。

2.**《契税暂行条例细则》**第十二条　条例所称用于办公的，是指办公室（楼）以及其他直接用于办公的土地、房屋。

条例所称用于教学的，是指教室（教学楼）以及其他直接用于教学的土地、房屋。

条例所称用于医疗的，是指门诊部以及其他直接用于医疗的土地、房屋。

条例所称用于科研的，是指科学试验的场所以及其他直接用于科研的土地、房屋。

条例所称用于军事设施的，是指：

（一）地上和地下的军事指挥作战工程；

（二）军用的机场、港口、码头；

（三）军用的库房、营区、训练场、试验场；

（四）军用的通信、导航、观测台站；

（五）其他直接用于军事设施的土地、房屋。

本条所称其他直接用于办公、教学、医疗、科研的以及其他直接用于军事设施的土地、房屋的具体范围，由省、自治区、直辖市人民政府确定。

第八章　关税、船舶吨税法

第一节　关税、船舶吨税法基本问题

一、关税法

关税是由海关对进出国境或关境的货物、物品征收的一种税。

1. 纳税主体

根据进出口关税条例，纳税义务人是指进口货物的收货人、出口货物的发货人、进出境物品的所有人。

2. 征税客体

关税的征税客体是允许进出我国国境的货物和物品。货物是指贸易性商品；物品是指入境旅客随身携带的行李物品、个人邮递物品、各种运输工具上的服务人员随身携带进口的自用物品、馈赠物品以及其他方式进境的个人物品。

3. 税率

关税税率为差别比例税率，分为进口关税税率、出口关税税率和特别关税。

(1) 进口关税税率

在加入WTO之前，我国进口税则设有两栏税率，即普通税率和优惠税率。对原产于与我国未订有关税互惠协议的国家或者地区的进口货物，按照普通税率征税；对原产于与我国订有关税互惠协议的国家或者地区的进口货物，按照优惠税率征税。在加入WTO之后，为履行我国在加入WTO关税减让谈判中承诺的有关义务，享有WTO成员应有的权利，自2002年1月1日起，我国进口税则设有最惠国税率、协定税率、特惠税率、普通税率、关税配额税率等税率。此外，对进口货物在一定期限内可以实行暂定税率。

最惠国税率，适用原产于与我国共同适用最惠国待遇条款的WTO成员方的进口货物，或原产于与我国签订有相互给予最惠国待遇条款的双边贸易协定的国家或地区进口的货物，以及原产于我国境内的进口货物。协定税率适用原产于我国参加的含有关税优惠条款的区域性贸易协定有关缔约方的进口货物。

特惠税率适用原产于与我国签订有特殊优惠关税协定的国家或地区的进口货物。普通税率适用原产于上述国家或地区以外的其他国家或地区的进口货物。

（2）出口关税税率

出口关税税率是对出口货物征收关税而规定的税率。目前我国仅对少数资源性产品及易于竞相杀价，需要规范出口秩序的半制成品征收出口关税。

（3）特别关税

特别关税包括报复性关税、反倾销税与反补贴税、保障性关税。报复性关税，是指对违反与我国签订或者共同参加的贸易协定及相关协定，对我国在贸易方面采取禁止、限制、加征关税或者其他影响正常贸易的国家或地区所采取的一种进口附加税。反倾销税与反补贴税，是指进口国海关对外国的倾销货物，在征收关税的同时附加征收的一种特别关税，其目的在于抵销他国的补贴。保障性关税，是指当某类货物进口量剧增，对我国相关产业带来巨大威胁或损害时，按照 WTO 有关规则，采取的一般保障措施，主要是采取提高关税的形式。

4. 计税依据

我国对进出口货物征收关税，主要采取从价计征的办法，以货物的完税价格为计税依据征收关税。

进口货物的完税价格，由海关以进口应税货物的成交价格以及该货物运抵我国境内输入地点起卸前的运输及相关费用、保险费为基础审查确定。

出口货物的完税价格，由海关以出口货物的成交价格以及该货物运至中国境内输出地点装载前的运输及其相关费用、保险费为基础审查确定。出口关税不计入完税价格。

5. 应纳税额的计算

（1）从价税计算方法

从价税，是以进（出）口货物的完税价格为计税依据的一种关税计征方法。我国对进口商品基本上都实行从价税。从价税应纳关税税额的计算公式为：

关税应纳税额＝应税进（出）口货物数量 × 单位完税价格 × 适用税率

（2）从量税计算方法

从量税，是指以进（出）口货物的重量、长度、容量、面积等计量单位为计税依据的一种关税计征方法。从量税应纳关税税额的计算公式为：

关税应纳税额＝应税进（出）口货物数量× 关税单位税额

(3) 复合税计算方法

复合税，是指对某种进(出)口货物同时使用从价和从量计征的一种关税计征方法。复合税应纳关税税额的计算公式为：

关税税额＝应税进(出)口货物数量×单位货物税额＋应税进(出)口货物数量×单位完税价格×税率

(4) 滑准税计算方法

滑准税，是指关税的税率随着进口货物价格的变动而反方向变动的一种税率形式，即价格越高，税率越低，税率为比例税率。滑准税应纳关税税额的计算公式为：

关税应纳税额＝应税进(出)口的货物数量×单位完税价格×滑准税税率

6. 征收管理

进口货物的纳税义务人自运输工具申报进境之日起 14 日内，出口货物在货物运抵海关监管区后、装货的 24 小时以前，向货物的进出境地海关申报。纳税义务人应当自海关填发税款缴款书之日起 15 日内，向指定银行缴纳税款。关税纳税义务人因不可抗力或者在国家税收政策调整的情形下，不能按期缴纳税款的，经依法提供纳税担保后，可以延期缴纳税款，但最长不得超过 6 个月。进口货物的纳税义务人应当自运输工具申报进境之日起 14 日内，出口货物的纳税义务人除海关特准的外，应当在货物运抵海关监管区后、装货的 24 小时以前，向货物的进出境地海关申报。进出口货物转关运输的，按照海关总署的规定执行。

进口货物到达前，纳税义务人经海关核准可以先行申报。具体办法由海关总署另行规定。

二、船舶吨税

船舶吨税是对自中国境外港口进入境内港口船舶征收的一种税。吨税法海关负责征收。

1. 纳税主体

船舶吨税以应税船舶负责人为纳税人。

2. 征税客体

船舶吨税的征税客体是自中国境外港口进入中国境内港口的船舶。

3. 税率

船舶吨税设置优惠税率和普通税率。中华人民共和国籍的应税船舶，船籍国(地区)与中华人民共和国签订含有相互给予船舶税费最惠国待遇条款的条约或者协定的应税船舶，适用优惠税率。其他应税船舶，适用普通税率。具体的税目、税率参照《吨税税目税率表》执行。

4. 应纳税额的计算

吨税按照船舶净吨位和吨税执照期限征收，计算公式为：

应纳税额＝船舶净吨位×适用的定额税率（元）

5. 税收减免

下列船舶免征吨税：

（1）应纳税额在人民币50元以下的船舶；

（2）自境外以购买、受赠、继承等方式取得船舶所有权的初次进口到港的空载船舶；

（3）吨税执照期满后24小时内不上下客货的船舶；

（4）非机动船舶（不包括非机动驳船）；

（5）捕捞、养殖渔船；

（6）避难、防疫隔离、修理、改造、终止运营或者拆解，并不上下客货的船舶；

（7）军队、武装警察部队专用或者征用的船舶；

（8）警用船舶；

（9）依照法律规定应当予以免税的外国驻华使领馆、国际组织驻华代表机构及其有关人员的船舶；

（10）国务院规定的其他船舶。

第二节　关税、船舶吨税法律实务

【案例1】　离职空姐代购案

从2018年夏天开始，离职空姐李某在淘宝网上销售化妆品，起初从代购店进货，后来结识韩国三星公司高级工程师褚某。褚某提供韩国免税店优惠账号，结算货款，再由李某和男友石某以客带货方式从无申报通道携带进境。从2018年到2019年，离职空姐李某从韩国免税店买回适用税率50%的化妆品，货物总价值200万元，并在淘宝店上销售获利。2019年8月，李某被公安机关抓获，并被提起公诉。

【问题】

1. 计算该批货物应纳进口关税税额。

2. 李某应当承担怎样的法律责任？

【解题思路】

1. 应纳税额为：200×50%＝100（万元）。

2. 李某的行为属于走私行为，且符合《刑法》关于走私罪的构成要件，所以其应承担相应的刑事责任。

相关法律链接

1. **《进出口关税条例》**第六十一条　海关应当按照《进境物品进口税税率表》及海关总署制定的《进境物品归类表》、《进境物品完税价格表》对进境物品进行归类、确定完税价格和确定适用税率。

2. **《海关法》**第八十二条　违反本法及有关法律、行政法规，逃避海关监管，偷逃应纳税款、逃避国家有关进出境的禁止性或者限制性管理，有下列情形之一的，是走私行为：

（一）运输、携带、邮寄国家禁止或者限制进出境货物、物品或者依法应当缴纳税款的货物、物品进出境的；

（二）未经海关许可并且未缴纳应纳税款、交验有关许可证件，擅自将保税货物、特定减免税货物以及其他海关监管货物、物品、进境的境外运输工具，在境内销售的；

（三）有逃避海关监管，构成走私的其他行为的。

有前款所列行为之一，尚不构成犯罪的，由海关没收走私货物、物品及违法所得，可以并处罚款；专门或者多次用于掩护走私的货物、物品，专门或者多次用于走私的运输工具，予以没收，藏匿走私货物、物品的特制设备，责令拆毁或者没收。

有第一款所列行为之一，构成犯罪的，依法追究刑事责任。

3. **《刑法》**第一百五十三条　走私本法第一百五十一条、第一百五十二条、第三百四十七条规定以外的货物、物品的，根据情节轻重，分别依照下列规定处罚：

（一）走私货物、物品偷逃应缴税额较大或者一年内曾因走私被给予二次行政处罚后又走私的，处三年以下有期徒刑或者拘役，并处偷逃应缴税额一倍以上五倍以下罚金。

（二）走私货物、物品偷逃应缴税额巨大或者有其他严重情节的，处三年以上十年以下有期徒刑，并处偷逃应缴税额一倍以上五倍以下罚金。

（三）走私货物、物品偷逃应缴税额特别巨大或者有其他特别严重情节的，处十年以上有期徒刑或者无期徒刑，并处偷逃应缴税额一倍以上五倍以下罚金或者没收财产。

单位犯前款罪的，对单位判处罚金，并对其直接负责的主管人员和其他直接责任人员，处三年以下有期徒刑或者拘役；情节严重的，处三年以上十年以下有期徒刑；情节特别严重的，处十年以上有期徒刑。

对多次走私未经处理的，按照累计走私货物、物品的偷逃应缴税额处罚。

【案例2】 红山公司迟交进口关税案

2019年5月，红山进出口公司从A国进口货物一批，该批货物在国外的买价折合人民币80万元，货物运抵我国入关前发生运输费10万元，保险费2万元，其他费用3万元。货物运抵我国口岸后，该公司在未获批准缓税的情况下，于海关填发税款缴纳证的次日起第30日才缴纳税款。假设该货物适用的关税税率为20%。

【要求】

计算该公司应纳关税税额及滞纳金（滞纳金比例为0.5‰）。

【解题思路】

1. 关税完税价格为：离岸价＋运费＋保险费＝80＋10＋2＋3＝95（万元）。

关税税额为：关税完税价格×税率＝95×20%＝19（万元）。

2. 关税滞纳金为：190000×（30－15）×0.5‰＝1425（元）。

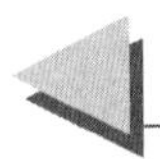

相关法律链接

1.《海关法》第五十四条　进口货物的收货人、出口货物的发货人、进出境物品的所有人，是关税的纳税义务人。

第五十五条　进出口货物的完税价格，由海关以该货物的成交价格为基础审查确定。成交价格不能确定时，完税价格由海关依法估定。

进口货物的完税价格包括货物的货价、货物运抵中华人民共和国境内输入地点起卸前的运输及其相关费用、保险费；出口货物的完税价格包括货物的货价、货物运至中华人民共和国境内输出地点装载前的运输及其相关费用、保险费，但是其中包含的出口关税税额，应当予以扣除。

进出境物品的完税价格，由海关依法确定。

2. **《进出口关税条例》**第三十七条　纳税义务人应当自海关填发税款缴款书之日起15日内向指定银行缴纳税款。纳税义务人未按期缴纳税款的，从滞纳税款之日起，按日加收滞纳税款5‰的滞纳金。海关可以对纳税义务人欠缴税款的情况予以公告。海关征收关税、滞纳金等，应当制发缴款凭证，缴款凭证格式由海关总署规定。

【案例3】　金辉公司缴纳出口关税案

金辉公司于2019年8月出口一批货物，该批货物的离岸价格为121万元，假设该货物适用出口关税税率为10%。

【要求】

计算出口该批货物应纳出口关税税额。

【解题思路】

关税完税价格为：121÷(1+10%)=110(万元)。
应纳税额为：110×10%=11(万元)。

相关法律链接

《进出口关税条例》第二十六条　出口货物的完税价格由海关以该货物的成交价格以及该货物运至中华人民共和国境内输出地点装载前的运输及其相关费用、保险费为基础审查确定。

出口货物的成交价格，是指该货物出口时卖方为出口该货物应当向买方直接收取和间接收取的价款总额。

出口关税不计入完税价格。

【案例4】 对某电影厂计征复合税案

某电影厂进口三台A国产的摄录一体机，共2.7万美元，原产于A国的摄录一体机适用最惠国税率：每台完税价格低于或等于8000美元，税率为60%；每台完税价格高于8000美元，每台税额3.86万元，加上3%的从价税。海关填发缴款书之日人民币与美元兑换率为6.21∶1。

【要求】

计算该电影厂应纳进口关税税额。

【解题思路】

单价每台9000美元，高于8000美元，故应当适用复合税。

完税价格为：27000×6.21＝167670(元)。

从量部分关税为：38600×3＝115800(元)。

从价部分关税为：167670×3%＝5030.1(元)。

全部应纳税额为：115800＋5030.1＝120830.1(元)。

【案例5】 个人携带的进境物品进口税的征收

我国某高校教授张某应邀在国外讲学，归国入境时携带手表一块，价值420美元；摄像机一部，价值1500美元；照相机一部，价值530美元；教学用的电影片、幻灯片一箱，共计250美元；进口烟二条，零售单价300美元。张教授入境时，美元和人民币比值为1∶7。

【问题】

对张教授应如何征收进口关税？

（备注：本题中高档手表外的手表、摄像机、照相机适用的关税税率为25%，教学用电影片、幻灯片适用15%的关税税率，进口烟适用50%的关税税率）

【解题思路】

张教授应缴纳关税为：(420＋1500＋530)×7×25%＋250×7×15%＋300×2×7×50%＝6650(元)。

相关法律链接

《进出口关税条例》第六十一条　海关应当按照《进境物品进口税税率表》及海关总署制定的《中华人民共和国进境物品归类表》、《中华人民共和国进境物品完税价格表》对进境物品进行归类、确定完税价格和确定适用税率。

【案例6】　某公司缴纳进口环节消费税、增值税和关税案

大连金德进出口公司从美国进口一批货物，货物以离岸价格成交，该成交价格折合人民币为1100万元(未包括应与该货物视为一体的容器费用40万元和包装材料费10万元)，另支付货物运抵我国上海港的运输保险费50万元。假设该货物适用的关税税率为20%，增值税率为13%，消费税率为10%。

【要求】

请分别计算该公司应纳关税、消费税和增值税。

【解题思路】

1. 关税完税价格为：1100＋40＋10＋50＝1200(万元)。

应纳关税为：1200×20%＝240(万元)。

2. 消费税计税价格为：(1200＋240)÷(1－10%)＝1600(万元)。

应纳消费税为：1600×10%＝160(万元)。

3. 增值税计税价格为：1200＋240＋160＝1600(万元)。

应纳增值税为：1600×13%＝208(万元)。

相关法律链接

1. **《海关审定进出口货物完税价格办法》**第五条　进口货物的完税价格，由海关以该货物的成交价格为基础审查确定，并应当包括货物运抵中华人民共和国境内输入地点起卸前的运输及其相关费用、保险费。

第十一条　以成交价格为基础审查确定进口货物的完税价格时，未包括在该货物实付、应付价格中的下列费用或者价值应当计入完税价格：

（一）由买方负担的下列费用：

1. 除购货佣金以外的佣金和经纪费；

2. 与该货物视为一体的容器费用；

3. 包装材料费用和包装劳务费用。

（二）与进口货物的生产和向中华人民共和国境内销售有关的，由买方以免费或者以低于成本的方式提供，并且可以按适当比例分摊的下列货物或者服务的价值：

1. 进口货物包含的材料、部件、零件和类似货物；

2. 在生产进口货物过程中使用的工具、模具和类似货物；

3. 在生产进口货物过程中消耗的材料；

4. 在境外进行的为生产进口货物所需的工程设计、技术研发、工艺及制图等相关服务。

（三）买方需向卖方或者有关方直接或者间接支付的特许权使用费，但是符合下列情形之一的除外：

1. 特许权使用费与该货物无关；

2. 特许权使用费的支付不构成该货物向中华人民共和国境内销售的条件。

（四）卖方直接或者间接从买方对该货物进口后销售、处置或者使用所得中获得的收益。

纳税义务人应当向海关提供本条所述费用或者价值的客观量化数据资料。纳税义务人不能提供的，海关与纳税义务人进行价格磋商后，按照本办法第六条列明的方法审查确定完税价格。

2. **《消费税暂行条例》**第九条　进口的应税消费品，按照组成计税价格计算纳税。

实行从价定率办法计算纳税的组成计税价格计算公式：

组成计税价格＝（关税完税价格＋关税）÷（1－消费税比例税率）

实行复合计税办法计算纳税的组成计税价格计算公式：

组成计税价格＝（关税完税价格＋关税＋进口数量×消费税定额税率）÷（1－消费税比例税率）

第十四条　纳税人进口货物，按照组成计税价格和本条例第二条规定的税率计算应纳税额。组成计税价格和应纳税额计算公式：

组成计税价格＝关税完税价格＋关税＋消费税 应纳税额＝组成计税价格×税率

【案例7】　海关应如何对货轮征收船舶吨税

净吨位为8000吨的A国籍货轮停靠在我国口岸装卸货物。货轮负责人已向我国海关领取吨税执照，在港口的停留期限为90天。A国未与我国签订给予对方船舶吨税最惠国待遇条款的税收协定。

【问题】

我国海关应如何对货轮征收船舶吨税？

【解题思路】

根据吨税税目税率表，净吨位为8000吨的货轮90日的税率为8.0元/净吨。
应征船舶吨税为：8000×8＝64000（元）。

【案例8】　海关应如何对游艇征收船舶吨税

有一艘船籍国为N国的游艇停靠在我国天津新港，拟办理30日吨税执照，该游艇无法提供净吨位证明文件。已知该游艇发动机功率2000千瓦，N国与我国签订有相互给予船舶吨税最惠国待遇条款的条约。

【问题】

我国海关应如何对该游艇征收船舶吨税？

【解题思路】

无法提供净吨位证明文件的游艇，按照发动机功率每千瓦折合净吨位0.05吨。该游艇折合净吨位为：2000×0.05＝100（吨），30天的优惠税率为1.5元/净吨，应纳船舶吨税为：100×1.5＝150（元）。

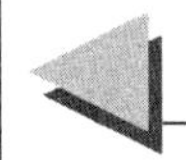

相关法律链接

《船舶吨税法》第一条　自中华人民共和国境外港口进入境内港口的船舶（以下称应税船舶），应当依照本法缴纳船舶吨税（以下简称吨税）。

第二条　吨税的税目、税率依照本法所附的《吨税税目税率表》执行。

第三条　吨税设置优惠税率和普通税率。

中华人民共和国籍的应税船舶，船籍国（地区）与中华人民共和国签订含有相互给予船舶税费最惠国待遇条款的条约或者协定的应税船舶，适用优惠税率。

其他应税船舶，适用普通税率。

第四条　吨税按照船舶净吨位和吨税执照期限征收。

应税船舶负责人在每次申报纳税时，可以按照《吨税税目税率表》选择申领一种期限的吨税执照。

第五条　吨税的应纳税额按照船舶净吨位乘以适用税率计算。

附：

吨税税目税率表

<table>
<tr><th rowspan="3">税目
（按船舶净吨位划分）</th><th colspan="6">税率（元/净吨）</th><th rowspan="3">备注</th></tr>
<tr><th colspan="3">普通税率
（按执照期限划分）</th><th colspan="3">优惠税率
（按执照期限划分）</th></tr>
<tr><th>1年</th><th>90日</th><th>30日</th><th>1年</th><th>90日</th><th>30日</th></tr>
<tr><td>不超过2000净吨</td><td>12.6</td><td>4.2</td><td>2.1</td><td>9.0</td><td>3.0</td><td>1.5</td><td rowspan="4">1. 拖船按照发动机功率每千瓦折合净吨位0.67吨。
2. 无法提供净吨位证明文件的游艇，按照发动机功率每千瓦折合净吨位0.05吨。
3. 拖船和非机动驳船分别按相同净吨位船舶税率的50%计征税款。</td></tr>
<tr><td>超过2000净吨，但不超过10000净吨</td><td>24.0</td><td>8.0</td><td>4.0</td><td>17.4</td><td>5.8</td><td>2.9</td></tr>
<tr><td>超过10000净吨，但不超过50000净吨</td><td>27.6</td><td>9.2</td><td>4.6</td><td>19.8</td><td>6.6</td><td>3.3</td></tr>
<tr><td>超过50000净吨</td><td>31.8</td><td>10.6</td><td>5.3</td><td>22.8</td><td>7.6</td><td>3.8</td></tr>
</table>

第九章　资源税、环境保护税法

第一节　资源税、环境保护税法基本问题

一、资源税法

资源税是对在我国境内从事应税矿产品开采和生产盐的单位和个人课征的一种税，属于对自然资源占用课税的范畴。资源税法是指国家制定的用以调整资源税征收与缴纳相关权利及义务关系的法律规范。

征收资源税的主要作用是为了促进企业之间开展平等竞争。我国的资源税属于比较典型的级差资源税，它根据应税产品的品种、质量、存在形式、开采方式以及企业所处地理位置和交通运输条件等客观因素的差异确定差别税率，从而使条件优越者税负较高，反之则税负较低。这种税率设计使资源税能够比较有效地调节由于自然资源条件差异等客观因素给企业带来的级差收入，减少或排除资源条件差异对企业盈利水平的影响，为企业之间开展平等竞争创造有利的外部条件。此外，资源税还有促进对自然资源的合理开发利用和为国家筹集财政资金的功能。

（一）纳税义务人

资源税的纳税义务人是指在中华人民共和国领域及管辖的其他海域开发应税资源的单位和个人。应税资源的具体范围，由《资源税法》所附《资源税税目税率表》确定。

资源税规定仅对在中国境内开采或生产应税产品的单位和个人征收，因此，进口的矿产品和盐不征收资源税。由于对进口应税产品不征收资源税，相应的，对出口应税产品也不免征或退还已纳资源税。

（二）税目与税率

1. 税目

资源税税目包括 5 大类，在 5 个税目下面又设有若干个子目。《资源税法》

所列的税目有164个，涵盖了所有已经发现的矿种和盐。

（1）能源矿产。

① 原油，是指开采的天然原油，不包括人造石油。

② 天然气、页岩气、天然气水合物。

③ 煤炭，包括原煤和以未税原煤加工的洗选煤。

④ 煤成(层)气。

⑤ 铀、钍。

⑥ 油页岩、油砂、天然沥青、石煤。

⑦ 地热。

（2）金属矿产。包括黑色金属和有色金属。

（3）非金属矿产。包括矿物类、岩石类和宝玉石类。

（4）水气矿产。包括二氧化碳气、硫化氢气、氦气、氡气以及矿泉水。

（5）盐。包括钠盐、钾盐、镁盐、锂盐和天然卤水以及海盐。

上述各税目征税时有的对原矿征税，有的对选矿征税，具体适用的征税对象按照《税目税率表》的规定执行，主要包括以下三类：按原矿征税、按选矿征税以及按原矿或者选矿征税。

2. 税率

资源税按照《税目税率表》实行从价计征或者从量计征，分别以应税产品的销售额乘以纳税人具体适用的比例税率或者以应税产品的销售数量乘以纳税人具体适用的定额税率计算，实施“级差调节”的原则。(见表9-1)。

表9-1　资源税税目税率表

税目		征税对象	税率
能源矿产	原油	原矿	6%
	天然气、页岩气、天然气水合物	原矿	6%
	煤	原矿或者选矿	2%—10%
	煤成(层)气	原矿	1%—2%
	铀、钍	原矿	4%
	油页岩、油砂、天然沥青、石煤	原矿或者选矿	1%—4%
	地热	原矿	1%—20%或者每立方米1—30元

（续表）

税目			征税对象	税率
金属矿产	黑色金属	铁、锰、铬、钒、钛	原矿或者选矿	1%—9%
	有色金属	铜、铅、锌、锡、镍、锑、镁、钴、铋、汞	原矿或者选矿	2%—10%
		铝土矿	原矿或者选矿	2%—9%
		钨	选矿	6.5%
		钼	选矿	8%
		金、银	原矿或者选矿	2%—6%
		铂、钯、钌、锇、铱、铑	原矿或者选矿	5%—10%
		轻稀土	选矿	7%—12%
		中重稀土	选矿	20%
		铍、锂、锆、锶、铷、铯、铌、钽、锗、镓、铟、铊、铪、铼、镉、硒、碲	原矿或者选矿	2%—10%
非金属矿产	矿物类	高岭土	原矿或者选矿	1%—6%
		石灰岩	原矿或者选矿	1%—6%或者每吨（或者每立方米）1—10元
		磷	原矿或者选矿	3%—8%
		石墨	原矿或者选矿	3%—12%
		萤石、硫铁矿、自然硫	原矿或者选矿	1%—8%
		天然石英砂、脉石英、粉石英、水晶、工业用金钢石、冰洲石、蓝晶石、硅线石（矽线石）、长石、滑石、刚玉、菱镁矿、颜料矿物、天然碱、芒硝、钠硝石、明矾石、砷、硼、碘、溴、膨润土、硅藻土、陶瓷土、耐火粘土、铁矾土、凹凸棒石粘土、海泡石粘土、伊利石粘土、累托石粘土	原矿或者选矿	1%—12%
		叶蜡石、硅灰石、透辉石、珍珠岩、云母、沸石、重晶石、毒重石、方解石、蛭石、透闪石、工业用电气石、白垩、石棉、蓝石棉、红柱石、石榴子石、石膏	原矿或者选矿	2%—12%
		其他粘土（铸型用粘土、砖瓦用粘土、陶粒用粘土、水泥配料用粘土、水泥配料用红土、水泥配料用黄土、水泥配料用泥岩、保温材料用粘土）	原矿或者选矿	1%—5%其中者每吨（或者每立方米）0.1—5元

（续表）

税目			征税对象	税率
非金属矿产	岩石类	大理岩、花岗岩、白云岩、石英岩、砂岩、辉绿岩、安山岩、闪长岩、板岩、玄武岩、片麻岩、角闪岩、页岩、浮石、凝灰岩、黑曜岩、霞石正长岩、蛇纹岩、麦饭石、泥灰岩、含钾岩石、含钾砂页岩、天然油石、橄榄岩、辉石岩、正长岩、火山灰、火山渣、泥炭	原矿或者选矿	1%—10%
		砂石	原矿或者选矿	1%—5%或者每吨（其中者每立方米）0.1—5元
	宝玉石类	宝石、玉石、宝石级金刚石、玛瑙、黄玉、碧玺	原矿或者选矿	4%—20%
水气矿产	二氧化碳气、硫化氢气、氦气、氡气		原矿	2%—5%
	矿泉水		原矿	1%—20%或者每立方米1—30元
盐	钠盐、钾盐、镁盐、锂盐		选矿	3%—15%
	天然卤水		原矿	3%—15%或者每吨（或者每立方米）1—10元
	海盐			2%—5%

（三）计税依据

资源税的计税依据为应税产品的销售额或销售量，各税目的征税对象包括原矿、精矿等，根据《资源税税目税率表》的规定，地热、砂石、矿泉水和天然卤水可采用从价计征或从量计征的方式，其他应税产品统一适用从价定率征收的方式。

原矿和精矿的销售额或者销售量应当分别核算，未分别核算的，从高确定计税销售额或者销售数量。

1. 从价定率征收的计税依据

（1）销售额的基本规定。

从价定率征收的计税依据为计税销售额。计税销售额是指纳税人销售应税产品向购买方收取的全部价款和价外费用，不包括增值税销项税额。

（2）原矿销售额与精矿销售额的换算或折算。

对同一种应税产品，征税对象为精矿的，纳税人销售原矿时，应将原矿销售额换算为精矿销售额缴纳资源税；征税对象为原矿的，纳税人销售自采原矿加工的精矿，应将精矿销售额折算为原矿销售额缴纳资源税。换算比或折算率原则上应通过原矿售价、精矿售价和选矿比计算，也可通过原矿销售额、加工环节平均成本和利润计算。

2. 从量定额征收的计税依据

实行从量定额征收的以销售数量为计税依据。销售数量，包括纳税人开采或者生产应税产品的实际销售数量和视同销售的自用数量。纳税人不能准确提供应税产品销售数量的，以应税产品的产量或者主管税务机关确定的折算比换算成的数量为计征资源税的销售数量。纳税人以自产的液体盐加工固体盐，按固体盐税额征税，以加工的固体盐数量为课税数量。纳税人以外购的液体盐加工固体盐，其加工固体盐所耗用液体盐的已纳税额准予抵扣。

3. 视同销售的情形

视同销售具体包括以下情形：纳税人以自采原矿直接加工为非应税产品的，视同原矿销售；纳税人以自采原矿洗选（加工）后的精矿连续生产非应税产品的，视同精矿销售；以应税产品投资、分配、抵债、赠与、以物易物等，视同应税产品销售。

4. 应纳税额的计算

资源税的应纳税额，按照从价定率或者从量定额的办法，分别以应税产品的销售额乘以纳税人具体适用的比例税率或者以应税产品的销售数量乘以纳税人具体适用的定额税率计算。

（1）从价定率方式应纳税额的计算。

实行从价定率方式征收资源税的，根据应税产品的销售额和规定的适用税率计算应纳税额，具体计算公式为：

应纳税额＝销售额×适用税率

（2）从量定额方式应纳税额的计算。

实行从量定额征收资源税的，根据应税产品的课税数量和规定的单位税额计算应纳税额，具体计算公式为：

应纳税额＝课税数量×单位税额

代扣代缴应纳税额＝收购未税矿产品的数量×适用的单位税额

（四）减税、免税项目

1. 免征资源税

有下列情形之一的，免征资源税：

（1）开采原油以及油田范围内运输原油过程中用于加热的原油、天然气；

(2) 煤炭开采企业因安全生产需要抽采的煤成(层)气。

2. 减征资源税

有下列情形之一的,减征资源税:

(1) 从低丰度油气田开采的原油、天然气减征20%资源税;

(2) 高含硫天然气、三次采油和从深水油气田开采的原油、天然气,减征30%资源税。高含硫天然气是指硫化氢含量在每立方米30克以上的天然气;

(3) 稠油、高凝油减征40%资源税;

(4) 从衰竭期矿山开采的矿产品,减征30%资源税。

3. 可由省、自治区、直辖市人民政府决定的减税或者免税

有下列情形之一的,省、自治区、直辖市人民政府可以决定减税或者免税:

(1) 纳税人开采或者生产应税产品过程中,因意外事故或者自然灾害等原因遭受重大损失的;

(2) 纳税人开采共伴生矿、低品位矿、尾矿。

上述两项的免征或者减征的具体办法,由省、自治区、直辖市人民政府提出,报同级人民代表大会常务委员会决定,并报全国人民代表大会常务委员会和国务院备案。

4. 其他减税、免税

为促进页岩气开发利用,有效增加天然气供给,经国务院同意,自2018年4月1日至2021年3月31日,对页岩气资源税(按6%的规定税率)减征30%。

纳税人的免征、减征项目,应当单独核算销售额或者销售数量;未单独核算或者不能准确提供销售额和销售数量的,不予免税或者减税。

(五) 征收管理

1. 纳税义务发生时间

(1) 纳税人销售应税产品,其纳税义务发生时间为:纳税人采取分期收款结算方式的,其纳税义务发生时间,为销售合同规定的收款日期的当天。纳税人采取预收货款结算方式的,其纳税义务发生时间,为发出应税产品的当天。纳税人采取除分期收款和预收货款以外其他结算方式的,其纳税义务发生时间,为收讫销售款或者取得索取销售款凭据的当天。

(2) 纳税人自产自用应税产品的纳税义务发生时间,为移送使用应税产品的当天。

(3) 扣缴义务人代扣代缴税款的纳税义务发生时间,为支付首笔货款或首次开具支付货款凭据的当天。

2. 纳税期限

资源税按月或者按季申报缴纳；不能按固定期限计算缴纳的，可以按次申报缴纳。纳税人按月或者按季申报缴纳的，应当自月度或者季度终了之日起 15 日内，向税务机关办理纳税申报并缴纳税款。

3. 纳税环节和纳税地点

(1) 纳税环节。资源税在应税产品的销售或自用环节计算缴纳。纳税人以自采原矿加工精矿产品的，在原矿移送使用时不缴纳资源税，在精矿销售或自用时缴纳资源税。纳税人以自采原矿直接加工为非应税产品或者以自采原矿加工的精矿连续生产非应税产品的，在原矿或者精矿移送环节计算缴纳资源税。以应税产品投资、分配、抵债、赠与、以物易物等，在应税产品所有权转移时计算缴纳资源税。纳税人以自采原矿加工金锭的，在金锭销售或自用时缴纳资源税。纳税人销售自采原矿或者自采原矿加工的金精矿、粗金，在原矿或者金精矿、粗金销售时缴纳资源税，在移送使用时不缴纳资源税。

(2) 纳税地点。纳税人应当向应税产品开采地或者生产地税务机关申报缴纳资源税。

4. 征收机关

资源税由税务机关征收管理。税务机关与自然资源等相关部门应当建立工作配合机制，加强资源税征收管理。

(六) 水资源税改革试点实施办法

《资源税法》第 14 条授权国务院试点征收水资源税，规定如下：国务院根据国民经济和社会发展的需要，依照资源税法的原则，对取用地表水或者地下水的单位和个人试点征收水资源税。征收水资源税的，停止征收水资源费；水资源税试点实施办法由国务院规定，报全国人民代表大会常务委员会备案；国务院自《资源税法》施行之日起 5 年内，就征收水资源税试点情况向全国人民代表大会常务委员会报告，并及时提出修改法律的意见。

二、环境保护税法

环境保护税是对在我国领域以及管辖的其他海域直接向环境排放应税污染物的企事业单位和其他生产经营者征收的一种税，其立法目的是保护和改善环境，减少污染物排放，推进生态文明建设。环境保护税法是指国家制定的调整环境保护税征收与缴纳相关权利及义务关系的法律规范。

（一）纳税义务人

环境保护税的纳税义务人是在中华人民共和国领域和中华人民共和国管辖的其他海域直接向环境排放应税污染物的企业事业单位和其他生产经营者。

应税污染物，是指《环境保护税法》所附《环境保护税税目税额表》《应税污染物和当量值表》所规定的大气污染物、水污染物、固体废物和噪声。

有下列情形之一的，不属于直接向环境排放污染物，不缴纳相应污染物的环境保护税：

1. 企业事业单位和其他生产经营者向依法设立的污水集中处理、生活垃圾集中处理场所排放应税污染物的。

2. 企业事业单位和其他生产经营者在符合国家和地方环境保护标准的设施、场所贮存或者处置固体废物的。

3. 达到省级人民政府确定的规模标准并且有污染物排放口的畜禽养殖场，应当依法缴纳环境保护税，但依法对畜禽养殖废弃物进行综合利用和无害化处理的。

（二）税目与税率

1. 税目

环境保护税税目包括大气污染物、水污染物、固体废物和噪声四大类。应税噪声污染目前只包括工业噪声。

2. 税率

环境保护税采用定额税率，其中，对应税大气污染物和水污染物规定了幅度定额税率，具体适用税额的确定和调整由省、自治区、直辖市人民政府统筹考虑本地区环境承载能力、污染物排放现状和经济社会生态发展目标要求，在规定的税额幅度内提出，报同级人民代表大会常务委员会决定，并报全国人民代表大会常务委员会和国务院备案（见表 9-2）。

表 9-2　环境保护税税目税额表

税目	计税单位	税额	备注
大气污染物	每污染当量	1.2 元至 12 元	
水污染物	每污染当量	1.4 元至 14 元	

（续表）

<table>
<tr><th colspan="2">税目</th><th>计税单位</th><th>税额</th><th>备注</th></tr>
<tr><td rowspan="4">固体废物</td><td>煤矸石</td><td>每吨</td><td>5元</td><td rowspan="4"></td></tr>
<tr><td>尾石</td><td>每吨</td><td>15元</td></tr>
<tr><td>危险废物</td><td>每吨</td><td>1000元</td></tr>
<tr><td>冶炼渣、粉煤灰、炉渣、其他固定废物（含半固态、液态废物）</td><td>每吨</td><td>25元</td></tr>
<tr><td rowspan="6">噪声</td><td rowspan="6">工业噪声</td><td>超标1—3分贝</td><td>每月350元</td><td rowspan="6">1. 一个单位边界上有多处噪声超标，根据最高一处超标声级计算应纳税额；当沿边界长度超过100米有两处以上噪声超标，按照两个单位计算应纳税额。
2. 一个单位有不同地点作业场所的，应当分别计算应纳税额，合并计征。
3. 昼、夜均超标的环境噪声，昼、夜分别计算应纳税额，累计计征。
4. 声源一个内超标不足15天的，减半计算应纳税额。
5. 夜间频繁突发和夜间偶然突发厂界超标噪声，按等效声级和峰值噪声两种指标中超标分贝值高的一项计算应纳税额。</td></tr>
<tr><td>超标4—6分贝</td><td>每月700元</td></tr>
<tr><td>超标7—9分贝</td><td>每月1400元</td></tr>
<tr><td>超标10—12分贝</td><td>每月2800元</td></tr>
<tr><td>超标13—15分贝</td><td>每月5600元</td></tr>
<tr><td>超标16分贝以上</td><td>每月11200元</td></tr>
</table>

（三）计税依据

1. 计税依据确定的基本方法

应税污染物的计税依据，按照下列方法确定：(1) 应税大气污染物按照污染物排放量折合的污染当量数确定；(2) 应税水污染物按照污染物排放量折合的污染当量数确定；(3) 应税固体废物按照固体废物的排放量确定；(4) 应税噪声按照超过国家规定标准的分贝数确定。

(1) 应税大气污染物、水污染物按照污染物排放量折合的污染当量数确定计税依据。

污染当量数以该污染物的排放量除以该污染物的污染当量值计算。计算公式为：

应税大气污染物、水污染物的污染当量数＝该污染物的排放量÷该污染物的污染当量值

污染当量，是指根据污染物或者污染排放活动对环境的有害程度以及处理的技术经济性，衡量不同污染物对环境污染的综合性指标或者计量单位。同一介质相同污染当量的不同污染物，其污染程度基本相当。每种应税大气污染物、水污染物的具体污染当量值，依照《环境保护税法》所附《应税污染物和当量值表》执行（见表9-3至表9-7）。

每一排放口或者没有排放口的应税大气污染物，按照污染当量数从大到小排序，对前三项污染物征收环境保护税。每一排放口的应税水污染物，按照《环境保护税法》所附《应税污染物和当量值表》，区分第一类水污染物和其他类水污染物，按照污染当量数从大到小排序，对第一类水污染物按照前五项征收环境保护税，对其他类水污染物按照前三项征收环境保护税。

省、自治区、直辖市人民政府根据本地区污染物减排的特殊需要，可以增加同一排放口征收环境保护税的应税污染物项目数，报同级人民代表大会常务委员会决定，并报全国人民代表大会常务委员会和国务院备案。

纳税人有下列情形之一的，以其当期应税大气污染物、水污染物的产生量作为污染物的排放量：① 未依法安装使用污染物自动监测设备或者未将污染物自动监测设备与环境保护主管部门的监控设备联网；② 损毁或者擅自移动、改变污染物自动监测设备；③ 篡改、伪造污染物监测数据；④ 通过暗管、渗井、渗坑、灌注或者稀释排放以及不正常运行防治污染设施等方式违法排放应税污染物；⑤ 进行虚假纳税申报。

表9-3　大气污染物污染当量值

污染物	污染当量值（千克）
1. 二氧化硫	0.95
2. 氮氧化物	0.95
3. 一氧化碳	16.7
4. 氯气	0.34
5. 氯化氢	10.75
6. 氟化物	0.87
7. 氰化氢	0.005
8. 硫酸雾	0.6
9. 铬酸雾	0.0007
10. 汞及其化合物	0.0001

（续表）

污染物	污染当量值(千克)
11. 一般性粉尘	4
12. 石棉尘	0.53
13. 玻璃棉尘	2.13
14. 碳黑尘	0.59
15. 铅及其化合物	0.02
16. 镉及其化合物	0.03
17. 铍及其化合物	0.0004
18. 镍及其化合物	0.13
19. 锡及其化合物	0.27
20. 烟尘	2.18
21. 苯	0.05
22. 甲苯	0.18
23. 二甲苯	0.27
24. 苯并(a)芘	0.000002
25. 甲醛	0.09
26. 乙醛	0.45
27. 丙烯醛	0.06
28. 甲醇	0.67
29. 酚类	0.35
30. 沥青烟	0.19
31. 苯胺类	0.21
32. 氯苯类	0.72
33. 硝基苯	0.17
34. 丙烯腈	0.22
35. 氯乙烯	0.55
36. 光气	0.04
37. 硫化氢	0.29
38. 氨	9.09
39. 三甲胺	0.32
40. 甲硫醇	0.04
41. 甲硫醚	0.28
42. 二甲二硫	0.28
43. 苯乙烯	25
44. 二硫化碳	20

表 9-4　第一类水污染物污染当量值

污染物	污染当量值(千克)
1. 总汞	0.0005
2. 总镉	0.005
3. 总铬	0.04
4. 六价铬	0.02
5. 总砷	0.02
6. 总铅	0.025
7. 总镍	0.025
8. 苯并(a)芘	0.0000003
9. 总铍	0.01
10. 总银	0.02

表 9-5　第二类水污染物污染当量值

污染物	污染当量值(千克)	备注
11. 悬浮物(SS)		
12. 生化需氧量(BOD_5)	0.5	同一排放口中的化学需氧量、生化需氧量和总有机碳，只征收一项。
13. 化学需氧量(CODcr)	1	
14. 总有机碳(TOC)	0.49	
15. 石油类	0.1	
16. 动植物油	0.16	
17. 挥发酚	0.08	
18. 总氰化物	0.05	
19. 硫化物	0.125	
20. 氨氮	0.8	
21. 氟化物	0.5	
22. 甲醛	0.125	
23. 苯胺类	0.2	
24. 硝基苯类	0.2	
25. 阴离子表面活性剂(LAS)	0.2	
26. 总铜	0.1	
27. 总锌	0.2	
28. 总锰	0.2	
29. 彩色显影剂(CD-2)	0.2	
30. 总磷	0.25	

（续表）

污染物	污染当量值（千克）	备注
31. 单质磷(以P计)	0.05	
32. 有机磷农药(以P计)	0.05	
33. 乐果	0.05	
34. 甲基对硫磷	0.05	
35. 马拉硫磷	0.05	
36. 对硫磷	0.05	
37. 五氯酚及五氯酚钠(以五氯酚计)	0.25	
38. 三氯甲烷	0.04	
39. 可吸附有机卤化物(AOX)(以Cl计)	0.25	
40. 四氯化碳	0.04	
41. 三氯乙烯	0.04	
42. 四氯乙烯	0.04	
43. 苯	0.02	
44. 甲苯	0.02	
45. 乙苯	0.02	
46. 邻—二甲苯	0.02	
47. 对—二甲苯	0.02	
48. 间—二甲苯	0.02	
49. 氯苯	0.02	
50. 邻二氯苯	0.02	
51. 对二氯苯	0.02	
52. 对硝基氯苯	0.02	
53. 2,4—二硝基氯苯	0.02	
54. 苯酚	0.02	
55. 间—甲酚	0.02	
56. 2,4—二氯酚	0.02	
57. 2,4,6—三氯酚	0.02	
58. 邻苯二甲酸二丁酯	0.02	
59. 邻苯二甲酸二辛酯	0.02	
60. 丙烯腈	0.125	
61. 总硒	0.02	

表 9-6　PH 值、色度、大肠菌群数、余氯量污染当量值

污染物		污染当量值	备注
1. pH 值	1. 0—1,13—14	0.06 吨污水	pH 值 5—6 指大于等于 5,小于 6；pH 值 9—10 指大于 9,小于等于 10,其余类推。
	2. 1—2,12—13	0.125 吨污水	
	3. 2—3,11—12	0.25 吨污水	
	4. 3—4,10—11	0.5 吨污水	
	5. 4—5,9—10	1 吨污水	
	6. 5—6	5 吨污水	
2. 色度	5 吨水·倍		
3. 大肠菌群数(超标)		3.3 吨污水	大肠菌群数和余氯量只征收一项。
4. 余氯量(用氯消毒的医院废水)		3.3 吨污水	

表 9-7　禽畜养殖业、小型企业和第三产业污染当量值

类型		污染当量值	备注
禽畜养殖场	1. 牛	0.1 头	对存栏规模大于 50 头牛、500 头猪、5000 羽鸡鸭等的禽畜养殖场征收。
	2. 猪	1 头	
	3. 鸡、鸭等家禽	30 羽	
4. 小型企业		1.8 吨污水	
5. 饮食娱乐服务业		0.5 吨污水	
6. 医院	消毒	0.14 床	医院病床数大于 20 张的按照本表计算污染当量数。
		2.8 吨污水	
	不消毒	0.07 床	
		1.4 吨污水	

（2）应税固体废物按照固体废物的排放量确定计税依据。

固体废物的排放量为当期应税固体废物的产生量减去当期应税固体废物的贮存量、处置量、综合利用量的余额。其中,固体废物的贮存量、处置量,是指在符合国家和地方环境保护标准的设施、场所贮存或者处置的固体废物数量;固体废物的综合利用量,是指按照国务院发展改革、工业和信息化主管部门关于资源综合利用要求以及国家和地方环境保护标准进行综合利用的固体废物数量。计算公式为:

固体废物的排放量＝当期固体废物的产生量－当期固体废物的综合利用量－当期固体废物的贮存量－当期固体废物的处置量

（3）应税噪声按照超过国家规定标准的分贝数确定计税依据。

工业噪声按超过国家规定标准的分贝数确定每月税额。超过国家规定标准的分贝数是指实际产生的工业噪声与国家规定的工业噪声排放标准限值之间的差值。

2. 应税大气污染物、水污染物、固体废物的排放量和噪声分贝数的确定方法

应税大气污染物、水污染物、固体废物的排放量和噪声的分贝数，按照下列方法和顺序计算：

(1) 纳税人安装使用符合国家规定和监测规范的污染物自动监测设备的，按照污染物自动监测数据计算。

(2) 纳税人未安装使用污染物自动监测设备的，按照监测机构出具的符合国家有关规定和监测规范的监测数据计算。

(3) 因排放污染物种类多等原因不具备监测条件的，按照国务院环境保护主管部门规定的排污系数、物料衡算方法计算。

(4) 不能按照上述第一项至第三项规定的方法计算的，按照省、自治区、直辖市人民政府环境保护主管部门规定的抽样测算的方法核定计算。

(四) 应纳税额的计算

1. 大气污染物应纳税额的计算

应税大气污染物应纳税额为污染当量数乘以具体适用税额。计算公式为：

大气污染物的应纳税额＝污染当量数×适用税额

2. 水污染物应纳税额的计算

应税水污染物的应纳税额为污染当量数乘以具体适用税额。

(1) 适用监测数据法的水污染物应纳税额的计算。

适用监测数据法的水污染物(包括第一类水污染物和第二类水污染物)的应纳税额为污染当量数乘以具体适用税额。计算公式为：

水污染物的应纳税额＝污染当量数×适用税额

(2) 适用抽样测算法的水污染物应纳税额的计算。

适用抽样测算法的情形，纳税人按照环境保护税法所附《禽畜养殖业、小型企业和第三产业水污染物当量值》表所规定的当量值计算污染当量数。

3. 固体废物应纳税额的计算

固体废物的应纳税额为固体废物排放量乘以具体适用税额，其排放量为当期应税固体废物的产生量减去当期应税固体废物的贮存量、处置量、综合利用量的余额。计算公式为：

固体废物的应纳税额＝(当期固体废物的产生量－当期固体废物的综合利用量－当期固体废物的贮存量－当期固体废物的处置量)×适用税额

4. 噪声应纳税额的计算

应税噪声的应纳税额为超过国家规定标准的分贝数对应的具体适用税额。

（五）税收减免

1. 暂免征税项目

下列情形，暂予免征环境保护税：

(1) 农业生产(不包括规模化养殖)排放应税污染物的；

(2) 机动车、铁路机车、非道路移动机械、船舶和航空器等流动污染源排放应税污染物的；

(3) 依法设立的城乡污水集中处理、生活垃圾集中处理场所排放相应应税污染物，不超过国家和地方规定的排放标准的；

(4) 纳税人综合利用的固体废物，符合国家和地方环境保护标准的；

(5) 国务院批准免税的其他情形。

2. 减征税额项目

(1) 纳税人排放应税大气污染物或者水污染物的浓度值低于国家和地方规定的污染物排放标准30%的，减按75%征收环境保护税。

(2) 纳税人排放应税大气污染物或者水污染物的浓度值低于国家和地方规定的污染物排放标准50%的，减按50%征收环境保护税。

（六）征收管理

1. 征管方式

环境保护税采用“企业申报、税务征收、环保协同、信息共享”的征管方式。纳税人应当依法如实办理纳税申报，对申报的真实性和完整性承担责任；税务机关负责税款征收管理；环境保护主管部门负责对污染物监测管理；县级以上地方人民政府应当建立税务机关、环境保护主管部门和其他相关单位分工协作工作机制；环境保护主管部门和税务机关应当建立涉税信息共享平台和工作配合机制，定期交换有关纳税信息资料。

环境保护主管部门应当将排污单位的排污许可、污染物排放数据、环境违法和受行政处罚情况等环境保护相关信息，定期交送税务机关。税务机关应当将纳税人的纳税申报、税款入库、减免税额、欠缴税款以及风险疑点等环境保护税涉税信息，定期交送环境保护主管部门。

2. 纳税时间

环境保护税纳税义务发生时间为纳税人排放应税污染物的当日。环境保护税按月计算，按季申报缴纳。不能按固定期限计算缴纳的，可以按次申报缴纳。纳税人按季申报缴纳的，应当自季度终了之日起15日内，向税务机关办理纳税申报并缴纳税款。纳税人按次申报缴纳的，应当自纳税义务发生之日起15日内，向税务机关办理纳税申报并缴纳税款。纳税人申报缴纳时，应当向税务机关报送所排放应税污染物的种类、数量，大气污染物、水污染物的浓度值，以及税务机关根据实际需要要求纳税人报送的其他纳税资料。

3. 纳税地点

纳税人应当向应税污染物排放地的税务机关申报缴纳环境保护税。应税污染物排放地是指应税大气污染物、水污染物排放口所在地；应税固体废物产生地；应税噪声产生地。纳税人跨区域排放应税污染物，税务机关对税收征收管辖有争议的，由争议各方按照有利于征收管理的原则协商解决。纳税人从事海洋工程向中华人民共和国管辖海域排放应税大气污染物、水污染物或者固体废物，申报缴纳环境保护税的具体办法，由国务院税务主管部门会同国务院海洋主管部门规定。

第二节　资源税、环境保护税法律实务

【案例1】　油田如何缴纳资源税

某石油化工公司为增值税一般纳税人，2019年11月发生以下业务：

1. 从国外某石油公司进口原油10万吨，支付不含税价款折合人民币19000万元，其中包含包装费及保险费折合人民币20万元。

2. 开采原油3万吨，并将开采的原油对外销售2万吨，取得含税销售额9040万元，同时向购买方收取延期付款利息4.52万元，包装费1.13万元，另外支付运输费用6.78万元。

3. 用开采的原油5000吨加工生产汽油3500吨。

已知：原油的资源税税率为6%。

【要求】

计算该石化公司当月应纳资源税。

【解题思路】

1. 由于资源税仅对在中国境内开采或生产应税产品的单位和个人征收，因

此业务 1 中该石化公司进口原油无须缴纳资源税。

2. 业务 2 应缴纳的资源税为：(9040＋4.52＋1.13)÷(1＋13%)×6%＝480.3(万元)。

3. 业务 3 应缴纳的资源税为：9040÷20000×5000÷(1＋13%)×6%＝120(万元)。

该石油化工公司当月应纳资源税为：480.3＋120＝600.3(万元)。

相关法律链接

《资源税法》第一条　在中华人民共和国领域和中华人民共和国管辖的其他海域开发应税资源的单位和个人，为资源税的纳税人，应当依照本法规定缴纳资源税。

应税资源的具体范围，由本法所附《资源税税目税率表》（以下简称《税目税率表》）确定。

第三条　资源税按照《税目税率表》实行从价计征或者从量计征。

《税目税率表》中规定可以选择实行从价计征或者从量计征的，具体计征方式由省、自治区、直辖市人民政府提出，报同级人民代表大会常务委员会决定，并报全国人民代表大会常务委员会和国务院备案。

实行从价计征的，应纳税额按照应税资源产品（以下称应税产品）的销售额乘以具体适用税率计算。实行从量计征的，应纳税额按照应税产品的销售数量乘以具体适用税率计算。

应税产品为矿产品的，包括原矿和选矿产品。

【案例 2】　如何按从量定额方法征收资源税

某砂石开采企业 2019 年 10 月销售砂石 7000 立方米，资源税税率为 3 元/立方米。

【要求】

请计算该企业当月应纳资源税税额。

【解题思路】

销售砂石应纳税额为：课税数量×单位税额＝7000×3＝21000(元)。

相关法律链接

《资源税法》第一条　在中华人民共和国领域和中华人民共和国管辖的其他海域开发应税资源的单位和个人，为资源税的纳税人，应当依照本法规定缴纳资源税。

应税资源的具体范围，由本法所附《资源税税目税率表》(以下简称《税目税率表》)确定。

第三条　资源税按照《税目税率表》实行从价计征或者从量计征。

《税目税率表》中规定可以选择实行从价计征或者从量计征的，具体计征方式由省、自治区、直辖市人民政府提出，报同级人民代表大会常务委员会决定，并报全国人民代表大会常务委员会和国务院备案。

实行从价计征的，应纳税额按照应税资源产品(以下称应税产品)的销售额乘以具体适用税率计算。实行从量计征的，应纳税额按照应税产品的销售数量乘以具体适用税率计算。

应税产品为矿产品的，包括原矿和选矿产品。

【案例3】　排放大气污染物应如何缴纳环境保护税

海南省某企业2019年12月向空气中直接排放氟化物、二氧化硫各10千克，一氧化碳、二硫化碳各100千克，且该企业只有一个排放口。当地大气污染物每污染当量税额按2.4元计算。

【要求】

请计算该企业当月排放大气污染物应缴纳的环境保护税。

【解题思路】

1. 计算各污染物的污染当量数

氟化物：10÷0.87=11.49

二氧化硫：10÷0.95=10.52

一氧化碳：100÷16.7=5.99

二硫化碳：100÷20=5

2. 按污染物的污染当量数排序

（每一排放口或者没有排放口的应税大气污染物，对前三项污染物征收环境保护税）

氟化物(11.49)>二氧化硫(10.52)>一氧化碳(5.99)>二硫化碳(5)

选取前三项污染物，即氟化物、二氧化硫、一氧化碳。

3. 计算应纳税额

氟化物为：11.49×2.4=27.58(元)。

二氧化硫为：10.52×2.4=25.25(元)。

一氧化碳为：5.99×2.4=14.38(元)。

该企业当月应缴纳环境保护税共计：27.58+25.25+14.38=67.21(元)。

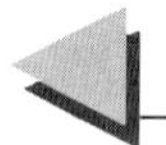

相关法律链接

1.《环境保护税法》第一条　为了保护和改善环境，减少污染物排放，推进生态文明建设，制定本法。

第二条　在中华人民共和国领域和中华人民共和国管辖的其他海域，直接向环境排放应税污染物的企业事业单位和其他生产经营者为环境保护税的纳税人，应当依照本法规定缴纳环境保护税。

第三条　本法所称应税污染物，是指本法所附《环境保护税税目税额表》、《应税污染物和当量值表》规定的大气污染物、水污染物、固体废物和噪声。

第七条　应税污染物的计税依据，按照下列方法确定：

（一）应税大气污染物按照污染物排放量折合的污染当量数确定；

（二）应税水污染物按照污染物排放量折合的污染当量数确定；

（三）应税固体废物按照固体废物的排放量确定；

（四）应税噪声按照超过国家规定标准的分贝数确定。

第八条　应税大气污染物、水污染物的污染当量数，以该污染物的排放量除以该污染物的污染当量值计算。每种应税大气污染物、水污染物的具体污染当量值，依照本法所附《应税污染物和当量值表》执行。

第九条　每一排放口或者没有排放口的应税大气污染物，按照污染当量数从大到小排序，对前三项污染物征收环境保护税。

每一排放口的应税水污染物，按照本法所附《应税污染物和当量值表》，区分第一类水污染物和其他类水污染物，按照污染当量数从大到小排序，对第一类水污染物按照前五项征收环境保护税，对其他类水污染物按照前三项征收环境保护税。

省、自治区、直辖市人民政府根据本地区污染物减排的特殊需要，可以增加同一排放口征收环境保护税的应税污染物项目数，报同级人民代表大会常务委员会决定，并报全国人民代表大会常务委员会和国务院备案。

第十条　应税大气污染物、水污染物、固体废物的排放量和噪声的分贝数，按照下列方法和顺序计算：

（一）纳税人安装使用符合国家规定和监测规范的污染物自动监测设备的，按照污染物自动监测数据计算；

（二）纳税人未安装使用污染物自动监测设备的，按照监测机构出具的符合国家有关规定和监测规范的监测数据计算；

（三）因排放污染物种类多等原因不具备监测条件的，按照国务院环境保护主管部门规定的排污系数、物料衡算方法计算；

（四）不能按照本条第一项至第三项规定的方法计算的，按照省、自治区、直辖市人民政府环境保护主管部门规定的抽样测算的方法核定计算。

第十一条　环境保护税应纳税额按照下列方法计算：

（一）应税大气污染物的应纳税额为污染当量数乘以具体适用税额；

（二）应税水污染物的应纳税额为污染当量数乘以具体适用税额；

（三）应税固体废物的应纳税额为固体废物排放量乘以具体适用税额；

（四）应税噪声的应纳税额为超过国家规定标准的分贝数对应的具体适用税额。

2.**《环境保护税法实施条例》**第七条　应税大气污染物、水污染物的计税依据，按照污染物排放量折合的污染当量数确定。

纳税人有下列情形之一的，以其当期应税大气污染物、水污染物的产生量作为污染物的排放量：

（一）未依法安装使用污染物自动监测设备或者未将污染物自动监测设备与环境保护主管部门的监控设备联网；

（二）损毁或者擅自移动、改变污染物自动监测设备；

（三）篡改、伪造污染物监测数据；

（四）通过暗管、渗井、渗坑、灌注或者稀释排放以及不正常运行防治污染设施等方式违法排放应税污染物；

（五）进行虚假纳税申报。

第八条　从两个以上排放口排放应税污染物的，对每一排放口排放的应税污染物分别计算征收环境保护税；纳税人持有排污许可证的，其污染物排放口按照排污许可证载明的污染物排放口确定。

3.**《关于环境保护税有关问题的通知》**　一、关于应税大气污染物和水污染物排放量的监测计算问题

纳税人委托监测机构对应税大气污染物和水污染物排放量进行监测时，其当月同一个排放口排放的同一种污染物有多个监测数据的，应税大气污染物按照监测数据的平均值计算应税污染物的排放量；应税水污染物按照监测数据以流量为权的加权平均值计算应税污染物的排放量。在环境保护主管部门规定的监测时限内当月无监测数据的，可以跨月沿用最近一次的监测数据计算应税污染物排放量。纳入排污许可管理行业的纳税人，其应税污染物排放量的监测计算方法按照排污许可管理要求执行。

因排放污染物种类多等原因不具备监测条件的，纳税人应当按照《关于发布计算污染物排放量的排污系数和物料衡算方法的公告》（原环境保护部公告2017第81号）的规定计算应税污染物排放量。其中，相关行业适用的排污系数方法中产排污系数为区间值的，纳税人结合实际情况确定具体适用的产排污系数值；纳入排污许可管理行业的纳税人按照排污许可证的规定确定。生态环境部尚未规定适用排污系数、物料衡算方法的，暂由纳税人参照缴纳排污费时依据的排污系数、物料衡算方法及抽样测算方法计算应税污染物的排放量。

【案例 4】　排放水污染物应如何缴纳环境保护税

贵州省某企业 2020 年 5 月向河水直接排放第一类水污染物总汞、总镉、总铬、总铅、总镍、总银各 20 千克。排放第二类水污染物悬浮物(SS)、三氯甲烷、三氯乙烯、氟化物各 100 千克。当地水污染物每污染当量税额按 2.8 元计算。

【要求】

请计算该企业当月排放水污染物应缴纳的环境保护税。

【解题思路】

1. 计算第一类水污染物的各污染当量数

总汞的污染当量为:20÷0.0005=40000

总镉的污染当量为:20÷0.005=4000

总铬的污染当量为:20÷0.04=500

总铅的污染当量为:20÷0.025=800

总镍的污染当量为:20÷0.025=800

总银的污染当量为:20÷0.02=1000

2. 对第一类水污染物污染当量数排序

(每一排放口的应税水污染物按照污染当量数从大到小排序,对第一类水污染物按照前五项征收环境保护税)

总汞(40000)>总镉(4000)>总银(1000)>总铅(800)=总镍(800)>总铬(500)

选取前五项污染物:总汞、总镉、总银、总铅、总镍。

3. 计算第一类水污染物应纳税额

总汞的应纳税额为:40000×2.8=112000(元)

总镉的应纳税额为:4000×2.8=11200(元)

总银的应纳税额为:1000×2.8=2800(元)

总铅的应纳税额为:800×2.8=2240(元)

总镍的应纳税额为:800×2.8=2240(元)

第一类水污染物应纳税额共计:112000+11200+2800+2740+2240=130480(元)。

4. 计算第二类水污染物的污染当量数

悬浮物(SS)的污染当量为:100÷4=25

三氯甲烷的污染当量为:100÷0.04=2500

三氯乙烯的污染当量为：100÷0.04=2500

氟化物的污染当量为：100÷0.5=200

5. 对第二类水污染物污染当量数排序

（每一排放口的应税水污染物按照污染当量数从大到小排序，对其他类水污染物按照前三项征收环境保护税。）

三氯甲烷(2500)=三氯乙烯(2500)>氟化物(200)>悬浮物(SS)(25)

选取前三项污染物：三氯甲烷、三氯乙烯、氟化物。

6. 计算第二类水污染物应纳税额

三氯甲烷的应纳税额为：2500×2.8=7000(元)

三氯乙烯的应纳税额为：2500×2.8=7000(元)

氟化物的应纳税额为：200×2.8=560(元)

第二类水污染物应纳税额共计：7000+7000+560=14560(元)。

该企业当月排放水污染物应缴纳环境保护税共计：130480+14560=145040(元)。

相关法律链接

1.《环境保护税法》第一条　为了保护和改善环境，减少污染物排放，推进生态文明建设，制定本法。

第二条　在中华人民共和国领域和中华人民共和国管辖的其他海域，直接向环境排放应税污染物的企业事业单位和其他生产经营者为环境保护税的纳税人，应当依照本法规定缴纳环境保护税。

第三条　本法所称应税污染物，是指本法所附《环境保护税税目税额表》、《应税污染物和当量值表》规定的大气污染物、水污染物、固体废物和噪声。

第七条　应税污染物的计税依据，按照下列方法确定：

（一）应税大气污染物按照污染物排放量折合的污染当量数确定；

（二）应税水污染物按照污染物排放量折合的污染当量数确定；

（三）应税固体废物按照固体废物的排放量确定；

（四）应税噪声按照超过国家规定标准的分贝数确定。

第八条　应税大气污染物、水污染物的污染当量数，以该污染物的排放量除以该污染物的污染当量值计算。每种应税大气污染物、水污染物的具体污染当量值，依照本法所附《应税污染物和当量值表》执行。

第九条　每一排放口或者没有排放口的应税大气污染物，按照污染当量数从大到小排序，对前三项污染物征收环境保护税。

每一排放口的应税水污染物，按照本法所附《应税污染物和当量值表》，区分第一类水污染物和其他类水污染物，按照污染当量数从大到小排序，对第一类水污染物按照前五项征收环境保护税，对其他类水污染物按照前三项征收环境保护税。

省、自治区、直辖市人民政府根据本地区污染物减排的特殊需要，可以增加同一排放口征收环境保护税的应税污染物项目数，报同级人民代表大会常务委员会决定，并报全国人民代表大会常务委员会和国务院备案。

第十条　应税大气污染物、水污染物、固体废物的排放量和噪声的分贝数，按照下列方法和顺序计算：

（一）纳税人安装使用符合国家规定和监测规范的污染物自动监测设备的，按照污染物自动监测数据计算；

（二）纳税人未安装使用污染物自动监测设备的，按照监测机构出具的符合国家有关规定和监测规范的监测数据计算；

（三）因排放污染物种类多等原因不具备监测条件的，按照国务院环境保护主管部门规定的排污系数、物料衡算方法计算；

（四）不能按照本条第一项至第三项规定的方法计算的，按照省、自治区、直辖市人民政府环境保护主管部门规定的抽样测算的方法核定计算。

第十一条　环境保护税应纳税额按照下列方法计算：

（一）应税大气污染物的应纳税额为污染当量数乘以具体适用税额；

（二）应税水污染物的应纳税额为污染当量数乘以具体适用税额；

（三）应税固体废物的应纳税额为固体废物排放量乘以具体适用税额；

（四）应税噪声的应纳税额为超过国家规定标准的分贝数对应的具体适用税额。

2.**《环境保护税法实施条例》**第七条　应税大气污染物、水污染物的计税依据，按照污染物排放量折合的污染当量数确定。

纳税人有下列情形之一的，以其当期应税大气污染物、水污染物的产生量作为污染物的排放量：

（一）未依法安装使用污染物自动监测设备或者未将污染物自动监测设备与环境保护主管部门的监控设备联网；

（二）损毁或者擅自移动、改变污染物自动监测设备；

（三）篡改、伪造污染物监测数据；

（四）通过暗管、渗井、渗坑、灌注或者稀释排放以及不正常运行防治污染设施等方式违法排放应税污染物；

（五）进行虚假纳税申报。

第八条　从两个以上排放口排放应税污染物的，对每一排放口排放的应税污染物分别计算征收环境保护税；纳税人持有排污许可证的，其污染物排放口按照排污许可证载明的污染物排放口确定。

3.**《关于环境保护税有关问题的通知》**第一条　关于应税大气污染物和水污染物排放量的监测计算问题

纳税人委托监测机构对应税大气污染物和水污染物排放量进行监测时，其当月同一个排放口排放的同一种污染物有多个监测数据的，应税大气污染物按照监测数据的平均值计算应税污染物的排放量；应税水污染物按照监测数据以流量为权的加权平均值计算应税污染物的排放量。在环境保护主管部门规定的监测时限内当月无监测数据的，可以跨月沿用最近一次的监测数据计算应税污染物排放量。纳入排污许可管理行业的纳税人，其应税污染物排放量的监测计算方法按照排污许可管理要求执行。

因排放污染物种类多等原因不具备监测条件的，纳税人应当按照《关于发布计算污染物排放量的排污系数和物料衡算方法的公告》（原环境保护部公告2017第81号）的规定计算应税污染物排放量。其中，相关行业适用的排污系数方法中产排污系数为区间值的，纳税人结合实际情况确定具体适用的产排污系数值；纳入排污许可管理行业的纳税人按照排污许可证的规定确定。生态环境部尚未规定适用排污系数、物料衡算方法的，暂由纳税人参照缴纳排污费时依据的排污系数、物料衡算方法及抽样测算方法计算应税污染物的排放量。

第二条　关于应税水污染物污染当量数的计算问题

应税水污染物的污染当量数，以该污染物的排放量除以该污染物的污染当量值计算。其中，色度的污染当量数，以污水排放量乘以色度超标倍数再除以适用的污染当量值计算。畜禽养殖业水污染物的污染当量数，以该畜禽养殖场的月均存栏量除以适用的污染当量值计算。畜禽养殖场的月均存栏量按照月初存栏量和月末存栏量的平均数计算。

【案例5】　排放固体废物应如何缴纳环境保护税

某企业2020年6月直接向环境排放冶炼渣1500吨，其中综合利用500吨（符合国家和地方环境保护标准），在符合国家和地方环境保护标准的设施贮存200吨。

【要求】

计算该企业当月排放冶炼渣应缴纳的环境保护税。

【解题思路】

固体废物的排放量＝当期固体废物的产生量－当期固体废物的综合利用量－当期固体废物的贮存量－当期固体废物的处置量

本企业固体废物的排放量为：1500－500－200＝800（吨）。

本企业当月排放冶炼渣应纳环境保护税为：800×25＝20000（元）。

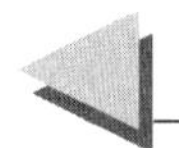

相关法律链接

1.**《环境保护税法》**第七条　（三）应税固体废物按照固体废物的排放量确定。

第十条　应税大气污染物、水污染物、固体废物的排放量和噪声的分贝数，按照下列方法和顺序计算：

（一）纳税人安装使用符合国家规定和监测规范的污染物自动监测设备的，按照污染物自动监测数据计算；

（二）纳税人未安装使用污染物自动监测设备的，按照监测机构出具的符合国家有关规定和监测规范的监测数据计算；

（三）因排放污染物种类多等原因不具备监测条件的，按照国务院环境保护主管部门规定的排污系数、物料衡算方法计算；

（四）不能按照本条第一项至第三项规定的方法计算的，按照省、自治区、直辖市人民政府环境保护主管部门规定的抽样测算的方法核定计算。

第十一条　（三）应税固体废物的应纳税额为固体废物排放量乘以具体适用税额。

2.《**环境保护税法实施条例**》第五条　应税固体废物的计税依据，按照固体废物的排放量确定。固体废物的排放量为当期应税固体废物的产生量减去当期应税固体废物的贮存量、处置量、综合利用量的余额。

前款规定的固体废物的贮存量、处置量，是指在符合国家和地方环境保护标准的设施、场所贮存或者处置的固体废物数量；固体废物的综合利用量，是指按照国务院发展改革、工业和信息化主管部门关于资源综合利用要求以及国家和地方环境保护标准进行综合利用的固体废物数量。

第六条　纳税人有下列情形之一的，以其当期应税固体废物的产生量作为固体废物的排放量：

（一）非法倾倒应税固体废物；

（二）进行虚假纳税申报。

3.《**关于环境保护税有关问题的通知**》第3条　关于应税固体废物排放量计算和纳税申报问题

应税固体废物的排放量为当期应税固体废物的产生量减去当期应税固体废物贮存量、处置量、综合利用量的余额。纳税人应当准确计量应税固体废物的贮存量、处置量和综合利用量，未准确计量的，不得从其应税固体废物的产生量中减去。纳税人依法将应税固体废物转移至其他单位和个人进行贮存、处置或者综合利用的，固体废物的转移量相应计入其当期应税固体废物的贮存量、处置量或者综合利用量；纳税人接收的应税固体废物转移量，不计入其当期应税固体废物的产生量。纳税人对应税固体废物进行综合利用的，应当符合工业和信息化部制定的工业固体废物综合利用评价管理规范。

纳税人申报纳税时，应当向税务机关报送应税固体废物的产生量、贮存量、处置量和综合利用量，同时报送能够证明固体废物流向和数量的纳税资料，包括固体废物处置利用委托合同、受委托方资质证明、固体废物转移联单、危险废物管理台账复印件等。有关纳税资料已在环境保护税基础信息采集表中采集且未发生变化的，纳税人不再报送。纳税人应当参照危险废物台账管理要求，建立其他应税固体废物管理台账，如实记录产生固体废物的种类、数量、流向以及贮存、处置、综合利用、接收转入等信息，并将应税固体废物管理台账和相关资料留存备查。

第十章　土地增值税、城镇土地使用税、耕地占用税法

第一节　土地增值税、城镇土地使用税、耕地占用税法基本问题

一、土地增值税法

土地增值税是对有偿转让国有土地使用权、地上建筑物及其附着物产权，取得增值收入的单位和个人征收的一种税。

1. 纳税主体与征税范围

土地增值税的纳税主体是取得收入的单位和个人。单位包括内外资企业、事业单位、国家机关和社会团体及其他组织。个人包括个体经营者。

土地增值税的征税范围包括转让国有土地使用权以及地上建筑物及其附着物连同国有土地使用权一并转让的收入。

2. 税率

土地增值税实行四级超率累进税率：

增值额超过扣除项目金额50%的部分，税率为30%。

增值额超过扣除项目金额50%、未超过扣除项目金额100%的部分，税率为40%。

增值额超过扣除项目金额100%、未超过扣除项目金额200%的部分，税率为50%。

增值额超过扣除项目金额200%的部分，税率为60%。

表 10-1　土地增值税税率表

级数	增值额与扣除项目金额的比率	税率（%）	速算扣除率（%）
1	不超过 50%的部分	30	0
2	超过 50%至 100%的部分	40	5
3	超过 100%至 200%的部分	50	15
4	超过 200%的部分	60	35

3. 应税收入与扣除项目

应税收入是指纳税人转让房地产取得的全部价款及有关的经济收益。计算增值额的扣除项目包括：

(1) 取得土地使用权所支付的金额，是指纳税人为取得土地使用权所支付的地价款和按国家统一规定交纳的有关费用。

(2) 房地产开发成本，是指纳税人房地产开发项目实际发生的成本，包括土地征用及拆迁补偿费、前期工程费、建筑安装工程费、基础设施费、公共配套设施费、开发间接费用。

(3) 房地产开发费用，是指与房地产开发项目有关的销售费用、管理费用、财务费用。是指与房地产开发项目有关的销售费用、管理费用、财务费用。财务费用中的利息支出，凡能够按转让房地产项目计算分摊并提供金融机构证明的，允许据实扣除，但最高不能超过按商业银行同类同期贷款利率计算的金额。其他房地产开发费用，按以上(1)(2)项规定计算的金额之和的 5%以内计算扣除。

(4) 旧房及建筑物的评估价格，是指在转让已使用的房屋及建筑物时，由政府批准设立的房地产评估机构评定的重置成本价乘以成新度折扣率后的价格，评估价格须经当地税务机关确认。

(5) 与转让房地产有关的税金，是指在转让房地产时缴纳的城市维护建设税、印花税。因转让房地产交纳的教育费附加，也可视同税金予以扣除。

(6) 财政部规定的其他扣除项目。对从事房地产开发的纳税人可按以上(1)(2)项规定计算的金额之和，加计 20%的扣除。

4. 应纳税额的计算

土地增值税按照纳税人转让房地产所取得的增值额和税率计算征收。纳税人转让房地产所取得的收入减除规定的扣除项目金额后的余额，为增值额。计算公式如下：

$$应纳税额 = \sum(每级距的土地增值额 \times 适用税率)$$

计算土地增值税额也可以按照以下简便方法计算：

土地增值税税额＝增值额×适用税率－扣除项目金额×速算扣除率

（1）增值额未超过扣除项目金额的50%：

土地增值税税额＝增值额×30%

（2）增值额超过扣除项目金额50%，未超过100%的：

土地增值税税额＝增值额×40%－扣除项目金额×5%

（3）增值额超过扣除项目金额100%，未超过200%的：

土地增值税税额＝增值额×50%－扣除项目金额×15%

（4）增值额超过扣除项目金额200%的：

土地增值税税额＝增值额×60%－扣除项目金额×35%

公式中的5%，15%，35%为速算扣除率。

5. 税收优惠

有下列情形之一的，免征土地增值税：（1）纳税人建造普通标准住宅出售，增值额未超过扣除项目金额20%的；（2）因国家建设需要依法征用、收回的房地产。

此外，个人因工作调动或改善居住条件而转让原自用住房，经向税务机关申报核准，凡居住满5年或5年以上的，免予征收土地增值税；居住满3年未满5年的，减半征收土地增值税。居住未满3年的，按规定计征土地增值税。

6. 税收征管

纳税人应当自转让房地产合同签订之日起7日内向房地产所在地主管税务机关办理纳税申报，并在税务机关核定的期限内缴纳土地增值税。土地增值税由税务机关征收。土地管理部门、房产管理部门应当向税务机关提供有关资料，并协助税务机关依法征收土地增值税。纳税人未按照《土地增值税暂行条例》缴纳土地增值税的，土地管理部门、房产管理部门不得办理有关的权属变更手续。

二、城镇土地使用税法

城镇土地使用税是国家在城市、县城、建制镇、工矿区范围内，对使用土地的单位和个人，以其实际占用的土地面积为计税依据，按照规定的税额计算征收的一种税。

1. 纳税主体

城镇土地使用税的主体即纳税人是在中华人民共和国境内的城市、县城、建制镇、工矿区范围内使用土地的单位和个人。有关纳税义务人的具体规定如下：

（1）拥有土地使用权的单位和个人是纳税人。

（2）拥有土地使用权的单位和个人不在土地所在地的，其土地的实际使用人和代管人为纳税人。

（3）土地使用权未确定的或权属纠纷未解决的，其实际使用人为纳税人。

（4）土地使用权共有的，共有各方都是纳税人，由共有各方分别纳税。

2．征税客体

城镇土地使用税的征税客体即课税对象是税法规定的纳税区域内的土地。根据《土地使用税暂行条例》规定，凡在城市、县城、建制镇、工矿区范围内的土地，都是土地使用税的课税对象。

3．税率

城镇土地使用税采用分类分级的幅度定额税率，或称分等级幅度税额。每平方米的年税额具体分为：大城市 1.5—30 元；中等城市 1.2—24 元；小城市 0.9—18 元；县城、建制镇、工矿区 0.6—12 元。

4．应纳税额的计算

城镇土地使用税以纳税人实际占用的土地面积为计税依据。具体规定如下：（1）凡由省、自治区、直辖市人民政府确定的单位组织测定土地面积的，以测定的面积为准；（2）尚未组织测量，但纳税人持有政府部门核发的土地使用证书的，以证书确认的土地面积为准；（3）尚未核发出土地使用证书的，应由纳税人申报土地面积，据以纳税，待核发土地使用证以后再作调整。

城镇土地使用税的应纳税额依据纳税人实际占用的土地面积和适用单位税额计算，公式如下：

应纳税额＝实际占用的土地面积（平方米）×适用税额

5．税收优惠

下列土地免缴土地使用税：

（1）国家机关、人民团体、军队自用的土地；

（2）由国家财政部门拨付事业经费的单位自用的土地；

（3）宗教寺庙、公园、名胜古迹自用的土地；

（4）市政街道、广场、绿化地带等公共用地；

（5）直接用于农、林、牧、渔业的生产用地；

（6）经批准开山填海整治的土地和改造的废弃土地，从使用的月份起免缴土地使用税 5 年至 10 年；

（7）由财政部另行规定免税的能源、交通、水利设施用地和其他用地。

此外，纳税人缴纳土地使用税确有困难需要定期减免的，由省、自治区、直辖市税务机关审核后，报国家税务局批准。

6. 税收征管

土地使用税按年计算、分期缴纳。缴纳期限由省、自治区、直辖市人民政府确定。

新征用的土地，依照下列规定缴纳土地使用税：

（1）征用的耕地，自批准征用之日起满1年时开始缴纳土地使用税；

（2）征用的非耕地，自批准征用次月起缴纳土地使用税。

土地使用税由土地所在地的税务机关征收。土地管理机关应当向土地所在地的税务机关提供土地使用权属资料。

三、耕地占用税法

耕地占用税是对占用耕地建房或从事其他非农业建设的单位和个人，就其实际占用的耕地面积征收的一种税，它属于对特定土地资源占用课税。立法目的是合理利用土地资源，加强土地管理，保护耕地。

1. 纳税主体

纳税主体即纳税人是在中华人民共和国境内占用耕地建设建筑物、构筑物或者从事非农业建设的单位和个人。经批准占用耕地的，纳税人为农用地转用审批文件中标明的建设用地人；农用地转用审批文件中未标明建设用地人的，纳税人为用地申请人，其中用地申请人为各级人民政府的，由同级土地储备中心、自然资源主管部门或政府委托的其他部门、单位履行耕地占用税申报纳税义务。未经批准占用耕地的，纳税人为实际用地人。

2. 征税客体

耕地占用税的征税客体包括国家所有和集体所有的耕地。所谓耕地，是指用于种植农作物的土地。占用耕地建设农田水利设施的，不缴纳耕地占用税。占用园地、林地、草地、农田水利用地、养殖水面、渔业水域滩涂以及其他农用地建设建筑物、构筑物或者从事非农业建设的，缴纳耕地占用税。

3. 税率

耕地占用税在税率设计上采用了地区差别定额税率。

耕地占用税的税额规定如下：

（1）人均耕地不超过一亩的地区（以县、自治县、不设区的市、市辖区为单位，下同），每平方米为10元至50元；

（2）人均耕地超过一亩但不超过二亩的地区，每平方米为8元至40元；

（3）人均耕地超过二亩但不超过三亩的地区，每平方米为6元至30元；

（4）人均耕地超过三亩的地区，每平方米为5元至25元。

各地区耕地占用税的适用税额，由省、自治区、直辖市人民政府根据人均耕地面积和经济发展等情况，在前款规定的税额幅度内提出，报同级人民代表大会常务委员会决定，并报全国人民代表大会常务委员会和国务院备案。各省、自治区、直辖市耕地占用税适用税额的平均水平，不得低于表10-2：《各省、自治区、直辖市耕地占用税平均税额表》规定的平均税额。

表 10-2 各省、自治区、直辖市耕地占用税平均税额表

省、自治区、直辖市	平均税额(元/平方米)
上海	45
北京	40
天津	35
江苏、浙江、福建、广东	30
辽宁、湖北、湖南	25
河北、安徽、江西、山东、河南、重庆、四川	22.5
广西、海南、贵州、云南、陕西	20
山西、吉林、黑龙江	17.5
内蒙古、西藏、甘肃、青海、宁夏、新疆	12.5

在人均耕地低于0.5亩的地区，省、自治区、直辖市可以根据当地经济发展情况，适当提高耕地占用税的适用税额，但提高的部分不得超过适用税额的50％。

占用基本农田的，应当按照当地适用税额，加按150％征收。基本农田，是指依据《基本农田保护条例》划定的基本农田保护区范围内的耕地。

4．应纳税额的计算

耕地占用税以纳税人实际占用的耕地面积为计税依据，按照规定的适用税额一次性征收。

耕地占用税的应纳税额的计算公式为：

应纳税额＝实际占用耕地面积×适用定额税率

5．税收优惠

（1）军事设施、学校、幼儿园、社会福利机构、医疗机构占用耕地，免征耕地占用税。

（2）铁路线路、公路线路、飞机场跑道、停机坪、港口、航道、水利工程占用耕地，减按每平方米2元的税额征收耕地占用税。

（3）农村居民在规定用地标准以内占用耕地新建自用住宅，按照当地适用

税额减半征收耕地占用税；其中农村居民经批准搬迁，新建自用住宅占用耕地不超过原宅基地面积的部分，免征耕地占用税。

(4) 农村烈士遗属、因公牺牲军人遗属、残疾军人以及符合农村最低生活保障条件的农村居民，在规定用地标准以内新建自用住宅，免征耕地占用税。

(5) 根据国民经济和社会发展的需要，国务院可以规定免征或者减征耕地占用税的其他情形，报全国人民代表大会常务委员会备案。

免征或者减征耕地占用税后，纳税人改变原占地用途，不再属于免征或者减征耕地占用税情形的，应当按照当地适用税额补缴耕地占用税。纳税人改变原占地用途，不再属于免征或减征情形的，应自改变用途之日起 30 日内申报补缴税款，补缴税款按改变用途的实际占用耕地面积和改变用途时当地适用税额计算。

6. 税收征管

耕地占用税由税务机关负责征收。

耕地占用税的纳税义务发生时间为纳税人收到自然资源主管部门办理占用耕地手续的书面通知的当日。纳税人应当自纳税义务发生之日起 30 日内申报缴纳耕地占用税。自然资源主管部门凭耕地占用税完税凭证或者免税凭证和其他有关文件发放建设用地批准书。

纳税人因建设项目施工或者地质勘查临时占用耕地，应当依照《耕地占用税法》的规定缴纳耕地占用税。纳税人在批准临时占用耕地期满之日起 1 年内依法复垦，恢复种植条件的，全额退还已经缴纳的耕地占用税。临时占用耕地，是指经自然资源主管部门批准，在一般不超过 2 年内临时使用耕地并且没有修建永久性建筑物的行为。依法复垦应由自然资源主管部门会同有关行业管理部门认定并出具验收合格确认书。

纳税人占地类型、占地面积和占地时间等纳税申报数据材料以自然资源等相关部门提供的相关材料为准；未提供相关材料或者材料信息不完整的，经主管税务机关提出申请，由自然资源等相关部门自收到申请之日起 30 日内出具认定意见。未经批准占用耕地的，耕地占用税纳税义务发生时间为自然资源主管部门认定的纳税人实际占用耕地的当日。因挖损、采矿塌陷、压占、污染等损毁耕地的纳税义务发生时间为自然资源、农业农村等相关部门认定损毁耕地的当日。

纳税人的纳税申报数据资料异常或者纳税人未按照规定期限申报纳税的，包括下列情形：(1) 纳税人改变原占地用途，不再属于免征或者减征耕地占用税情形，未按照规定进行申报的；(2) 纳税人已申请用地但尚未获得批准先行占地开工，未按照规定进行申报的；(3) 纳税人实际占用耕地面积大于批准占用耕地面积，未按照规定进行申报的；（4）纳税人未履行报批程序擅自占用耕地，未按照规定进行申报的；（5）其他应提请相关部门复核的情形。

第二节　土地增值税、城镇土地使用税、耕地占用税法律实务

【案例1】　房地产开发企业缴纳土地增值税案

亿民房地产开发公司建造一幢写字楼并出售，取得全部销售收入5000万元（城市维护建设税和教育费附加275万元）。该公司为建造写字楼支付的地价款为500万元，房地产开发成本为1000万元（该公司因同时建造其他楼盘，无法按该写字楼计算分摊银行贷款利息）。该公司所在地政府确定的费用扣除比例为10%。

【要求】

请分析并计算亿民公司转让该写字楼应缴纳的土地增值税额。

【解题思路】

1. 转让房地产收入为5000万元。

2. 转让房地产的扣除项目金额为：

（1）取得土地使用权所支付的金额为：500（万元）。

（2）房地产开发成本为：1000（万元）。

（3）与转让房地产有关的费用为：（500＋1000）×10%＝150（万元）。

（4）与转让房地产有关的税金为：275（万元）。

（5）从事房地产开发的加计扣除为：（500＋1000）×20%＝300（万元）。

扣除项目金额为：500＋1000＋150＋275＋300＝2225（万元）。

3. 转让房地产的增值额为：5000－2225＝2775（万元）。

4. 增值额与扣除项目金额的比例为：2775÷2225＝124.7%。

应纳土地增值税为：2225×50%×30%＋2225×（100%－50%）×40%＋2225×（2775÷2225－100%）×50%＝1053.75（万元）。

应纳土地增值税亦可以以下方式计算：

2775×50%－2225×15%＝1387.5－333.75＝1053.75（万元）。

相关法律链接

1.**《土地增值税暂行条例》**第三条 土地增值税按照纳税人转让房地产取得的增值额和本条例第七条规定的税率计算征收。

第四条 纳税人转让房地产所取得的收入减除本条例第六条规定扣除项目金额后的余额,为增值额。

第六条 计算增值额的扣除项目:

(一)取得土地使用权所支付的金额;

(二)开发土地的成本、费用;

(三)新建房及配套设施的成本、费用,或者旧房及建筑物的评估价格;

(四)与转让房地产有关的税金;

(五)财政部规定的其他扣除项目。

第七条 土地增值税实行四级超率累进税率:增值额未超过扣除项目金额50%的部分,税率为30%。

增值额超过扣除项目金额50%、未超过扣除项目金额100%的部分,税率为40%。

增值额超过扣除项目金额100%、未超过扣除项目金额200%的部分,税率为50%。

增值额超过扣除项目金额200%的部分,税率为60%。

2.**《关于营改增后土地增值税若干征管规定的公告》** 三、关于转让房地产有关的税金扣除问题:

(一)营改增后,计算土地增值税增值额的扣除项目中“与转让房地产有关的税金”不包括增值税。

(二)营改增后,房地产开发企业实际缴纳的城市维护建设税(以下简称“城建税”)、教育费附加,凡能够按清算项目准确计算的,允许据实扣除。凡不能按清算项目准确计算的,则按该清算项目预缴增值税时实际缴纳的城建税、教育费附加扣除。

其他转让房地产行为的城建税、教育费附加扣除比照上述规定执行。

【案例2】 Y房地产开发公司土地增值税清算案

Y房地产开发公司经营一项国家有关部门审批的房地产开发项目,开发项目中包含普通住宅和非普通住宅，此房地产开发项目已经全部竣工且完成销售。该房地产开发企业在办理土地增值税清算时有如下几项费用：

1. 所附送部分的建筑安装工程费凭证不符合清算要求。

2. 该企业开发建造的与清算项目配套的居委会用房产权属于全体业主所有，其建造成本15万元。

3. 销售已装修的房屋10套，其装修费用120万元。

4. 发生预提费用10万元。

【问题】

1. 该房地产企业的开发项目中的普通住宅和非普通住宅是否需要分别核算土地增值税额？

2. 该房地产开发企业在办理土地增值税清算时发生的费用哪些可以扣除？

【解题思路】

1. 该房地产企业在房地产开发项目中的普通住宅项目和非普通住宅项目应该分别核算。

2. 部分的建筑安装工程费凭证不符合清算要求的可以由地方税务机关参照相关标准核定其扣除金额标准。

3. 房地产开发企业开发建造的与清算项目配套的居委会和派出所用房、会所、停车场（库）、物业管理场所、变电站、热力站、水厂、文体场馆、学校、幼儿园、托儿所、医院、邮电通讯等公共设施，建成后产权属于全体业主所有的，其成本、费用可以扣除。

4. 房地产开发企业销售已装修的房屋，其装修费用可以计入房地产开发成本。

5. 预提费用不得扣除。

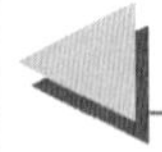

相关法律链接

《关于房地产开发企业土地增值税清算管理有关问题的通知》

一、土地增值税的清算单位

土地增值税以国家有关部门审批的房地产开发项目为单位进行清算，对于分期开发的项目，以分期项目为单位清算。

开发项目中同时包含普通住宅和非普通住宅的，应分别计算增值额。

二、土地增值税的清算条件

（一）符合下列情形之一的，纳税人应进行土地增值税的清算：

1. 房地产开发项目全部竣工、完成销售的；

2. 整体转让未竣工决算房地产开发项目的；

3. 直接转让土地使用权的。

（二）符合下列情形之一的，主管税务机关可要求纳税人进行土地增值税清算：

1. 已竣工验收的房地产开发项目，已转让的房地产建筑面积占整个项目可售建筑面积的比例在85%以上，或该比例虽未超过85%，但剩余的可售建筑面积已经出租或自用的；

2. 取得销售（预售）许可证满三年仍未销售完毕的；

3. 纳税人申请注销税务登记但未办理土地增值税清算手续的；

4. 省税务机关规定的其他情况。

……

四、土地增值税的扣除项目

（一）房地产开发企业办理土地增值税清算时计算与清算项目有关的扣除项目金额，应根据土地增值税暂行条例第六条及其实施细则第七条的规定执行。除另有规定外，扣除取得土地使用权所支付的金额、房地产开发成本、费用及与转让房地产有关税金，须提供合法有效凭证；不能提供合法有效凭证的，不予扣除。

（二）房地产开发企业办理土地增值税清算所附送的前期工程费、建筑安装工程费、基础设施费、开发间接费用的凭证或资料不符合清算要求或不实的，税务机关可参照当地建设工程造价管理部门公布的建安造价定额资料，结合房屋结构、用途、区位等因素，核定上述四项开发成本的单位面积金额标准，并据以计算扣除。具体核定方法由省税务机关确定。

（三）房地产开发企业开发建造的与清算项目配套的居委会和派出所用房、会所、停车场（库）、物业管理场所、变电站、热力站、水厂、文体场馆、学校、幼儿园、托儿所、医院、邮电通讯等公共设施，按以下原则处理：

1. 建成后产权属于全体业主所有的，其成本、费用可以扣除；

2. 建成后无偿移交给政府、公用事业单位用于非营利性社会公共事业的，其成本、费用可以扣除；

3. 建成后有偿转让的,应计算收入,并准予扣除成本、费用。

(四)房地产开发企业销售已装修的房屋,其装修费用可以计入房地产开发成本。

房地产开发企业的预提费用,除另有规定外,不得扣除。

(五)属于多个房地产项目共同的成本费用,应按清算项目可售建筑面积占多个项目可售总建筑面积的比例或其他合理的方法,计算确定清算项目的扣除金额。

【案例3】 如何缴纳城镇土地使用税

某企业实际占地面积共为5万平方米,其中1万平方米为厂区以外的绿化区,企业内学校和医院共占地2000平方米,另该企业出租土地使用权一块计4000平方米,还出借2000平方米给部队作为训练场地。

【要求】

计算企业应纳城镇土地使用税(单位税额2元/平方米)。

【解题思路】

该企业应纳土地使用税税额为:(50000－10000－2000－4000－2000)×2＝64000(元)。

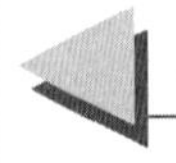

相关法律链接

1.**《城镇土地使用税暂行条例》**第二条 在城市、县城、建制镇、工矿区范围内使用土地的单位和个人,为城镇土地使用税(以下简称土地使用税)的纳税人,应当依照本条例的规定缴纳土地使用税。

前款所称单位,包括国有企业、集体企业、私营企业、股份制企业、外商投资企业、外国企业以及其他企业和事业单位、社会团体、国家机关、军队以及其他单位;所称个人,包括个体工商户以及其他个人。

第三条 土地使用税以纳税人实际占用的土地面积为计税依据,依照规定税额计算征收。

前款土地占用面积的组织测量工作，由省、自治区、直辖市人民政府根据实际情况确定。

第六条　下列土地免缴土地使用税：

（一）国家机关、人民团体、军队自用的土地；

（二）由国家财政部门拨付事业经费的单位自用的土地；

（三）宗教寺庙、公园、名胜古迹自用的土地；

（四）市政街道、广场、绿化地带等公共用地；

（五）直接用于农、林、牧、渔业的生产用地；

（六）经批准开山填海整治的土地和改造的废弃土地，从使用的月份起免缴土地使用税5年至10年；

（七）由财政部另行规定免税的能源、交通、水利设施用地和其他用地。

2.**《关于土地使用税若干具体问题的解释和暂行规定》**第二条　关于城市、县城、建制镇、工矿区的解释：

城市是指经国务院批准设立的市。

县城是指县人民政府所在地。

建制镇是指经省、自治区、直辖市人民政府批准设立的建制镇。

工矿区是指工商业比较发达，人口比较集中，符合国务院规定的建制镇标准，但尚未设立镇建制的大中型工矿企业所在地。工矿区须经省、自治区、直辖市人民政府批准。

第十八条　下列土地的征免税，由省、自治区、直辖市税务局确定：

（一）个人所有的居住房屋及院落用地；

（二）房产管理部门在房租调整改革前经租的居民住房用地；

（三）免税单位职工家属的宿舍用地；

（四）集体和个人办的各类学校、医院、托儿所、幼儿园用地。

3.**《关于安置残疾人就业单位城镇土地使用税等政策的通知》**　一、关于安置残疾人就业单位的城镇土地使用税问题

对在一个纳税年度内月平均实际安置残疾人就业人数占单位在职职工总数的比例高于25%（含25%）且实际安置残疾人人数高于10人（含10人）的单位，可减征或免征该年度城镇土地使用税。具体减免税比例及管理办法由省、自治区、直辖市财税主管部门确定。……

【案例4】 如何计算耕地占用税

甲公司征用A市郊区的耕地1万平方米用于建设厂区，其中800平方米的耕地计划用于开办职工托儿所，另外再用1200平方米的耕地开办医务所，已知该地区的耕地占用税税率为40元/平方米。

【要求】

计算甲公司应纳耕地占用税税额。

【解题思路】

甲公司应纳耕地占用税为：(10000－800－1200)×40＝320000(元)。

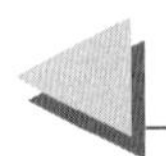

相关法律链接

《耕地占用税法》第二条　在中华人民共和国境内占用耕地建设建筑物、构筑物或者从事非农业建设的单位和个人，为耕地占用税的纳税人，应当依照本法规定缴纳耕地占用税。

占用耕地建设农田水利设施的，不缴纳耕地占用税。本法所称耕地，是指用于种植农作物的土地。

第三条　耕地占用税以纳税人实际占用的耕地面积为计税依据，按照规定的适用税额一次性征收，应纳税额为纳税人实际占用的耕地面积(平方米)乘以适用税额。

第七条第一款　军事设施、学校、幼儿园、社会福利机构、医疗机构占用耕地，免征耕地占用税。

第十一章　车辆购置税、城市维护建设税、烟叶税法

第一节　车辆购置税、城市维护建设税、烟叶税法基本问题

一、车辆购置税法

1. 纳税主体

在中华人民共和国境内购置汽车、有轨电车、汽车挂车、排气量超过150毫升的摩托车的单位和个人，为车辆购置税的纳税人(纳税主体)。

2. 征税客体

车辆购置税的征税客体为地铁、轻轨等城市轨道交通车辆，装载机、平地机、挖掘机、推土机等轮式专用机械车，以及起重机(吊车)、叉车、电动摩托车，不属于应税车辆。购置，是指以购买、进口、自产、受赠、获奖或者其他方式取得并自用应税车辆的行为。购置已征车辆购置税的车辆，不再征收车辆购置税。

3. 税率

车辆购置税实行统一比例税率，税率为10%。

4. 应纳税额的计算

车辆购置税实行从价定率、价外征收的办法计算应纳税额。应纳税额的计算公式为：

应纳税额＝计税价格×税率

应税车辆的计税价格根据不同情况，按照下列规定确定：

(1) 纳税人购买自用应税车辆的计税价格，为纳税人实际支付给销售者的全部价款，不包括增值税税款；

(2) 纳税人进口自用应税车辆的计税价格，为关税完税价格加上关税和消费税；

(3) 纳税人自产自用应税车辆的计税价格，按照纳税人生产的同类应税车辆的销售价格确定，不包括增值税税款；

（4）纳税人以受赠、获奖或者其他方式取得自用应税车辆的计税价格，按照购置应税车辆时相关凭证载明的价格确定，不包括增值税税款。

5. 税收优惠

（1）依照法律规定应当予以免税的外国驻华使馆、领事馆和国际组织驻华机构及其有关人员自用的车辆，免征车辆购置税。

（2）中国人民解放军和中国人民武装警察部队列入装备订货计划的车辆，免征车辆购置税。

（3）悬挂应急救援专用号牌的国家综合性消防救援车辆，免征车辆购置税。

（4）设有固定装置的非运输专用作业车辆，免征车辆购置税。

（5）城市公交企业购置的公共汽电车辆，免征车辆购置税。

（6）回国服务的在外留学人员用现汇购买1辆个人自用国产小汽车和长期来华定居专家进口1辆自用小汽车免征车辆购置税。防汛部门和森林消防部门用于指挥、检查、调度、报汛（警）、联络的由指定厂家生产的设有固定装置的指定型号的车辆免征车辆购置税。

（7）自2018年1月1日至2022年12月31日，对购置新能源汽车免征车辆购置税。

（8）中国妇女发展基金会“母亲健康快车”项目的流动医疗车免征车辆购置税。

（9）北京2022年冬奥会和冬残奥会组织委员会新购置车辆免征车辆购置税。

（10）原公安现役部队和原武警黄金、森林、水电部队改制后换发地方机动车牌证的车辆（公安消防、武警森林部队执行灭火救援任务的车辆除外），一次性免征车辆购置税。

（11）自2018年7月1日至2021年6月30日，对购置挂车减半征收车辆购置税。

6. 征收管理

纳税人购置应税车辆，应当向车辆登记地的主管税务机关申报缴纳车辆购置税；购置不需要办理车辆登记的应税车辆的，应当向纳税人所在地的主管税务机关申报缴纳车辆购置税。纳税人应当在向公安机关交通管理部门办理车辆注册登记前，缴纳车辆购置税。公安机关交通管理部门办理车辆注册登记，应当根据税务机关提供的应税车辆完税或者免税电子信息对纳税人申请登记的车辆信息进行核对，核对无误后依法办理车辆注册登记。

免税、减税车辆因转让、改变用途等原因不再属于免税、减税范围的，纳税人应当在办理车辆转移登记或者变更登记前缴纳车辆购置税。计税价格以免税、减税车辆初次办理纳税申报时确定的计税价格为基准，每满一年扣减10%。纳税人将已征车辆购置税的车辆退回车辆生产企业或者销售企业的，可以向主管税务机关申请退还车辆购置税。退税额以已缴税款为基准，自缴纳税款之日至申请退税之日，每满一年扣减10%。

税务机关和公安、商务、海关、工业和信息化等部门应当建立应税车辆信息共享和工作配合机制，及时交换应税车辆和纳税信息资料。

二、城市维护建设税法

1. 纳税主体和计税依据

城市维护建设税的纳税主体是缴纳增值税和消费税的单位和个人。城市维护建设税以纳税人依法实际缴纳的增值税、消费税税额为计税依据。城市维护建设税的计税依据应当按照规定扣除期末留抵退税退还的增值税税额。对进口货物或者境外单位和个人向境内销售劳务、服务、无形资产缴纳的增值税、消费税税额，不征收城市维护建设税。

2. 税率

城市维护建设税税率如下：

(1) 纳税人所在地在市区的，税率为7%；

(2) 纳税人所在地在县城、镇的，税率为5%；

(3) 纳税人所在地不在市区、县城或者镇的，税率为1%。

纳税人所在地，是指纳税人住所地或者与纳税人生产经营活动相关的其他地点，具体地点由省、自治区、直辖市确定。撤县建市后，纳税人所在地在市区的，城市维护建设税适用税率为7%；纳税人所在地在市区以外其他镇的，城市维护建设税适用税率仍为5%。

3. 应纳税额的计算

城建税的应纳税额的计算公式为：

应纳税额＝纳税人实际缴纳的增值税、消费税税额×适用税率

城市维护建设税的计税依据可以扣除期末留抵退税退还的增值税税额。

4. 税收优惠

对实行增值税期末留抵退税的纳税人，允许其从城市维护建设税、教育费附加和地方教育附加的计税(征)依据中扣除退还的增值税税额。

5. 征收管理

城市维护建设税的纳税义务发生时间与增值税、消费税的纳税义务发生时

间一致，分别与增值税、消费税同时缴纳。城市维护建设税的扣缴义务人为负有增值税、消费税扣缴义务的单位和个人，在扣缴增值税、消费税的同时扣缴城市维护建设税。

三、烟叶税法

1. 纳税主体

在中华人民共和国境内，依照《烟草专卖法》的规定收购烟叶的单位为烟叶税的纳税人（纳税主体）。烟叶，是指烤烟叶、晾晒烟叶。

2. 税率

烟叶税实行统一比例税率，税率为20%。

3. 计税依据

烟叶税的计税依据为纳税人收购烟叶实际支付的价款总额。纳税人收购烟叶实际支付的价款总额包括纳税人支付给烟叶生产销售单位和个人的烟叶收购价款和价外补贴。其中，价外补贴统一按烟叶收购价款的10%计算。

4. 应纳税额的计算

烟叶税的应纳税额按照纳税人收购烟叶实际支付的价款总额乘以税率计算。

5. 征收管理

纳税人应当向烟叶收购地的主管税务机关申报缴纳烟叶税。烟叶税的纳税义务发生时间为纳税人收购烟叶的当日。烟叶税按月计征，纳税人应当于纳税义务发生月终了之日起15日内申报并缴纳税款。

第二节　车辆购置税、城市维护建设税、烟叶税法律实务

【案例1】　中奖小汽车如何缴纳车辆购置税

张某于2019年1月10日因购买彩票获得奖品小汽车1辆（非新能源车辆）。商家购买奖品的发票价格为20万元，同类型小汽车的价格为19万元。

【问题】

1. 张某应缴纳多少车辆购置税？
2. 倘若张某缴纳车辆购置税后，决定将该汽车转让给李某，转让价18万

元。那么，李某是否应缴纳车辆购置附加税？

【解题思路】

1. 张某应纳车辆购置税为：200000×10％＝20000（元）。
2. 对李某不再征收车辆购置税。

相关法律链接

《车辆购置税法》第一条　在中华人民共和国境内购置汽车、有轨电车、汽车挂车、排气量超过一百五十毫升的摩托车的单位和个人，为车辆购置税的纳税人，应当依照本法规定缴纳车辆购置税。

第二条　本法所称购置，是指以购买、进口、自产、受赠、获奖或者其他方式取得并自用应税车辆的行为。

第三条　车辆购置税实行一次性征收。购置已征车辆购置税的车辆，不再征收车辆购置税。

第四条　车辆购置税的税率为百分之十。

第五条　车辆购置税的应纳税额按照应税车辆的计税价格乘以税率计算。

第六条　应税车辆的计税价格，按照下列规定确定：

（一）纳税人购买自用应税车辆的计税价格，为纳税人实际支付给销售者的全部价款，不包括增值税税款；

（二）纳税人进口自用应税车辆的计税价格，为关税完税价格加上关税和消费税；

（三）纳税人自产自用应税车辆的计税价格，按照纳税人生产的同类应税车辆的销售价格确定，不包括增值税税款；

（四）纳税人以受赠、获奖或者其他方式取得自用应税车辆的计税价格，按照购置应税车辆时相关凭证载明的价格确定，不包括增值税税款。

【案例2】　外交官购入的车辆免征车辆购置税

某外国驻华使馆的外交官于2018年5月6日从某公司购入小轿车1辆，发票总金额15万元。后因工作需要，此外交官决定于9月份回国，在回国前，他将小轿车转让给我国的外交官许某，转让价10万元，并办理了各项手续。

【问题】

1. 该外交官购入小轿车自用是否缴纳车辆购置税？

2. 许某购入的小轿车是否应缴纳车辆购置税，如何缴纳（假如同类型应税车辆的最低计税价格为11万元）？

【解题思路】

1. 外交官购入的车辆免征车辆购置税。

2. 由于许某购买小轿车的时间与第一次购入的时间相距不足1年，所以不能享受扣减，小轿车属于由购买产生的免税变更的情况，按照购买时发票价格计税。许某应纳车辆购置税为：150000×10%＝15000（元）。

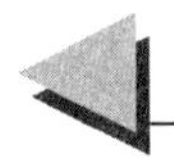

相关法律链接

《车辆购置税法》第三条　车辆购置税实行一次性征收。购置已征车辆购置税的车辆，不再征收车辆购置税。

第四条　车辆购置税的税率为百分之十。

第五条　车辆购置税的应纳税额按照应税车辆的计税价格乘以税率计算。

第六条　应税车辆的计税价格，按照下列规定确定：

（一）纳税人购买自用应税车辆的计税价格，为纳税人实际支付给销售者的全部价款，不包括增值税税款；

（二）纳税人进口自用应税车辆的计税价格，为关税完税价格加上关税和消费税；

（三）纳税人自产自用应税车辆的计税价格，按照纳税人生产的同类应税车辆的销售价格确定，不包括增值税税款；

（四）纳税人以受赠、获奖或者其他方式取得自用应税车辆的计税价格，按照购置应税车辆时相关凭证载明的价格确定，不包括增值税税款。

第九条　下列车辆免征车辆购置税：

（一）依照法律规定应当予以免税的外国驻华使馆、领事馆和国际组织驻华机构及其有关人员自用的车辆；

（二）中国人民解放军和中国人民武装警察部队列入装备订货计划的车辆；

（三）悬挂应急救援专用号牌的国家综合性消防救援车辆；

（四）设有固定装置的非运输专用作业车辆；

（五）城市公交企业购置的公共汽电车辆。

根据国民经济和社会发展的需要，国务院可以规定减征或者其他免征车辆购置税的情形，报全国人民代表大会常务委员会备案。

第十四条 免税、减税车辆因转让、改变用途等原因不再属于免税、减税范围的，纳税人应当在办理车辆转移登记或者变更登记前缴纳车辆购置税。计税价格以免税、减税车辆初次办理纳税申报时确定的计税价格为基准，每满一年扣减百分之十。

【案例3】 如何计算市区企业的城市维护建设税

地处市区的某企业，2021年3月缴纳增值税158万元，缴纳消费税136万元，因故被加收滞纳金3万元。

【要求】

请分析并计算该企业应缴纳的城市维护建设税税额。

【解题思路】

该企业应纳税额为：(158＋136)×7％＝20.58(万元)。

相关法律链接

《城市维护建设税法》第二条 城市维护建设税以纳税人实际缴纳的增值税、消费税税额为计税依据。

城市维护建设税的计税依据应当按照规定扣除期末留抵退税退还的增值税税额。

城市维护建设税计税依据的具体确定办法，由国务院依据本法和有关税收法律、行政法规规定，报全国人民代表大会常务委员会备案。

第四条 城市维护建设税税率如下：

（一）纳税人所在地在市区的，税率为百分之七；

（二）纳税人所在地在县城、镇的，税率为百分之五；

（三）纳税人所在地不在市区、县城或者镇的，税率为百分之一。

前款所称纳税人所在地，是指纳税人住所地或者与纳税人生产经营活动相关的其他地点，具体地点由省、自治区、直辖市确定。

第五条　城市维护建设税的应纳税额按照计税依据乘以具体适用税率计算。

【案例4】　进口环节不征城市维护建设税

某日用化学品厂（位于某市市区）2021年5月份进口一批化妆品，到岸价格30万元，关税税率为50%。

【问题】

日用化学品厂在报关进口时，海关是否代征城市维护建设税？

【解题思路】

海关对进口产品代征增值税、消费税的，不征收城市维护建设税。

相关法律链接

《城市维护建设税法》第三条　对进口货物或者境外单位和个人向境内销售劳务、服务、无形资产缴纳的增值税、消费税税额，不征收城市维护建设税。

【案例5】　某钢铁厂不服税务机关缴纳城市维护建设税案

2021年5月，位于某市区的钢铁厂实现增值税200万元，但由于资金紧张，只暂交了100万元。然而在税务机关对该厂按7%的税率征收7万元的城市维护建设税时，该厂的负责人却表示不服，认为税务机关征税有错，并举出以下三个例子作为比较：

例一：位于某县城的一个造酒厂，2021年3月接受某个体户（位于某乡村）委托加工粮食白酒，当月将加工好的产品发往该个体户，并按规定代收代缴消费税 100 万元，但是只缴纳了城市维护建设税税款 5 万元；

例二：该市区某国有企业从国外进口了一批化妆品及其他物品，海关代征增值税、消费税共 100 万元，但税务机关没有对其征收城市维护建设税；

例三：邻县某外商投资企业缴纳消费税 200 万元，税务机关没有对其征收城市维护建设税。

【问题】

1. 该钢铁厂是否应缴纳城市维护建设税？
2. 在上述三例中，税务机关的处理是否有误？

【解题思路】

1. 该钢铁厂应缴纳城市维护建设税。
2. 例三中，税务机关对外商投资企业存在征税处理错误，应当对其征税。

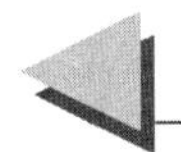

相关法律链接

1. **《城市维护建设税法》**第二条　城市维护建设税以纳税人依法实际缴纳的增值税、消费税税额为计税依据。

城市维护建设税的计税依据应当按照规定扣除期末留抵退税退还的增值税税额。

城市维护建设税计税依据的具体确定办法，由国务院依据本法和有关税收法律、行政法规规定，报全国人民代表大会常务委员会备案。

第三条　对进口货物或者境外单位和个人向境内销售劳务、服务、无形资产缴纳的增值税、消费税税额，不征收城市维护建设税。

第四条　城市维护建设税税率如下：

（一）纳税人所在地在市区的，税率为 7%；

（二）纳税人所在地在县城、镇的，税率为 5%；

（三）纳税人所在地不在市区、县城或者镇的，税率为 1%。

前款所称纳税人所在地，是指纳税人住所地或者与纳税人生产经营活动相关的其他地点，具体地点由省、自治区、直辖市确定。

第五条　城市维护建设税的应纳税额按照计税依据乘以具体适用税率计算。

2.**《关于统一内外资企业和个人城市维护建设税和教育费附加制度的通知》** 自2010年12月1日起，外商投资企业、外国企业及外籍个人适用国务院1985年发布的《城市维护建设税暂行条例》和1986年发布的《征收教育费附加的暂行规定》。1985年及1986年以来国务院及国务院财税主管部门发布的有关城市维护建设税和教育费附加的法规、规章、政策同时适用于外商投资企业、外国企业及外籍个人。

【案例6】 烟叶税计算方法

2018年12月，某市烟草公司向当地农民收购烟叶，收购价为10万元。

【问题】

如何缴纳烟叶税？

【解题思路】

实际支付的价款总额为：10×(1+10%)=11(万元)。
应纳烟叶税税额为：11×20%=2.2(万元)。

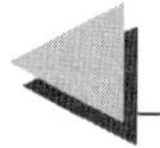

相关法律链接

1.**《烟叶税法》**第三条 烟叶税的计税依据为纳税人收购烟叶实际支付的价款总额。

第四条 烟叶税的税率为百分之二十。

第五条 烟叶税的应纳税额按照纳税人收购烟叶实际支付的价款总额乘以税率计算。

2.**《关于明确烟叶税计税依据的通知》** 为保证《中华人民共和国烟叶税法》有效实施，经国务院同意，现就烟叶税计税依据通知如下：

纳税人收购烟叶实际支付的价款总额包括纳税人支付给烟叶生产销售单位和个人的烟叶收购价款和价外补贴。其中，价外补贴统一按烟叶收购价款的10%计算。

第十二章　税收征收管理法

第一节　税收征收管理法基本问题

税收征收管理是税务机关对纳税人依法征税和进行税务监督管理的总称。《税收征收管理法》及其实施细则和各种实体税法中的征收管理条款构成了我国税收征管法律制度。

《税收征收管理法》于1992年9月4日第七届全国人民代表大会常务委员会第二十七次会议通过;根据1995年2月28日第八届全国人民代表大会常务委员会第十二次会议《关于修改〈中华人民共和国税收征收管理法〉的决定》第一次修正;根据2001年4月28日第九届全国人民代表大会常务委员会第二十一次会议修订;根据2013年6月29日第十二届全国人民代表大会常务委员会第三次会议《关于修改〈中华人民共和国文物保护法〉等十二部法律的决定》第二次修正;根据2015年4月24日第十二届全国人民代表大会常务委员会第十四次会议《关于修改〈中华人民共和国港口法〉等七部法律的决定》第三次修正。

一、税收征收管理机关

目前我国的税收征收管理机关有两类:国家税务局和海关。国家税务局系统主要负责征收的税种包含绝大多数税种和社会保险费。海关主要负责关税的征收的管理。

2018年,为降低征纳成本,理顺职责关系,提高征管效率,为纳税人提供更加优质高效便利的服务,将省级和省级以下国税地税机构合并,具体承担所辖区域内各项税收、非税收入征管等职责。为提高社会保险资金征管效率,将基本养老保险费、基本医疗保险费、失业保险费等各项社会保险费交由税务部门统一征收。国税地税机构合并后,实行以国家税务总局为主与省(自治区、直辖市)政府双重领导管理体制。税务机关从结构上包含国家税务总局、省级税务局、市级税务局和县(区)级税务局。

二、税务管理

税务管理包括税务登记，账簿、凭证管理和纳税申报三个部分。

1. 税务登记

税务登记是税务机关对纳税人的经济活动进行登记并据此对纳税人实施税务管理的一种法律制度。

（1）设立税务登记：企业，企业在外地设立的分支机构和从事生产、经营的场所，个体工商户和从事生产、经营的事业单位（以下统称从事生产、经营的纳税人）自领取营业执照之日起 30 日内，持有关证件，向税务机关申报办理税务登记。税务机关应当于收到申报的当日办理登记并发给税务登记证件。

扣缴义务人应当自扣缴义务发生之日起 30 日内，向所在地的主管税务机关申报办理扣缴税款登记，领取扣缴税款登记证件；税务机关对已办理税务登记的扣缴义务人，可以只在其税务登记证件上登记扣缴税款事项，不再发给扣缴税款登记证件。

（2）变更、注销税务登记：从事生产、经营的纳税人，税务登记内容发生变化的，自工商行政管理机关办理变更登记之日起 30 日内或者在向工商行政管理机关申请办理注销登记之前，持有关证件向税务机关申报办理变更或者注销税务登记。

从事生产、经营的纳税人应当按照国家有关规定，持税务登记证件，在银行或者其他金融机构开立基本存款账户和其他存款账户，并将其全部账号向税务机关报告。银行和其他金融机构应当在从事生产、经营的纳税人的账户中登录税务登记证件号码，并在税务登记证件中登录从事生产、经营的纳税人的账户账号。税务机关依法查询从事生产、经营的纳税人开立账户的情况时，有关银行和其他金融机构应当予以协助。

纳税人按照国务院税务主管部门的规定使用税务登记证件。税务登记证件不得转借、涂改、损毁、买卖或者伪造。

2. 账簿、凭证管理

账簿，是指总账、明细账、日记账以及其他辅助性账簿，总账、日记账应当采用订本式。

从事生产、经营的纳税人应当自领取营业执照或者发生纳税义务之日起 15 日内，按照国家有关规定设置账簿。生产、经营规模小又确无建账能力的纳税人，可以聘请经批准从事会计代理记账业务的专业机构或者财会人员代为建账和办理账务。

从事生产、经营的纳税人应当自领取税务登记证件之日起15日内，将其财务、会计制度或者财务、会计处理办法报送主管税务机关备案。从事生产、经营的纳税人的财务、会计制度或者财务、会计处理办法和会计核算软件，应当报送税务机关备案。纳税人使用计算机记账的，应当在使用前将会计电算化系统的会计核算软件、使用说明书及有关资料报送主管税务机关备案。纳税人建立的会计电算化系统应当符合国家有关规定，并能正确、完整核算其收入或者所得。

扣缴义务人应当自税收法律、行政法规规定的扣缴义务发生之日起10日内，按照所代扣、代收的税种，分别设置代扣代缴、代收代缴税款账簿。纳税人、扣缴义务人会计制度健全，能够通过计算机正确、完整计算其收入和所得或者代扣代缴、代收代缴税款情况的，其计算机输出的完整的书面会计记录，可视同会计账簿。纳税人、扣缴义务人会计制度不健全，不能通过计算机正确、完整计算其收入和所得或者代扣代缴、代收代缴税款情况的，应当建立总账及与纳税或者代扣代缴、代收代缴税款有关的其他账簿。

纳税人、扣缴义务人的财务、会计制度或者财务、会计处理办法与国务院或者国务院财政、税务主管部门有关税收的规定抵触的，依照国务院或者国务院财政、税务主管部门有关税收的规定计算应纳税款、代扣代缴和代收代缴税款。

税务机关是发票的主管机关，负责发票印制、领购、开具、取得、保管、缴销的管理和监督。单位、个人在购销商品、提供或者接受经营服务以及从事其他经营活动中，应当按照规定开具、使用、取得发票。增值税专用发票由国务院税务主管部门指定的企业印制；其他发票，按照国务院税务主管部门的规定，分别由省、自治区、直辖市国家税务局、地方税务局指定企业印制。未经规定的税务机关指定，不得印制发票。

从事生产、经营的纳税人、扣缴义务人必须按照国务院财政、税务主管部门规定的保管期限保管账簿、记账凭证、完税凭证及其他有关资料。账簿、记账凭证、完税凭证及其他有关资料不得伪造、变造或者擅自损毁。账簿、记账凭证、报表、完税凭证、发票、出口凭证以及其他有关涉税资料应当合法、真实、完整。账簿、记账凭证、报表、完税凭证、发票、出口凭证以及其他有关涉税资料应当保存10年；但是，法律、行政法规另有规定的除外。

3. 纳税申报

纳税申报是指纳税人或者扣缴义务人必须在法定期限向税务机关报送纳税申报表、财务会计报表、代扣代缴、代收代缴税款申报表以及税务机关根据实际需要报送其他有关资料的法律行为。

纳税人、扣缴义务人的纳税申报或者代扣代缴、代收代缴税款报告表的主要内容包括：税种、税目，应纳税项目或者应代扣代缴、代收代缴税款项目，计税依据，扣除项目及标准，适用税率或者单位税额，应退税项目及税额、应减免税项目及税额，应纳税额或者应代扣代缴、代收代缴税额，税款所属期限、延期缴纳税款、欠税、滞纳金等。

纳税人必须依照法律、行政法规规定或者税务机关依照法律、行政法规的规定确定的申报期限、申报内容如实办理纳税申报，报送纳税申报表、财务会计报表以及税务机关根据实际需要要求纳税人报送的其他纳税资料。扣缴义务人必须依照法律、行政法规规定或者税务机关依照法律、行政法规的规定确定的申报期限、申报内容如实报送代扣代缴、代收代缴税款报告表以及税务机关根据实际需要要求扣缴义务人报送的其他有关资料。纳税人、扣缴义务人可以直接到税务机关办理纳税申报或者报送代扣代缴、代收代缴税款报告表，也可以按照规定采取邮寄、数据电文或者其他方式办理上述申报、报送事项。纳税人、扣缴义务人按照规定的期限办理纳税申报或者报送代扣代缴、代收代缴税款报告表确有困难，需要延期的，应当在规定的期限内向税务机关提出书面延期申请，经税务机关核准，在核准的期限内办理。纳税人、扣缴义务人因不可抗力，不能按期办理纳税申报或者报送代扣代缴、代收代缴税款报告表的，可以延期办理；但是，应当在不可抗力情形消除后立即向税务机关报告。税务机关应当查明事实，予以核准。

政府部门和有关单位应当及时向税务机关提供所掌握的涉税信息。银行和其他金融机构应当及时向税务机关提供本单位掌握的储户账户、支付或计入该账户的利息总额、支付或计入该账户的投资收益及年末（或期末）账户余额等信息。涉税信息提供办法由国务院规定。

三、税款征收

1. 应纳税款核定

应纳税款核定是税务机关依照自己的职权，对纳税人的应纳税额在调查测定的基础上依法进行确定的行为。根据《税收征收管理法》的规定，纳税人有下列行为之一的，税务机关有权核定其应纳税额：

（1）依照法律、行政法规的规定可以不设置账簿的；

（2）依照法律、行政法规的规定应当设置账簿但未设置的；

（3）擅自销毁账簿或者拒不提供纳税资料的；

（4）虽设置账簿，但账目混乱或者成本资料、收入凭证、费用凭证残缺不全，难以查账的；

(5) 发生纳税义务，未按照规定的期限办理纳税申报，经税务机关责令限期申报，逾期仍不申报的；

(6) 纳税人申报的计税依据明显偏低，又无正当理由的。

2. 税款征收方式

根据《税收征收管理法》及其实施细则的规定，税款的征收方式主要包括以下几种：

(1) 查账征收。查账征收是指由纳税人按照规定的期限向税务机关进行纳税申报，经税务机关查账核实后，填写缴款书，纳税人据以将应纳税款缴入国库的一种征收方式。采用这种征收方式，应具备会计制度健全、账簿和资料比较完整等条件。

(2) 查定征收。查定征收是税务机关通过按期查定纳税人的生产设备和销售情况，而确定其产量和销售量，进行分期征收税款的一种征收方式。这种方式主要为生产不固定、账册不健全的单位采用。

(3) 查验征收。查验征收是税务机关对纳税申报人的应税产品进行查验，并贴上完税证、查验证或盖章验戳，凭证运销的方式。这种征收方式适用于经营零星、分散的高税率工业品的纳税人。

(4) 定期定额征收。定期定额征收是指先由纳税人自行申报生产经营情况和应纳税额，再由税务机关对纳税人核定一定时期的税款征收率或征收额，实行增值税、营业税和所得税一并征收的一种征收方式。这种方式一般适用于无完整考核依据的小型纳税单位。

(5) 其他征收方式。此外，还有代扣代缴、代收代缴、委托代征、邮寄申报等其他征收方式。

3. 税收保全措施

税收保全措施是由于纳税人的行为或者其他客观原因，致使税款难以征收的情况下，税务机关对纳税人的商品、货物或其他财产，采取的限制其处理的强制措施。

税收保全措施主要有两种，一是书面通知纳税人开户银行或者其他金融机构冻结纳税人的金额相当于应纳税款的存款；二是扣押、查封纳税人的价值相当于应纳税款的商品、货物或者其他财产。

采取税收保全措施的条件是：

(1) 税务机关有根据认为从事生产、经营的纳税人有逃避纳税义务的行为；

(2) 税务机关责令其限期缴纳而未缴纳，在限期内又发现纳税人有明显的

转移、隐匿其应纳税的商品、货物以及其他财产或者应纳税的收入的迹象,税务机关可以责成纳税人提供纳税担保;

(3)纳税人不能提供纳税担保;

(4)经县以上税务局(分局)局长批准。

4. 强制执行措施

从事生产、经营的纳税人、扣缴义务人未按照规定的期限缴纳或者解缴税款,纳税担保人未按照规定的期限缴纳所担保的税款,由税务机关责令限期缴纳,逾期仍未缴纳的,经县以上税务局(分局)局长批准,税务机关可以采取强制执行措施。

强制执行措施可分为两种:(1)书面通知其开户银行或者其他金融机构从其存款中扣缴税款;(2)扣押、查封、依法拍卖或者变卖其价值相当于应纳税款的商品、货物或者其他财产,以拍卖或者变卖所得抵缴税款。

税务机关采取强制执行措施时,对前款所列纳税人、扣缴义务人、纳税担保人未缴纳的滞纳金同时强制执行。个人及其所扶养家属维持生活必需的住房和用品,不在强制执行措施的范围之内。

税务机关滥用职权违法采取税收保全措施、强制执行措施,或者采取税收保全措施、强制执行措施不当,使纳税人、扣缴义务人或者纳税担保人的合法权益遭受损失的,应当依法承担赔偿责任。税务机关执行扣押、查封商品、货物或者其他财产时,应当由两名以上税务人员执行,并通知被执行人。被执行人是自然人的,应当通知被执行人本人或者其成年家属到场;被执行人是法人或者其他组织的,应当通知其法定代表人或者主要负责人到场;拒不到场的,不影响执行。扣押、查封价值相当于应纳税款的商品、货物或者其他财产时,参照同类商品的市场价、出厂价或者评估价估算,还应当包括滞纳金和拍卖、变卖所发生的费用。对价值超过应纳税额且不可分割的商品、货物或者其他财产,税务机关在纳税人、扣缴义务人或者纳税担保人无其他可供强制执行的财产的情况下,可以整体扣押、查封、拍卖。

纳税担保人同意为纳税人提供纳税担保的,应当填写纳税担保书,写明担保对象、担保范围、担保期限和担保责任以及其他有关事项。担保书须经纳税人、纳税担保人签字盖章并经税务机关同意,方为有效。纳税人或者第三人以其财产提供纳税担保的,应当填写财产清单,并写明财产价值以及其他有关事项。纳税担保财产清单须经纳税人、第三人签字盖章并经税务机关确认,方为有效。

5. 税收优先权

当税务机关征收税款的行为和债权人请求清偿债权的行为同时存在时,征收税款优先于无财产担保的债权。除法律另有规定的以外，税务机关征收税款，税收优先于无担保债权；纳税人欠缴的税款发生在纳税人以其财产设定抵押、质押或者纳税人的财产被留置之前的，税收应当先于抵押权、质权、留置权执行。纳税人欠缴税款，同时又被行政机关决定处以罚款、没收违法所得的，税收优先于罚款、没收违法所得。

6. 税收代位权和撤销权

欠缴税款的纳税人因怠于行使到期债权，或者放弃到期债权，或者无偿转让财产，或者以明显不合理的低价转让财产而受让人知道该情形，对国家税收造成损害的，税务机关可以依照《民法典》第535—540条的规定行使代位权、撤销权。税务机关依照前款规定行使代位权、撤销权的，不免除欠缴税款的纳税人尚未履行的纳税义务和应承担的法律责任。

7. 税款的退还、补缴和追征

（1）税款的退还。税款的退还是指对于纳税人多缴的税款，税务机关应依法返还给纳税人。纳税人超过应纳税额缴纳的税款，税务机关发现后应当立即退还；纳税人自结算缴纳税款之日起3年内发现的，可以向税务机关要求退还多缴的税款并加算银行同期存款利息，税务机关及时查实后应当立即退还；涉及从国库中退库的，依照法律、行政法规有关国库管理的规定退还。

（2）税款的补缴。税款的补缴是指由于税务机关的责任导致纳税人、扣缴义务人未缴或少缴税款的，税务机关可以要求其补缴。依照《税收征收管理法》第52条的规定，因税务机关的责任，致使纳税人、扣缴义务人未缴或者少缴税款的，税务机关在3年内可以要求纳税人、扣缴义务人补缴税款，但是不得加收滞纳金。

（3）税款的追征。税款的追征是指因纳税人、扣缴义务人失误而未缴、少缴税款的，税务机关可以追征税款。因纳税人、扣缴义务人计算错误等失误，未缴或者少缴税款的，税务机关在3年内可以追征税款、滞纳金；有特殊情况的，追征期可以延长到5年。对偷税、抗税、骗税的，税务机关追征其未缴或者少缴的税款、滞纳金或者所骗取的税款，不受以上规定期限的限制，即可以无限期追征。

四、税务检查

税务检查是指税务机关依法对纳税人履行纳税义务和扣缴义务人履行代扣代缴、代收代缴义务的情况进行的监督检查。纳税人、扣缴义务人必须接受税务机关依法进行的税务检查，如实反映情况，提供有关资料，不得拒绝、隐瞒。

税务机关有权进行下列税务检查：

（1）检查纳税人的账簿、记账凭证、报表和有关资料，检查扣缴义务人代扣代缴、代收代缴税款账簿、记账凭证和有关资料。

（2）到纳税人的生产、经营场所和货物存放地检查纳税人应纳税的商品、货物或者其他财产，检查扣缴义务人与代扣代缴、代收代缴税款有关的经营情况。

（3）责成纳税人、扣缴义务人提供与纳税或者代扣代缴、代收代缴税款有关的文件、证明材料和有关资料。

（4）询问纳税人、扣缴义务人与纳税或者代扣代缴、代收代缴税款有关的问题和情况。

（5）到车站、码头、机场、邮政企业及其分支机构检查纳税人托运、邮寄应纳税商品、货物或者其他财产的有关单据、凭证和有关资料。

（6）经县以上税务局（分局）局长批准，凭全国统一格式的检查存款账户许可证明，查询从事生产、经营的纳税人、扣缴义务人在银行或者其他金融机构的存款账户。税务机关在调查税收违法案件时，经设区的市、自治州以上税务局（分局）局长批准，可以查询案件涉嫌人员的储蓄存款。

税务机关在进行税务检查时应履行的义务有：

（1）税务机关派出的人员进行税务检查时，应当出示税务检查证和税务检查通知书，并有责任为被检查人保守秘密；未出示税务检查证和税务检查通知书的，被检查人有权拒绝检查。

（2）税务机关检查纳税人、扣缴义务人的存款账户时，应当指定专人负责，凭全国统一格式的检查存款账户许可证明进行，并有责任为被检查人保守秘密。

五、税务信用管理

1. 纳税信用评价方式

纳税信用评价采取年度评价指标得分和直接判级方式。① 评价指标包括税务内部信息和外部评价信息。年度评价指标得分采取扣分方式。自开展2020年度评价时起，纳税人评价年度内经常性指标和非经常性指标信息齐全的，从100分起评；近三个评价年度内没有非经常性指标信息的，从90分起评。非经常性指标缺失是指在一个评价年度内，纳税人没有税务机关组织的纳税评估、大企业税务审计、反避税调查或税务稽查等记录。② 直接判级适用于有严重失信行为的纳税人。

2. 信用级别与评价结果的运用

纳税信用级别设A、B、M、C、D五级。

（1）A级纳税信用

年度评价指标得分在90分以上的纳税人纳税信用级别评为A级。但有下列情况之一的，不得认定为A级：

① 实际生产经营期不满3年的；

② 上一评价年度纳税信用评价结果为D级的；

③ 非正常原因一个评价年度内增值税或营业税连续3个月或者累计6个月零申报、负申报的；

④ 不能按照国家统一的会计制度规定设置账簿，并根据合法、有效凭证核算，向税务机关提供准确税务资料的。

对纳税信用评价为A级的纳税人，税务机关予以下列措施：

① 主动向社会公告年度A级纳税人名单；

② 一般纳税人可单次领取3个月的增值税发票用量，需要调整增值税发票用量时即时办理；

③ 普通发票按需领用；

④ 连续3年被评为A级信用级别（简称3连A）的纳税人，除享受以上措施外，还可以由税务机关提供绿色通道或专门人员帮助办理涉税事项；

⑤ 税务机关与相关部门实施的联合激励措施，以及结合当地实际情况采取的其他激励措施。

（2）B级纳税信用

年度评价指标得分在70分以上不满90分的纳税人纳税信用级别评为B级。对此信用级别的纳税人，税务机关实施正常管理，适时进行税收政策和管理规定的辅导，并视信用评价状态变化趋势选择性地提供适用于A级纳税人的管理措施。

（3）M级纳税信用

未发生《纳税信用管理办法》第20条所列失信行为的新设立企业或评价年度内无生产经营业务收入且年度评价指标得分在70分以上的纳税人，纳税信用级别评为M级。

对纳税信用评价为M级的纳税人，税务机关予以下列措施：

① 取消增值税专用发票认证。

② 税务机关适时进行税收政策和管理规定的辅导。

（4）C级纳税信用

年度评价指标得分在40分以上不满70分的纳税人纳税信用级别评为C级。对此信用级别的纳税人，税务机关应依法从严管理，并视信用评价状态变化趋势选择性地采取适用D级纳税人的管理措施。

(5) D级纳税信用

年度评价指标得分在40分以下的纳税人纳税信用级别评为D级，或由税务机关直接评级。

有下列情形之一的纳税人，本评价年度直接判为D级：

① 存在逃避缴纳税款、逃避追缴欠税、骗取出口退税、虚开增值税专用发票等行为，经判决构成涉税犯罪的；

② 存在前项所列行为，未构成犯罪，但偷税(逃避缴纳税款)金额10万元以上且占各税种应纳税总额10%以上，或者存在逃避追缴欠税、骗取出口退税、虚开增值税专用发票等税收违法行为，已缴纳税款、滞纳金、罚款的；

③ 在规定期限内未按税务机关处理结论缴纳或者足额缴纳税款、滞纳金和罚款的；

④ 以暴力、威胁方法拒不缴纳税款或者拒绝、阻挠税务机关依法实施税务稽查执法行为的；

⑤ 存在违反增值税发票管理规定或者违反其他发票管理规定的行为，导致其他单位或者个人未缴、少缴或者骗取税款的；

⑥ 提供虚假申报材料享受税收优惠政策的；

⑦ 骗取国家出口退税款，被停止出口退(免)税资格未到期的；

⑧ 有非正常户记录或者由非正常户直接责任人员注册登记或者负责经营的；

⑨ 由D级纳税人的直接责任人员注册登记或者负责经营的；

⑩ 存在税务机关依法认定的其他严重失信情形的。

对纳税信用评价为D级的纳税人，税务机关应采取以下措施：

① 公开D级纳税人及其直接责任人员名单，对直接责任人员注册登记或者负责经营的其他纳税人纳税信用直接判为D级；

② 增值税专用发票领用按辅导期一般纳税人政策办理，普通发票的领用实行交(验)旧供新、严格限量供应；

③ 加强出口退税审核；

④ 加强纳税评估，严格审核其报送的各种资料；

⑤ 列入重点监控对象，提高监督检查频次，发现税收违法违规行为的，不得适用规定处罚幅度内的最低标准；

⑥ 将纳税信用评价结果通报相关部门，建议在经营、投融资、取得政府供应土地、进出口、出入境、注册新公司、工程招投标、政府采购、获得荣誉、安全许可、

生产许可、从业任职资格、资质审核等方面予以限制或禁止；

⑦ 税务机关与相关部门实施的联合惩戒措施，以及结合实际情况依法采取的其他严格管理措施；

⑧ 对于因评价指标得分而评为D级的纳税人，次年评价时加扣11分；

⑨ 对于因直接判级而评为D级的纳税人，D级评价保留2年，第三年纳税信用不得评价为A级。

3. 信用修复

纳税信用修复可分为两种情况：

(1) 纳税人发生未按法定期限办理纳税申报、税款缴纳、资料备案等事项且已补办的：

符合本要求且失信行为已纳入纳税信用评价的，纳税人可在失信行为被税务机关列入失信记录的次年年底前向主管税务机关提出信用修复申请，税务机关按照《纳税信用修复范围及标准》调整该项纳税信用评价指标分值，重新评价纳税人的纳税信用级别；符合要求但失信行为尚未纳入纳税信用评价的，纳税人无须提出申请，税务机关按照《纳税信用修复范围及标准》调整纳税人该项纳税信用评价指标分值并进行纳税信用评价。

(2) 未按税务机关处理结论缴纳或者足额缴纳税款、滞纳金和罚款，未构成犯罪，纳税信用级别被直接判为D级的纳税人，在税务机关处理结论明确的期限期满后60日内足额缴纳、补缴的，或纳税人履行相应法律义务并由税务机关依法解除非正常户状态的：

纳税人可在纳税信用被直接判为D级的次年年底前向主管税务机关提出申请，税务机关根据纳税人失信行为纠正情况调整该项纳税信用评价指标的状态，重新评价纳税人的纳税信用级别，但不得评价为A级。

非正常户失信行为纳税信用修复一个纳税年度内只能申请一次。

纳税信用修复后纳税信用级别不再为D级的纳税人，其直接责任人注册登记或者负责经营的其他纳税人之前被关联为D级的，可向主管税务机关申请解除纳税信用D级关联。

4. 个人信用管理

(1) 建立个人所得税纳税信用管理机制

全面实施个人所得税申报信用承诺制。税务部门在个人所得税自行纳税申报表、个人所得税专项附加扣除信息表等表单中设立格式规范、标准统一的信用承诺书，纳税人需对填报信息的真实性、准确性、完整性作出守信承诺。信用承诺的履行情况纳入个人信用记录，提醒和引导纳税人重视自身纳税信用，并视情况予以失信惩戒。

建立健全个人所得税纳税信用记录。税务总局以自然人纳税人识别号为唯一标识，以个人所得税纳税申报记录、专项附加扣除信息报送记录、违反信用承诺和违法违规行为记录为重点，研究制定自然人纳税信用管理的制度办法，全面建立自然人纳税信用信息采集、记录、查询、应用、修复、安全管理和权益维护机制，依法依规采集和评价自然人纳税信用信息，形成全国自然人纳税信用信息库，并与全国信用信息共享平台建立数据共享机制。

建立自然人失信行为认定机制。对于违反《税收征管法》《个人所得税法》以及其他法律法规和规范性文件，违背诚实信用原则，存在偷税、骗税、骗抵、冒用他人身份信息、恶意举报、虚假申诉等失信行为的当事人，税务部门将其列入重点关注对象，依法依规采取行政性约束和惩戒措施；对于情节严重、达到重大税收违法失信案件标准的，税务部门将其列为严重失信当事人，依法对外公示，并与全国信用信息共享平台共享。

(2) 完善守信联合激励和失信联合惩戒机制

对个人所得税守信纳税人提供更多便利和机会。探索将个人所得税守信情况纳入自然人诚信积分体系管理机制。对个人所得税纳税信用记录持续优良的纳税人，相关部门应提供更多服务便利，依法实施绿色通道、容缺受理等激励措施；鼓励行政管理部门在颁发荣誉证书、嘉奖和表彰时将其作为参考因素予以考虑。

对个人所得税严重失信当事人实施联合惩戒。税务部门与有关部门合作，建立个人所得税严重失信当事人联合惩戒机制，对经税务部门依法认定，在个人所得税自行申报、专项附加扣除和享受优惠等过程中存在严重违法失信行为的纳税人和扣缴义务人，向全国信用信息共享平台推送相关信息并建立信用信息数据动态更新机制，依法依规实施联合惩戒。

(3) 加强信息安全和权益维护

强化信息安全和隐私保护。税务部门依法保护自然人纳税信用信息，积极引导社会各方依法依规使用自然人纳税信用信息。各地区、各部门要按最小授权原则设定自然人纳税信用信息管理人员权限。加大对信用信息系统、信用服务机构数据库的监管力度，保护纳税人合法权益和个人隐私，确保国家信息安全。

建立异议解决和失信修复机制。对个人所得税纳税信用记录存在异议的，纳税人可向税务机关提出异议申请，税务机关应及时回复并反馈结果。自然人在规定期限内纠正失信行为、消除不良影响的，可以通过主动做出信用承诺、参与信用知识学习、税收公益活动或信用体系建设公益活动等方式开展信用修复，对完成信用修复的自然人，税务部门按照规定修复其纳税信用。对因政策理解偏差或办税系统操作失误导致轻微失信，且能够按照规定履行涉税义务的自然人，税务部门将简化修复程序，及时对其纳税信用进行修复。

5. 联合惩戒措施

联合惩戒措施，主要包括阻止出境、限制担任相关职务、金融机构融资授信参考、禁止部分高消费行为、通过企业信用信息公示系统向社会公布、限制取得政府供应土地、强化检验检疫监督管理、禁止参加政府采购活动、禁止适用海关认证企业管理、限制证券市场部分经营行为、限制保险市场部分经营行为、禁止受让收费公路权益、限制政府性资金支持、限制企业债券发行、限制农产品进口配额申请、通过主要新闻网站向社会公布等。同时，还明确了惩戒措施的法律依据、责任部门及操作程序。

上述联合惩戒措施的实施对象为税务机关公布的重大税收违法案件信息中所列明的当事人。其中：当事人为自然人的，惩戒的对象为当事人本人；当事人为企业的，惩戒的对象为企业及其法定代表人、负有直接责任的财务负责人；当事人为其他经济组织的，惩戒的对象为其他经济组织及其负责人、负有直接责任的财务负责人；当事人为负有直接责任的中介机构及从业人员的，惩戒的对象为中介机构及其法定代表人或负责人以及相关从业人员。

联合惩戒措施的落实，主要是通过税务机关将公布的案件信息推送给实施联合惩戒措施的部门，由这些部门对案件的当事人依法采取相应的惩戒措施。例如：阻止出境措施，税务机关对欠缴查补税款的当事人，在其出境前没有按照规定结清应纳税款或者提供纳税担保的，可以通知出入境管理机关依据《税收征管法》的有关规定阻止其出境。再如：金融机构融资授信参考措施。国家税务总局稽查局定期将公布的案件信息推送给人民银行征信中心，征信中心将其纳入征信系统并整合至当事人的信用档案中，以信用报告的形式提供给金融机构等单位。金融机构在对当事人融资授信时，就会参考使用信用报告中的重大税收违法案件信息，确定是否给予其融资授信。

联合惩戒采取动态管理方式，按照《重大税收违法案件信息公布办法（试行）》的规定，重大税收违法案件信息自公布之日起满 2 年的，从税务机关公布栏中撤出，相关失信记录在后台予以保存；当事人缴清税款、滞纳金和罚款的，税务机关将及时通知有关部门。有关部门依据各自法定职责，按照法律法规和有关规定实施或者解除惩戒。

第二节　税收征收管理法律实务

【案例1】　设置账外账隐匿收入案

通达股份有限公司于2014年初成立，其主营业务是房地产开发、销售、经纪、投资等项目，并兼营餐饮、娱乐业等配套服务项目。2018年6月，当地税务机关接到群众举报，反映该企业两年来偷税数额大，手段极其隐蔽。税务机关决定立案侦查，稽查过程中，税务人员发现该企业在2014年到2018年期间非法设置了两套账簿，一套账簿用于核算企业的全部收支情况和经营成果，据此向主管部门报送会计报表；另一套账簿则隐匿了大部分收入，并列支巨额开支，平时根据这套账簿记载的利润来申报纳税。

经查：2014年到2018年上半年通达股份有限公司少缴增值税、城建税及教育费附加、房产税、企业所得税等合计743598.56元。根据《税收征收管理法》的规定，该企业采取两套账簿手法，隐匿应税收入，进行虚假的纳税申报，且数额巨大，其行为已构成偷税，除追缴其所税款743598.56元外，还对其处以150000元罚款。

【问题】

1. 通达股份有限公司设置“账外账”的行为是否违法？
2. 该公司因该行为应承担哪些法律责任？

【解题思路】

1. 通达股份有限公司设置“账外账”的行为是违法的，已构成税收征管法上的偷税。

2. 税务机关有权追缴其不缴或者少缴的税款、滞纳金，并处不缴或者少缴的税款50%以上5倍以下的罚款；构成犯罪的，依法追究刑事责任。

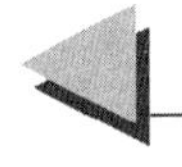

相关法律链接

1. **《税收征收管理法》**第六十三条第一款　纳税人伪造、变造、隐匿、擅自销毁账簿、记账凭证，或者在账簿上多列支出或者不列、少列收入，或者经税务机关通知申报而拒不申报或者进行虚假的纳税申报，不缴或者少缴应纳税

款的，是偷税。对纳税人偷税的，由税务机关追缴其不缴或者少缴的税款、滞纳金，并处不缴或者少缴的税款百分之五十以上五倍以下的罚款；构成犯罪的，依法追究刑事责任。

2.《会计法》第十六条　各单位发生的各项经济业务事项应当在依法设置的会计账簿上统一登记、核算，不得违反本法和国家统一的会计制度的规定私设会计账簿登记、核算。

【案例2】　被查封财产的看管费用由谁承担

某夜总会长期拖欠税款，且数额较大，当地税务机关在多次催缴无效后，遂对夜总会设施进行整体查封。为了确保查封财产在拍卖前不受侵害和破坏，税务机关要求夜总会派员对整个被查封的夜总会设施进行看护保管，但夜总会经营人以种种理由拒绝看管。税务机关于是聘请当地一家保安公司派人对夜总会的设施进行专业看守，以等候评估机构对设施价值的评估。后因夜总会经营人按税务机关核定的欠税额缴清了税款，税务机关遂解除查封，但要求由夜总会支付保安公司保管费用、人员工资等合计人民币1.6万元，夜总会对此要求不服，认为保安公司为税务机关所请，保安公司的费用应由税务机关支付。

【问题】

1. 税务机关为何要查封纳税人的财产？
2. 税务机关如何查封纳税人的财产？
3. 保安公司的费用应由谁承担？

【解题思路】

1.《税收征收管理法》中所规定的税收保全措施、强制执行措施中都包含有“查封纳税人，扣缴义务人商品”这一具体措施。

2. 所谓“查封”是指执行人员对纳税人、扣缴义务人的财产加以封存的一种措施。税务机关在执行查封商品、货物或其他财产时，必须由两名以上税务人员执行，并通知被执行人。

3. 如果纳税人或扣缴义务人不允诺保管被查封财产的，税务机关可委托或指定他人代为看管，但其费用应由纳税人或扣缴义务人承担。

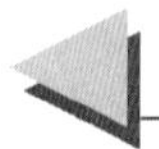

相关法律链接

1.**《税收征收管理法》**第四十七条　税务机关扣押商品、货物或者其他财产时，必须开付收据；查封商品、货物或者其他财产时，必须开付清单。

2.**《税收征收管理法实施细则》**第六十五条　对价值超过应纳税额且不可分割的商品、货物或者其他财产，税务机关在纳税人、扣缴义务人或者纳税担保人无其他可供强制执行的财产的情况下，可以整体扣押、查封、拍卖。

第六十七条第一款　对查封的商品、货物或者其他财产，税务机关可以指令被执行人负责保管，保管责任由被执行人承担。

【案例3】　税务机关应慎行税务检查权

某市税务局接到群众举报，称该市某酒店有偷税行为。为获取证据，该税务局派税务人员罗某等三人扮作顾客，到该酒店就餐。餐后索要发票，服务人员给开具了一张商业零售发票，且将“餐费”写成了“烟酒饮料费”，当税务人员询问能否打折时，服务人员称如果不开发票，即可打折。数日后，罗某等三人又来到该酒店，向酒店经理出示了税务检查证，欲进行税务检查。该酒店经理拒绝接受检查，并不予配合检查工作。检查人员出示了前几天的就餐发票，并强行打开收银台的抽屉，从中搜出大量该酒店的自制收据和数十本商业零售发票。经核实，该酒店擅自印制收据并非法使用商业零售发票，偷逃增值税等税收共计46372.19元，税务局根据《税收征收管理法》及其他有关规定，依法作出如下处理：补税46372.19元，并处所偷税款1倍的罚款，对违反发票管理行为处以8500元的罚款。翌日，该市税务局向该酒店下达了《税务违章处罚通知书》。

【问题】

1. 税务机关的检查行为是否合法？
2. 税务机关的作出的行政处罚是否合法？

【解题思路】

1. 本案中税务机关的税务检查行为应认定为不合法行为。
2. 税务局在实施税务检查后作出的处罚决定违反了法定程序且不符合法

定处罚形式。

相关法律链接

1.**《税收征收管理法》**第五十四条　税务机关有权进行下列税务检查：

（一）检查纳税人的账簿、记账凭证、报表和有关资料，检查扣缴义务人代扣代缴、代收代缴税款账簿、记账凭证和有关资料；

（二）到纳税人的生产、经营场所和货物存放地检查纳税人应纳税的商品、货物或者其他财产，检查扣缴义务人与代扣代缴、代收代缴税款有关的经营情况；

（三）责成纳税人、扣缴义务人提供与纳税或者代扣代缴、代收代缴税款有关的文件、证明材料和有关资料；

（四）询问纳税人、扣缴义务人与纳税或者代扣代缴、代收代缴税款有关的问题和情况；

（五）到车站、码头、机场、邮政企业及其分支机构检查纳税人托运、邮寄应纳税商品、货物或者其他财产的有关单据、凭证和有关资料；

（六）经县以上税务局（分局）局长批准，凭全国统一格式的检查存款账户许可证明，查询从事生产、经营的纳税人、扣缴义务人在银行或者其他金融机构的存款账户。税务机关在调查税收违法案件时，经设区的市、自治州以上税务局（分局）局长批准，可以查询案件涉嫌人员的储蓄存款。税务机关查询所获得的资料，不得用于税收以外的用途。

2.**《行政处罚法》**第三十一条　行政机关在作出行政处罚决定之前，应当告知当事人作出行政处罚决定的事实、理由及依据，并告知当事人依法享有的权利。

第三十九条　行政机关依照本法第三十八条的规定给予行政处罚，应当制作行政处罚决定书。行政处罚决定书应当载明下列事项：

（一）当事人的姓名或者名称、地址；

（二）违反法律、法规或者规章的事实和证据；

（三）行政处罚的种类和依据；

（四）行政处罚的履行方式和期限；

（五）不服行政处罚决定，申请行政复议或者提起行政诉讼的途径和期限；

（六）作出行政处罚决定的行政机关名称和作出决定的日期。

行政处罚决定书必须盖有作出行政处罚决定的行政机关的印章。

第四十二条　行政机关作出责令停产停业、吊销许可证或者执照、较大数额罚款等行政处罚决定之前，应当告知当事人有要求举行听证的权利；当事人要求听证的，行政机关应当组织听证。当事人不承担行政机关组织听证的费用。听证依照以下程序组织：

（一）当事人要求听证的，应当在行政机关告知后三日内提出；

（二）行政机关应当在听证的七日前，通知当事人举行听证的时间、地点；

（三）除涉及国家秘密、商业秘密或者个人隐私外，听证公开举行；

（四）听证由行政机关指定的非本案调查人员主持；当事人认为主持人与本案有直接利害关系的，有权申请回避；

（五）当事人可以亲自参加听证，也可以委托一至二人代理；

（六）举行听证时，调查人员提出当事人违法的事实、证据和行政处罚建议；当事人进行申辩和质证；

（七）听证应当制作笔录；笔录应当交当事人审核无误后签字或者盖章。

当事人对限制人身自由的行政处罚有异议的，依照治安管理处罚法有关规定执行。

3. **《税务行政处罚听证程序实施办法（试行）》**第三条　税务机关对公民作出2000元以上（含本数）罚款或者对法人或者其他组织作出10000元以上（含本数）罚款的行政处罚之前，应当向当事人送达《税务行政处罚事项告知书》，告知当事人已经查明的违法事实、证据、行政处罚的法律依据和拟将给予的行政处罚，并告知有要求举行听证的权利。

【案例4】　税务机关是否应如此扣押

某乡农副产品采购供应站，因多次欠缴税款，累计已达3.5万多元。2018年11月11日，该乡税务分局的税务员李某前来催缴税款，并扬言，若11月16日前再不能缴清欠税，则将对该供应站采取税收保全措施。11月16日上午，李某带同事来到供应站，将一张《查封（扣押）证》和一份《扣押商品、货物财产专用收据》交给站长后，强行将站里收购的一车价值5万多元的芦笋拉走。供应站经多方筹款，终于在11月20日将所欠税款全部缴清。但在向李某索要扣押的芦笋时，李某却说芦笋存放在食品站的仓库里。当供应站人员赶到食品站时，保管员已回城里休假。4天后供应站才拉回芦笋。然而因天气突然转冷，芦笋几乎已全部冻烂，供应站遭受了3.5万元的直接经济损失。且由于供应站未能按合同约定时间供应芦笋，还要按照合同支付给购货方1万元的违约金，合计损失4.5万元。12月1日，供应站书面向该乡税务分局提出了赔偿4.5万元损失的请求，分局长说要向上级请示。12月6日，供应站再向该乡税务分局询问赔偿事宜时，分局长表示，李某及其同事对供应站实施扣押货物，未经过局长批准，纯属个人行为，因此税务局不能承担赔偿责任。同时还向供应站有关人员出示了《查封(扣押)证》的存档联，果然没有局长签字。12月12日，供应站向县税务局提出税务行政复议申请，请求县局裁定该乡税务分局实施扣押货物违法，同时申请赔偿4.5万元的损失。

【问题】

1. 李某等人采取税收保全措施的行为是否合法？
2. 供应站的损失应由李某个人赔偿还是由乡税务局赔偿？

【解题思路】

1. 李某等人采取税收保全措施的行为违法。
2. 供应站的损失应由乡税务局赔偿。

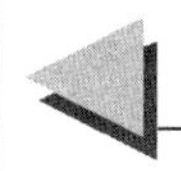

相关法律链接

1.**《税收征收管理法》**第三十八条　税务机关有根据认为从事生产、经营的纳税人有逃避纳税义务行为的，可以在规定的纳税期之前，责令限期缴纳应纳税款；在限期内发现纳税人有明显的转移、隐匿其应纳税的商品、货物以及其他财产或者应纳税的收入的迹象的，税务机关可以责成纳税人提供纳税担保。如果纳税人不能提供纳税担保，经县以上税务局(分局)局长批准，税务机关可以采取下列税收保全措施：

(一)书面通知纳税人开户银行或者其他金融机构冻结纳税人的金额相当于应纳税款的存款；

(二)扣押、查封纳税人的价值相当于应纳税款的商品、货物或者其他财产。

纳税人在前款规定的限期内缴纳税款的，税务机关必须立即解除税收保全措施；限期期满仍未缴纳税款的，经县以上税务局（分局）局长批准，税务机关可以书面通知纳税人开户银行或者其他金融机构从其冻结的存款中扣缴税款，或者依法拍卖或者变卖所扣押、查封的商品、货物或者其他财产，以拍卖或者变卖所得抵缴税款。

个人及其所扶养家属维持生活必需的住房和用品，不在税收保全措施的范围之内。

2. **《税收征收管理法实施细则》**第六十三条　税务机关执行扣押、查封商品、货物或者其他财产时，应当由两名以上税务人员执行，并通知被执行人。被执行人是自然人的，应当通知被执行人本人或者其成年家属到场；被执行人是法人或者其他组织的，应当通知其法定代表人或者主要负责人到场；拒不到场的，不影响执行。

3. **《国家赔偿法》**第七条第一款　行政机关及其工作人员行使行政职权侵犯公民、法人和其他组织的合法权益造成损害的，该行政机关为赔偿义务机关。

【案例 5】　变更经营地址应该办理税务登记

A 市某个体户在某市场经营建筑材料，由于该市场拆迁，2019 年 1 月 1 日起该个体户搬到自己的住宅继续经营。根据群众举报，A 市税务分局于 2019 年 4 月 9 日对该个体户的经营场所（住宅）进行检查，发现该个体户未办理税务变更登记，自搬迁后一直未进行纳税申报，经查实，该个体户于 2019 年 1 月 1 日至 2019 年 3 月 31 日取得应税销售收入合计 12 万元。其中：2019 年 1 月 1 日至 2019 年 2 月 28 日取得应税销售收入 7.5 万元，2019 年 3 月 1 日至 31 日取得应税销售收入 4.5 万元。该分局决定对该个体户进行处罚。

【问题】

1. 该个体户变更经营地点是否应办理税务登记？
2. 税务所能否对该个体户的经营场所（住宅）进行检查？

【解题思路】

1. 该个体户变更经营地点应办理税务登记。

2. 税务所不能对该个体户的经营场所(住宅)进行检查,如一定需要检查,必须经司法机关批准后,由司法机关协助检查。

相关法律链接

1.**《税收征收管理法实施细则》**第十五条第二款　纳税人因住所、经营地点变动,涉及改变税务登记机关的,应当在向工商行政管理机关或者其他机关申请办理变更或者注销登记前或者住所、经营地点变动前,向原税务登记机关申报办理注销税务登记,并在30日内向迁达地税务机关申报办理税务登记。

2.**《税收征收管理法》**第六十条　纳税人有下列行为之一的,由税务机关责令限期改正,可以处二千元以下的罚款;情节严重的,处二千元以上一万元以下的罚款:

(一)未按照规定的期限申报办理税务登记、变更或者注销登记的;

(二)未按照规定设置、保管账簿或者保管记账凭证和有关资料的;

(三)未按照规定将财务、会计制度或者财务、会计处理办法和会计核算软件报送税务机关备查的;

(四)未按照规定将其全部银行账号向税务机关报告的;

(五)未按照规定安装、使用税控装置,或者损毁或者擅自改动税控装置的。

纳税人不办理税务登记的,由税务机关责令限期改正;逾期不改正的,经税务机关提请,由工商行政管理机关吊销其营业执照。

纳税人未按照规定使用税务登记证件,或者转借、涂改、损毁、买卖、伪造税务登记证件的,处二千元以上一万元以下的罚款;情节严重的,处一万元以上五万元以下的罚款。

第六十四条　纳税人、扣缴义务人编造虚假计税依据的,由税务机关责令限期改正,并处五万元以下的罚款。

纳税人不进行纳税申报,不缴或者少缴应纳税款的,由税务机关追缴其不缴或者少缴的税款、滞纳金,并处不缴或者少缴的税款百分之五十以上五倍以下的罚款。

3.**《宪法》**第三十九条　中华人民共和国公民的住宅不受侵犯。禁止非法搜查或者非法侵入公民的住宅。

【案例6】“纳税担保人”持刀行凶为何不构成暴力抗税罪

2019年7月7日，某市税务机关第三分局干部王某，到该辖区一经营运输的个体户钱某家征收其上半年税款4550元。钱某称新购了运输车一辆，资金周转不开，请求暂缓缴纳，并说税款由其在市里某公司工作的亲戚吴某担保缴纳。王某遂与钱某于当日找到吴某，吴某当即表示，钱某的税款由他担保缴纳，时间最长10天，此事无须再找钱某。王某信以为真。

10天过去了，吴某未向税务机关缴纳分文税款，王某于是找到吴某，要求他履行承诺的纳税义务。吴某当即表示自己不是法定的纳税人，税务机关向他征税是错误的，并要王某向其道歉。王某遂与之发生争执，争执过程中，吴某转身到附近一水果摊上拿出一把水果刀，朝王某连刺几刀，致王某当场昏迷，送医院急救后脱离生命危险。经法医鉴定，王某为重伤。

案发后，税务机关要求公安机关以暴力抗税罪立案严惩凶手，而公安机关认为吴某根本不构成暴力抗税罪，其理由是吴某既不是纳税人，也不是有效的纳税担保人，以暴力抗税罪立案显然没有犯罪主体。

【问题】

1. 什么是纳税保证人？
2. 纳税保证人应符合哪些条件？
3. 对吴某的行为，公安机关能否以暴力抗税罪立案？

【解题思路】

1. 纳税保证人，是指在中国境内具有纳税担保能力的自然人、法人或者其他经济组织。

2. 法律、行政法规规定的没有担保资格的单位和个人，不得作为纳税担保人。纳税担保人必须同时具备三个条件才能取得担保资格：(1) 必须是中国境内的公民、法人或其他组织。(2) 必须有担保能力，即有足够的财产偿付能力。(3) 不能是法律、行政法规明文禁止的单位和个人。

3. 对吴某的行为，公安机关不能以暴力抗税罪立案。

相关法律链接

《税收征收管理法实施细则》第六十一条 税收征管法第三十八条、第八十八条所称担保，包括经税务机关认可的纳税保证人为纳税人提供的纳税保证，以及纳税人或者第三人以其未设置或者未全部设置担保物权的财产提供的担保。

纳税保证人，是指在中国境内具有纳税担保能力的自然人、法人或者其他经济组织。

法律、行政法规规定的没有担保资格的单位和个人，不得作为纳税担保人。

第六十二条 纳税担保人同意为纳税人提供纳税担保的，应当填写纳税担保书，写明担保对象、担保范围、担保期限和担保责任以及其他有关事项。担保书须经纳税人、纳税担保人签字盖章并经税务机关同意，方为有效。

纳税人或者第三人以其财产提供纳税担保的，应当填写财产清单，并写明财产价值以及其他有关事项。纳税担保财产清单须经纳税人、第三人签字盖章并经税务机关确认，方为有效。

【案例7】 税收代位权行使不当案

2019年2月，某市轮胎厂与该市某汽车制造厂签订了一份订购轮胎的合同，合同约定轮胎厂于2019年6月底前为汽车制造厂按指定样品提供标准轮胎2000个，每个轮胎价格为800元，汽车制造厂应在验收合格后的2个月内将购货款160万元一次性全部付清。到6月底时，轮胎厂如期将2000个按样品加工的轮胎送到汽车制造厂中心仓库，汽车制造厂在验收过程中发现轮胎存在质量瑕疵，因此拒绝向轮胎厂支付货款。

2019年12月7日，因轮胎厂欠缴2019年上半年的增值税和消费税合计102万元，该市国税局第一分局在责令该轮胎厂限期缴纳税款未果的情况下欲对其成品仓库内的轮胎产品实施查封措施。轮胎厂厂长主动向国税局的工作人员交代了汽车制造厂拖欠其160万元货款的情况，国税局遂于2019年12月12日来到汽车制造厂，明确表示，因轮胎厂欠缴税款，而汽车制造厂又拖欠轮胎厂的货款，根据《税收征收管理法》的规定，税务部门有权向汽车制造厂行使代位权，责令汽车制造厂于3日内代市轮胎厂缴清欠缴的税款102万元，否则将对其采取税收强制执行措施。3日后，第一国税分局强行从汽车制造厂扣押了价值相当于102万元的产品。

【问题】

1. 什么是税收代位权？
2. 税务机关行使代位权应符合哪些条件？

【解题思路】

1. 欠缴税款的纳税人因怠于行使到期债权，或者放弃到期债权，或者无偿转让财产，或者以明显不合理的低价转让财产而受让人知道该情形，对国家税收造成损害的，税务机关可以依照《民法典》的规定行使代位权、撤销权。

2. 税务机关在依法行使代位权时，应该首先符合以下条件：(1) 税款合法。即税务机关需要对纳税人进行追缴的税款合法，纳税人对税务机关要追征的税款没有争议。(2) 纳税人与次债务人之间的债权、债务合法。(3) 纳税人对次债务人的债权已经到期。(4) 纳税人怠于行使债权。即纳税人对到期的债权，既未依法向人民法院提起诉讼，又未向仲裁机构申请仲裁。(5) 给国家造成税收损失。

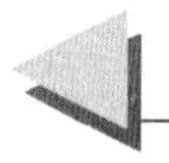

相关法律链接

1. **《税收征收管理法》**第四十条　从事生产、经营的纳税人、扣缴义务人未按照规定的期限缴纳或者解缴税款，纳税担保人未按照规定的期限缴纳所担保的税款，由税务机关责令限期缴纳，逾期仍未缴纳的，经县以上税务局(分局)局长批准，税务机关可以采取下列强制执行措施：

（一）书面通知其开户银行或者其他金融机构从其存款中扣缴税款；

（二）扣押、查封、依法拍卖或者变卖其价值相当于应纳税款的商品、货物或者其他财产，以拍卖或者变卖所得抵缴税款。

税务机关采取强制执行措施时，对前款所列纳税人、扣缴义务人、纳税担保人未缴纳的滞纳金同时强制执行。

个人及其所扶养家属维持生活必需的住房和用品，不在强制执行措施的范围之内。

第五十条　欠缴税款的纳税人因怠于行使到期债权，或者放弃到期债权，或者无偿转让财产，或者以明显不合理的低价转让财产而受让人知道该情形，对国家税收造成损害的，税务机关可以依照合同法第73条、第74条的规定行使代位权、撤销权。

税务机关依照前款规定行使代位权、撤销权的，不免除欠缴税款的纳税人尚未履行的纳税义务和应承担的法律责任。

2.**《民法典》**第五百三十五条　因债务人怠于行使其债权或者与该债权有关的从权利，影响债权人的到期债权实现的，债权人可以向人民法院请求以自己的名义代位行使债务人对相对人的权利，但是该权利专属于债务人自身的除外。

代位权的行使范围以债权人的到期债权为限。债权人行使代位权的必要费用，由债务人负担。

相对人对债务人的抗辩，可以向债权人主张。

第五百三十六条　债权人的债权到期前，债务人的债权或者与该债权有关的从权利存在诉讼时效期间即将届满或者未及时申报破产债权等情形，影响债权人的债权实现的，债权人可以代位向债务人的相对人请求其向债务人履行、向破产管理人申报或者作出其他必要的行为。

第五百三十七条　人民法院认定代位权成立的，由债务人的相对人向债权人履行义务，债权人接受履行后，债权人与债务人、债务人与相对人之间相应的权利义务终止。债务人对相对人的债权或者与该债权有关的从权利被采取保全、执行措施，或者债务人破产的，依照相关法律的规定处理。

【案例8】　税务机关应依法送达税务文书

贵州省某市税务稽查局对当地煤炭企业进行税收稽查时，发现某煤炭企业有严重的税收违法行为，欲对其作出行政处罚的处理决定。按照《行政处罚法》第31条的规定，在作出行政处罚决定前，税务机关应当告知当事人作出行政处罚决定的事实、理由和依据。但是稽查局考虑到该市地处云贵高原，山多路远，该煤炭企业离市区有近150公里的路程，且恰逢冬天，天气多雨雪，山上冰封路滑，送达《税务行政处罚事项告知书》有一定困难，故采取了在本市报刊上公告送达《税务行政处罚事项告知书》的办法。

30日后，税务稽查局便向该煤炭企业下达了《税务行政处罚决定书》，决定对其处以10万元的罚款。该煤炭企业以未收到《税务行政处罚事项告知书》为由，拒绝执行稽查局的处理决定，并向稽查局的上一级税务机关——市税务局提出了税务行政复议，要求撤销稽查局的处罚决定。

【问题】

1. 税务机关送达税务文书的途径有哪些？
2. 该煤炭企业能否拒绝执行税务稽查局的处理决定？

【解题思路】

1. 税务机关送达税务文书，应当直接送交受送达人。受送达人是公民的，应当由本人直接签收；本人不在的，交其同住成年家属签收。受送达人是法人或者其他组织的，应当由法人的法定代表人、其他组织的主要负责人或者该法人、组织的财务负责人、负责收件的人签收。直接送达税务文书有困难的，可以委托其他有关机关或者其他单位代为送达，或者邮寄送达。

2. 本案中，税务稽查局对纳税人送达税务文书时，在没有采取其他送达方式的情况下，就直接采用公告送达的方式，是不合法的，因此企业有权拒绝执行稽查局的处理决定。

相关法律链接

《税收征收管理法实施细则》第一百零一条　税务机关送达税务文书，应当直接送交受送达人。

受送达人是公民的，应当由本人直接签收；本人不在的，交其同住成年家属签收。

受送达人是法人或者其他组织的，应当由法人的法定代表人、其他组织的主要负责人或者该法人、组织的财务负责人、负责收件的人签收。受送达人有代理人的，可以送交其代理人签收。

第一百零二条　送达税务文书应当有送达回证，并由受送达人或者本细则规定的其他签收人在送达回证上记明收到日期，签名或者盖章，即为送达。

第一百零三条　受送达人或者本细则规定的其他签收人拒绝签收税务文书的，送达人应当在送达回证上记明拒收理由和日期，并由送达人和见证人签名或者盖章，将税务文书留在受送达人处，即视为送达。

> 第一百零四条　直接送达税务文书有困难的，可以委托其他有关机关或者其他单位代为送达，或者邮寄送达。
>
> 第一百零五条　直接或者委托送达税务文书的，以签收人或者见证人在送达回证上的签收或者注明的收件日期为送达日期；邮寄送达的，以挂号函件回执上注明的收件日期为送达日期，并视为已送达。
>
> 第一百零六条　有下列情形之一的，税务机关可以公告送达税务文书，自公告之日起满30日，即视为送达：
>
> （一）同一送达事项的受送达人众多；
>
> （二）采用本章规定的其他送达方式无法送达。

【案例9】　撕毁文书是否等于抗税越权

巴某系部队退役军人，2018年2月15日从民政部门领取自谋职业安置费后，购置了一辆大巴从事客运业务。4月12日，巴某所在市税务机关向巴某下达了《税务事项通知书》以及《责令限期改正通知书》，要求巴某在10日内办理税务登记和纳税申报手续。巴某以退役军人就业可以享受税收优惠为由，拒绝办理税务登记和纳税申报。

5月8日，税务人员再次向巴某下达了《应纳税款核定通知书》和《限期纳税通知书》，限巴某于5月15日前到税务机关缴纳欠税款1500元。巴某拒绝在通知书上签字，并当场将其撕毁。

5月21日，税务人员在公路上将巴某的大巴车拦停，然而巴某却在税务人员向税务机关报告时趁机驾车逃走。税务人员认为巴某撕毁文书并逃逸，构成抗税，且情节严重，遂将巴某的车辆强行扣押。

【问题】

1. 巴某撕毁税务文书的行为是否构成抗税？
2. 对巴某的违法行为，税务机关可以采取哪些处罚措施？
3. 本案中，税务机关的行为是否存在违法之处？

【解题思路】

1. 本案中，巴某的行为尚不构成抗税。
2. 对巴某未按规定的期限办理税务登记和纳税申报的行为，主管税务机关可责令其限期改正，并处2000元以下的罚款；情节严重的，处2000元以上1万元以下的罚款。对巴某的偷税行为，税务机关可以依法追缴其不缴或者少缴的税款、滞纳金，并处不缴或者少缴的税款50%以上5倍以下的罚款。对巴某逃避、拒绝纳税检查的行为，税务机关应责令改正，可以处1万元以下的罚款；情节严重的，处1万元以上5万元以下的罚款。

3. 税务机关在本案中有多处违法行为。

相关法律链接

1.《**税收征收管理法**》第十五条第一款　企业，企业在外地设立的分支机构和从事生产、经营的场所，个体工商户和从事生产、经营的事业单位（以下统称从事生产、经营的纳税人）自领取营业执照之日起30日内，持有关证件，向税务机关申报办理税务登记。税务机关应当于收到申报的当日办理登记并发给税务登记证件。

第五十四条　税务机关有权进行下列税务检查：

（一）检查纳税人的账簿、记账凭证、报表和有关资料，检查扣缴义务人代扣代缴、代收代缴税款账簿、记账凭证和有关资料；

（二）到纳税人的生产、经营场所和货物存放地检查纳税人应纳税的商品、货物或者其他财产，检查扣缴义务人与代扣代缴、代收代缴税款有关的经营情况；

（三）责成纳税人、扣缴义务人提供与纳税或者代扣代缴、代收代缴税款有关的文件、证明材料和有关资料；

（四）询问纳税人、扣缴义务人与纳税或者代扣代缴、代收代缴税款有关的问题和情况；

（五）到车站、码头、机场、邮政企业及其分支机构检查纳税人托运、邮寄应纳税商品、货物或者其他财产的有关单据、凭证和有关资料；

（六）经县以上税务局（分局）局长批准，凭全国统一格式的检查存款账户许可证明，查询从事生产、经营的纳税人、扣缴义务人在银行或者其他金融机构的存款账户。税务机关在调查税收违法案件时，经设区的市、自治州以上税务局（分局）局长批准，可以查询案件涉嫌人员的储蓄存款。税务机关查询所获得的资料，不得用于税收以外的用途。

第六十条　纳税人有下列行为之一的，由税务机关责令限期改正，可以处二千元以下的罚款；情节严重的，处二千元以上一万元以下的罚款：

（一）未按照规定的期限申报办理税务登记、变更或者注销登记的；

（二）未按照规定设置、保管账簿或者保管记账凭证和有关资料的；

（三）未按照规定将财务、会计制度或者财务、会计处理办法和会计核算软件报送税务机关备查的；

（四）未按照规定将其全部银行账号向税务机关报告的；

（五）未按照规定安装、使用税控装置，或者损毁或者擅自改动税控装置的。

纳税人不办理税务登记的，由税务机关责令限期改正；逾期不改正的，经税务机关提请，由工商行政管理机关吊销其营业执照。

纳税人未按照规定使用税务登记证件，或者转借、涂改、损毁、买卖、伪造税务登记证件的，处二千元以上一万元以下的罚款；情节严重的，处一万元以上五万元以下的罚款。

第六十三条　纳税人伪造、变造、隐匿、擅自销毁账簿、记账凭证，或者在账簿上多列支出或者不列、少列收入，或者经税务机关通知申报而拒不申报或者进行虚假的纳税申报，不缴或者少缴应纳税款的，是偷税。对纳税人偷税的，由税务机关追缴其不缴或者少缴的税款、滞纳金，并处不缴或者少缴的税款百分之五十以上五倍以下的罚款；构成犯罪的，依法追究刑事责任。

扣缴义务人采取前款所列手段，不缴或者少缴已扣、已收税款，由税务机关追缴其不缴或者少缴的税款、滞纳金，并处不缴或者少缴的税款百分之五十以上五倍以下的罚款；构成犯罪的，依法追究刑事责任。

第六十七条　以暴力、威胁方法拒不缴纳税款的，是抗税，除由税务机关追缴其拒缴的税款、滞纳金外，依法追究刑事责任。情节轻微，未构成犯罪的，由税务机关追缴其拒缴的税款、滞纳金，并处拒缴税款一倍以上五倍以下的罚款。

第七十条　纳税人、扣缴义务人逃避、拒绝或者以其他方式阻挠税务机关检查的，由税务机关责令改正，可以处一万元以下的罚款；情节严重的，处一万元以上五万元以下的罚款。

2.**《关于审理偷税抗税刑事案件具体应用法律若干问题的解释》**第五条　实施抗税行为具有下列情形之一的，属于刑法第二百零二条规定的“情节严重”：

（一）聚众抗税的首要分子；

（二）抗税数额在十万元以上的；
（三）多次抗税的；
（四）故意伤害致人轻伤的；
（五）具有其他严重情节。

【案例 10】 个人取得租金应办理纳税申报

周某拥有住房两处和临街铺面三个。2018 年周某将其位于市中心的住房和三间铺面全部出租,年终一次性取得租金收入 15 万元。周某取得租金后,并未向当地税务机关办理纳税申报。税务机关得知此事后,于 2019 年 1 月 6 日通知周某于 3 日内到税务机关办理纳税申报。周某直至 2019 年 1 月 30 日仍未办理纳税申报,被税务机关追缴应缴的税款,并处以 1500 元的罚款。

【问题】

1. 周某是否应办理纳税申报?
2. 税务机关对周某处以 1500 元罚款是否合法有据?

【解题思路】

1. 周某应该办理纳税申报。
2. 税务机关对周某处以 1500 元罚款合法有据。

相关法律链接

《税收征收管理法》第二十五条第一款　纳税人必须依照法律、行政法规规定或者税务机关依照法律、行政法规的规定确定的申报期限、申报内容如实办理纳税申报,报送纳税申报表、财务会计报表以及税务机关根据实际需要要求纳税人报送的其他纳税资料。

第三十一条　纳税人、扣缴义务人按照法律、行政法规规定或者税务机关依照法律、行政法规的规定确定的期限,缴纳或者解缴税款。

纳税人因有特殊困难,不能按期缴纳税款的,经省、自治区、直辖市国家税务局、地方税务局批准,可以延期缴纳税款,但是最长不得超过三个月。

第六十二条　纳税人未按照规定的期限办理纳税申报和报送纳税资料的，或者扣缴义务人未按照规定的期限向税务机关报送代扣代缴、代收代缴税款报告表和有关资料的，由税务机关责令限期改正，可以处二千元以下的罚款；情节严重的，可以处二千元以上一万元以下的罚款。

【案例11】　纳税人漏缴税款的征税期限

某通信公司于2015年6月至2018年12月将该公司闲置的一幢写字楼出租给某贸易公司，每月租金1万元。该公司在计算房产税时，对这笔租金收入适用了1.2%的税率计算缴纳税款。2019年1月，税务局在年终税务检查中，发现该公司因适用税率错误而少缴房产税6480元，其原因在于该公司将写字楼出租后，没有向税务机关申报纳税鉴定，以致错用税率。据此，税务局作出决定：责令通信公司补缴税款6480元，并处以罚款1600元。

【问题】

1. 税务机关要求该公司补缴税款时是否已逾税款追征期限？
2. 税务机关对该公司漏缴税款的行为能否作出罚款的处罚决定？

【解题思路】

1. 税务机关要求该公司补缴税款时未逾税款追征期限。
2. 税务机关对该公司漏缴税款的行为可以作出罚款的处罚决定。

相关法律链接

《税收征收管理法》第五十二条　因税务机关的责任，致使纳税人、扣缴义务人未缴或者少缴税款的，税务机关在三年内可以要求纳税人、扣缴义务人补缴税款，但是不得加收滞纳金。

因纳税人、扣缴义务人计算错误等失误，未缴或者少缴税款的，税务机关在三年内可以追征税款、滞纳金；有特殊情况的，追征期可以延长到五年。

对偷税、抗税、骗税的，税务机关追征其未缴或者少缴的税款、滞纳金或者所骗取的税款，不受前款规定期限的限制。

【案例 12】 扣缴义务人未扣缴税款的法律责任

珠峰饮料有限公司是一家以生产经营碳酸饮料为主的企业，现有职工 267 人。2019 年 3 月，税务检查小组采用调取账簿的方法对该公司 2018 年的纳税情况进行检查，涉及该单位的权益类账和资产类账。经检查发现，该单位 2018 年 7 月至 12 月发放给职工的工资、薪金所得共计 1057851 元，其中发放的午餐补助和电话费补贴为 21687 元，未代扣代缴个人所得税。该单位应代扣代缴个人所得税 45086.25 元，已代扣代缴 20515.5 元，少代扣代缴 24518.75 元。

【问题】

该单位作为个人所得税的扣缴义务人少扣缴了税款是否应承担法律责任？怎样承担责任？

【解题思路】

税务机关有权要求该单位补缴税款并加收滞纳金。

相关法律链接

《税收征收管理法》第三十二条　纳税人未按照规定期限缴纳税款的，扣缴义务人未按照规定期限解缴税款的，税务机关除责令限期缴纳外，从滞纳税款之日起，按日加收滞纳税款万分之五的滞纳金。

第六十二条　纳税人未按照规定的期限办理纳税申报和报送纳税资料的，或者扣缴义务人未按照规定的期限向税务机关报送代扣代缴、代收代缴税款报告表和有关资料的，由税务机关责令限期改正，可以处二千元以下的罚款；情节严重的，可以处二千元以上一万元以下的罚款。

第六十九条　扣缴义务人应扣未扣、应收而不收税款的，由税务机关向纳税人追缴税款，对扣缴义务人处应扣未扣、应收未收税款百分之五十以上三倍以下的罚款。

【案例 13】 拍卖价格是否属于市场价值

2004 年 11 月 30 日，甲公司与乙拍卖行有限公司签订委托拍卖合同，委托乙拍卖行拍卖其自有的"美国中心"房产。委托拍卖的房产包括地下负一层至负四层的车库(199个),面积13022.47m^2;首层至第三层的商铺,面积7936.75m^2;四至九层、十一至十三层、十六至十七层、二十至二十八层部分单位的写字楼,面积共计42285.58m^2。甲公司在拍卖合同中对上述总面积为63244.79m^2的房产估值金额为530769427.08港元,委托广州东方会计师事务所有限公司对房产项目审计后确认的成本价为7123.95元/m^2。2004年12月2日,乙拍卖行在《信息时报》C16版刊登拍卖公告,公布将于2004年12月9日举行拍卖会。乙拍卖行根据委托合同的约定,在拍卖公告中明确竞投者须在拍卖前将拍卖保证金港币6800万元转到甲公司指定的银行账户内。2004年12月19日,丙公司(香港公司)通过拍卖,以底价1.3亿港元(按当时的银行汇率,兑换人民币为1.38255亿元)竞买了上述部分房产,面积为59907.09m^2。上述房产拍卖后,甲公司按1.38255亿元的拍卖成交价格,先后向税务部门缴付了营业税6912750元及堤围防护费124429.5元,并取得了相应的完税凭证。2006年间,广州税稽一局在检查甲公司2004年至2005年地方税费的缴纳情况时,发现甲公司存在上述情况,展开调查。经向广州市国土资源和房屋管理局调取甲公司委托拍卖房产所在的周边房产的交易价格情况进行分析,广州税稽一局得出当时甲公司委托拍卖房产的周边房产的交易价格,其中写字楼为5500—20001元/m^2,商铺为10984—40205元/m^2,地下停车位为89000—242159元/个。因此,广州税稽一局认为甲公司以1.38255亿元出售上述房产,拍卖成交单价格仅为2300元/m^2,不及市场价的一半,价格严重偏低。遂于2009年8月11日根据《税收征收管理法》第35条及《税收征收管理法实施细则》第47条的规定,作出税务检查情况核对意见书,以停车位85000元/个、商场10500元/m^2、写字楼5000元/m^2的价格计算,核定甲公司委托拍卖的房产的交易价格为311678775元(车位收入85000元/个×199个+商铺收入10500元/m^2×7936.75m^2+写字楼收入5000元/m^2×42285.58m^2),并以311678775元为标准核定应缴纳营业税及堤围防护费。甲公司应缴纳营业税15583938.75元(311678775元×5%的税率),扣除已缴纳的6912750元,应补缴8671188.75元(15583938.75元-6912750元);应缴纳堤围防护费280510.9元,扣除已缴纳的124429.5元,应补缴156081.4元。该意见书同时载明了广州税稽一局将按规定加收滞纳金及罚款的情况。

【问题】

1. 税务机关实施核定征收的条件是什么?
2. 本案中的拍卖是否属于市场价值?税务机关给出的市场价值是否合理?

3. 广州税稽一局核定应纳税款后追征税款和加征滞纳金是否合法？

【解题思路】

1. 纳税人申报的计税依据明显偏低，又无正当理由的，税务机关有权核定其应纳税额。税务机关有权按照其他合理方法核定其应纳税额。

2. (1) 本案拍卖不属于市场价值。甲公司委托拍卖的房产，在拍卖活动中只有一个竞买人参与拍卖，且房产是以底价成交的，认为交易价值明显低于市场价值。(2) 税务机关给出的核定价格合理。税务机关不认可纳税义务人自行申报的纳税额，重新核定应纳税额的条件有两个：一是计税依据价格明显偏低，二是无正当理由。甲公司委托拍卖的涉案房产包括写字楼、商铺和车位面积共计63244.79m^2，成交面积为59907.09m^2，拍卖实际成交价格1.3亿港元，明显低于甲公司委托拍卖时的5.3亿港元左右的估值；涉案房产2300元/m^2的平均成交单价，也明显低于广州税稽一局对涉案房产周边的写字楼、商铺和车库等与涉案房产相同或类似房产抽样后确定的最低交易价格标准，即写字楼5000元/m^2、商铺10500元/m^2、停车场车位85000元/个；更低于甲公司委托的广州东方会计师事务所有限公司对涉案房产项目审计后确认的7123.95元/m^2的成本价。因此，广州税稽一局认定涉案房产的拍卖价格明显偏低并无不当。

3. 本案核定应纳税款之前的纳税义务发生在2005年1月，广州税稽一局自2006年对涉案纳税行为进行检查，虽经三年多调查后，未查出德发公司存在偷税、骗税、抗税等违法行为，但依法启动的调查程序期间应当予以扣除，因而广州税稽一局2009年9月重新核定应纳税款并作出被诉税务处理决定，并不违反有关追征期限的规定。本案中德发公司在拍卖成交后依法缴纳了税款，不存在计算错误等失误，税务机关经过长期调查也未发现德发公司存在偷税、抗税、骗税情形，因此甲公司不存在缴纳滞纳金的法定情形。

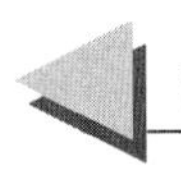

相关法律链接

1. **《税收征收管理法》**第三十二条　纳税人未按照规定期限缴纳税款的，扣缴义务人未按照规定期限解缴税款的，税务机关除责令限期缴纳外，从滞纳税款之日起，按日加收滞纳税款万分之五的滞纳金。

第三十五条　纳税人有下列情形之一的，税务机关有权核定其应纳税额：

(一) 依照法律、行政法规的规定可以不设置账簿的；

（二）依照法律、行政法规的规定应当设置账簿但未设置的；

（三）擅自销毁账簿或者拒不提供纳税资料的；

（四）虽设置账簿，但账目混乱或者成本资料、收入凭证、费用凭证残缺不全，难以查账的；

（五）发生纳税义务，未按照规定的期限办理纳税申报，经税务机关责令限期申报，逾期仍不申报的；

（六）纳税人申报的计税依据明显偏低，又无正当理由的。税务机关核定应纳税额的具体程序和方法由国务院税务主管部门规定。

第三十七条 对未按照规定办理税务登记的从事生产、经营的纳税人以及临时从事经营的纳税人，由税务机关核定其应纳税额，责令缴纳；不缴纳的，税务机关可以扣押其价值相当于应纳税款的商品、货物。扣押后缴纳应纳税款的，税务机关必须立即解除扣押，并归还所扣押的商品、货物；扣押后仍不缴纳应纳税款的，经县以上税务局（分局）局长批准，依法拍卖或者变卖所扣押的商品、货物，以拍卖或者变卖所得抵缴税款。

第五十二条 因税务机关的责任，致使纳税人、扣缴义务人未缴或者少缴税款的，税务机关在三年内可以要求纳税人、扣缴义务人补缴税款，但是不得加收滞纳金。

因纳税人、扣缴义务人计算错误等失误，未缴或者少缴税款的，税务机关在三年内可以追征税款、滞纳金；有特殊情况的，追征期可以延长到五年。

对偷税、抗税、骗税的，税务机关追征其未缴或者少缴的税款、滞纳金或者所骗取的税款，不受前款规定期限的限制。

2.**《税收征收管理法实施细则》**第四十七条 纳税人有税收征管法第三十五条或者第三十七条所列情形之一的，税务机关有权采用下列任何一种方法核定其应纳税额：

（一）参照当地同类行业或者类似行业中经营规模和收入水平相近的纳税人的税负水平核定；

（二）按照营业收入或者成本加合理的费用和利润的方法核定；

（三）按照耗用的原材料、燃料、动力等推算或者测算核定；

（四）按照其他合理方法核定。

采用前款所列一种方法不足以正确核定应纳税额时，可以同时采用两种以上的方法核定。

纳税人对税务机关采取本条规定的方法核定的应纳税额有异议的，应当提供相关证据，经税务机关认定后，调整应纳税额。

第十三章　税务行政复议和行政诉讼

第一节　税务行政复议和行政诉讼基本问题

一、税务行政复议

税务行政复议是税务机关对纳税人及其他当事人提出的复议事项进行审批并作出行政裁决的执法活动。

1. 税务行政复议的范围

行政复议机关受理申请人对税务机关下列具体行政行为不服提出的行政复议申请：

(1) 征税行为，包括确认纳税主体、征税对象、征税范围、减税、免税、退税、抵扣税款、适用税率、计税依据、纳税环节、纳税期限、纳税地点和税款征收方式等具体行政行为，征收税款、加收滞纳金，扣缴义务人、受税务机关委托的单位和个人作出的代扣代缴、代收代缴、代征行为等。

(2) 行政许可、行政审批行为。

(3) 发票管理行为，包括发售、收缴、代开发票等。

(4) 税收保全措施、强制执行措施。

(5) 行政处罚行为：罚款；没收财物和违法所得；停止出口退税权。

(6) 不依法履行下列职责的行为：颁发税务登记；开具、出具完税凭证、外出经营活动税收管理证明；行政赔偿；行政奖励；其他不依法履行职责的行为。

(7) 资格认定行为。

(8) 不依法确认纳税担保行为。

(9) 政府信息公开工作中的具体行政行为。

(10) 纳税信用等级评定行为。

(11) 通知出入境管理机关阻止出境行为。

(12) 其他具体行政行为。

申请人认为税务机关的具体行政行为所依据的下列规定不合法，对具体行政行为申请行政复议时，可以一并向行政复议机关提出对有关规定的审查申请；

申请人对具体行政行为提出行政复议申请时不知道该具体行政行为所依据的规定的，可以在行政复议机关作出行政复议决定以前提出对该规定（不包括规章）的审查申请：

（1）国家税务总局和国务院其他部门的规定。

（2）其他各级税务机关的规定。

（3）地方各级人民政府的规定。

（4）地方人民政府工作部门的规定。

2. 税务行政复议的管辖

（1）对各级税务局的具体行政行为不服的，向其上一级税务局申请行政复议。对计划单列市税务局的具体行政行为不服的，向国家税务总局申请行政复议。

（2）对税务所（分局）、各级税务局的稽查局的具体行政行为不服的，向其所属税务局申请行政复议。

（3）对国家税务总局的具体行政行为不服的，向国家税务总局申请行政复议。对行政复议决定不服，申请人可以向人民法院提起行政诉讼，也可以向国务院申请裁决。国务院的裁决为最终裁决。

（4）对下列税务机关的具体行政行为不服的，按照下列规定申请行政复议：

① 对两个以上税务机关以共同的名义作出的具体行政行为不服的，向共同上一级税务机关申请行政复议；对税务机关与其他行政机关以共同的名义作出的具体行政行为不服的，向其共同上一级行政机关申请行政复议。

② 对被撤销的税务机关在撤销以前所作出的具体行政行为不服的，向继续行使其职权的税务机关的上一级税务机关申请行政复议。

③ 对税务机关作出逾期不缴纳罚款加处罚款的决定不服的，向作出行政处罚决定的税务机关申请行政复议。但是对已处罚款和加处罚款都不服的，一并向作出行政处罚决定的税务机关的上一级税务机关申请行政复议。

申请人向具体行政行为发生地的县级地方人民政府提交行政复议申请的，由接受申请的县级地方人民政府依照《行政复议法》第 15 条、第 18 条的规定予以转送。

3. 税务行政复议的申请

（1）申请人、被申请人和第三人。

税务行政复议的申请人是指依法提起行政复议的纳税人及其他当事人，包括纳税义务人、扣缴义务人、纳税担保人和其他当事人。

税务行政复议的被申请人是指被提起行政复议的作出具体行政行为的税务

机关。

税务行政复议的第三人是指与申请复议的具体税务行政行为有利害关系的个人或组织。

申请人、第三人可以委托代理人代为参加行政复议。被申请人不得委托本机关以外人员参加行政复议。

(2) 申请方式。税务行政复议的申请方式，可以是书面申请，也可以是口头申请。

(3) 申请时限。申请人可以在知道税务机关作出具体行政行为之日起60日内提出复议申请。

(4) 申请行政复议的前置条件。申请人对征税行为，包括确认纳税主体、征税对象、征税范围、减税、免税、退税、抵扣税款、适用税率、计税依据、纳税环节、纳税期限、纳税地点和税款征收方式等具体行政行为，征收税款、加收滞纳金，扣缴义务人、受税务机关委托的单位和个人作出的代扣代缴、代收代缴、代征行为等不服的，应当先向行政复议机关申请行政复议；对行政复议决定不服的，可以向人民法院提起行政诉讼。申请人按照此规定申请行政复议的，必须依照税务机关根据法律、法规确定的税额、期限，先行缴纳或者解缴税款和滞纳金，或者提供相应的担保，才可以在缴清税款和滞纳金以后或者所提供的担保得到作出具体行政行为的税务机关确认之日起60日内提出行政复议申请。

申请人提供担保的方式包括保证、抵押和质押。作出具体行政行为的税务机关应当对保证人的资格、资信进行审查，对不具备法律规定资格或者没有能力保证的，有权拒绝。作出具体行政行为的税务机关应当对抵押人、出质人提供的抵押担保、质押担保进行审查，对不符合法律规定的抵押担保、质押担保，不予确认。

4. 税务行政复议的受理

行政复议申请符合下列规定的，行政复议机关应当受理：(1) 属于本规则规定的行政复议范围；(2) 在法定申请期限内提出；(3) 有明确的申请人和符合规定的被申请人；(4) 申请人与具体行政行为有利害关系；(5) 有具体的行政复议请求和理由；(6) 符合《税务行政复议规则》第33条和第34条规定的条件；(7) 属于收到行政复议申请的行政复议机关的职责范围；(8) 其他行政复议机关尚未受理同一行政复议申请，人民法院尚未受理同一主体就同一事实提起的行政诉讼。

5. 行政复议决定

行政复议机构应当对被申请人的具体行政行为提出审查意见，经行政复议

机关负责人批准，按照下列规定作出行政复议决定：

（1）具体行政行为认定事实清楚，证据确凿，适用依据正确，程序合法，内容适当的，决定维持。

（2）被申请人不履行法定职责的，决定其在一定期限内履行。

（3）具体行政行为有下列情形之一的，决定撤销、变更或者确认该具体行政行为违法；决定撤销或者确认该具体行政行为违法的，可以责令被申请人在一定期限内重新作出具体行政行为：① 主要事实不清、证据不足的；② 适用依据错误的；③ 违反法定程序的；④ 超越职权或者滥用职权的；⑤ 具体行政行为明显不当的。

（4）被申请人不按照《税务行政复议规则》第 62 条的规定提出书面答复，提交当初作出具体行政行为的证据、依据和其他有关材料的，视为该具体行政行为没有证据、依据，决定撤销该具体行政行为。

二、税务行政诉讼

税务行政诉讼是指公民、法人和其他组织认为税务机关及其工作人员的税务行政行为违法或者不当，侵犯了其合法权益，依法向人民法院提起行政诉讼，由人民法院对税务行政行为的合法性和适当性进行审理并作出裁决的司法活动。

税务行政诉讼以解决税务行政争议为前提，它有别于其他行政诉讼活动，具体表现为：（1）被告必须是税务机关，或经法律、法规授权的行使税务行政管理权的组织，而非其他行政机关或组织。（2）税务行政诉讼解决的争议发生在税务行政管理过程中。（3）因征税行为问题发生的争议，当事人在向人民法院提起行政诉讼前，必须先经税务行政复议程序，即复议前置。

1. 税务行政诉讼的管辖

税务行政诉讼的管辖可分为级别管辖、地域管辖和裁定管辖。

2. 税务行政诉讼的受案范围

税务行政诉讼的受案范围包括：（1）税务机关作出的征税行为；（2）税务机关作出的责令纳税人提交纳税保证金或者纳税担保行为；（3）税务机关作出的行政处罚行为；（4）税务机关作出的通知出境管理机关阻止出境行为；（5）税务机关作出的税收保全措施；（6）税务机关作出的税收强制执行措施；（7）认为符合法定条件申请税务机关颁发税务登记证和发售发票，税务机关拒绝颁发、发售或者不予答复的行为；（8）税务机关的复议行为。

3. 税务行政诉讼的起诉、审理和判决

税务行政诉讼的起诉是指公民、法人或者其他经济组织认为自己的合法权益受到税务机关的行政行为的侵害，而向人民法院提出诉讼请求，要求人民法院行使审判权，依法予以保护的诉讼行为。

人民法院审理行政案件实行合议、回避、公开审判和两审终审的审判制度。

诉讼期间，不停止行政行为的执行。但有下列情形之一的，裁定停止执行：(1) 被告认为需要停止执行的；(2) 原告或者利害关系人申请停止执行，人民法院认为该行政行为的执行会造成难以弥补的损失，并且停止执行不损害国家利益、社会公共利益的；(3) 人民法院认为该行政行为的执行会给国家利益、社会公共利益造成重大损害的；(4) 法律、法规规定停止执行的。当事人对停止执行或者不停止执行的裁定不服的，可以申请复议一次。

人民法院经过审理，根据不同情况，分别作出以下判决：

(1) 税务行政行为证据确凿，适用法律、法规正确，符合法定程序的，或者原告申请被告履行法定职责或者给付义务理由不成立的，人民法院判决驳回原告的诉讼请求。

(2) 行政行为有下列情形之一的，人民法院判决撤销或者部分撤销，并可以判决被告重新作出行政行为：① 主要证据不足的；② 适用法律、法规错误的；③ 违反法定程序的；④ 超越职权的；⑤ 滥用职权的；⑥ 明显不当的。

(3) 查明被告不履行法定职责的，判决被告在一定期限内履行。

(4) 查明被告依法负有给付义务的，判决被告履行给付义务。

(5) 行政行为有下列情形之一的，人民法院判决确认违法，但不撤销行政行为：① 行政行为依法应当撤销，但撤销会给国家利益、社会公共利益造成重大损害的；② 行政行为程序轻微违法，但对原告权利不产生实际影响的。税务行政行为有下列情形之一，不需要撤销或者判决履行的，人民法院判决确认违法：① 行政行为违法，但不具有可撤销内容的；② 被告改变原违法行政行为，原告仍要求确认原行政行为违法的；③ 被告不履行或者拖延履行法定职责，判决履行没有意义的。人民法院判决确认违法或者无效的，可以同时判决责令被告采取补救措施；给原告造成损失的，依法判决被告承担赔偿责任。

(6) 行政处罚明显不当，或者其他行政行为涉及对款额的确定、认定确有错误的，人民法院可以判决变更。人民法院判决变更，不得加重原告的义务或者减损原告的权益。但利害关系人同为原告，且诉讼请求相反的除外。

第二节　税务行政复议和行政诉讼法律实务

【案例1】　税务行政复议受理范围

2018年8月15日，某税务所接到群众举报，称其辖区某商场开业至今已3个月，但是没有缴纳任何税款。经查，该商场共销售货物达80万元，但是没有申报纳税，根据检查情况，税务所于9月18日拟作出如下处理决定：责令按规定补缴税款、加收滞纳金，并对未缴税款在《税收征收管理法》规定的处罚范围内，处以6000元罚款。同月，税务所在法定期限内按照法定程序作出了“税务处理决定书”和“税务行政处罚决定书”，同时下发“限期缴纳税款通知书”，要求该商场限期缴税款和罚款。

商场认为本商场刚开业，资金十分紧张，申请税务所核减税款和罚款，被税务所拒绝。该商场老板见申请被拒绝，就试图转移财产以逃避税款，被税务机关发现，经县税务局局长批准，对该商场采取了保全措施，扣押查封了该商场部分货物。于是，该商场在多次找税务所交涉没有结果的情况下，于9月27日书面向税务所的上级机关即县税务局提出行政复议申请：要求撤销税务所对其作出的处理决定，并要求税务所赔偿因扣押服装给其造成的经济损失。

【问题】

本案中，县税务局是否应予受理该服装厂的复议申请？

【解题思路】

本案中，县税务局对补缴税款和加收滞纳金的复议申请不予受理，因为其没有依照税务机关根据法律、行政法规确定的税额缴清税款及滞纳金；对税务机关作出的处罚行政行为及扣押查封商品的税收保全措施的复议申请应予受理。

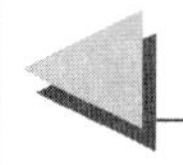

相关法律链接

1.《**税务行政复议规则**》第十四条　行政复议机关受理申请人对税务机关下列具体行政行为不服提出的行政复议申请：

(一)征税行为,包括确认纳税主体、征税对象、征税范围、减税、免税、退税、抵扣税款、适用税率、计税依据、纳税环节、纳税期限、纳税地点和税款征收方式等具体行政行为,征收税款、加收滞纳金,扣缴义务人、受税务机关委托的单位和个人作出的代扣代缴、代收代缴、代征行为等。

(二)行政许可、行政审批行为。

(三)发票管理行为,包括发售、收缴、代开发票等。

(四)税收保全措施、强制执行措施。

(五)行政处罚行为:

1. 罚款;

2. 没收财物和违法所得;

3. 停止出口退税权。

(六)不依法履行下列职责的行为:

1. 颁发税务登记;

2. 开具、出具完税凭证、外出经营活动税收管理证明;

3. 行政赔偿;

4. 行政奖励;

5. 其他不依法履行职责的行为。

(七)资格认定行为。

(八)不依法确认纳税担保行为。

(九)政府信息公开工作中的具体行政行为。

(十)纳税信用等级评定行为。

(十一)通知出入境管理机关阻止出境行为。

(十二)其他具体行政行为。

第三十三条　申请人对本规则第十四条第(一)项规定的行为不服的,应当先向行政复议机关申请行政复议;对行政复议决定不服的,可以向人民法院提起行政诉讼。

申请人按照前款规定申请行政复议的,必须依照税务机关根据法律、法规确定的税额、期限,先行缴纳或者解缴税款和滞纳金,或者提供相应的担保,才可以在缴清税款和滞纳金以后或者所提供的担保得到作出具体行政行为的税务机关确认之日起60日内提出行政复议申请。

申请人提供担保的方式包括保证、抵押和质押。作出具体行政行为的税务机关应当对保证人的资格、资信进行审查，对不具备法律规定资格或者没有能力保证的，有权拒绝。作出具体行政行为的税务机关应当对抵押人、出质人提供的抵押担保、质押担保进行审查，对不符合法律规定的抵押担保、质押担保，不予确认。

第四十四条　行政复议申请符合下列规定的，行政复议机关应当受理：

（一）属于本规则规定的行政复议范围。

（二）在法定申请期限内提出。

（三）有明确的申请人和符合规定的被申请人。

（四）申请人与具体行政行为有利害关系。

（五）有具体的行政复议请求和理由。

（六）符合本规则第三十三条和第三十四条规定的条件。

（七）属于收到行政复议申请的行政复议机关的职责范围。

（八）其他行政复议机关尚未受理同一行政复议申请，人民法院尚未受理同一主体就同一事实提起的行政诉讼。

2.**《税收征收管理法》**第八十八条　纳税人、扣缴义务人、纳税担保人同税务机关在纳税上发生争议时，必须先依照税务机关的纳税决定缴纳或者解缴税款及滞纳金或者提供相应的担保，然后可以依法申请行政复议；对行政复议决定不服的，可以依法向人民法院起诉。

当事人对税务机关的处罚决定、强制执行措施或者税收保全措施不服的，可以依法申请行政复议，也可以依法向人民法院起诉。

当事人对税务机关的处罚决定逾期不申请行政复议也不向人民法院起诉、又不履行的，作出处罚决定的税务机关可以采取本法第四十条规定的强制执行措施，或者申请人民法院强制执行。

【案例2】　什么是复议前置程序

A公司为甲县的一大型商业零售企业，其经营范围除包括自营家电、百货、农用生产资料外，还受托代销其他企业单位和个人的服装、鞋帽等商品。2017年12月，A公司受托为M企业代销商品一批，售价为23.4万元，该商品增值税率为17%，M企业不能开具增值税专用发票，双方商定按该批商品售价的30%作为A公司代销手续费，扣除代销手续费后的金额由M公司向A公司开具普通发票。A公司按售价的30%即本公司增值部分缴纳增值税。

甲县税务局了解情况后认为：依据《增值税暂行条例实施细则》第4条第2项“销售代销货物视同销售货物”的规定，该代销行为属视同销售行为，应按《增值税暂行条例》的规定就全部销售额计算缴纳增值税，因此认定A公司的行为构成偷税，向A公司送达税务行政处理决定书和行政处罚决定书，要求A公司在4月25日前缴纳税款、滞纳金和罚款。A公司对该处理决定不服，于2018年5月10日向甲县税务局的上级机关乙市税务局申请行政复议。乙市税务局认为A公司未按照税务机关规定的期限缴纳税款或者提供担保，决定不予受理A公司的复议申请。无奈之下，A公司向法院提起诉讼，但法院认为，A公司提起的诉讼未经复议，因此也不予受理。

【问题】

1. 本案中，甲县税务局的做法是否正确？

2. 乙市税务局与法院不予受理的行为是否合法？并请进一步思考本案中所反映的法律规定的合理性。

【解题思路】

1. 本案中，甲县税务局、乙市税务局及法院的做法都是正确的。

2. 依据有关的法律规定，纳税人对税务机关的征税行为不服时，必须先依照税务机关的纳税决定缴纳或者解缴税款及滞纳金或者提供相应的担保，然后才可以依法申请行政复议，并且只有先向税务机关申请复议并对复议决定不服之后才可以再向人民法院起诉。这就是税务争议的“复议前置程序”。本案还须注意复议的时间问题。

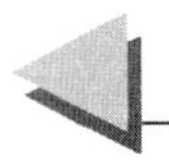

相关法律链接

1. **《增值税暂行条例实施细则》**第四条　单位或者个体工商户的下列行为，视同销售货物：

（一）将货物交付其他单位或者个人代销；

（二）销售代销货物；

（三）设有两个以上机构并实行统一核算的纳税人，将货物从一个机构移送其他机构用于销售，但相关机构设在同一县（市）的除外；

（四）将自产或者委托加工的货物用于非增值税应税项目；

（五）将自产、委托加工的货物用于集体福利或者个人消费；

（六）将自产、委托加工或者购进的货物作为投资，提供给其他单位或者个体工商户；

（七）将自产、委托加工或者购进的货物分配给股东或者投资者；

（八）将自产、委托加工或者购进的货物无偿赠送其他单位或者个人。

2.**《行政复议法》**第九条　公民、法人或者其他组织认为具体行政行为侵犯其合法权益的，可以自知道该具体行政行为之日起60日内提出行政复议申请；但是法律规定的申请期限超过60日的除外。

因不可抗力或者其他正当理由耽误法定申请期限的，申请期限自障碍消除之日起继续计算。

3.**《税务行政复议规则》**第十四条　行政复议机关受理申请人对税务机关下列具体行政行为不服提出的行政复议申请：

（一）征税行为，包括确认纳税主体、征税对象、征税范围、减税、免税、退税、抵扣税款、适用税率、计税依据、纳税环节、纳税期限、纳税地点和税款征收方式等具体行政行为，征收税款、加收滞纳金，扣缴义务人、受税务机关委托的单位和个人作出的代扣代缴、代收代缴、代征行为等。

（二）行政许可、行政审批行为。

（三）发票管理行为，包括发售、收缴、代开发票等。

（四）税收保全措施、强制执行措施。

（五）行政处罚行为：

1. 罚款；

2. 没收财物和违法所得；

3. 停止出口退税权。

（六）不依法履行下列职责的行为：

1. 颁发税务登记；

2. 开具、出具完税凭证、外出经营活动税收管理证明；

3. 行政赔偿；

4. 行政奖励；

5. 其他不依法履行职责的行为。

（七）资格认定行为。

（八）不依法确认纳税担保行为。

（九）政府信息公开工作中的具体行政行为。

（十）纳税信用等级评定行为。

（十一）通知出入境管理机关阻止出境行为。

（十二）其他具体行政行为。

第三十三条　申请人对本规则第十四条第(一)项规定的行为不服的,应当先向行政复议机关申请行政复议;对行政复议决定不服的,可以向人民法院提起行政诉讼。

申请人按照前款规定申请行政复议的,必须依照税务机关根据法律、法规确定的税额、期限,先行缴纳或者解缴税款和滞纳金,或者提供相应的担保,才可以在缴清税款和滞纳金以后或者所提供的担保得到作出具体行政行为的税务机关确认之日起60日内提出行政复议申请。

申请人提供担保的方式包括保证、抵押和质押。作出具体行政行为的税务机关应当对保证人的资格、资信进行审查,对不具备法律规定资格或者没有能力保证的,有权拒绝。作出具体行政行为的税务机关应当对抵押人、出质人提供的抵押担保、质押担保进行审查,对不符合法律规定的抵押担保、质押担保,不予确认。

【案例3】　行政复议的管辖

2018年8月,美国某公司在上海市申请成立上海黄飞红有限公司(以下简称“黄飞红公司”)。后王某出资30万元参与投资,担任公司的副董事长,行使公司的日常管理、经营等工作。2019年5月5日,王某与该美国公司签订了一份合同,约定由该美国公司退还王某投入黄飞红公司的资金30万元人民币,同时再支付15万元作为补偿。合同签订后,王某移交了公司的管理权,该美国公司则一次性支付了王某45万元。至此,双方再无其他关系。

但是,国家税务总局上海市第一稽查局在税务稽查中了解到,王某与该美国公司签订合同并接受款项后,一直没有就此缴纳任何税款。于是,国家税务总局上海市第一稽查局于2019年7月28日作出如下税务处理决定,认定王某与该美国公司签订的合同性质属于股份转让合同,由该美国公司支付给王某的45万元是王某转让股份所得,扣除入股时的股本30万元人民币后,王某还取得转让股份纯利15万元,应按“转让财产所得”税目缴纳个人所得税。王某不服,认为该款项只是退出公司的补偿金,不应缴税,于是向国家税务总局上海市税务局提

起复议，国家税务总局上海市税务局审查后作出了维持原决定的裁定。王某认为这是官官相护，于是向法院提起诉讼。

【问题】

1. 本案中，王某向国家税务总局上海市税务局申请复议的做法是否正确？
2. 王某提起税务行政诉讼应以哪个税务机关为被告？

【解题思路】

1. 本案中，王某向国家税务总局上海市税务局申请复议的做法是正确的。
2. 由于上海市税务局作出了维持原税务处理决定的裁定，所以国家税务局上海市第一稽查局和国家税务局上海市税务局为税务行政诉讼的共同被告。

相关法律链接

1. **《税务行政复议规则》**第十六条　对各级国家税务局的具体行政行为不服的，向其上一级国家税务局申请行政复议。

2. **《行政诉讼法》**第二十六条　公民、法人或者其他组织直接向人民法院提起诉讼的，作出行政行为的行政机关是被告。

经复议的案件，复议机关决定维持原行政行为的，作出原行政行为的行政机关和复议机关是共同被告；复议机关改变原行政行为的，复议机关是被告。

复议机关在法定期限内未作出复议决定，公民、法人或者其他组织起诉原行政行为的，作出原行政行为的行政机关是被告；起诉复议机关不作为的，复议机关是被告。

两个以上行政机关作出同一行政行为的，共同作出行政行为的行政机关是共同被告。

行政机关委托的组织所作的行政行为，委托的行政机关是被告。

行政机关被撤销或者职权变更的，继续行使其职权的行政机关是被告。

【案例 4】　处罚程序不合法的法律后果

2017 年 1 月，税务机关接到群众举报：从 2013 年 1 月至 2016 年 10 月间，某县就业中心收取劳务管理费、临时工管理服务费、临时工培训费和劳务市场收入等共计50万元，但一直没有缴纳任何税款。于是，该税务机关向就业局发出限期申报纳税通知书，但是该就业中心一直未予理睬，同年2月份又连续两次发出催缴税款的通知书，就业中心均未按期履行。于是该税务机关依据《税收征收管理法》第68条关于“纳税人、扣缴义务人在规定期限内不缴或者少缴应纳或者应解缴的税款，经税务机关责令限期缴纳，逾期仍未缴纳的，税务机关除依照本法第40条的规定采取强制执行措施追缴其不缴或者少缴的税款外，可以处不缴或者少缴的税款50%以上5倍以下的罚款”的规定对该就业中心作出处以10万元罚款的决定。

就业中心不服，向法院提起诉讼，诉称：就业中心是承担政府行政职能的就业管理机构，收费属于行政经费预算外的资金，因此本中心不是纳税义务人。被告令本局纳税，在遭到拒绝后又以行政处理决定对本局罚款适用法律错误，程序违法，请求人民法院予以撤销。而税务机关辩称：原告虽然是承担着部分政府行政职能的就业管理机构，但是属于自收自支的事业单位，应当依法纳税。原告未及时纳税，应当受到处罚。人民法院应当维持本局的行政处理决定。

经查：税务机关在作出行政处罚决定前，没有将作出行政处罚决定的事实、理由及法律依据告知该就业中心，也没有告知其依法享有陈述和申辩、申请行政复议和提起行政诉讼的权利；同时税务机关收集证据、制作调查笔录也没有依法进行。此外，税务机关在作出数额较大的罚款处罚决定之前也没有告知就业中心有要求听证的权利。

【要求】

1. 请熟悉正确的处罚程序。
2. 了解处罚程序不合法所导致的法律后果。

【解题思路】

被告税务机关作为县级以上人民政府的税务行政管理机关，有权对自己在管辖范围内发现的税务违法行为进行处罚，但是这种处罚必须依照《行政处罚法》的规定进行。依照《行政处罚法》第41条的规定，税务机关违背该法规定的程序作出的行政处罚，不能成立。依照《行政诉讼法》第70条，该决定应予撤销。

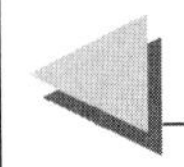

相关法律链接

1.《行政处罚法》第三十一条　行政机关在作出行政处罚决定之前，应当告知当事人作出行政处罚决定的事实、理由及依据，并告知当事人依法享有的权利。

第三十二条　当事人有权进行陈述和申辩。行政机关必须充分听取当事人的意见，对当事人提出的事实、理由和证据，应当进行复核；当事人提出的事实、理由或者证据成立的，行政机关应当采纳。

行政机关不得因当事人申辩而加重处罚。

第三十六条　除本法第三十三条规定的可以当场作出的行政处罚外，行政机关发现公民、法人或者其他组织有依法应当给予行政处罚的行为的，必须全面、客观、公正地调查，收集有关证据；必要时，依照法律、法规的规定，可以进行检查。

第三十七条　行政机关在调查或者进行检查时，执法人员不得少于两人，并应当向当事人或者有关人员出示证件。当事人或者有关人员应当如实回答询问，并协助调查或者检查，不得阻挠。询问或者检查应当制作笔录。

行政机关在收集证据时，可以采取抽样取证的方法；在证据可能灭失或者以后难以取得的情况下，经行政机关负责人批准，可以先行登记保存，并应当在七日内及时作出处理决定，在此期间，当事人或者有关人员不得销毁或者转移证据。

执法人员与当事人有直接利害关系的，应当回避。

第四十一条　行政机关及其执法人员在作出行政处罚决定之前，不依照本法第三十一条、第三十二条的规定向当事人告知给予行政处罚的事实、理由和依据，或者拒绝听取当事人的陈述、申辩，行政处罚决定不能成立；当事人放弃陈述或者申辩权利的除外。

第四十二条　行政机关作出责令停产停业、吊销许可证或者执照、较大数额罚款等行政处罚决定之前，应当告知当事人有要求举行听证的权利；当事人要求听证的，行政机关应当组织听证。当事人不承担行政机关组织听证的费用。听证依照以下程序组织：

（一）当事人要求听证的，应当在行政机关告知后三日内提出；

（二）行政机关应当在听证的七日前，通知当事人举行听证的时间、地点；

（三）除涉及国家秘密、商业秘密或者个人隐私外，听证公开举行；

（四）听证由行政机关指定的非本案调查人员主持；当事人认为主持人与本案有直接利害关系的，有权申请回避；

（五）当事人可以亲自参加听证，也可以委托一至二人代理；

（六）举行听证时，调查人员提出当事人违法的事实、证据和行政处罚建议；当事人进行申辩和质证；

（七）听证应当制作笔录；笔录应当交当事人审核无误后签字或者盖章。

当事人对限制人身自由的行政处罚有异议的，依照治安管理处罚法有关规定执行。

2.**《行政诉讼法》**第七十条　行政行为有下列情形之一的，人民法院判决撤销或者部分撤销，并可以判决被告重新作出行政行为：

（一）主要证据不足的；

（二）适用法律、法规错误的；

（三）违反法定程序的；

（四）超越职权的；

（五）滥用职权的；

（六）明显不当的。

【案例5】　税务机关应如何采取强制措施

某县一个钢铁冶炼厂由于生产经营状况不佳，已有相当长一段时间没有缴纳税款。2017年7月18日，该县税务局向其下达了《限期缴纳税款通知书》，责令该厂于2017年7月19日前缴清所欠税款和滞纳金共计21.6万元，但该厂由于无法在如此短的时间内准备好这么大一笔现金，因此没有履行。于是税务局2017年7月20日下达《税务处罚事项告知书》，告知拟处以其未缴税款1倍的罚款及其享有的权利。2017年7月21日税务局按上述处理意见作出了《税务行政处罚决定书》，限该厂于2017年7月23日前缴纳税款、滞纳金和罚款共计43.2万元。该厂于当天下午收到该《决定书》后，以资金紧张等理由向税务局申请核减税款、滞纳金和罚款，但遭到税务局的拒绝。无奈之下，该厂只好到处筹集资金，于2017年7月23日向税务局缴纳了部分税款，但仍有大部分款项尚未缴纳。2017年7月24日税务局又下达了《限期缴纳税款通知书》，限该厂于2017年7月25日前缴纳余下的税款、滞纳金和罚款。在数次催缴无效的情况下，该税务局经集体研究决定，对该厂采取强制执行措施。2017 年 7 月 29 日，税务局扣押了该厂 500 吨钢材，价值约 150 余万元。但该厂认为税务局对其未缴的罚款采取强制执行措施不合法并且扣押的财产价值远大于未交款项，要求退还。在多次交涉没有结果的情况下，2017 年 8 月 15 日该厂向县人民法院提起行政诉讼，然而，在诉讼期间，该税务局对所扣押的财产进行了拍卖，并从拍卖所得的价款中扣除了应该缴纳的税款。2017 年 11 月 23 日，该县人民法院认为该税务局采取强制执行措施违法，一审判决税务局败诉。

【问题】

本案中税务机关有哪些违法或不合理的行政行为？

【解题思路】

本案中，税务局执法程序的不合法之处主要有：(1) 税务局作出《税务行政处罚决定书》的程序不符合国家税务总局《税务行政处罚听证程序实施办法》第 3 条的规定；(2) 数额巨大，但每次限期缴纳的期限却只有一天，是不合理的行政行为；(3) 扣押的财产价值远大于应纳税额且该财产不属不可分割物；(4) 冶炼厂在法定的期限内申请了行政诉讼，税务局就不能对罚款采取强制执行措施。

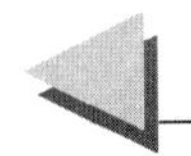

相关法律链接

1.《**税务行政处罚听证程序实施办法(试行)**》第三条　税务机关对公民作出 2000 元以上(含本数)罚款或者对法人或者其他组织作出 1 万元以上(含本数)罚款的行政处罚之前，应当向当事人送达《税务行政处罚事项告知书》，告知当事人已经查明的违法事实、证据、行政处罚的法律依据和拟将给予的行政处罚，并告知有要求举行听证的权利。

第四条　要求听证的当事人，应当在《税务行政处罚事项告知书》送达后三日内向税务机关书面提出听证；逾期不提出的、视为放弃听证权利。当事人要求听证的，税务机关应当组织听证。

2.《**税收征收管理法**》第四十条　从事生产、经营的纳税人、扣缴义务人未按照规定的期限缴纳或者解缴税款，纳税担保人未按照规定的期限缴纳所担保的税款，由税务机关责令限期缴纳，逾期仍未缴纳的，经县以上税务局(分局)局长批准，税务机关可以采取下列强制执行措施：

（一）书面通知其开户银行或者其他金融机构从其存款中扣缴税款；

（二）扣押、查封、依法拍卖或者变卖其价值相当于应纳税款的商品、货物或者其他财产，以拍卖或者变卖所得抵缴税款。

税务机关采取强制执行措施时，对前款所列纳税人、扣缴义务人、纳税担保人未缴纳的滞纳金同时强制执行。

个人及其所扶养家属维持生活必需的住房和用品，不在强制执行措施的范围之内。

3.**《税收征收管理法实施细则》**第六十四条　税务机关执行税收征管法第三十七条、第三十八条、第四十条的规定，扣押、查封价值相当于应纳税款的商品、货物或者其他财产时，参照同类商品的市场价、出厂价或者评估价估算。

税务机关按照前款方法确定应扣押、查封的商品、货物或者其他财产的价值时，还应当包括滞纳金和拍卖、变卖所发生的费用。

第六十五条　对价值超过应纳税额且不可分割的商品、货物或者其他财产，税务机关在纳税人、扣缴义务人或者纳税担保人无其他可供强制执行的财产的情况下，可以整体扣押、查封、拍卖。

【案例6】　如何确定税务行政诉讼的管辖法院

2018年5月，某县税务局派稽查人员对某商场进行税务稽查，税务稽查人员在出示了检查证和送达税务检查通知书后，便开始进行检查，发现该商场存在大量的账外销售行为，偷税额达5万元。于是依法定程序对该商场作出了补缴税款5万元，罚款5万元，并从滞纳税款之日起按日加收滞纳金的决定。并向该商场送达了《税务处理决定书》和《税务行政处罚决定书》。

该商场收到两份《决定书》之后，认为税务机关在偷税额的认定上存在错误，于是在缴纳有关的税款、罚款和滞纳金后，向该税务局的上级机关某省税务局提起了行政复议，该复议机关经进一步调查后认定：该商场偷税额只有4.5万元，但是在要求该商场补缴税款4.5万元的同时，仍然作出了罚款5万元的决定。

决定作出后，该商场仍然不服，认为既然偷税额减少，罚款应该相应地减少，于是想向法院提起诉讼，但是却不知道以谁为被告，向哪个法院提起，于是向律师请教。假如你是该律师，该作何建议？

【问题】

1. 本案的被告如何确定？

2. 本案中，该商场应该向哪个法院提起诉讼？

【解题思路】

1. 本案中，由于复议机关改变了原具体行政行为，所以依法律规定，该复议机关可以是被告。

2. 依《行政诉讼法》第18条和第21条，该商场可以选择向该县税务局所在地或该省税务局所在地人民法院提起诉讼。

相关法律链接

《行政诉讼法》第十八条　行政案件由最初作出行政行为的行政机关所在地人民法院管辖。经复议的案件，也可以由复议机关所在地人民法院管辖。

经最高人民法院批准，高级人民法院可以根据审判工作的实际情况，确定若干人民法院跨行政区域管辖行政案件。

第二十一条　两个以上人民法院都有管辖权的案件，原告可以选择其中一个人民法院提起诉讼。原告向两个以上有管辖权的人民法院提起诉讼的，由最先立案的人民法院管辖。

第二十六条　公民、法人或者其他组织直接向人民法院提起诉讼的，作出行政行为的行政机关是被告。

经复议的案件，复议机关决定维持原行政行为的，作出原行政行为的行政机关和复议机关是共同被告；复议机关改变原行政行为的，复议机关是被告。

复议机关在法定期限内未作出复议决定，公民、法人或者其他组织起诉原行政行为的，作出原行政行为的行政机关是被告；起诉复议机关不作为的，复议机关是被告。

两个以上行政机关作出同一行政行为的，共同作出行政行为的行政机关是共同被告。

行政机关委托的组织所作的行政行为，委托的行政机关是被告。

行政机关被撤销或者职权变更的，继续行使其职权的行政机关是被告。

【案例7】 税收诉讼中的证据规则

某基层税务所于2018年7月15日接到群众举报：该辖区内的某服装生产企业开业已达两个月但没有缴纳任何税款。于是该税务所派出稽查人员张某和王某对该企业进行税务检查，在出示检查证和送达税务检查通知书后，张某和王某对该企业进行了检查。经查明，该服装生产企业共生产销售服装金额达15万元，但是没有申报纳税。根据检查情况，税务所作出了如下的处罚决定：补缴税款1.4万元及从滞纳税款之日起按日加收滞纳金，并处未缴税款2倍罚款。

2018年7月19日，税务所向该企业送达《税务处罚事项告知书》，7月21日税务所按上述处理意见作出了《税务处理决定书》和《税务行政处罚决定书》，同时下发《限期缴纳税款通知书》，限该企业于2018年7月28日前缴纳税款和罚款，并于当天将三份文书送达给了服装厂。该企业补缴有关税款及罚款后，于7月25日向人民法院提起行政诉讼，法院受理后于7月27日将起诉状副本送达税务所，税务所接到起诉状副本后，派稽查人员作了进一步的调查取证，取得了充分的证据之后，于2018年8月15日向法院递交了答辩状。

【问题】

本案中，税务所的取证程序是否正确？

【解题思路】

税务机关的行为违反了税务处罚及税务行政诉讼的程序：(1) 税务机关不能在诉讼过程中再收集证据，这样的证据不能作为认定被诉行政行为合法的根据；(2) 答辩状应该在收到起诉状副本之日起15日内提交。

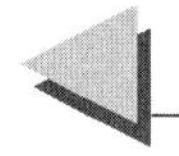

相关法律链接

《行政诉讼法》第三十四条　被告对作出的行政行为负有举证责任，应当提供作出该行政行为的证据和所依据的规范性文件。被告不提供或者无正当理由逾期提供证据，视为没有相应证据。但是，被诉行政行为涉及第三人合法权益，第三人提供证据的除外。

第三十五条　在诉讼过程中，被告及其诉讼代理人不得自行向原告、第三人和证人收集证据。

> 第六十七条　人民法院应当在立案之日起五日内，将起诉状副本发送被告。被告应当在收到起诉状副本之日起十五日内向人民法院提交作出行政行为的证据和所依据的规范性文件，并提出答辩状。人民法院应当在收到答辩状之日起五日内，将答辩状副本发送原告。
>
> 被告不提出答辩状的，不影响人民法院审理。

【案例8】“一事不再理”原则的应用

2018年12月，某市某区税务分局在年终检查时发现：该区的某百货公司公开倡导账外经营。经税务部门查实，该公司自2017年1月至检查时止，账外经营日用百货等业务，取得营业收入1273万元，欠缴税款146万元。此案移交检察机关侦查终结并起诉至该区人民法院，该区人民法院以偷税罪判处矿产品公司罚金219万元，判处法定代表人彭某有期徒刑6个月，缓期1年执行。2019年10月，该税务分局稽查部门再次对该公司进行纳税检查，发现该公司2019年9、10月间存在收入不记账、虚报固定资产抵扣等偷税行为，欠缴税款9万余元，并在检查中发现了私立账户、违规销毁会计原始凭证等违法行为的证据。于是该税务分局下发处罚通知书，责令其限期补缴税款和滞纳金，并处罚款9万元。

但该百货公司对此处罚不服，认为根据“一事不再罚”的原则，该税务分局不能对其进行第二次处罚，于是向其上级机关该市税务局提出复议，但该税务局认为这是无理取闹，未予理睬。该公司便以该税务局行政不作为为由，向法院提起诉讼。法院判决被告某市税务局败诉，令其限期作出具体行政行为。该税务局不得已只好作出了维持其下属某税务分局处罚行为的决定，但是，该百货公司仍然不服，又一次以相同的事实和理由提起诉讼，法院对此案进行了受理。

【要求】

1. 请熟悉并掌握“一事不再理”原则在行政处罚中的应用。
2. 请熟悉并掌握“一事不再理”原则在行政诉讼中的应用。

【解题思路】

1. 行政处罚中，一事不再罚，但本案中的两次处罚的对象不是同一个违法行为，因此，该税务分局的处罚行政行为是正确的。

2. 行政诉讼中，对同一诉讼标的不能重复起诉，即“一事不再审”，但本案中，该公司两次的诉讼标的是不一样的，第一次是针对不作为，第二次是针对税务局的维持决定。

相关法律链接

1.**《行政处罚法》**第二十四条　对当事人的同一个违法行为，不得给予两次以上罚款的行政处罚。

2.**《关于适用〈中华人民共和国行政诉讼法〉的解释》**第六十条　人民法院裁定准许原告撤诉后，原告以同一事实和理由重新起诉的，人民法院不予立案。

准予撤诉的裁定确有错误，原告申请再审的，人民法院应当通过审判监督程序撤销原准予撤诉的裁定，重新对案件进行审理。

第六十二条　人民法院判决撤销行政机关的行政行为后，公民、法人或者其他组织对行政机关重新作出的行政行为不服向人民法院起诉的，人民法院应当依法立案。

第六十九条　有下列情形之一，已经立案的，应当裁定驳回起诉：

（一）不符合行政诉讼法第四十九条规定的；

（二）超过法定起诉期限且无行政诉讼法第四十八条规定情形的；

（三）错列被告且拒绝变更的；

（四）未按照法律规定由法定代理人、指定代理人、代表人为诉讼行为的；

（五）未按照法律、法规规定先向行政机关申请复议的；

（六）重复起诉的；

（七）撤回起诉后无正当理由再行起诉的；

（八）行政行为对其合法权益明显不产生实际影响的；

（九）诉讼标的已为生效裁判或者调解书所羁束的；

（十）其他不符合法定起诉条件的情形。

前款所列情形可以补正或者更正的，人民法院应当指定期间责令补正或者更正；在指定期间已经补正或者更正的，应当依法审理。

人民法院经过阅卷、调查或者询问当事人，认为不需要开庭审理的，可以迳行裁定驳回起诉。

欧洲的未来何在

?

〔英〕安东尼·吉登斯 (Anthony Giddens) 著

陈志杰 译 郭忠华 校

TURBULENT AND MIGHTY CONTINENT

What Future for Europe?

著作权合同登记号　图字:01-2016-5722

图书在版编目(CIP)数据

动荡而强大的大陆:欧洲的未来何在? /(英)安东尼・吉登斯(Anthony Giddens)著;陈志杰译.—北京:北京大学出版社,2019.10

ISBN 978-7-301-30756-4

Ⅰ.①动…　Ⅱ.①安… ②陈…　Ⅲ.①欧洲联盟—研究　Ⅳ.①D814.1

中国版本图书馆 CIP 数据核字(2019)第 201006 号

***Turbulent and Mighty Continent: What Future for Europe?*, Revised and Updated Edition**

First published in 2014 by Polity Press
This edition is published by arrangement with **Polity Press Ltd.**, Cambridge

简体中文版由北京大学出版社有限公司出版发行

书　　名	动荡而强大的大陆:欧洲的未来何在? DONGDANG ER QIANGDA DE DALU: OUZHOU DE WEILAI HEZAI?
著作责任者	(英)安东尼・吉登斯(Anthony Giddens)　著　陈志杰　译 郭忠华　校
责任编辑	陈相宜
标准书号	ISBN 978-7-301-30756-4
出版发行	北京大学出版社
地　　址	北京市海淀区成府路 205 号　100871
网　　址	http://www.pup.cn
新浪微博	@北京大学出版社　　@未名社科-北大图书
微信公众号	ss_book
电子信箱	ss@pup.pku.edu.cn
电　　话	邮购部 010-62752015　发行部 010-62750672 编辑部 010-62753121
印 刷 者	涿州市星河印刷有限公司
经 销 者	新华书店
	650 毫米×980 毫米　16 开本　15.25 印张　205 千字 2019 年 10 月第 1 版　2022 年 3 月第 3 次印刷
定　　价	52.00 元(精装)

中译者序言

“我今天想和你们谈谈欧洲的悲剧。这是一块高贵的大陆，一块地球上最美丽、最文明的大陆，它气候宜人、风调雨顺，它是西方世界所有伟大之母……那么，欧洲所处的困境是什么？……在这片广袤的土地上，人们正凝望着已成废墟的城市和家园，他们瑟瑟发抖、饥饿难耐、忧心忡忡且彷徨无助，远方则是黑暗的地平线，隐含着新的危险、暴力和恐怖。战争的胜利者正喋喋不休，失败者则陷入绝望的沉寂。”这是本书开篇所引用的温斯顿·丘吉尔于1946年9月19日在瑞士苏黎世大学的一段演讲。它从侧面反映出欧洲内部潜藏的深刻矛盾性：欧洲是西方文明的摇篮、世界文明的主要贡献者，但也是一系列世界战争、极权统治、种族屠杀等苦难的制造者；它经历战争的洗礼后逐步走向融合和统一，但又在此起彼伏的纷争和冲突中面临痛苦的考验和抉择；它是世界上毋庸置疑的政治经济集团，拥有堪与世界大国角逐的力量，但又周期性地在经济、难民、政治等危机的折磨下动荡不安、虚弱不堪……本书立足于21世纪第二个十年的欧洲现实，旨在揭示欧洲内部动荡性的根源，为建立作为命运共同体的强大欧洲指明方向。

与怀疑派悲观的看法相反，安东尼·吉登斯始终坚定地站在

“亲欧派”的立场上，旨在创建一个作为“命运共同体”的欧盟。对于这一点，作者的理由是高度工具理性的：“无论是好是坏，国际舞台事实上是由少数几个大国所操控的。一个四分五裂的欧洲是没有多少机会发出自己的声音的。”（本书第 10 页，下同）“如果欧盟的重要性下降或恶化，欧洲将成为中小国家胡乱凑合在一起的落后地区。然而，面对一个快速变迁的世界，它无法抽身离去，与此同时，它在地缘政治上却异常脆弱。”（第 10 页）欧洲的强大不仅是其国际地位的保证，而且是内部繁荣富强的保证。然而，作为欧洲国家融合的结果和象征的欧盟却存在着各种问题，妨碍了欧洲“命运共同体”的建立。作者为此而检视欧盟的内部结构和权力状况。

就内部权力结构而言，在吉登斯看来，实际上存在着两个欧盟，即欧盟 1 和欧盟 2。前者指欧盟实际运作的各类机构，其中最主要的是欧盟委员会、欧洲议会、欧洲理事会，后者则是隐藏在欧盟 1 背后的真实权力中心，主要包括德国总理、法国总统、欧洲中央银行和国际货币基金组织。由于两个欧盟的存在，欧盟委员会及其他机构在进行决策之前总是必须与欧盟 2 的领导人展开非正式磋商。存在两个欧盟的事实也导致吉登斯所说的“纸上欧洲”的出现，即欧盟 1 以文件形式颁布了诸多宏伟计划，但由于实际权力掌握在欧盟 2 手里，大部分美丽蓝图变成了泡影。同时，欧盟 1 和欧盟 2 内部各种积重难返的问题也阻碍了欧洲迈向强大。欧盟 1 的问题主要体现在官僚主义严重、远离普通公民、决策不透明、缺乏有力的领导等，欧盟 2 则主要体现在内部意见的分歧性、国家之间的分裂性以及选举民主带来的领导人的变动性等方面。欧盟 1、欧盟 2 和“纸上欧洲”三个词构成了吉登斯对当前欧洲现状的总体勾勒。

欧盟在推动欧洲一体化进程中作出了重要的贡献，而欧元在塑造一体化过程中发挥了重要的作用。但对于罹受 2008 年世界金融危机及其后的债务危机的欧洲而言，欧洲的一体化进程又显得脆弱不堪。希腊、意大利、西班牙等国忍受着危机所带来的苦涩后果，部分国家甚至出现民粹主义、民族主义等社会思潮复兴的迹象。例如，面对沉重的债务负担和严厉的紧缩政策，部分希腊政治家重翻第二次世界大战的旧账，要求德国为其历史上的残暴行径进行战争赔偿。作为一名坚定的“亲欧派”，吉登斯清醒地认识到：“欧洲输不起，因为其后果很苦涩。”（第 26 页）重振欧洲和使欧洲更加强大的关键在于重塑欧盟，使之发展成为“欧盟 3”。为此，吉登斯开启了改革欧盟的政治想象。

这是一种立体式和全方位的想象。鉴于欧盟缺乏有效的领导，首要的一点是提升欧盟的主权，使欧盟超越民族国家的权力限制而获得自主性，欧盟与各成员国的关系应当是：欧盟拥有主权，而不是各成员国。“欧盟各国的主权业已丧失，这绝不是名义上的丧失，而是非常真实的。”（第 198—199 页）鉴于欧盟存在的严重官僚主义习性，必须促进其民主化，尤其是适应新技术条件的民主化（如直接的电子民主），使欧盟更具有弹性和适应性应当是欧盟重点关注的问题。鉴于欧盟与公民社会渐行渐远的事实，必须使欧盟重新扎根于公民社会，增强公民对欧盟事务的参与度，提升欧盟对公民诉求的回应性，提高公民对欧盟的认同度。鉴于欧盟 1 与欧盟 2 权力边界不清的事实，必须厘清两个欧盟之间的权力关系，属于国家、地区或者地方的权力必须归还给它们，属于欧洲层面的权力则应明确地划归给欧盟。在权力归属问题上应做到“上帝的归上帝，恺撒的归恺撒”。鉴于欧盟内部机构职能混乱的事实，必须对欧盟内部机构进行大刀阔斧的改革：欧洲议会应当拥有比当前更大的权力，欧洲理事会可以变成一个代表各个国家和地区的参议院，欧盟委员会则应当变成一个类似于传统行政机构的机关。同时，欧盟还必须拥有一位选举出来的“欧洲总统”，他代表欧洲的形象和发出欧洲的声音，以解决基辛格所提出的“谁能代表欧洲”的问题。总之，理想的欧洲应当是更加一体化的欧洲，应当是一个领导层更加有力、政治更具有合法性、宏观经济更加稳定的欧洲，应当是各欧洲国家和地区生死与共的“命运共同体”。

欧盟的改革尽管是塑造欧洲“命运共同体”的重中之重，但除此之外，其他各维度上的调整和改革也不可忽视。为此，吉登斯在一系列政策层面为欧洲的发展建言献策，它们构成了本书第一章之后的主要内容。主要表现在：第一，在严厉紧缩之后的政策取向上，创新适应时代需要的经济增长思维。2008 年的全球金融危机给部分欧洲国家带来了严重的打击，迫使它们采取了极为严厉的紧缩政策。紧缩政策的实施尽管节约了政府开支，但社会开始走向动荡，经济增长和繁荣则遥遥无期。应当如何重归增长和繁荣之路?时势已无法再酝酿出当年的“马歇尔计划”，当前需要的是创新性思维。主要包括：对银行资本进行正确重组、妥善控制主权债务风险、抵制金融投机和过度投资贷款、提高经济增长质量、地区经济增长均衡化、回归增长与低碳经济携手同行、尽可能增加工作岗位、通过增加基础设施投资以刺激增长等。

第二，在福利国家改革的问题上，建立“社会投资型国家”。“福利国家”曾经是欧洲的品牌和骄傲，它被看作市场失灵的矫正力量、社会安全的国家保障和人类文明的进步标志。但“从摇篮到坟墓”的福利政策却使国家背上了沉重的负担，使人们形成依赖的心理，使资本变得依赖国家干预而非市场调节。如克劳斯·奥菲(Claus Offe)所言，“尽管福利国家的设计旨在‘治愈’资本主义积累所产生的各种‘病症’，但疾病的性质也迫使病人不能再使用这种‘疗程’。”① 席卷全球的金融危机夺走了许多长期以来被看作

① 克劳斯·奥菲:《福利国家的矛盾》，郭忠华等译，吉林人民出版社 2006 年版，第 4 页。

是不证自明的福利，剥夺感、失望感和社会抗争开始笼罩在欧洲上空，与之相随的则是国家合法性的下降和社会动荡。如何重塑欧洲社会模式？吉登斯对欧洲社会模式进行了比较，认为斯堪的纳维亚国家、德国、法国的社会政策比其他地区更加完善。从它们的经验出发，他认为，福利国家重建的关键在于福利理念和福利制度的转型，即实现从“福利国家”向“社会投资型国家”的转变。社会投资型国家将把以前的“消极福利”转变成“积极福利”，即从事后通过福利来收拾资本主义的烂摊子转向事前预防烂摊子出现。比如，在时间取向上，社会投资型国家更多关注的是“未来”而不是已经产生的后果，“投资未来的重要性丝毫不亚于事后的再分配”（第 90 页）；在思想取向上，注重增强人们的风险分担意识、相互责任和相互团结意识；在能力取向上，关注提高公民的受教育水平和工作技能，提升公民的社会、经济参与能力和追求健康充实生活的能力。

第三，在移民问题上，采取“跨文化主义”（interculturalism）的政策取向。全球化催生了举世瞩目的移民潮，欧洲则是国际移民的集中之所。移民尽管带来了丰富的劳动力、多样的文化和生活方式，但也带来了诸多社会问题。面对纷至沓来的国际移民，各种以“封闭”和“保守”为特征的社会思潮正变得盛行，部分国家甚至在不断强化对边境和移民的管控。但在吉登斯看来，重归各自为政的传统民族国家时代已不合时宜，因为我们已经进入一个“超级多样性”的时代。在这种时代，不同人种、信仰和生活方式交错杂陈已成定局。移民的剧增曾催生了稍带启蒙色彩的“多元文化主义”，它主张不同文化都是平等的，应当彼此尊重、相互包容。但在吉登斯看来，多元文化主义的理念和政策已不能满足时代发展的需要，因为它隐含的是一种文化“自由放任主义”精神，所因应的主要是互联网普及之前的时代。同时，它主要站在主流族群立场上关心少数族裔的地位，并没有真正贯彻族群平等的原则。针对当今形势，吉登斯提出“跨文化主义”作为多元文化主义的升级版。从根本上说，“跨文化主义”的要旨在于：以当前所处的超级多样性社会作为出发点，少数族裔与接收社群（主流族群）通过协调和对话以重建公共空间。吉登斯指出：“它所寻求的并不只是整合少数族裔，而是要为整个社会及其内部的不同社群提供统一的视角，以及一个鲜明的跨国视角。”（第 140 页）

第四，在气候和能源领域，主张“非典型环保主义”政策。在吉登斯看来，全球变暖是当今世界面临的重大问题，欧盟必须在气候和能源领域扮演领头羊角色。在这一方面，环保主义者所倡导的环保理念尽管发挥了很好的作用，但气候变化问题的最终解决不可能依靠自下而上的生态主义运动，政府在其中应该扮演更加重要的角色。同时，应对气候变化问题也不能只盯着环境保护，而是必须平衡气候变化所带来的风险和机遇，融气候变化问题的解决与经济增长于一体。在 2009 年出版的《气候变化的政治》一书中，吉登斯曾经系统地提出“气候变化的政治”观点，涉及“保障型国家”“政治敛合”“经济敛合”“前置”“气候变化的积极性”“政治超越性”“比例原则”“发展要务”“过度发展”“抢先适应”等十种政策主张。[①] 在本书中，作者延续了这些主张，但对欧盟的建议则变得更加具体，主要探讨了以下问题：欧盟在政府间气候变化专门委员会中所应扮演的角色，完善欧盟碳排放市场所应采取的主要措施，欧盟在实现碳排放量、经济繁荣与能源安全之间的协调发展方面所应采取的主要策略，以及如何通过投资可再生能源来实现欧洲的经济增长等。这些措施统合在一起，构成了吉登斯所说的“非典型环保主义”主张，即它们不是延续绿色环保运动那种分散的、自

① 安东尼·吉登斯:《气候变化的政治》，曹荣湘译，社会科学文献出版社 2009 年版，第 78-82 页。

下而上的活动模式，但旨在实现与之相同的目的。

第五，在国际关系领域，在彼此关联中形成对外战略。美国、俄罗斯、土耳其等国家以及北约之类的国际组织是欧盟外交关系的重点，其中，与美国的跨大西洋伙伴关系是欧盟外交的重中之重。在这一方面，吉登斯的看法是，欧洲与美国当前主要是一种依赖关系，理想的格局应当是减少依赖，发展出建立在平等和合作基础上的新型关系。“我们欧洲应该设法建立起新型的跨大西洋关系。这一次，应该建立的是基于平等的合作伙伴关系，而不是基于依赖的不稳定关系。跨大西洋自由贸易区就是一个不错的起点。”（第180页）在与北约的关系方面，欧盟必须把分散的军事力量组织起来，建立起统一的欧洲武装，同时加强与北约的合作，形成制度化的合作机制以预测和管控冲突。在与俄罗斯的关系上，石油和地区安全是横亘在这两大政治主体之间的最重要影响因素。俄罗斯丰富的石油资源有效地分化了欧盟成员国的立场，克里米亚、乌克兰的地位问题则造成了欧盟与俄罗斯之间的尖锐对立。随着俄罗斯不断扩大其在欧洲的势力范围，欧盟内部必须加强团结以抵制其扩张。总之，在吉登斯看来，欧洲安全应当掌握在欧盟自己手里，目前欧盟的最大问题在于，由于欧盟1没有形成有力的领导和欧盟2的分裂性，欧盟至今没有形成统一的安全战略和建立统一的欧洲部队。

总体而言，面对不断深化的全球化浪潮以及随之而来的全球金融危机、国际移民、气候变化等问题，吉登斯没有退缩和回避，而是坚定地从拥抱全球化的立场出发寻求问题的解决。他主张进一步提升欧盟的主权和加快一体化进程，形成一个更有能力、更有效率和更具合法性的欧盟；主张欧盟各国以创新性思维应对财政紧缩所带来的问题，重振欧洲经济；主张以“积极福利”来再造福利国家，实现社会政策的更新升级；主张以协商对话来解决移民问题，寻求接收族群与少数族裔之间的共识；主张以自上而下的政治方式来解决全球气候变化和能源问题，实现环境保护与经济增长双赢的目标；主张欧盟与世界主要国家或者集团建立起合作和平等的外交关系。从这一角度而言，吉登斯秉持的是一种开放、开明的态度，顺应了全球时代的形势。鉴于保守主义思潮在当今部分国家正变得越来越盛行的事实，当今部分国家的领导者正越来越从“本国中心主义”的立场出发不断推出种种逆全球化政策，吉登斯的这种立场和态度显得弥足珍贵。

当然，吉登斯的政策建议不是没有问题的。面对全球金融危机、财政紧缩、气候变化、国际移民等问题，他希望化被动为主动、变消极为积极，使每一种问题的解决都获得最佳的效果。鉴于欧盟领导缺乏领导力的事实，他希望欧盟发展出超越成员国的主权，希望厘清欧盟与成员国领导人的权力边界；在福利政策的改革方面，他希望提升公民的责任意识，增强公民的劳动能力，改变部分公民依赖国家福利的现状；在气候变化问题上，他主张积极应对气候变化所带来的风险，将气候变化与经济增长融合在一起；等等。不可否认，这种在各个方面都处于最佳点的政策主张的确带有几分一厢情愿的色彩。吉登斯在其“社会理论三部曲”中的第三卷《超越左与右：激进政治的未来》中曾提出“乌托邦现实主义”的观点，认为关于激进政治的主张兼具“乌托邦主义”和“现实主义”双重特点。[①] 之所以是“现实主义”的，因为它从批判性政治的角度针对实际的社会进程；之所以是“乌托邦主义”的，因为它指向的是未来可能出现的模式，带有几许理想的成分。可以看出，吉登斯所提出的欧洲“命运共同体”主张也带有较强的“乌托邦现实主义”色彩。他指责欧盟1的许多美好设想最终沦为“纸上欧洲”，反过头来，他自己提出的这些过于理想化的主张实际上也难

---

① 安东尼·吉登斯：《超越左与右：激进政治的未来》，李惠斌、杨雪冬译，社会科学文献出版社2000年版，第262—263页。

免“纸上欧洲”的结局。

本书首版于2014年，欧洲其时正经历金融危机的沉重打击，吉登斯希望通过这本书为即将到来的欧洲重建建言献策。德国前总理施罗德（Gerhard Schröder）、欧盟前共同外交与安全政策高级代表索拉纳（Javier Solana）、意大利前总理阿马托（Giuliano Amato）等政要曾予以推荐。时至今日，我们很难推断吉登斯的拳拳之心对欧盟及其成员国领导人实际产生了多大的影响，因为不仅其所指出的欧盟1和欧盟2的问题依然故我，欧盟3的到来遥遥无期，其热切期待的“欧洲命运共同体”更是不见踪影，更有甚者，数年之后的欧盟似乎更显分裂趋势——英国正经历着“脱欧”的痛苦折磨。或许，尽管思想家的愿望很丰满，但现实总是显得骨感。我们不必为吉登斯所勾勒的愿景未能实现而感到惋惜，因为至少，它使人们在残酷的现实面前保持一份乐观和梦想。

初识吉登斯著作已逾二十年，与吉登斯的个人交往也逾十年，无论如何感叹人生有如白驹过隙，它在我的人生经历中都是一段不短的时光。难以忘记当年初登学术殿堂的我如何贪婪地吸取着吉登斯的思想光华，难以忘记与吉登斯交往的所有重要场景。时至今日，吉登斯的观点或许已不流行，但他的确为人类知识贡献了迷人的智慧，的确曾极大地改变了欧洲乃至整个西方世界的政治氛围。本书是我主持翻译的第7本吉登斯著作，无论翻译在当今学术界是一件如何吃力不讨好的事情，我对翻译吉登斯著作的兴趣都始终如一。我感谢我的合作者陈志杰先生。本书蒙他先译出初稿，我再在此基础上进行逐字校对，凡文中出现讹误之处，责任自然由我承担。我也感谢北京大学出版社的陈相宜编辑，她对于吉登斯著作的兴趣使本书在中文世界的面世成为可能，而她对于译稿的认真编辑则使本书的翻译质量更胜一筹。

郭忠华

2019年3月于广州祈乐苑

致　谢

本书的写作得到了许多人的帮助。一如既往，我感谢政体出版社所有同人的高效和配合。我尤其感谢约翰·汤普森、吉尔·莫特利、尼尔·德科特、埃利奥特·卡施泰特、布雷夫尼·奥康纳和金尼·格雷厄姆。卡洛琳·里士满为本书文本做了出色的编辑工作。安妮·德萨拉誊写了本书的初稿，并给予我诸多其他帮助。我感谢安德烈亚斯·索瓦的研究贡献及其对资料准确性所做的校对，我尤其对其提出的深刻见解和批评性意见非常感激。我的女儿米歇尔和凯蒂阅读了本书的部分章节，并提出了某些重要的批评意见。戴维·赫尔德不止一次地阅读了本书的稿件并提出了许多有价值的看法。我在书中已对他的意见有所回应。格里·伯恩鲍姆同样提出了很多有价值的看法。我非常感谢他们。我还要感谢凯文·费瑟斯通所给予的极为有益的反馈性意见。阿丽娜·莱德尼娃和玛莉亚·莱德尼娃对最初非常无条理的文本进行了整理。我从与下述各位的交谈中受益匪浅，感谢他们：奥拉夫·克拉姆、马丁·阿尔布劳、罗杰·利德尔、恩里克·弗兰切斯基尼、约翰·阿什顿、阿利斯泰尔·狄龙、约翰·厄里、马克·伦纳德、蒙特塞拉特·吉韦尔瑙、莫妮卡·曼代利、贾尔斯·雷迪斯、玛丽·卡尔多和苏西·阿斯特伯里。我是尼古拉斯·伯格鲁恩和内森·加德尔斯所发起的“欧洲未来委员会”（The Future of Europe）的成员，本书的写作受到这一身份的启发。该委员会的成员对欧洲的看法各不相同，本书所表述的是我自己对这些问题的立场。我在英国上议院“D”小组委员会（Sub-Committee D）中与同事们一起探讨过欧盟的农业、渔业、环境和能源政策，受益良多，在此一并向他们表示感谢！

安东尼·吉登斯

目录

CONTENTS

引　言

1

1946年9月19日，温斯顿·丘吉尔在瑞士苏黎世大学演讲时说道：

> 我今天想和你们谈谈欧洲的悲剧。这是一块高贵的大陆，一块地球上最美丽、最文明的大陆，它气候宜人、风调雨顺，它是西方世界所有伟大之母……那么，欧洲所处的困境是什么？……在这片广袤的土地上，人们正凝望着已成废墟的城市和家园，他们瑟瑟发抖、饥饿难耐、忧心忡忡且彷徨无助，远方则是黑暗的地平线，隐含着新的危险、暴力和恐怖。战争的胜利者正喋喋不休，失败者则陷入绝望的沉寂。
>
> 然而，确实存在一种疗伤之法，很多地方的很多人都自发地用过，并且可以奇迹般地改变这一切……这种强大的疗伤之法是什么？就是重建欧洲大家庭，或者说尽可能全面地重建这个大家庭，使之建立在和平、安全和自由的结构之上。我们必须建立起类似于联合国的欧洲……

2

> 我们英国是一个联合王国……为什么就不能有一个欧洲集团，使这块动荡而强大的大陆上心思各异的人具有广泛的爱国情感和统一的公民身份？为什么就不可以用其他

更大的集团形式来取代其现有的合法形式，从而改变人们未来的命运？……因此我要对你们说，让欧洲崛起！

图1　丘吉尔用手杖顶起帽子向人群致意（1946年9月19日于苏黎世）

2006年正值丘吉尔此次讲话发表六十周年，欧洲合众国虽然没有出现，但欧盟却在迅猛发展。冷战结束了；苏联已经解体，且几乎是一弹未发；分裂的德国重新统一；东欧与西欧再次联系在一起，欧盟在其中扮演了关键性角色。欧元发行了，所取得的明显成功粉碎了对它的质疑。在当年9月的报告中，国际货币基金组织宣称全球经济将飞速发展，尽管该报告也表达了某些担忧。但在其后不到十二个月的时间里，全球便遭遇了20世纪30年代以来最严重的经济危机。欧洲领导人最初认为这仅是美国的问题，是其自由放任的资本主义所导致的。在某种程度上确实如此。但经济危机对欧洲[①]

① 在本书中，我是在习惯意义上使用“欧洲”和“欧盟”两个词的，除非依据上下文需要将其明确分开，一般情况下可以互换。各国的政策在欧洲层面上会产生很大的影响，如福利政策和能源政策等，因而很难将这两个词精确区分。

的影响却更加深远和令人不安，原本自以为是的欧洲各国领导人几近绝望，并开始努力应对。欧元——一种已然完全成熟却没有主权支撑的货币——的存在使问题变得更大和更加复杂。欧元区国家竭尽所能地想要保住欧元。

3

直到今天，欧元的阵痛才被控制住，但远未完全消除。欧盟的各种问题依然严重和危险：之所以严重，是因为建立统一大陆的整个计划有可能破产；之所以危险，是因为万一情况恶化，其后果可能是灾难性的。有人指出，过去引发战争的那些对立情绪，今天仍然依稀可见。“正如波斯尼亚和科索沃战争所表明的：魔鬼并未远去，他们只是处于休眠状态。”①

单一货币引入之时，欧盟其实是在进行一场豪赌，而且是有意为之的一场豪赌。从一开始，欧元就既是一项经济工程，也是一项政治工程。主张发行欧元的那些人知道，发行一种稳定、成功的货币所需要的条件并不充分具备。他们以为，欧元能促使欧洲实现经济整合，从而使所需的条件完善起来。由于当时和其后一段时间的经济状况非常良好，所以这一工程的倡导者并未意识到这个赌注有多大。

欧洲已不再强大，随着整个大陆出现冲突和分歧，它又一次变得动荡起来。失业率上升到了一个新的高度，年轻人的失业率尤其如此。金融危机发生前收支平衡的那些国家，现在已是债台高筑。而那些肆意挥霍的国家，有些经济陷入了困境，面对其国内货币贬值束手无策。它们不得不接受巨额紧急财政援助。南北欧元区成员国贫富分化加剧。受危机的影响，对联盟的支持情况也有了变化，尤其是南欧各国。欧洲晴雨表（Eurobarometer）的调查——欧盟委员会每六个月实施一次——表明，几乎所有成员国的民众都对欧盟

① Valentina Pop, quoting Jean-Claude Juncker (now the President of the European Commission): ‘Europe still has “sleeping war demons”’, *EU Observer*, 11 March 2013.

越来越失望。[1] 例如，在 2007 年，西班牙有 65% 的受访者表示对欧盟抱有信心，与之相对的是 23% 的人表示没有信心。但到 2013 年初，这些数字完全颠倒过来，20% 的人依然持支持欧盟的立场，与之相应的是 72% 的人持反对立场。在希腊、葡萄牙和爱尔兰等国，调查结果也都相差无几。在匈牙利和罗马尼亚等原社会主义国家，情况大同小异。对于欧盟，英国的公众支持率长期以来都是最低的，现在则比以前更加糟糕了。在过去几年中，许多不同的国家都发生了反对欧盟的抗议和示威。

大街上即使有支持欧盟的示威人群，那也已是寥寥。公平地说，尽管欧盟取得了很大的成功，但并没有在其公民的内心深处扎下情感之根。正如有些学者喜欢说的那样，它是“功能性”单位，受结果而非情感的驱动，更不用说热忱了。因此，当结果不再良好时，人们的支持也就迅速减少，这一点儿都不令人吃惊。丘吉尔所说的“广泛的爱国情感和统一的公民身份”依然不见踪影。我认为，欧盟在接下来的几年里必须更贴近其公民，而公民也必须更多地参与欧盟事务，否则欧盟根本不可能以得到承认的方式存在下去。我撰写此书的目的正在于探索这一过程将如何可能。我引入新的概念以帮助读者理解欧盟的局限性及其未来发展的可能性。我之所以常常持批判的立场，是因为我希望借此推动欧洲计划（European project）继续进行下去。欧盟的命运**举足轻重**，甚至可以说是至关重要。有 5 亿多人生活在欧盟国家。就其重要性而言，欧洲所发生的一切都是具有世界历史意义的。这个赌注确实很大。

欧盟的组成结构很能说明为何欧盟会远离其公民。坦率地说，欧盟不但缺乏民主，同时也缺少有效的领导。欧盟的三个主要机构

---

① Ian Traynor：‘Crisis for Europe as trust hits record low’, *The Guardian*, *Europa*, 24 April 2013. 资源在线。

是欧盟委员会、欧洲理事会和欧洲议会。欧盟委员会一般负责为整个欧盟拟订计划、方案和制定政策。欧洲理事会和欧洲议会负责对欧盟委员会的提议作出决定，但决策过程往往非常曲折，甚至不能确保最终会成功。而且，公民无法直接参与其中。至少直到现在，欧盟投票所针对的大多是国家层面的问题。欧洲议会往往扮演着旁观者的角色，大多数公民都不清楚其运作程序。各国领导人，尤其是大国领导人，常常想要从中获益。他们表面上说是为了欧洲，但实际上首先考虑的是自己国家的利益。从欧盟公民的角度来看，欧盟所赖以存在的合法性基础非常薄弱，因为它没有深深植根于公民的日常生活中。

欧盟在不断改进其日常管理，欧盟委员会在其中扮演了最重要的角色。它甚至有个名称，即“莫内方式”（Monnet method）。让·莫内是一个伟大的欧洲人，他认为，欧洲大厦可以一砖一瓦地逐渐建立起来。一步一步的建立过程，是从对话和讨论开始的，但主要是在一些小圈子中进行。欧洲国家的议会和公民被排除在外，欧盟于是在很大程度上处于公民的“视野之外”。如果要快速决策，尤其是作出重要决策，就会出现很大的问题。仅仅依靠这些正式机构是无法有效作出这些决策的。在这种情况下，少数个体，通常是某些重要成员国的领导人，接手决定该做什么，并将其推动下去。例如，德国的统一和欧元的发行等事情就是这样进行的。通过这种方式，欧盟缺少有效领导的问题暂时得以解决。在通常情况下，法国、德国及其他有限的若干成员国，有时还包括国际组织的领导人，在其中发挥了重要的作用。

6

因此，欧盟是通过两种相互交叉的架构得到管理的。由于找不到更为妥当的名称，我暂且将其称为**欧盟 1**（EU1）和**欧盟 2**（EU2）。欧盟 1 指的是欧洲的莫内方式，其中起作用的是欧盟委员会和欧洲理事会，以及后来的欧洲议会；欧盟 2 是权力的真正所在，通过选择性的非正式渠道发挥作用。欧盟 1 与欧盟 2 之间的区别，完全不同于欧盟委员会与欧洲理事会之间的区别。其重点在于，尤其是在危机状况下，事情应该如何做与事情实际上如何做之间的区别。然而，在更长的历史时期中，还有一个更加模糊不清的欧盟 2 版本在背后起作用。确实，这种欧盟 2 版本可以被视为莫内方式的变种，其重点是要求欧盟委员会和其他欧盟机构在提出政策倡议之前，与特定国家的领导人开展非正式的磋商。

目前，**事实上**掌控欧盟 2 的是德国总理（现为安格拉·默克尔）、法国总统（弗朗索瓦·奥朗德）和其他一两个国家的领导人，以及欧洲中央银行（ECB）、国际货币基金组织（IMF）的负责人。欧洲理事会主席和欧盟委员会主席往往只是顺带参与一下罢了。很多人常常用**三驾马车**（Troika）一词来形容欧洲中央银行、国际货币基金组织和欧盟委员会。面对经济下滑，它们只是在一旁监察。默克尔总理实际上是今天欧洲最重要的人物。唯有得到她的认可，三驾马车才可能达成一致的意见。

7

欧盟 1、欧盟 2 以及我所谓的**纸上欧洲**（paper Europe），这三个概念在本书中至关重要。我认为，欧盟的发展史可以用这三个概念来加以解释，它目前的困境也可以凭此得到理解。由于民主领导的缺失，欧盟处于这三个概念的交叉之处。欧盟在一系列领域拥有自己的目标，从经济腾飞到维护全球和平，而且往往雄心勃勃。作为目的而非手段，它们与莫内方式的谨小慎微形成了鲜明的对照。纸上欧洲包括很多欧盟委员会和其他欧盟机构所起草的未来计划、路线图和区域战略等。然而，其中大部分只不过是无法实现的空洞抱负，因为缺乏实施的有效手段。纸上欧洲并不等同于官僚制，尽管它们存在相似之处。问题的关键不在于其程序化的本质（procedural nature），而在于这些制订出来的计划和方案事实上大多非常空洞。纸上欧洲无论在欧盟内部或外部都显而易见，因而影响到了欧盟的信誉。一个人如果总是夸夸其谈却无法兑现其承诺，就没有人会把他当回事。对于一个组织而言，同样如此。

当前，几乎所有欧洲的观察者在谈及欧洲时都把重点放在这一大陆的分裂上，我将把这种惯常视角弃置一边而换成一个完全不同的视角。我认为实际上存在着两种进程，即分化和冲突的进程，同时在起作用。它们相互交织在一起，当然**事实上**也整合在一起。恰恰是受当前深刻危机的驱动，欧盟在某种程度上成了一个史无前例的**命运共同体**。我这样说的意思是，全欧洲的公民和政治领导人都已意识到，他们是彼此依存的关系。于是，首次形成了一个欧洲政治空间。尽管存在着各种各样的紧张关系和抗议活动，但无论对于各个成员国还是对于更加重要的公民而言，欧洲都沿着这一政治议程一路前行。国内选举变得和从前不一样了，更加直接地涉及欧洲的议题。打开每日的报纸，都可以看到有关欧盟的报道——即便在英国也是如此。这种转变非常重要，因为这几乎肯定是不可逆的趋势。

8

对于那些像我一样希望看到欧盟绵延兴旺的人而言，有一个简单的问题必须要提出和回答。那些正在发生的消极变化是否可以转变成积极的？从积极的一面来看，欧盟 2 并非只是由一些不具有合法身份的个体**临时**拼凑而成的，而是有着民主授权的制度化领导体系。从积极的意义上把欧盟变成一个命运共同体，这意味着团结起来，形成对欧盟整体的归属感，而非对各成员国或者地区的归属感。我相信，如果欧洲要走出低迷状态，这些发展变化不仅可能，而且必要。

我的观点如下。欧元起到了其发起人所希望发挥的作用，推动建立起了欧元区，并使欧盟作为一个整体而得到扩张，欧洲各国比从前任何时候都更加相互依赖。然而，这些是以一种间接、突然，甚至在某些方面不负责任的方式实现的，这个过程也带来了很多磨难。由于担心会出现更严重的灾难，原本一开始就应该制定的经济规范和财政机制也正在形成中。欧盟2迅速行动起来——至少从欧盟的惯常标准来看是如此，实施了必要的改革，尽管这一切需要得到德国的默许。但还有许多工作尚待完成。从表面上看，德国似乎已经通过和平的方式实现了掌控欧洲的目的，这是它通过军事征服所未能达到的。但从长久而言，“德国的欧洲”（German Europe）是不可能成功的。[①] 之所以如此，乃源于对分裂欧洲的憎恶。从本质而言，欧洲应该选择一个新的未来，这一次公民必须直接参与其中。欧元区国家必须设定步调，它们创新的步伐有多大，处于欧元区之外的国家所受到的影响就有多大。

9

尽管面临着许多难以应对的现实政治问题，但前方的道路已经非常清晰。其内在逻辑如下。必须挽救欧元，因为即便想要掉头回去也是极其困难的，甚至会导致灾难性的结果，使欧盟在世界事务上变得不再可信，不再具有影响力，从而彻底完蛋。欧盟需要进行大范围的结构性改革，不是仅仅针对脆弱的经济，而是在某种程度上要针对整个机构。更具体地说，保卫单一货币，就是要建立起银行联盟，同时，欧元区国家将部分财政权让渡给经济管理机构。这一举动意味着，承认**相互依存关系**，即富裕经济体和贫困经济体相互负有责任。如果不在某个时候迈出这一步伐，对于欧洲稳定的未来的期望也将随风而去。欧盟的一贯路线就是深化合作，但这种做法无法替代那关键的一步。有人可能会说，欧盟有个完备的（实际上是过于复杂的）结构，但其生理机能却不健全。

这种大规模的经济相互依赖有时会使政治进一步整合。大体来

---

① Ulrich Beck：*German Europe*. Cambridge：Polity，2013. 德国领导人承认这在当前很有必要。德国财长沃尔夫冈·朔伊布勒（Wolfgang Schäuble）坦率地说：“德国人承受不了一个德国的欧洲。”“我们希望，”他接着说，“德国能有助于欧盟的经济复苏，但不会削弱德国自身。” Wolfgang Schäuble：‘We Germans don’t want a German Europe’，*The Guardian*，19 July 2013. 资源在线。

说，采取某种形式的联邦制的解决方案就不仅仅是回到议程中，在不远的未来还将成为一种迫切的需要。联邦主义，没有什么比这更让欧洲怀疑论者（Eurosceptics）感到愤怒了！欧洲怀疑论者虽然存在不同的派别，但他们几乎都忧心于“布鲁塞尔的统治”。然而，他们似乎根本不担心债券市场或巨头公司的操控，因为它们太过遥远，而且不是某个人的统治；他们似乎并不担心，进入欧洲的移民将比现在更加难以管控；他们似乎并不担心，国内的严重冲突有可能重新抬头；他们似乎并不担心，如果欧盟消失或萎缩，剩下的也许是美国和中国所主导的 G2 世界。对于联邦制的担忧，绝大多数是出于对国家主权丧失的担忧。然而，无论主权指的是什么，它一定是对国家事务的真正掌控。一种几乎完全丧失的东西是无法交出去的。在全球舞台上，单个国家的权力已显得微不足道。将权力进一步归于欧盟，其基本原理就是我所谓的**主权升级**（sovereignty+）。通过协作，欧盟成员国将不再作为个体而采取行动，从而在世界上获得更加真实的影响力。换言之，每个国家都将是纯粹的赢家。这个结果不局限于对共同事务的决策。由于得到欧盟成员国身份的潜在支持，各个国家在单独行动时将产生比过去更大的影响力。

我作为一个坚定的亲欧主义者而撰写此书，之所以亲欧，是因为完全有证据表明：主权升级将带来巨大的好处。欧盟及其先驱已经把一个备受战争蹂躏的大陆联合起来。许多人认为，欧盟的这一发展阶段已到尽头，因为欧洲的战争阴霾已然消失。然而，还有许多工作要做。近年来，随着南斯拉夫的解体，出现了苦难而血腥的冲突。战争留下了后遗症，包括一些极为棘手的问题。克罗地亚是最近加入欧盟的成员国。最重要的是，邻国也将仿效，尤其是塞尔维亚。如果巴尔干国家全都在某个时候被吸纳为正式的欧盟成员国，那是多么伟大的成就啊！欧盟在全球政治中所扮演的角色，其重要程度远远超过了各成员国。换言之，当正统的国际机构无能为力时，它能够且应该成为一种强大的世界影响力。① 无论是好是坏，国际舞台事实上是由少数几个大国所操控的。一个四分五裂的欧洲是没有多少机会发出自己的声音的。

欧洲及其周边存在的很多问题要求采取联合行动，绝大多数都关涉欧盟的存续。人们关心的各种问题都可以纳入其中，如边界管理、海关监管、战争犯罪、国际法运用、货币体系的协调（如果不存在单一货币的话）、环保合作、疾病预防与控制，以及其他大量问题。与各种**临时**措施相比，欧盟在处理这些问题时可能更加有效、代价更小。现在，欧盟周边出现了一些新的不稳定因素，尤其是在中东和乌克兰。一旦其后果波及欧洲，就需要一起作出回应。欧盟可以推广那些深植于自身的价值观念，即便其中一些不是为欧洲文明所独有的——有些人可能会说，与之相伴的是残暴和殖民的历史。这些理念包括促进和平、法治、民主参与的权利、两性平等以及其他道德价值。如果欧盟的重要性下降或恶化，欧洲将成为中小国家胡乱凑合在一起的落后地区。然而，面对一个快速变迁的世界，它无法抽身离去，与此同时，它在地缘政治上却异常脆弱。

尽管欧盟在当前一些情况下可能看起来不那么可靠，但它的出现却促进了整个欧洲的经济繁荣。金融危机爆发前，仅 2006 年欧洲单一市场就使欧盟整个国内生产总值（GDP）增长了 2.2%。欧盟的经济体量比美国更大。很多领域的企业都依照单一规范运行，而不像其他地区那样按照多元规范运作。欧盟可以对外开展贸易洽谈，单个国家在这一方面根本无法与之相比。从短期而言，经济重建可能是欧洲的重中之重。一旦欧元区经济进一步整合和重新繁荣，欧洲公民的态度很可能发生改变。他们将不再把欧盟视作麻烦，而是解决问题的方案。

12

① Thomas Hale, David Held and Kevin Young: *Gridlock: Why Global Cooperation is Failing when We Need it Most*. Cambridge: Polity, 2012.

情况从表面上看确实不妙，经济复苏乏力且不平衡，平均失业率依然高企，所有欧盟成员国——实际上是所有工业国家——都债台高筑。让人感到吃惊的是，一些分析人士似乎以为当前的经济困境只不过是暂时的停滞。绝非如此。大量证据表明，其中有更深层次的原因。我们也许正处于世界经济史上的一个重大转折期，而我们对此尚未完全了解。此前还从未有人像现在这样生活在一个相互关联的世界中。在过去三十年左右的时间里，主流的全球经济理论遇到了挫折，取而代之的新理论的出现却遥遥无期。根据正统的理论，要使经济有效运行，必须在维持财政收支平衡和大规模放松监管的同时，保持较低的通货膨胀率。结果却证明，真实的世界与此完全不同。在这个世界上，系统休克（system shocks）难以预测，低利率不能刺激经济活力，资本的流动会破坏而非增强经济的稳定性，金融泡沫无法提前发现。我们根本就不清楚凯恩斯主义经济学是否还有其他办法，毕竟它出现的时代与我们现在所处的时代大异其趣。鉴于世界金融体系——尽管到目前为止已进行了改革，但只是非常边缘性的——复杂异常，也许还有更多的休克正在进一步积聚。

对此，我们必须以一种创新和激进的方式进行思考。经济衰退并不是靠刺激需求和消费复苏就能完全解决的，它是一个结构性问题。经济疗法必须在相当大的范围内实施。在工业国家，新工作岗位从何而来，需要多大的量？这是一个大问题，在欧洲尤其如此，因为它与欧元问题交织在一起，远非紧缩与积极投资之间关系的问题。与其他地方一样，去工业化（Deindustrialisation）给欧洲带来了破坏。我们不应该只满足于顺其自然，而应思考这种趋势是否和如何能至少在某种程度上实现逆转。由于互联网在很大程度上推动了全球的急剧转型，工业生产以及服务行业正在发生深刻变革。数字化生产看起来是一种正在成形的革命性力量。我相信，多年前我

13

是第一个使用全球化概念的人。然而，我那时根本没有意识到，这个进程会如此彻底和全面。即便如此，这也许不过是发展初期，未来的路还很漫长。

我要说的是，在很大程度上由于全球化的加速和互联网的崛起，我们（作为人类整体）生活于其中的社会和技术体系已完全不同于刚过去不久的那个时代。我称之为**高机遇、高风险的社会**。我们所面临的机遇与风险交织在一起，这是人类历史上前所未有的，一部分原因在于我们新近发现的全球相互依存关系，另一部分原因则在于整体科技革新的加速。我们很难预见到，机遇与风险之间的平衡将如何被打破。正如我们从金融危机中看到的，在这个相互依存程度非常高的世界里，存在一些重要的系统风险。我们不知道自己能在多大程度上控制气候变化、核武器扩散、流行性传染病和其他严重威胁。另一方面，某些领域的创新水平也令人震惊，如遗传学和纳米技术。机遇与风险以一种非常复杂的方式结合在一起，难以甚至完全不可预测。我把对这些问题的思考融入本书的每一章，从经济到应对气候变化，许多领域都需要加以反思。

14

无论欧盟及其成员国内部的政策会带来多么深远的影响，不重塑世界经济秩序，就不可能重现经济的飞速增长，更不用谈稳定和可持续增长。欧盟必须在这一进程（尽管这个进程可能需要很多年）中努力扮演核心的角色：只要欧元作为一种全球货币具有稳定性，就很容易做到这一点。我想，对于21世纪是亚洲的世纪以及工业国家注定衰退的种种说法必须持审慎的态度。情况也许确实如此，但历史的发展往往一分为二，已有的趋势常常引发相反的情况。无论如何，过去几十年里一直存在的状况不可能延续下去，即亚洲国家——尤其是中国——为西方消费者生产商品，而实际上这些消费者却买不起这些商品。于是，他们以主权债券和其他资产形式大肆借贷，导致债台高筑，而中国人则适时收购了这些债权。与此同时，中国公民重储蓄轻消费的习惯——由于社会福利制度不够完善，这样做也是理性的——抑制了中国的内在需求，尽管中国的进一步发展需要激活其内在需求。中国需要全方位的调整。想要撼动这些困难，必须引入新的思维，制定大胆的政策。

面对这些深刻的问题，欧盟及更为一般的工业化世界重新全面审视其主要活动领域，保持密切关注，这样做是有道理的。人们非常担心，欧洲所珍视的“社会模式”在严重经济紧缩时期能否存续下去。这种社会模式——兼顾平等与包容目标的全方位福利制度——一直是半真实半理想化的。如果不能用第二种社会模式全面置换第一种社会模式，大多数国家将需要进行重大改革。然而，只有转换成我所谓的**社会投资型国家**（social investment state），欧盟才可能存续和繁荣。这种社会模式必然是与经济繁荣相伴而来的，而不仅仅是经济繁荣的产物。一个与此相关但极为矛盾的问题是，移民的影响。有些人认为，移民问题与欧洲的政治、经济问题几乎同等重要。他们说，多元文化主义是一种灾难。我完全不同意这种说法，并希望对此稍作解释。受互联网的影响，我们目前生活在一个“超级多样性”的时代，必须在这一时代语境中对这个问题加以重新界定。先前多元文化主义所对应的时代已经过去，把握现在这个时代的一个更好的概念是：**跨文化主义**（interculturalism）。

15

欧盟的重点之一是其对环境问题的关注，尤其是期望在应对气候变化的活动中成为世界的领导者。如果这一问题真的存在，这确实是一个值得为之奋斗的紧迫任务。2009 年在哥本哈根召开的联合国气候变化大会，原本预期会在欧盟的领导下取得一系列成果，然而现在众所周知，会议最终惨淡收场。这是欧盟的老问题所导致的，即谁是欧盟的代言人。在协议起草的会议上，欧盟领导并没有直接起到作用。我们需要从“保护”“可持续性”“预警原则”等概念开始进行全面反思。这些大家耳熟能详的概念存在着一个问题：

它们都形成于绿色运动中，其特点在于强调对自然的保护以及增长的极限。因此，它们基本上是作为保守和防护的观点出现的，目标在于保护自然。然而，今天的自然已彻头彻尾地人类化（humanised）了。深入分析就可以发现，预警原则并不是很明确。只要人们还关注可持续性，创新就成了兜里的那张制胜王牌（wild card）。例如，在能源领域，几年前根本不会有人想到，页岩气的出现会带来这么大的变革。与欧盟相比，美国过去几年排放的二氧化碳已大为减少，这在某种程度上是因为放弃煤炭而转用天然气，能源价格下降帮助了其工业的复兴。

16

如果认为能源政策不应该是欧盟的主要关注点，而是一个边缘性的问题，那就大错特错了。这不仅因为它牵扯到控制气候变化这个至关重要的问题，还因为它涉及能源安全。欧盟各国消费的能源，其中相当大的比例来自进口。乌克兰与俄罗斯之间的对峙，清楚无疑地表明了这种依赖性有多么严重。欧盟一些小成员国的天然气供应，百分之百依赖俄罗斯。包括德国在内的许多大成员国都是进口大户。很多年以来，纸上欧洲一直计划着要减少这种依赖性。现在这一新出现的紧急状况迫使这些计划离现实更近了一些。

我认为，欧盟在国际关系领域应该放弃这样一种做法，即远离追求权力，包括军事力量，尽管其初衷是可以理解的。事实上，欧盟的新叙事一定与权力有关，即那种在世界上做好事的权力，它既不属于康德式的永久和平，也不是霍布斯式的“所有人反对所有人”的战争。国际秩序也并非过去意义上的权力平衡，更确切地说，这是大国与国家集团之间多极协作的世界，尽管这一过程常常伴随着紧张和分裂。欧洲想要通过协商和法治来促进和平，以改变自己过去破坏者的形象，这一理想完全值得肯定。但实际上，也存在很多虚假的成分。一旦有必要，欧盟就会转向美国寻求支援，就像在南斯拉夫冲突中那样，满足于依靠北约——主要由美国人出钱，其运作也要求使用美国技术——的保护。欧盟在这些方面，至少在欧洲或与欧洲相关的事务上，应该寻求与美国更加平等的伙伴地位。

17

冷战结束后，欧盟东部和南部的边境线有一段时间看起来相当太平，尽管在中东晚近的历史上每隔一段时间就要爆发战争。欧盟即使没有建立起有效的安全架构，似乎也没什么特别值得担忧的地方。然而，到了今天，从东部侧翼到中东大部分地区，再到北非，欧盟的周围到处都是不稳定因素。对于欧盟而言，亟待解决的问题是：在外交政策上进一步整合，同时从与俄罗斯的关系出发，重新考量北约所扮演的角色。

遵循深化政治一体化的道路意味着要抛弃欧盟的某些傲慢。欧盟并不会像国际关系领域已经见证过的联盟试验那样，它可以在更广的范围内对世界事务发挥比现在更大的影响力。它目前的形式尚未对全球治理（global governance）作出任何实质贡献。在这里，我必须**承认错误**。我过去和其他人一样，认为欧盟可以摆脱单一国家的局限性，成为一种先驱政体。我必须修正这些看法。

依托欧元区来推动欧洲的重构，“可变几何”（variable geometry）也就不大可能再有较大的存在空间。也就是说，不接受欧元及欧盟其他各种规定的成员国，不可能永远自行其是。如果想要摆脱目前的困苦，欧盟的发展就必须或多或少地沿着这一轨迹前行。对于英国而言，这里存在着棘手的问题。英国也许会发现自己与欧盟格格不入，可能选择离开。这正是丘吉尔所预见到的，只不过现在已经没有了当时帝国的风采——无论是好还是坏，它在这个恢宏而纷扰的世界里只能自力更生了。

18

第一章　作为命运共同体的欧盟

欧元的症结并不在于欧元本身，其所反映的问题远远超出了欧洲范围，隐含了所有工业国家都存在的一系列深层次经济问题。在欧洲语境下，围绕着欧元产生的各种问题凸显了欧盟的问题，这些问题早就存在，只不过现在亟待解决罢了。

目前的欧洲由于欧元危机而被某种版本的欧盟 2 所主导。其主要特征是，存在着一个非正式的欧洲“总统”——安格拉·默克尔。如果巴拉克·奥巴马想要对欧洲事务发挥影响，第一个要找的便是默克尔夫人。这位“总统”有一个构成复杂的“核心内阁”，她与“核心内阁”一起作出重大决策——尤其是在极端困难的情形下，并推动其实施。“内阁”包括少数几个有影响力的国家领导人、欧洲中央银行行长，外加一两个国际货币基金组织的官员。当然，欧盟 1 及其数个主席依然在背后忙碌着，与该“内阁”存在着广泛的接触。德国领导人之所以能说了算，是因为德国有着较大的经济体量，与其他欧洲大国相比也显得更加成功。这种情形绝不会长久，其危险性在于各成员国之间存在着有害的分歧，更为普遍的问题是它们在政治上各行其是。南部成员国要靠德国的默许才能获得其所需的贷款，这一事实使它们及其“债主”（donors）感到愤愤不

19

平。希腊乱作一团之后，其“不负责任”的形象开始深入人心，德国的民众也为之所累。其时，一些希腊政治家开始重翻第二次世界大战的旧账，要求德国为其历史上的残暴行径进行战争赔偿。民粹主义几乎哪里都存在，但其中的极端分子往往会引发危机，在某种意义上他们大多是民族主义者和欧洲怀疑论者。有些人已经进入政府，比如以荷兰的基尔特·威尔德斯（Geert Wilders）为代表的那些人。民主进程有时被迫停顿下来。2011 年 11 月，意大利总理西尔维奥·贝卢斯科尼（Silvio Berlusconi）辞职，取而代之的是“技术官僚”马里奥·蒙蒂（Mario Monti）。蒙蒂在意大利开始实施一项改革，得到了德国总理默克尔和法国总统尼古拉·萨科齐（Nicolas Sarkozy）的首肯，同时还获得了欧洲中央银行和国际货币基金组织的支持，换言之，他得到了欧盟 2 的支持。

接着，蒙蒂作为新联盟领袖参加了 2013 年 2 月的大选。然而，这一联盟在与四个主要竞争对手的竞选中垫底。令人大跌眼镜的是，喜剧演员贝佩·格里洛（Beppe Grillo）领导的“五星运动党”（Five Star Movement）取得了胜利。由于投票分散，无法一下子组成统一的政府。格里洛把蒙蒂说成是银行代理人，再三呼吁对意大利的欧元区成员国身份进行全民公投。他认为自己不是欧洲怀疑论者，也不是反欧人士，而是欧盟发展方式的批判者。他问道：“为何只有德国变得越来越富有?”① 取代蒙蒂的是新总理恩里克·莱塔（Enrico Letta）。接着，他又被另一位未经选举产生的领导人马泰奥·伦奇（Matteo Renzi）所取代。格里洛严厉批判伦奇的上台方式，称之为政变。

欧元原则上可以走回头路，一两个成员国可能被驱逐出去或主

① ‘Beppe Grillo warns that Italy will be “dropped like a hot potato”’, *The Telegraph*, 13 March 2013. 资源在线。其后的运动由于内部四分五裂而丧失了大部分影响力。

20 动离开，甚至连欧元也可能被完全抛弃。我将在本书结尾处详细探讨各种可能性。即使是这些比较有限的选择项，也远比许多提出这些行动方案的人所想象的要更加难以实现。继续推进一体化是欧盟有效应对今天问题的唯一出路。基本道理很简单：挽救欧元意味着欧元区的经济进一步融合。由于欧盟2的领导人从根本上说太不稳定且彼此分歧太大，这意味着欧盟的政治体制必须转型。笼罩在"欧洲计划"上空的欧盟深层问题一开始就必须予以解决，其主要体现为缺少民主合法性和有效领导。然而，诸如此类的政治活动正在检验这一计划所反映出来的各种局限性，这是一个必须予以革新的体制。

尽管这一过程并非一帆风顺，但迄今为止还是取得了实质性进展。因为改革是在危机的驱动下进行的，所以往往要到最后一刻才作出决定和进行干预。一旦情况有一点好转，推动大变革的动力就可能消失。相关人员在其中往往起着决定性作用，他们在特定时刻的关系好坏也具有显著的影响，因为他们的交往是非正式的，即不是建立在已有制度体系的基础上。另外，欧盟2并不稳定，因为国内的选举进程无法预料，而且时有变化，事实上无法确保持续领导。所以有段时间评论人士称，欧洲处在"默克齐"（Merkozy）——安格拉·默克尔和尼古拉·萨科齐的名字组合——的领导下。有些报纸甚至刊登照片，把这两个人的面部特征合二为一。德国小报《图片报》（*Bild*）用了这样一个标题："默克齐：这就是新欧洲的样子吗？"① 虽然默克尔和萨科齐在刚开始的时候关系很紧张，但后来

21 成为"欧洲不可或缺的一对"。萨科齐私下解释了"联姻"的动因，并说得冠冕堂皇："没有了法国的德国将使所有人生畏；没有了德

① Nikolaus Blome and Dirk Hoeren：'Merkozy – sieht so das neue Europa aus?'，*Bild*，1 December 2011. 资源在线。

国的法国则无人畏惧。"[①] 他们采取一致行动固然会掩盖各自的特质，但也可以支持欧盟开展更多的行动。

德国已经成为欧洲不可或缺的国家。然而，很多人都没有想到默克齐这一组合这么快就消失了。萨科齐突然下台了，取而代之的是弗朗索瓦·奥朗德。此人与前任的性格迥然相异，所持政治观点也不相同。尽管有报纸试过，但没有找到令人过目难忘的办法把法国新总统与德国总理的名字合二为一。这种尝试的失败与实际情况是吻合的。奥朗德虽然成了欧盟 2 的一部分，但欧盟 2 的内在动力却有所不同了。尽管他们不得不在这个框架下共事，但没人会想到把他们的脸结合在一起。

欧盟 1 和欧盟 2 的辩证关系一直是欧盟做事的方式。然而，危机出现以后，一个新的成员（国际货币基金组织）参与进来，成为三驾马车中的关键。国际货币基金组织的介入使欧盟变得非常难堪，但事实证明这绝对有必要。其现任总裁克里斯蒂娜·拉加德（Christine Lagarde）是法国前任财政部长，对欧洲政治事务非常熟悉。她是国际货币基金组织的首位女总裁。除了欧洲中央银行行长马里奥·德拉吉（Mario Draghi），她和默克尔都是目前欧盟 2 中最显赫的领导人。目前这个阶段是欧盟历史上独一无二的时刻，因为此前在很长一段时间里全部是由男性来主导事务。欧盟有许多建立之父，但就目前我所知道的，根本就没有建立之母。尽管在拉加德和默克尔之间存在着公开的政治分歧，但她们私下关系似乎很好。拉加德说，默克尔是欧洲政坛上"毋庸置疑的领袖"。她们交换礼物，有时还会共进晚餐。不过，拉加德认为，欧洲的改革进程一直太慢。

---

① Gavin Hewitt：*The Lost Continent*. London：Hodder & Stoughton，2013，p. 261. 这本书记述了欧洲领导人努力应对欧元危机的情况，很有参考价值。基于整个欧洲历史的分析，参见 Brendan Simms：*Europe*：*The Struggle for Supremacy*. London：Allen Lane，2013，chapter 8 and conclusion。

她建议欧洲领导人“协调好与欧盟的关系，确保建立起一个银行联盟，然后走向财政联盟之路，保证现有的货币区团结稳固”[①]。

三驾马车内部也存在其他一些紧张关系。2013年6月，国际货币基金组织发布的一份报告批评了欧盟2010年对希腊的首次紧急贷款援助，此次贷款数额高达1100亿欧元。[②] 国际货币基金组织认为，应当让希腊债券的投资人当时就接受损失，而不是一直拖到2011年。如果那时就快刀斩乱麻，希腊政府就不至于要这么大规模地减少开支。欧盟经济和货币事务委员会专员奥里·瑞恩（Olli Rehn）对此批评进行了反驳。他说：“我认为国际货币基金组织在撇清关系后把脏水泼到欧盟头上是不公平的。”他指出，拉加德在萨科齐政府中任职时就曾拒绝过债务重组。当时希腊政府因为行动迟缓而没有一开始就进行改革，反而讨价还价，同样应该受到指责。[③]

已取得多大的进展？

欧盟在其2012年6月发布的一份公报中首次提出：“必须打破银行与主权之间的恶性循环。”一年后的欧洲理事会会议上，这一说法被再次提及。[④] 为了实现这一广受认可的目标，必须建立起银行联盟，同时建立起某种财政联盟，缺少其中任何一方都是有纰漏

---

① Jeanna Smialek：‘IMF chief Lagarde calls Merkel “unchallenged leader” in Germany’，10 April，2013，Bloomberg. com.

② Jack Ewing and James Kanter：‘A *Troika* for Europe faces own crisis of confidence’，*International Herald Tribune*，10 June 2013.

③ Peter Spiegel and Kerin Hope：‘EU’s Olli Rehn lashes out at IMF criticism of Greek bailout’，*Financial Times*，7 June 2013. 资源在线。

④ Alessandro Leipold：‘Inching forward in testing times’，*Lisbon Council Economic Intelligence*，1 July 2013. 资源在线。

的。大多数的银行联盟都具备三要素：监管权、债务处理权和存款担保权。2013 年 3 月的立法授权建立一个单一监管机制，三权中的头一个因而有了眉目，终于迈过了一个重要门槛。它把一系列监管权交到了欧洲中央银行手里，使其有权直接监管各大银行，以及直接接受欧盟援助的对象。非欧元区国家如接受相关条件也可签约。 23
与此同等重要的欧洲决议机制尚在形成过程中。在这一点上，欧盟远远落在了美国后面。银行依然处于困境中，数量似乎还很多，批评人士称之为“行尸走肉”，即充斥着不良资产的“僵尸机构”。它们不能倒闭，因为它们的资产无法勾销，除非银行联盟一事取得更大的进展。2013 年 5 月，一位美国银行家评论道：“欧洲中央银行与政客们说得天花乱坠。但如果从市场来看，实际情况是，欧洲可能已经陷入一个不可逆的缓慢衰退过程。”[①]

这是一个严重的问题，因为在银行系统得到进一步强化之前，即便运作良好的银行也有可能限制投资，而这些投资原本是可以促 24
进经济增长的。想要建立一个可接受的框架，有个途径可以考虑。2013 年 6 月召开的经济和金融会议，针对如何借助欧洲稳定机制（European Stability Mechanism）直接进行银行资本重组，以及如何利用各项“自救”规则（bail-in rules）帮助那些境况不佳的银行，达成了协议。[②] 自塞浦路斯危机以来，“自救”取代了“援助贷款”（bailouts），让银行自己及其投资人承担银行的损失，这一点已为人们所接受。曾被视为有点不正当和危险的策略现在已成为大家认可的规范。人们还认为，单一监管机制需要配以单一的决策机制。只不过，它尚处于设计阶段。欧盟有滑入欧盟 1 行事方式的危险：即便要解决的问题很急迫，也还是慢慢悠悠地行事。安格拉·默克尔

---

① Aimee Donnellan and Mette Fraende：‘Bankers demand faster action on Europe banking union’, *Reuters*, 23 May 2013. 资源在线。

② Leipold：‘Inching forward in testing times’, pp. 2-3.

拒绝“至少在可预见的将来”建立统一的欧洲存款保险。①

图 2 “最后一战：欧洲是如何毁掉其货币的”

该观点源自 2010 年某期《明镜周刊》(*Der Spiegel*)，这是一份很有影响力的杂志。

财政一体化正在进行当中，但到目前为止依然是依靠欧盟 1 的传统做法，即整个欧元区的协调政策。为此引入了“六部立法”(six pack)、“两部立法”(two pack) 和《稳定、协调与治理公约》(Treaty on Stability, Coordination and Governance)。所有这些政策措施都源于“欧盟学期”(European Semester)——欧盟政策制定日程表。《稳定、协调与治理公约》往往被人们简称为《财政协定》(Fiscal Compact)。当时欧盟 27 个成员国中有 25 个签署了该协议，只有英国和捷克共和国未签署。实际上，英国在该协议草案提出之时就持反对态度。这一系列复杂举措旨在为《稳定与增长公约》

① Sid Verma：'Germany's rejection of a pan-European deposit guarantee scheme is no disaster', 13 April 2013, Euromoney. com.

（Stability and Growth Pact）提供规范，欧元初创时引入的《稳定与增长公约》原本缺少规范约束。此外，这也是为了防范未来危机的形成和提前将危机扼杀在摇篮中。这样做确实非常好，但这些措施到目前为止还缺乏对相互依存关系的认可，即欧元区成员国认可彼此应当承担的金融责任。在欧洲，稳定金融秩序最重要的干预措施并不是上面所提到的那些，而完全是欧盟 2 的举措。马里奥·德拉吉宣告欧洲中央银行将“不惜一切代价维护欧元”，并继续说，“只要相信我就够了”。他说得异常坚定，欧元区将团结一致地支持其货币。然而，这种信誓旦旦的说法至今没有得到制度上的支持，欧元依然很脆弱。[①] 25

正是这个“不惜一切代价”处在争议当中。单一货币建立时就存在的缺陷，现在必须予以弥补。没有相互依存关系以及予以支撑的手段，就不会有持久的货币联盟。德国说要建立银行联盟，安格拉·默克尔也口头上表示支持财政一体化。然而，德国政府直到现在依然不愿采取更广泛的行动。欧盟北部的某些国家可以说至今仍立场不定，主要担心的是这样做可能带来道德危害——如果富裕国家（尤其是德国）承担改革的费用（foot the bill），弱国将丧失改革的动力。[②] 这里存在的一个关键的问题是：德国的领导人及其人民是否会在某一时间以其他某种形式认可这种相互依存关系？如果答案为否，那么欧元的地位依然充满变数，欧洲的未来也随之变得不确定。2013 年 4 月，金融家乔治·索罗斯（George Soros）在法兰克福就危机问题做了一次公开演讲。他非常正确地指出：欧元最 26

① 2013 年 7 月，德拉吉先生又向前迈出了一步。欧洲中央银行首次对利率进行“前瞻性引导”，誓要维持低利率，从而突破此前的界限。这更接近于美联储的做法，市场立即作出了积极回应。

② 参见 Iain Begg：*Fiscal Union for the Euro Area：An Overdue and Necessary Scenario?*. Gütersloh：Bertelsmann Stiftung，2011。资源在线。

致命的问题在于，各成员国逐渐“受制于一种不受其控制的货币”。[①] 当希腊眼看要出现违约时，“金融市场作出了报复性反应，下调评级，将欧元区高负债成员国与那些外国货币肆意侵凌的第三世界国家同等对待。于是，这导致高负债成员国应该为它们自己的厄运负责的假象，欧盟的结构性缺陷依然没有改变”。

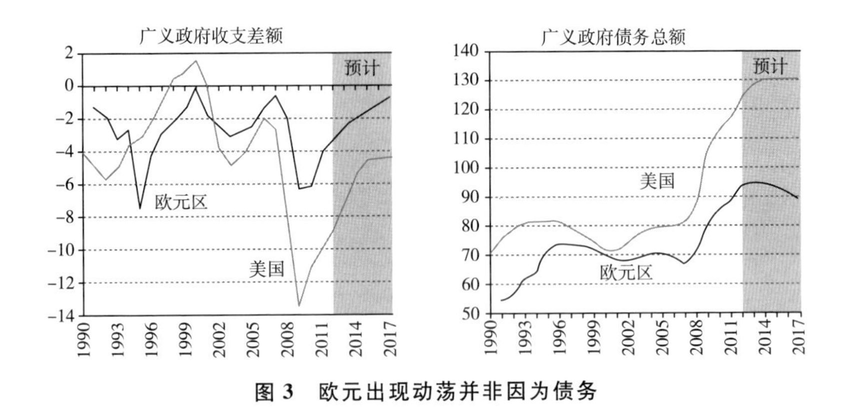

图 3　欧元出现动荡并非因为债务

资料来源：Zsolt Darvas：*The Euro Crises*：*Ten Roots*，*but Fewer Solutions*. Bruegel Policy Contribution，October 2012。

索罗斯指出，解决方案很容易找到，即引入欧洲债券（eurobonds），“这将会像从噩梦中醒来一样”。与此同时，把《财政协定》调整为一种更为严密的规范形式。这两样东西放在一起，如果再加上对债务的明确限制，就可以确保所有的违约风险降到最低。他注意到，德国依然强烈反对欧洲债券。他指出，如果情况仍旧如此，这个国家应该离开欧元区，其余欧元区国家应该靠自己的力量把欧洲债券的事情继续下去，使所有国家都从中受益。我相信，他是在有意挑衅。尽管德国出现了一个反对欧元的党派，但这个国家单方面抛弃这种货币的可能性微乎其微。索罗斯的观点受到了批判

① 所有引文均出自 George Soros：‘Germany’s choice’，www. projectsyndicate. org：originally given as CFS Presidential Lecture，House of Finance，Frankfurt，10 April 2013。

人士的嘲笑。欧洲中央银行前首席经济学家及董事会成员奥特马·伊兴（Otmar Issing）谈了他对这一演讲的看法。引入欧洲债券意味着德国纳税人将间接负担起其他国家的债务，这也意味着未经民主授权就进行财富的重新分配。他引用了“无代表不纳税”的原则。其他人对此演讲更加不屑一顾。同为经济学家的汉斯-维尔纳·辛恩（Hans-Werner Sinn）指责索罗斯说，他在“玩火”。[①] 欧元危机出现的真正原因是，南部成员国缺少竞争力。要想重新具有竞争力，其产品的价格只能降下来，同时北部成员国必须刺激内需。弱势经济体需要经历痛苦的改革。

27

taz.die tageszeitu[ng]

AUSGABE BERLIN | NR. 9573 | 33. WOCHE | 33. JAHRGANG　DIENSTAG, 16. AUGUST 2011 | WWW.TAZ.DE　€ 1,90 AUSLAND | € 1,30 DEUTSCHLAND

HEUTE IN DER TAZ

MARTHA GELLHORN Die Grand Dame der Kriegsberichte, neu entdeckt in „Fünf Höllenfahrten" › SEITE 16

DAMASKUS Altmarxisten in Syriens Hauptstadt über die Chancen des Volksaufstands › SEITE 4

BERLIN Howoge: Ausschuss legt Abschlussbericht vor › SEITE 22

Fotos: Disney, ap (rund)

VERRATEN

Psssssssssst, meine Damen und Herren!

WikiLeaks ist tot, bei OpenLeaks herrscht Zickenkrieg – schlimm! Der Geheimagent, der die geheime Wahrheit über die gefakte Mondlandung am 11. September an die Öffentlichkeit bringen will; der Hausmeister, der weiß, welcher Nachbar seinen Müll nicht trennt; die Schülerin, die beobacht hat, wie ihr Tischnachbar bei der Mathearbeit gespickt hat – sie alle sind bereit für den Verrat, haben aber keine anständige Internetadresse. Ohne Internet aber geht heute garnichts, schon gar nicht das Anschwärzen anderer Leute. *verraten* startet darum jetzt **Krumme-Dinger-Leaks,** die Seite für das gefahrlose Petzen. Petzen Sie mit.

Uns ist kein Geheimnis heilig!

MEIN NAME IST BOND. EURO BOND

SAG NIEMALS NIE

STORY Wie lange noch kann Angela Merkel dem heftigen Drängen dieses verführerischen Euro Bond im heimischen Berlin widerstehen? Naht Rettung gar aus dem sündigen Paris? › Seite 3

Im Film „Sag niemals nie" von 1983 spielt Sean Connery mit Kim Basinger und Barbara Carrera　Plakat: Richter/rlwefext

Libyscher Innenminister übergelaufen

LIBYEN Minister flieht nach Kairo. Gaddafi wettert gegen Verräter

KAIRO *dapd* | Der libysche Innenminister Nassr al-Mabruk Abdullah hat sich offenbar aus seiner Heimat abgesetzt. Abdullah traf am Montag in Begleitung von neun Familienmitgliedern in Kairo ein, wie Flughafenbeamte mitteilten. Er sei mit einer Sondermaschine aus Tunesien gelandet und mit einem Touristenvisum eingereist. Abdullah wäre der seit Monaten ranghöchste Vertreter des Regimes von Muammar al-Gaddafi, der sich von dem Machthaber lossagte.

Gaddafi rief seine Anhänger gestern in einer vom Staatsfernsehen ausgestrahlten Audiobotschaft zum bewaffneten Kampf gegen „Verräter und die Nato" auf. Libyer sollten „tanzen, singen und kämpfen", sagte er.
› Ausland SEITE 11

Das Schlimmste verhüten will die CDU in Kiel

KIEL *dpa* | Die CDU in Schleswig-Holstein möchte möglichst rasch aus der Krise kommen, in die sie ihr bisheriger Landeschef Christian von Boetticher mit seiner Beziehung zu einer Minderjährigen gestürzt hat. Nach dem Rücktritt des 40-Jährigen am Sonntagabend als Parteivorsitzender und Spitzenkandidat verdichteten sich am Montag die Anzeichen, dass Wirtschaftsminister Jost de Jager die Partei in die Landtagswahl führen soll. Der 46-Jährige hat seine Bereitschaft zur Spitzenkandidatur bereits signalisiert. Er könnte auch neuer Landesvorsitzender werden. Die Entscheidung über den Vorsitz der Landtagsfraktion fällt bereits an diesem Dienstag.
› Der Tag SEITE 2, Inland SEITE 6
› Meinung + Diskussion SEITE 12
› Gesellschaft + Kultur SEITE 14

图 4　“我的名字叫邦德。欧洲的邦德（亦指欧洲债券），永不说不。”

有时戏谑之言比任何严肃之语都更接近现实。

---

① Hans-Werner Sinn：‘George Soros is playing with fire’, *The Guardian*, 24 April 2013. 索罗斯的回应，参见 ‘Eurobonds or exit: the choice is Germany's’, Guardian Economic Blog, 30 April 2013。

索罗斯传达给德国的讯息虽然不受欢迎，但完全恰如其分。接受某种形式的相互依存关系符合欧元区国家的利益，同样非常符合德国的利益。改革不能永远由外部强加的紧缩政策来推动，它必须在一定程度上依靠激励，同时还要有雄心勃勃、积极主动的投资。如果弱势经济体的经济持续下滑，结构性失业情况进一步恶化，对德国没有什么好处。欧洲输不起，因为其后果很苦涩。据说，安格拉·默克尔私下里说，在她有生之年是不会引入欧洲债券的。《法兰克福汇报》(*Frankfurter Allgemeine Zeitung*) 将此话作为“年度语录”透露出来。[1] 面对这种情况，社会民主党也退缩了。然而，唯德国马首是瞻的欧盟 2 领导层注定是脆弱的，无法长久下去。2011 年在柏林的一个演讲现在已广为人知，当时波兰外长拉多斯瓦夫·西科尔斯基 (Radosław Sikorski) 公开指出，他畏惧德国的权力，但更畏惧其不作为。他指出：“我们要请柏林承认，它是当前各种筹划的最大受益者，因此它有责任使之持续下去。德国最清楚不过了，她并非其他国家肆意挥霍的无辜受害者。”[2]

西科尔斯基言之有理，直到今天依然正确。德国加入欧元区后所得到的好处是巨大的，这个国家的领导人有责任让公民懂得这一点。加强对未来经济波动的防范，对大家都有益。我相信，欧元区成员国会在某个时候接受某种形式的、有条件的债务共担 (pooling of debt)，只不过是因为其他选项都太令人难以接受。然而，最好还是将其视作欧洲向前迈出的积极一步，而非勉强承认的义务。如果欧元要完全稳定下来且能够经受冲击，唯一的关键在于，相互依存关系在何种程度上得到承认，以及这种关系以何种形式呈现。其结果之一是，将巩固欧元作为国际储备货币的地位。人们还提出了

---

① Alan Crawford and Tony Czuczka: *Angela Merkel: A Chancellorship Forged in Crisis*. Chichester: Wiley, 2013.

② Radosław Sikorski: ‘I fear Germany’s power less than her inactivity’, *Financial Times*, 28 November 2011.

许多版本的欧洲债券可供参考，包括由欧盟委员会背书的版本。这些版本都要求限制负债，还包含其他保护较富裕国家的形式。 29

另一位学者约瑟夫·斯蒂格利茨（Joseph Stiglitz）也强调，欧元区内某种形式的债务共担是至关重要的。[①] 他指出，在目前的情形下，它将使欧元区有可能以负实际利率贷到款，就像美国的情况一样。这种可能性实际上或许能成为规避通货紧缩（目前依然十分严重）风险的关键因素。格林尼克团队（Glienicker group）在其论著中对此做了进一步的重要分析。这个团队包括十一位经济学家、政治学家和司法工作者。他们十分正确地指出，欧元区内部至今所进行的改革仍然不够。2013 年，赫尔曼·范龙佩（Herman Van Rompuy）在纽约联合国大会上宣称："欧元的存在危机已然结束。"格林尼克团队的成员却说，他们认为这种看法"基本上是错误的"。他们说对了，欧元虽然暂时稳定了，但如果想要回归繁荣，还需要进行更全面的改革。

他们说："我们不仅是以德国人的身份发声，也是以欧盟公民的身份发声，因为我们与其他欧盟公民同属一个社群。"摆脱对于"拨款联盟"（transfer union）的焦虑，"不再认为任何建设性提议都是企图从德国人口袋里掏出钱来而将提议扔到一边"，这是符合德国人自身利益的。紧缩政策只是在某个时间点起作用，过后就开始不断自我削弱。债权人和债务人明显都只是在有限程度上相信成员国能够在统一货币的框架下承担起自我责任。他们继续说道："如果没有受控的拨款机制，货币联盟就永远不可能牢靠。"他们坚持认为，没有欧盟政治结构的民主化，这样的革新就无法长久。[②] 我也持这样一种看法。

有些学者似乎以为，一旦推动银行联盟和财政一体化到某个合

---

① Joseph Stiglitz：'Saving a broken euro'，*Queries*，summer 2014：26-27. 资源在线。

② Glienicker Group：'Towards a euro union'，*Bruegel*，13 January 2014. 资源在线。

理的阶段，或者说即便这两项都没有实现，欧盟也还是可以稀里糊涂地永远存续下去。吕克·范米德拉尔（Luuk van Middelaar）在其出色的欧盟史著作中指出，欧盟没有必要为了避免再次深陷混乱而“跃入联邦”（federal leap）。“两种命运都不会降临：不会有革命，因为欧洲有耐心；不会有分裂，因为欧洲很坚韧。冒险把欧洲大陆变成一个联盟，尽管是因为危机冒头，却并非迫在眉睫的事情……”①

我根本不同意这一点。欧盟此刻确实应该前进，但不能按照其传统的渐进方式。欧盟必须发展出欧盟 3 体制。这种体制会使领导层更有活力、政治更具合法性，并且使宏观经济情况比现在更加稳定。简单地说，如果要挽救欧元，经济的联邦制现在已不可避免，与之配套的是以某种面目出现的政治联邦制。正如即将离职的欧盟委员会主席巴罗佐（José Manuel Barroso）在 2013 年的一次演讲中所提到的，欧盟必须“加强政治联盟”，使所有成员国都参与进来。欧洲政治的主流力量必须抓住主动权，走出安逸，迎接并拥抱这一争议，而不应失去面对疑欧和仇欧势力的勇气。②

由于欧洲怀疑论者的不断煽动，“联邦制”一词被渲染上了邪恶的色彩，更有甚者将其视为欧洲“联邦超级国家”的幽灵。事实上，“联邦”和“超级国家”这两个词并无必然联系。联邦制度在古典政治学中被解释为：权力大规模下放且不是由中央主导的一种制度。一些国家在面对困境时团结奋斗，政治学家就将其说成是“联邦制新纪元”。有句话说得非常对，即联邦制要有“共同规范及自治，关系协调的国家政府和多样性，创新试验和自由”③。除了

① Luuk van Middelaar: *The Passage to Europe: How a Continent Became a Union*. London: Yale University Press, 2013, p. x.

② ‘Federal Europe will be “a reality in a few years”, says José Manuel Barroso’, WordPress. com, 8 May 2013, p. 2.

③ Geoffrey de Q. Walker: ‘Rediscovering the advantages of federalism’, Parliament of Australia, March 1999. 资源在线。

中国，世界上的所有大国都是联邦制国家。单一制国家，如英国、法国、西班牙、斯里兰卡和印度尼西亚，大多数依然要面对分离主义运动。联邦制不是一种政治意识形态，而是一种实用的政府形式。其最佳之处在于，有弹性，可随时作出调整。当然，在联邦制国家中，州、地区与中央政权之间会发生很多争吵，往往很难做到完全平衡。然而，由于它们基本上都是去中心化的，因此有可能在地方上进行各种试验，但这实际上往往要克服地方与中央之间的各种摩擦。

31

欧洲的联邦体制必须同时应对领导层问题和长期存在的民主赤字问题。领导层问题与合法性问题同时存在。欧盟缺乏有效领导的问题，与其民主的狭隘性和虚伪性直接相关。如同在其他领域一样，欧盟不能仅仅是“追赶”，而应努力成为其他各种相关模式的领头羊。欧洲的政治一体化首先必须消除欧盟的某些重要缺陷，而不是使缺陷越来越多。解决领导层问题和民主问题不能仅仅是形式上的。换言之，这绝非仅与选举机制有关，主要目标应是减少官僚主义。

正是因为这些问题的存在，欧盟的每个主要管理机构都面临结构性难题，这些机构相互之间的关系同样如此。欧洲理事会（European Council）和欧盟理事会（Council of the European Union）是欧盟 1 真正的主要决策机构。然而，它们并未时常在公众面前曝光，其行动也不广为人知。许多公民甚至从未听说过它们，即便听说过也可能把二者搞混。它们不仅很容易混淆，而且还易与欧洲委员会（Council of Europe）混为一谈，但欧洲委员会并非欧盟的组织机构。因此，就公民而言，欧盟往往等同于欧盟委员会（European Commission）。该机构的曝光率更高，主要是因为它提出政策议题，并以磋商文件的形式公布这些议题。欧盟委员会不像传统意义上的政府行政机构，因为没有组成民选政府，如传统国家那样与议会一起执政。但该委员会的作用并不仅限于颁布其他机构提出的

32

政策，它在很大程度上也是政策的制定者，然而实际上却没有权力实施它所通过的政策方案。欧盟委员会的奇特地位是“纸上欧洲”存在的主要原因。我们不能因此而对其进行指责，因为这是由其在结构中所处的地位决定的。它虽然提出了计划，却没有与之配套的有效政治程序。

欧洲议会（European Parliament）在过去20年的时间里获得了更大的影响力，但迄今为止它还没能成功地为欧盟提供公共合法性。原因大家都知道。无论它做了多么有价值的工作，欧洲选民依然漠不关心。投票率很低；选举时，选民所关注的大多集中在国家层面的问题和困境上。有人认为，解决这个问题的最好办法是使欧洲议会与各国议会建立起更加紧密的联系。[①] 欧盟的权力主要涉及单一市场、货币政策、竞争与调控，但这些都不是投票人关心的主要问题。如果各国议会更直接地介入欧盟立法，它们的合法性可能会转变为欧洲层面的合法性。比如说，这些议会对欧洲事务的监督水平也许会得到提高。各国议会与欧洲议会也可以选择更加紧密地协作。我不认为应当走这样一条路。重构的欧盟最不需要的就是更为繁复的官僚体制，其复杂性会为各成员国的官僚主义所增强。欧盟1的治理模式与飞速发展的世界一直是格格不入的。

并非基辛格的问题

联邦制一路走来，从丘吉尔和欧盟之父遥远的梦想一直到今天成为时代的要求。在过去三四年里，学术界和媒体发表了无数的文章，讨论欧洲层面上可以采取的形式。联邦制只不过是其中的一种

33

① Anand Menon and John Peet：*Beyond the European Parliament*：*Rethinking the EU's Democratic Legitimacy*. London：Centre for European Reform，December 2010. 资源在线。

形式罢了，还出现了其他各种真正跨越欧洲政治空间的形式。我无意在此探讨这些。我把自己的讨论限定在对几个问题的评述上，其中有两个问题必须予以回答：欧洲应该确立何种类型的政治秩序？以及同样重要的是，在目前欧盟很不受欢迎的情况下，如何才能把它建立起来？

新的体制必须是“精简联邦制”（lean federalism），因为一个更具侵入性的政治体制在政治上既不可行，也无必要。其目标是在增强欧盟领导力的同时，使欧洲公民实现更加广泛的民主参与。没有哪一个国家可以作为学习的榜样。丘吉尔说建立一个欧洲合众国，这么多年来许多人持有同样的想法。不管是否采纳这一说法，都不应把美国视为可以直接仿效的模板。任何一个现有国家都不应该这么做。拿今天的欧盟与 18 世纪的美国做对比没有多大的意义——即便近来有很多人在谈论欧洲的“费城时刻”（Philadelphia moment）。这不仅仅是一个机构重构的问题。改革必须适应且回应新技术所带来的更加广泛的民主问题和民主可能性。灵活性和适应性应该是重点关注的问题。重构的管理体制必须扎根于公民社会，并对公民社会中的群体予以回应。

领导层是个很好的改革起点。对我来说，这意味着直接选举欧洲总统，近来其他许多人也持有相同的观点。把领导层与大众合法性相结合是最好的策略。亨利·基辛格曾问道：“如果我想给欧洲打电话，我该打给谁呢？”能够回应这一问题的唯一办法是直选。《里斯本条约》签署后，发生了一系列有趣的事情。巴罗佐说，再也没有打给谁的问题了，电话应该打给欧洲的“外交部长”凯瑟琳·阿什顿（Catherine Ashton），因为当时基辛格是国务卿。他指出：“所谓的基辛格问题，现在已经解决了。”[①] 不过，他接着说，欧

34

① David Brunnstrom：‘EU says it has solved the Kissinger question’，*Reuters*，20 November 2009. 资源在线。

盟委员会主席和欧盟轮值主席国（每六个月更换一次）也代表了欧盟。当时的欧洲理事会主席赫尔曼·范龙佩说得很清楚，美国总统应该第一时间打电话给他。

工作之余，范龙佩写了一首迷人的俳句。这是日本的一种诗歌形式，传统上严格地由五—七—五共十七个音节构成，欧洲的语言很难准确做到。例如：

布鲁塞尔

不同的色彩

语言、塔楼和神灵

吾寻觅吾途

他的创作引来无数人模仿。[1] 这里有一首仿作，虽然根本就不像一首诗，但一语中的。

基辛格呼叫

范龙佩接了电话

基辛格说："打错电话了。"

更具有讽刺意味的是，基辛格在2012年的一场辩论中说，他不确定自己说过那句话，尽管这么久以来人们都说是他说的。[2] 无论如何，欧盟领导人深藏幕后、不为多数公民所知的日子肯定已经逝去，欧洲必须要有一张"脸"。目前暂时亮出来的是默克尔夫人的脸，但必须有一个人掌控真正的权力（正如她现在的情况那样）和"为欧盟代言"。

这样，七巧板的其他拼块也就更容易放入，尽管实际上魔鬼总

---

① Iain Martin：'Herman Van Rompuy's greatest hits', *Wall Street Journal*, 17 November 2009. 资源在线。

② Vanessa Gera：'Kissinger says calling Europe quote not likely his', *The Big Story*, 27 June 2012. 资源在线。

是藏在细节中。[1] 在重构的欧盟中，欧洲议会将获得更大的权力；欧洲理事会随着时间的推移变成参议院，代表各个国家和地区；欧盟委员会将会变得更接近于传统的行政机构，更少提出政策，而更多执行政策。

35

欧元危机出现以后，一直在广泛征求人们对建立欧元区议会的意见。议会的规模不能太大，其成员可通过欧元区成员国的国家议会选举产生，其代表人数要与各成员国的人口规模大体上成正比。这一想法是最终可用它来取代欧洲理事会，而后者无论如何都会越来越边缘化。一些评论人士指出，尽管该议会可能非常重要，但由于它从一开始就仅限于欧元区，这一革新之举不一定需要牵扯到公约的修订，至少刚开始时是这样的。可以肯定的是，必须找到更加开放和更加透明的方式来引导欧元区的发展，其他欧盟机构也会受到影响。

欧洲怀疑论者批判说，官僚主义和高高在上是当前欧盟的本质特征。事实确实如此。他们的看法是，走向联邦制将使这些特征变得更加突出。然而，这种体制实际上会有助于在某些方面超越这些特征。欧盟将会加速前行，也会更加贴近其公民。欧盟 1 的决策迟滞本质上主要是由现有体制的某些特定特征造成的。在现有体制中，28 个成员国相互之间的细致磋商有碍于政治整合。围绕欧盟三个主要机构而形成的层层叠叠的委员会，大多可以被砍掉。

我的想法是，作为一种交换，有必要把一些权力还给国家、地区和地方（而非临时退出）。有一种错误和不当的看法，认为下放的权力一旦被吸收，就永远不要收回来，也不应进行大规模的调整。现有的一些政治体制就体现了这种可退出机制。它们之所以很

① 在更广泛的全球背景下的有趣而重要的论述，可参见 Nicolas Berggruen and Nathan Gardels：*Intelligent Governance for the 21st Century：A Middle Way between West and East*. Cambridge：Polity，2013。

重要，是因为在面临变革时它们有助于提供灵活性和适应性，以及引发革新的手段。权力下放原则应该是真实的，而不是变为一个空无一物的词，正如这些年来的状况一样。欧盟的现有权限的的确确隐含一种“灵活性条款”，但该条款只与顶层人物有关。只要情况许可，它允许欧盟在必要的时候超越法律规定的界限去采取行动。在欧盟所涉及的不同活动领域中，应该进行何种程度和采取何种形式的整合呢？必须建立一个多样化的结构，其中某些领域的整合程度要高于另一些领域。财政联盟意味着在欧元区内逐渐实施统一预算，必须澄清欧元区预算与现有欧洲预算之间的关系。这意味着，必须提供资金以支持跨越整个欧洲的福利、医疗和教育项目，然而，“欧洲社会模式”（尽管被冠以这样的名称）将大部分保留在国家的手里。在军事领域，可以且应该有更多的共用（pooling），以防资源的重叠和巨额浪费。如果北约没有了美国，相对于其目前的安全需要而言，欧洲的军事力量显得过于弱小（参见第六章）。

36

所有这一切都还有大量的工作要做。例如，如果要选举欧洲总统，候选人如何产生？可能要有某种形式的全欧投票程序，那么这一复杂的过程要如何组织？如何应对欧洲的多种语言问题？在投票这件事情上，各国会像在“欧洲歌唱大赛”这种鸡毛蒜皮的事情上那样分成不同的阵营吗？只要有意愿、有谋略，我看不出有什么不能解决的问题，但首先要把问题想清楚，必须就程序达成可行的一致意见。

即使进展顺利，甚至非常顺利，我们所能想象的从起点迈向成功的过程也需要几年时间。整个事业会腾飞吗？欧盟似乎陷入了发展的困境。引入欧元，在某种程度上是要促成欧盟内部的政治整合。然而，它也引发了真正的危机，使公民开始唾弃作为一个整体的欧洲计划。联邦欧洲显然不应该也不能够违背公民的意愿而强加给他们。

37

如何走出这些困境呢？必须应对的问题既有短期的，也有长期的。有些人说欧洲因引入欧元而使自己陷入进退维谷的境地，我们可能在某种程度上同意这种看法。[①] 他们说，欧盟不能后退，但由于有待解决的政治和组织问题的存在，不可能进行转型变革。吊诡的是，至少在我看来，他们所描述的那种不可能本身就不可能存在。欧盟也许前有魔鬼后有深渊，但绝非正处于岌岌可危之境。欧盟只是无法采用由来已久的谨慎渐进改革的策略，其不时地被大规模的全民公投所打断。我们可以简单罗列出这些结构性问题。但是，专门谈这些问题需要的篇幅要比本书长得多。我相信本书已然谈到了其中的大多数问题，我希望是如此。

任何解决方案都必须应对欧元区与其他欧盟国家之间的分化。欧元区应该成为某种**先锋**。正如前面已经谈到的，欧元区事实上可能引发针对其自身的大变革，但必须调和这些变革与非欧元区国家的利益，因为需要引入的一些政策在某种程度上不是仅适用于欧元区国家，而是适用于所有欧盟国家。显然，这就是症结所在。如果要建立一套更加理性的制度，比如替代“共同农业政策”（Common Agricultural Policy），这将会引发一系列问题。这些问题表明了存在哪些有待克服的阻力。

过去，欧洲计划中的核心国家的观点各不相同，各自内部要克服的政治障碍也不一样。就德国的情况而言，主要的问题（我已经多次强调）在于这个国家是否愿意认可欧元区内部相互依存的原则；法国依然抱持后帝国主义国家的**傲慢**，不愿意承认它在当代世界中显得相对弱势的事实；帝国往昔的辉煌也深植于英国人的记忆中，这导致英国在面对欧洲其他国家时持高高在上的态度。与此同时，小国也激烈反对大国通过掌控欧盟 2 而主导决策。

38

① David Marsh: *Europe's Deadlock*. New Haven, CT: Yale University Press, 2013.

如果骨架上没有血和肉，“联邦欧洲”就只是一个非常空泛的词。还有许多不同的模式可供选择。那些主张进一步政治一体化的人可能难以就具体应采取哪种形式达成一致。一些人认为，该词显然指的是一种他们自己所倾向的国家模式。例如，一种有着强烈社团主义色彩的社会市场经济形式。另一些人把欧盟视为与经济全球化相对立的一种力量，认为它强调保护主义、闭关自守等。然而，还有人，包括我自己在内，把全球化视为一种新的生活环境，而不是某种要屈从或要抵制的外在力量，想要的是一个开放、具有灵活性且充满活力的欧洲。

在本书中，我从头到尾都在强调，必须谨防以过于“内在论”和制度论的方式来对待这些问题。欧洲必须解决的核心政治困境和问题，也可以在世界其他地方发现。投票率下降、对政治领导人的不信任，以及不同形式的民粹主义的兴起，这些现象在许多国家都可以看得到。这些趋势的起因无疑是复杂的，但它们出现的原因之一是：在一个相互依存关系不断深化的时代，单一民族国家具有各种局限性。政客们往往会宣称，面对跨国力量的冲击，这些根本就无法实现。

民粹主义的兴起

欧洲民粹主义与其他地方的民粹主义存在着一些共同特征。世界上大多数民粹主义政党都持反现存社会体制和反精英主义的观点。他们认为，正统的政治机构根本不关心普通公民的希望、恐惧和焦虑。民粹主义者常常借用民主的语言参与到政治进程中去。然而，至少某些形式的民粹主义是以破坏民主进程为目标的，即为了更大的善而修正或悬置自由主义的价值观。反对现有社会体制的政党既有左派的，也有右派的，正如欧洲今天的情况一样。民粹主义

39

政党极少有全面的政策立场。相反，他们的诉求往往只盯着一两个关键问题。不过，这一两个问题却反映了更多的敌对或怨恨的情绪。

我们应该从更广阔的背景和欧洲自身的特定情况出发，看待 2014 年欧洲选举中民粹主义政党的成功。他们对欧盟局限性的批判有相当程度的合理性，其中牵扯到多种不满和疏离感，但这些东西的出现与欧盟并无直接关联。换言之，这些焦虑感的真正源头在别处，欧盟在某种程度上只不过是替罪羊罢了。这里确实是有点无理取闹了。欧盟的集体权力（collective power）如果安排妥当、协调合理，就有机会在某种程度上控制住跨国的力量，否则这些力量可能会肆意妄为。

就整个选举结果而言，民粹主义政党和疑欧派政党所产生的影响不大，总共只有 2% 的摇摆幅度。然而，这些党派在一些重要国家获得大胜。两个代表性的案例就是英国和法国。在英国，英国独立党（United Kingdom Independence Party）在投票中高居榜首；国民阵线（Front National）在法国同样如此。民粹主义政党在一些小国也有不俗的表现，例如荷兰和芬兰。摇摆幅度之所以整体偏低，是因为在一些成员国（如意大利）中，民粹主义团体的选票流向了主流党派。参与投票者占比为 43%，尽管比 1979 年最初进行欧洲选举的 62% 的参与数字低很多，但比此前的选举还是要稍微高一些。43% 的平均数掩盖了各国百分比的巨大差异。有一些国家的投票水平非常低，最广为人知的是斯洛伐克和捷克共和国。德国、希腊和瑞典的投票率则相对较高。

40

有人认为，整体投票率未见大幅上升这一事实意味着，2014 年的选举情况或多或少与此前的选举情况相似，这是正常表现。如果仔细分析，情况根本就不是这样。大多数成员国都是首次主要围绕欧洲问题进行选举，而不是围绕国内或当地问题。民粹主义政党此时的出现或多或少确保了这种情况不会出现偏差。奇怪的是，这些党派在某种程度上恰恰就是它们急于批判的欧洲化（Europeanisation）的代理人。它们的抱怨各不相同，目标也很不一样。它们在欧洲议会中将发挥何种集体影响力还有待观察，因为主流党派现在仍然在欧洲议会中占据主导地位。它们在国家层面上会不会一直受欢迎，取决于未来几年里欧洲和整个世界的事态发展，因为我们现在生活在一个相互联系的全球系统中。

少数派在欧洲议会中大声嚷嚷的同时，正好欧盟委员会下任主席的选举方式发生了非常大的变化。《里斯本条约》中的一项条款规定：任命新的欧盟委员会主席时，欧洲理事会应“考虑”欧洲选举的结果并作出最终裁决。在此基础上，主要政治团体的候选人在欧洲议会选举前，在大多数欧盟成员国（不过，不在英国）中开展竞选活动。整个竞选过程中存在许多论战。选举的最终结果是，欧洲议会中最大的中右翼派别候选人让-克洛德·容克（Jean-Claude Juncker）被任命为欧盟委员会主席。

这项革新有多重要呢？在我看来，非常重要。这就是持反对意见的批判人士（包括英国首相戴维·卡梅伦）会激烈反对的原因。无疑，正是在这里出现了新的分歧。可以肯定的是，在选民的意识里，候选人的竞选活动没有什么大不了的。如果将来某个时候签署了一份协议，可以直选欧洲总统——理想的情况是，欧盟委员会主席和欧洲理事会主席两个职位合二为一——那么竞选活动就会变得非常重要。即便在2014年选举的准备阶段，候选人的名字没有在整个欧洲家喻户晓，但他们的曝光率肯定有所提高。他们提出积极的政治方案供公众评价并获得反馈。每次作为唯一被选中的人出现在公众面前时，容克及其任命程序都受到很多人的抨击。具有讽刺意味的是，恰恰是这一事实使他在那时吸引了更广泛的公众注意，否则，情况就不会是这样的了。

事实上，在2014年选举后随即进行的民意调查结果表明，已

41

经有了一些积极的变化。选举以后，感觉自己能在欧盟问题上发声的欧盟公民的比例从2013年11月的29%上升到了42%。65%的被调查者认为自己是欧洲公民，比此前的59%有所提高。[①] 其他各种调查也出现了类似的结果。

在其他关键职位的人事任命上，情况又回到了常态，包括欧洲理事会主席和外交事务高级代表（High Representative for Foreign Affairs）。两者对比鲜明。各国首脑闭门磋商，曲折谈判持续了好几个星期。正如很多研究所表明的，公众根本就不喜欢那种不透明的作出重要决策的方式。采用这种不合时宜的程序来组成新的欧洲议会、欧盟委员会和欧洲理事会，引领欧盟穿越暗礁的任务将趋于失败。这些暗礁今天看上去依然充满迷雾和威胁性。欧盟主要机构将不得不更新愿景，展望欧盟下一个阶段的发展之路，同时必须让人们具体看到如何能在实践中寻找到这条道路。

42

我认为，这种愿景一定不能成为另一种纸上欧洲的抱负，变得没有真实内容予以支撑，这一点至关重要。包括美国在内，世界上没有哪一个国家已经找到了摆脱金融危机的可靠办法。确实，至少存在出现比目前更大的麻烦的可能性。正如我已经强调过的，欧元的改革仍任重道远。没有重要和真正有用的新政策，北欧与南欧之间的分歧将依然严重。正如现在所看到的那样，欧洲经济的复苏不但乏力，而且不均衡。乌克兰事件对欧盟各国可能产生持久的经济及政治影响。在外交政策上，与在其他领域一样，更切实、更有效的领导至关重要。

正如民意调查所显示的，大众对欧盟的支持率自2008年以来一直在下降，这必须小心应对。由于对欧盟的归属感相对较弱，经济发展停滞时支持率下降，欧盟想要签署的协议也未能最终落实，

---

① Eurobarometer: ‘The European elections made a difference’, Brussels: European Commission, 25 July 2014.

也就不令人感到奇怪了。一个更好的办法也许是，提高公众对欧元的支持度。美国的一家机构——皮尤调查中心（Pew Research Centre）最近在八个主要欧盟国家进行民意调查的结果有助于说明这个问题。[①] 这八个国家分别是德国、英国、法国、意大利、西班牙、希腊、波兰和捷克共和国。表示支持欧洲进一步整合的人数占比急剧下降到32%。然而，欧元区国家中65%的公民支持延续欧元区成员国的身份，没有一个国家的统计数字低于60%。皮尤调查中心发布的调查结果也说明了德国的情况。用其作者的话来说，它“完全否定了惯常认为的”德国民众的态度。德国人对于通货膨胀并不恐惧，相反，在所有被调查国家的民众中，他们是最不可能认为通胀是大问题的。在所有富裕国家中，德国人最有可能赞成为其他经济陷入困境的欧盟国家提供经济援助。

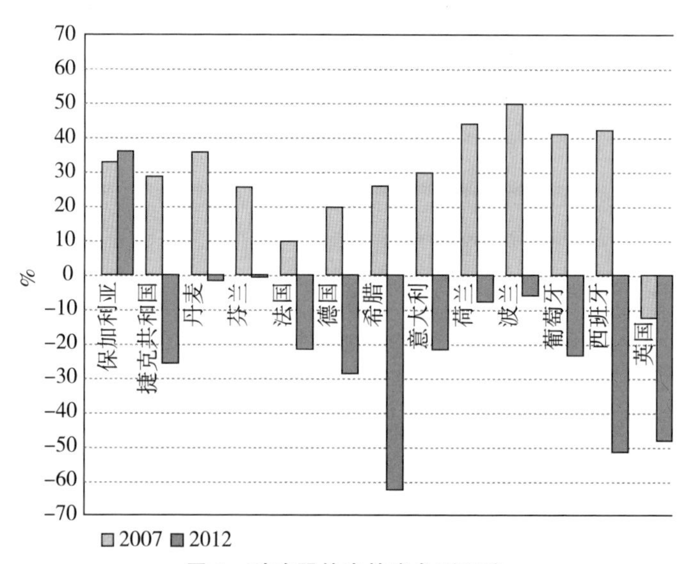

图 5 对欧盟的支持率急剧下降

资料来源：Jose Ignacio Torreblanca and Mark Leonard：*The Continent-wide Rise of Euroscepticism*，ECFR Policy Memo，2013。

① Pew Research Global Attitudes Project：‘The new sick man of Europe：the European Union’，13 May 2013. 资源在线。

目前欧盟官方的策略似乎认为，各成员国的选举可以继续采取它们一贯的形式，无须关注欧洲的问题。他们撇开欧洲选举不谈，好像是想要推迟政治改革的民主参与，坐等好办法从天而降，然后再通过所有成员国的全民公投将其确定下来。正如尤尔根·哈贝马斯所说的那样，"最终呈现的民主化只是一种期待，就像隧道尽头的光亮"①。这并不是一条可以遵循的前进之路。从欧盟宪法的第一轮遭遇可知，这种策略的内在危险显而易见。我们必须不断加强民主支持和民主参与，而不应拖拖拉拉地等待一次突然降临的大成功。欧洲已经成为一个命运共同体。在接下来的几年里，这种策略一定会站不住脚。新的动力将会形成，甚至就眼前来说，实际上已经出现了，因为今天的欧洲差不多一直是一个摆在眼前的问题。分裂虽然有可能会战胜整合，但那不过是拖延时间罢了。在可以预见的将来，欧盟及其可能的演变将成为大多数甚至所有国家选举中的一个重要话题，在很多情况下将沾染上左与右的味道。正在崭露头角的泛欧政治空间提供了一个合法的场所，供人们通过一般民主机制交换对于欧洲未来的看法。

43

44

在这种情形下，疑欧派政党必须更加令人信服地阐释其观点，而非像现在这样只是表达自己的怀疑。许多疑欧派政党往往是在其对手的逼迫下才不得不表明他们**支持**什么，对欧盟持批判立场的人可能想要的是：

- 一种比当前形式更为松散的欧盟。这可能意味着，比如说放弃欧元，回归以单一市场为中心的欧盟。
- 一种以特定方式重塑的欧盟，比如说，使其更加民主或去中心化。这种类型存在许多变种，部分取决于国内的环境。
- 一种自由贸易区而已。走北美自由贸易区（NAFTA）或东

① Jürgen Habermas：'Democracy, solidarity and the European crisis', lecture given in Leuven, 26 April 2013. 资源在线。

南亚国家联盟（ASEAN）的道路。

- 一个或几个特定国家退出欧盟，例如英国。理由是，这些国家想要走自己的道路，不管其他欧洲国家怎么样。

- 完全解散欧盟，回归到此前由多个民族国家构成欧洲的存在形式。

我们应当注意的是，所有这些选项都涉及各种复杂的问题，不仅牵涉到它们可能以某种特定形式呈现，还牵涉到它们的实现方式。欧洲怀疑论者将不得不说明，这些复杂的问题要如何应对，以及有什么可行的应对办法。例如，在多数情况下，理顺现有机构是一个非常艰难且充满斗争的过程，有许多法律障碍需要克服。那些希望看到欧盟解体或急剧收缩的人，必须讲清楚这一大堆分离出来的国家接下来该怎么办。既然今天存在着这么多大家共同担心的问题，就肯定需要有某些形式的合作，甚至还要有统一的管理，区域的联系将继续发挥很大的作用。在政策制定层面，不要把欧洲怀疑论者真正当一回事，因为他们提不出任何积极务实的方案。如果要把欧洲怀疑论者的观点拿出来公开讨论，那么亲欧派（pro-Europeans）的观点当然也应该如此。我写此书正是希望能实现这一点。

45

即便今天的情况令人担忧，进一步实施经济和政治一体化的可能性依然真实存在。这种一体化的进程是有可能获得授权的，尤其是如果亲欧派从现在开始在政治上变得像其对手一样活跃。从中期来看，这一进程很大程度上有赖于经济状况转好所带来的发展，尤其是弱国的发展。德国发挥的影响可能最大，但需要有其他国家的合作。法国这样一个有着强烈民族自豪感的国家会接受主权升级的逻辑吗？弗朗索瓦·奥朗德说，他支持民选欧洲总统这一想法，尽管这个国家有许多党团反对让渡更多的权力给欧洲。各成员国将被迫放弃它们长期以来一直抱持的“鱼与熊掌兼得”的态度：它们的领导人一方面想要按照自己的心情自主行事，另一方面又想要从欧盟得到好处。要做到这一点，各成员国就得转变观念，现在就得着手去做。

自下而上

46

在当前背景下，公民必须更加全面地卷入欧洲的改革进程——自下而上的特点必须显著和令人信服——而不是仅限于偶尔的磋商，甚至不限于选举。[①] 必须重新进行身份建构。总是重复诸如“欧洲的力量来自其多样性”这种陈词滥调是没有用的。能够让亲欧派感到欣慰的是这一事实：这种多样性中，不但有民族主义和地域分化，还出现了欧洲化的年轻一代。积极的计划在培养欧洲化的年轻一代方面起到了重要的作用，例如伊拉斯谟计划。甚至在英国情况也是如此，50 岁以上的英国人与 30 岁以下的英国人之间存在着巨大的分歧。[②]

就像所有其他领域一样，存在着可用于建立有效的全欧公民社会的短期举措和长期举措。由欧盟委员会推动的项目已经有很多了。欧洲志愿服务计划（European Voluntary Service scheme）使 18—30 岁的人可以在欧盟成员国或拟加入欧盟的国家中从事志愿工作。2011 年被定为“欧洲志愿者年”（EYV）。“欧洲志愿者年”已经被不同国家的志愿者团体之社会网络发展成为一个概念，并得到了欧盟委员会的支持。在欧洲，大约有 1 亿人参加某种常规性志愿者活动。关键是，这个概念使他们更加紧密地联系在一起，并吸

① 参见 Mary Kaldor and Sabine Selchow：‘The “bubbling up” of subterranean politics in Europe’, *Journal of Civil Society* 9 (1)：78-99。

② 参见 Michael Bruter and Sarah Harrison：*How European Do You Feel? The Psychology of European Identity*. London School of Economics, 2012。资源在线。

引了其他人的参与。然而，这里也有一些很严重的问题。一是布鲁塞尔的赞助本身存在问题。据说，欧盟的资助可能对非政府组织（NGOs）的生存状况产生了“有害的作用”，大量公民社会组织在布鲁塞尔都派驻了代表。从欧盟委员会流出的钱大多流向了它们。因此，非政府组织承受了很大的压力，必须与欧盟委员会提出的思路保持一致。非政府组织的领导者因而与草根阶层相疏离，但草根运动应是公民社会的全部内容。①

47

欧盟委员会最近在全欧洲发起了一系列公众辩论，它以一种有点高高在上的口吻说道：（辩论的）目的是要给“普通人一个机会，直接与欧盟政治人物对话”，讨论这个大陆的未来。这些辩论部分源于“2013欧洲公民年”（2013 European Year of the Citizens）。这个名字本身就有点奇怪，每年不都应该是公民年吗？可以肯定的是，这无论如何都是值得做的。辩论的开始以巴罗佐主席发布的2012年“盟情咨文”作为标志。他的演讲与美国总统每年发表的类似演讲无法相提并论。在欧洲公民中有谁会知道这件事情吗？如果有人听了（或看了）现场直播的演讲，他们听的是哪种语言的版本？世界其他国家有哪个领导人收听（收看）或关注过呢？有多少欧洲公民能够说出欧盟委员会主席的名字？

这是一件很有争议的事情，但我们真正应该关注的是，将英语确立为欧盟的官方语言，与各种民族语言一道纳入所有学校的教育。“英语”本身不再是一种民族的语言，而是全球所有交流中占据主导地位的语言。这个想法也得到了德国总统约阿希姆·高克（Joachim Gauck）等人的认同。② 正在成长的年轻一代大多可以随

---

① Valeriu Nicolae：‘A sick European civil society–Brussels’, 18 February 2013, Wordpress. com.

② Philip Oltermann：‘Something in common：should English be the official language of the EU?’, *The Guardian*, 24 April 2013.

意使用英语进行交流。这肯定有助于去官僚化（de-bureaucratise）。欧盟每年大约要翻译 180 万页的文字材料。更为重要的是，英语将促进泛欧媒体组织和资源的发展，从而巩固由最近一些事件所建构起来的公共领域。

要调和目前欧盟领导与民主制度之间的关系，绝不能仅停留在有关正式制度安排的方案上。我们必须考虑的是，前文所提及的更深层的变革潮流如何与刚谈到的建议结合在一起。互联网一词最基本的含义是全球性。有两个“世界”相互作用、相互碰撞：一个是代议制政府，它是地区性的，且行动相当迟缓；另一个是非常多边的互动世界，每天都要进行数十亿次的互动，其本质是即时性的。

48

欧盟应当拥抱电子形式的直接民主，从政治语境的角度来看，这似乎是合逻辑的。就像在世界的其他地方一样，欧盟委员会和学术圈就其可能性进行了热烈的讨论。一个突出的例子是，通过《里斯本条约》引入并于 2012 年开始实施的“欧洲公民倡议”（European Citizens' Initiative）。只要公民人数达到 100 万，且这些人至少来自四分之一的欧盟成员国，就可以向欧盟委员会提出立法提议。签名大多通过网络收集。第一个将要成功的案例是，阻止将水厂出卖给私人企业的请愿。虽然“欧洲公民倡议”可能有用，但它并不是对日常政治参与的一个贡献。它发生在日新月异的数字空间中——有着无数的服务提供者，如 Twitter，Facebook，YouTube，Tumblr，Pinterest 等——但是没有直接的交流。所以，实际上并没有找到一种将这些人与已有民主程序进行系统整合的方式。从刺激民主参与的欲望来看，社交媒体对全世界产生了巨大的冲击。然而，利用这种欲望来优化日常管理机制的办法却还没有找到。我们很容易相信，未来某个时候它将会出现，可能会产生重大的影响，不过那个时间节点现在还没有到来。

因此，代议制民主从根本上说依然很重要。互联网的普及会如何改变其功能呢？我认为，主要是通过我所说的**透明原则**。无论好坏，数字世界的来临意味着私密的终结，每条电子信息的来源都可以追查出来。马歇尔·麦克卢汉（Marshall McLuhan）在谈及地球村的到来时，比自己所想象的更有先见之明。就像生活在同一个村子里，每个人都知道其他人在做什么，无法长时间保守秘密。其结果绝非都是好的。然而，这些结果对于权力的运作有着重要的意义。非公开交易、后台操控、直接贪腐，甚至低效，都越来越普遍地出现在公众的视野中，越来越难以隐藏。

49

在欧洲，我们今天不仅生活在代议制民主中，而且生活在所谓的“监督式”民主中。[①] 监督式民主（monitory democracy）意味着，在政治以及其他领域（包括商业和工业领域），决策者或多或少受到持续监督。各种群体不断推动监督式民主的发展，其中包括媒体、公民社会机构、网络群体和博客使用者，以及其他很多诸如此类的群体。所有这些群体都既是监督式民主的推动者，本身也是监督式民主的监督对象。由于网络的全球性，监督式民主不像代议制民主那样受地域的限制，它与代议制机构以复杂甚至是对立的方式相互作用。这样，许多人在某种程度上就不会再对政治领导人着迷了，因为他们成了“彻头彻尾的普通人”——他们的嗜好甚至小缺点都为大家所知。权力的神秘面纱被轻易地揭开了。各种形式的人身攻击和政治攻击，包括诽谤，成了政治人物日常经验的一部分。

然而，也存在非常积极的一面：政治领导人在个人和公共生活中将不得不比以前更加自律。这在某些国家意味着痛苦地回归正常的做法。比如，过去几年发生在英国的事情。英国的主要机构一个

① John Keane：*The Life and Death of Democracy*. London：Simon & Schuster，2009. 基恩追溯了监督式民主概念的历史，远比我所回溯的更远。

接一个地以前所未有的方式接受公开监督，就好像有一个开罐器把盖子揭开了一样，里面露出来的东西却未必让人感到舒服。事情也发生在政治人物身上，尤其是涉及他们的消费报销；也发生在银行业，有证据表明银行通过固定的伦敦同业拆借利率（Libor rates）来扭曲市场，对大规模的洗钱及其他可疑之举视而不见；也发生在警界，大范围的渎职行为被揭露出来；也发生在新闻传播领域，电话窃听及其他行为被发现广泛存在；也发生在医疗领域，医院的一系列丑闻被揭发出来；也发生在英国广播公司（BBC），几十年前的性侵案终于大白于天下；也发生在教会中，在某些情况下，性关系方面的不检点（sexual indiscretion）似乎已成为一种生活方式。

50

在其他欧盟国家到处都发现了类似的情况。这表明，这些新方式正发挥着深层次的影响。在过去这些年，整个欧洲出现了大量的腐败案件，这绝不是偶然的。从北到南，所有主要欧洲国家都卷入其中。2012 年，“透明国际”（Transparency International）在其发布的一份报告的结论部分对此进行了谴责。它重申，在希腊、葡萄牙、西班牙和意大利，显而易见的是，公众问责水平低，渎职和腐败不仅根深蒂固，而且与经济危机本身深深地搅在一起。“透明国际”希腊分部主席评论道：“腐败引发了希腊金融各方面的问题……（它）已经深深影响到人们的心态，以及这个国家的机构。”[①]（参阅本书第二章）现在不同的是，不仅要在这些国家，而且要在欧洲的其他国家进行结构性调整。第一次出现了要求改革的强大压力：有自上而下的压力，其表现形式为国家有责任寻求降低负债水平的方法；也有自下而上的压力，其表现形式为各种运动，如西班牙的“愤怒者”（indignados）运动。

欧盟开展了许多提升透明度的运动，但它对透明度这一概念的

---

① ‘Rampant corruption is aggravating the EU crisis’, 6 June 2012, p. 1, EUobserver.com.

定义太过狭隘。还有就是，它没有将这些运动充分加诸己身。欧盟在宏观层面上是非透明的，恰恰是因为欧盟2的存在，关键决策基本上都是主要国家的领导人在幕后作出的。伯纳德·康诺利（Bernard Connolly）撰写了关于欧洲货币联盟源起的《欧洲腐烂的心脏》一书，里面所说的就是这一点，尽管他在表达这一观点时言辞过火。[①] 在互联网时代，民主与透明度之间的关联不像许多人所想象的那样仅局限于信息方面，而且包括结构方面。换言之，透明度不仅是指领导人所作所为的曝光度发生了变化（这是无法避免的），也指政府机制应当如何进行最佳重组和改革。

51

英国与欧洲

丘吉尔在苏黎世的演讲已说得很清楚：英国不会成为他所构想的欧洲合众国的组成部分。正如他在另一次演讲中所提到的，“我们与欧洲站在一起，但不附属于它……如果英国必须在欧洲与大海之间作出选择，她总是会选择大海”[②]。自欧洲计划出现以来，许多人与丘吉尔一样把英国看作一个超然独处的国家。工党政府拒绝参与建立欧洲煤钢共同体的大会。欧洲煤钢共同体在经济上取得了成功，并于其后成立了欧盟。主要是出于经济利益的考虑，英国政府在保守党人爱德华·希思的带领下于1973年加入了欧共体。

差不多就在加入欧共体那天的四十年后，首相戴维·卡梅伦就英国的欧盟成员国身份发表演讲，他所强调的是经济动机。他承认英国“有着岛国的天性”，容不下任何对其主权的威胁。不过，与

---

① Bernard Connolly：*The Rotten Heart of Europe*. London：Faber & Faber，1995. 另请参见2012年的新版本，该书至今仍是必读之书。

② Winston Churchill：Cabinet Memorandum 29，November 1953. 资源在线。

此同时，英国是一个“向外探索，面向世界”的国家。在英国人眼里，欧盟的主要基础“是单一市场而非单一货币”。欧盟成员国有责任“为欧洲各民族前所未有的紧密联盟奠定基础”。他说，英国尊重其他国家追求这一目标的愿望，但对于英国，“也许还有其他国家”而言，可能还有其他目标。卡梅伦承认，此时此刻欧元区能做的唯有走自己的路，实现“更加紧密的经济和政治一体化”，但英国“永远不会接受那个目标”或者加入欧元区。英国愿意与其他欧盟国家通过协商的方式找到解决问题的新办法，想要走一条与大多数，甚至与所有其他欧盟国家都不同的道路。在某个特定的时点将举行全民公投，让人民有机会自己做决定。

52

整个欧洲对此作出的回应表明，卡梅伦对欧盟未来的构想，即把单一市场设定为其典型特征，并不为其他欧盟成员国所认可。甚至那些一般看来与英国走得很近的国家，如丹麦和瑞典，其领导人对于英国首相的演讲都只是缄默不语。其他成员国可能并不会像英国那样，用卡梅伦的话来说，把欧盟视为“达成目的的一种手段”，而“不是目的本身”。卡梅伦发表此次演讲主要是为了压制或安抚托利党（保守党）内部的疑欧派，但从这一方面来看并没有成功。

当前的状况使所有人都进退两难。一旦英国决定否决推动欧元区改革所需的变革，它将面临欧盟其他成员国的激烈反应。然而，倘若其最大的成员国之一决定抽身离去，欧盟就会被削弱。当然，这种事也许不会真的发生，可以作出某种补救。英国可能声称，其他国家的要价太高；其他欧盟国家则会坚守底线，抵制英国的要求。然而，在这种情形下，任何一方似乎都不可能成为最大的赢家。尽管英国远远地偏离了欧盟为求生存而确定的发展方向，但它依然是欧盟的一个棘手和挑剔的伙伴，也是欧盟的一分子。

英国似乎一度被认为有可能成为一大群“编外国”——欧元区外的成员国——的领袖。这一种状况尚未成为现实。与欧元区“编

内国”相比，“编外国”实际上没有那么统一。它们可以分成三种
53
不同的类别。大多数为“准编内国”。换言之，它们是被迫按照既定的路线走，准备采用欧元，且大多打算履行义务。在欧元区内走发展之路，相应地调整其政策，尽可能全面参与相关会议并签署协议，这些都是符合它们的利益的。另外，还有两个国家处于更加举棋不定的状况，即前面所提到的丹麦和瑞典。与英国一样，丹麦选择不加入欧元区。然而，其货币却与欧元挂钩。丹麦因此是个“有着本国货币的、事实上的欧元国家”[①]。该国已经签署了《财政协定》。瑞典与此又不同，它安然无事地度过了经济危机，当时没心情去仔细考虑欧元区成员国身份的事情。不过，它没有确定不加入。英国政府独自宣布：英国永远不会加入欧元区；必须根据英国的利益进行调整，制定新政策；要在特定时间就欧盟成员国身份进行全民公投。

如果是这样的话，那该如何是好呢？我认同英国在某个时点就进/退问题进行公投的做法，这将会是半个世纪以来这个国家所作出的最重要决定。但在此之前必须有公开全面的辩论，论辩双方进行广泛、理性的交流，说清楚各自的观点。然而在实施前对此设置特定的时限，从英国国家利益的角度来看，卡梅伦先生所做的肯定是错误的。有可能出现的最糟糕情况是，任何一个政府都可能因为国内党派纷争而动不动就进行全民公投。我在这里不想详细探讨双方的论辩。[②] 无论如何，这主要取决于欧元的未来和欧盟今后的发展状况。假若可以建成一个新欧洲，我相信，英国如果身处其中而非置身事外，它在政治、经济和文化上将会获得更好的发展。然

---

① Jonas Parello-Plesner：'Denmark caught between "ins" and "outs"', European Council on Foreign Relations, 24 October 2012, p. 1.

② 如果要看精彩、公正的讨论，参见 David Charter：*Au Revoir, Europe: What if Britain Left the EU?*. London：Biteback, 2012。

而，就此事进行广泛的辩论，本身就是一件非常有价值的事情。但英国人必须弄清楚，至关重要的不仅是欧盟成员国身份，而且包括英国要成为什么样的国家。换言之，一旦选择离开，这个国家将不得不铸就新的、前瞻性的身份。 54

我看不出有什么理由认为现有的国家实体无法在欧盟之外很好地生存下去，尽管从整个世界的意义上来说，它们比从前缩小了很多。与挪威和瑞士进行对比，毫无意义。如果真要进行对比的话，更好的参照对象可能是加拿大。加拿大虽然是一个繁荣的国度，但处于比它远为强大的邻居的阴影之下。到目前为止，它已控制住了自己的内部分裂，但其经济严重依赖美国，尽管其平均生活水平只是比美国略低。在国际舞台上，加拿大有着重要的外交地位，在全球许多领域中扮演了积极的角色。它现在是北约成员国，也是英联邦成员。对于一些人而言，英联邦是英国离开欧盟之后所要依靠的主要组织机构。英国可能希望发挥比加拿大更大的影响力，因为它的人口要比加拿大的多，也因为它在世界历史上曾经扮演过的角色，比如它是联合国安全理事会的常任理事国。然而，离开欧盟以后，国家的真正重建必须抛开这些历史包袱。从它在安全理事会的席位看，脱欧无疑将置这个国家于极大的压力之下，也可能使英国丧失那些愿意支持它继续前行的盟友。苏格兰几乎肯定会寻求再次进行脱英的公投，且这一次很有可能成功。

跨大西洋的联系可能会减少，尽管不会消失。美国将有必要与欧盟就几乎所有重要问题进行直接协商。如果美国与欧盟签署自由贸易协定，拓展合作关系，那么独立其外的英国将不得不自己去商谈那些特别的条款，而这一过程可能引发严重的问题。如果英国脱离欧洲，伦敦金融城就没办法保持其原有的影响力，但从经济平衡的角度来说，这可能不是一件坏事。 55

英国将不得不按照大多数欧洲怀疑论者所提议的那样去做，尽管他们往往只是含糊不清地提出要发展与新兴经济体的贸易关系。但要这样做的话，它就必须提升自己的竞争力；与现在的情况相比，变得不再那么保守、那么迷恋传统。它必须持一种更具世界性的、更加外向的态度。无论从统计数据还是从其对英国的经济价值来看，移民问题不是没那么重要，而是变得越来越重要了。这一展望并非没有诱人之处，它建立在当代现实状况的基础之上。在那些鼓吹退出欧盟的人当中，至少有些人心目中对英国的未来怀有这样的想法。然而，大多数欧洲怀疑论者心中想象的却与此完全不同。他们想象的未来图景是，英国以某种方式基本维持其现有影响力，甚至是获得更大的影响力。他们对未来的展望是出于对失落的帝国的怀恋，而非受目前现实情况的驱动。他们有责任解释清楚，一个与欧盟直接一刀两断的国家——如果向美国靠拢则会麻烦不断——如何才能依然具有某种大国风范。

走出危机之后的欧盟会是怎样的状况？这暂时还不清楚。对于英国来说，等待某种合理且一劳永逸的办法出现是唯一明智的做法。毕竟，欧盟范围内的全民公投总归会在以后的某个时间举行。英国将要面对的是一个更加一体化的欧盟，并在此基础上对自己的未来作出决定。无论如何，英国必须在适当的时候理顺与其他欧盟国家的紧张关系。

第二章　紧缩及其后

56

欧洲的经济困境必须放在一个大背景下加以理解。经济衰退已经持续五年多了，明显不只是阶段性的循环往复，而是更深层的发展趋势的结果，必须采取相应的措施，对症下药。事实上，现在所有工业国家都被迫对其经济进行大规模调整。传统的经济思想似乎已陷入困境，在引发这场事实证明难以摆脱的经济危机中起着同谋作用。针对紧缩与刺激投资政策何去何从的讨论非常重要，会产生深远的影响。但是，其中很大一部分似乎是许多年前的争论的重演。现在的世界经济已经发生了翻天覆地的变化，我们在很大程度上甚至不知自己身处何处。没有人知道，工业化世界是会重新稳步增长并且向前再跃出一大步，还是会陷入停滞。全球经济也处于同样的状况，至少需要大规模的再平衡。

欧盟各国——尤其是此时最受困扰的那些国家，如何能找到一条回归增长和繁荣的最佳道路呢？计划和提议数不胜数。例如，有些作者提出了马歇尔计划的更新版。第二次世界大战后，马歇尔计划曾对欧洲的发展发挥了至关重要的作用。然而，该计划主要是由美国政府资助的。今天没有谁会如此慷慨大方了。还有就是，单个计划无论规模多么大，都不会对欧盟所面对的这些根深蒂固的问题

57

起到很大的作用。行动所必须面对的问题多种多样，有地方层面的，也有跨国层面的。因此需要大量的创新性思维。但这种创新性思维应是何种形式的呢？

前一章所探讨的问题与这个问题高度相关。银行业与财政联盟的发展至关重要。如果不能有效地进行银行资本重组和妥当地控制主权风险，投资贷款将继续受到抑制。欧元区倘若想要恢复经济发展，那么德国对相互依存关系的接受就是不可或缺的。德国仅用了几年的时间就从欧洲病夫变成了领头羊，部分原因就在于格哈德·施罗德（Gerhard Schröder）实施的限薪政策和劳动力市场改革。然而，它也得益于其欧元区成员国身份，所获得的巨大好处与它的付出相比完全不成比例。南部国家必须进行改革，而且大多数都因为欧盟 2 的压力而正在进行。然而，如果紧缩政策没有配套的刺激投资举措，那么一些国家就真有可能一蹶不振。鉴于欧盟各国的债务水平，经济必须回归增长。但增长本身不是目的，增长的质量和分布才是关键。可持续发展之类的陈词滥调是没有用的，回归增长必须与减少碳排放齐头并进。欧盟所取得的有限发展恰恰证明了这一点。另外，目前的能源价格有可能削弱欧盟各国的竞争力。不管怎样，圈子内的国家需要共同发展。不均衡的增长也有问题。如果只是部分区域增长，那没有社会和经济价值。改变增长的不均衡状况已是头等大事，因为它现在与振兴经济直接相关。这也是我将要谈到的。

58

鉴于失业率居高不下，欧盟首先要关注的是净增新工作岗位。换言之，所创造的工作机会必须比同一时期失去的工作机会要多得多。因为目前的经济困难是结构性的，所以仅仅依靠增加新的需求和提升购买力，是不可能创造出大量就业机会的。欧盟 2 所主导的干预主义应进一步推动需求改革，促进投资。在欧洲基础设施上的投入可以在刺激增长方面起到一定的作用，会有长期或短期的倍增效果。欧盟应设法通过制定政策来鼓励这类投资，其中绝大部分投资只能依靠私人企业。同样的方法也适用于天平另一端的中小企业。这些企业构成了欧洲的大部分生产力。与新兴经济体进行贸易合作为欧盟各国提供了巨大的机会，同时也有助于促进贫穷国家的发展。毕竟，在过去二三十年里，世界经济发展的主要贡献者是非工业化国家。然而，这里的问题远比一眼望去的要多得多。我们不能假定，这种趋势在接下来几年里会依然如故。还有就是，除非欧盟成员国中表现较差的国家提高生产力和整体竞争力，否则欧元区现在的市场份额都很有可能保不住。“这个世界没有义务养活我们!”这个警示最好挂在全欧洲的办公室和车间里。

在美国，出现了有关再工业化的讨论。欧洲对此也须慎重以待，即便其结果尚不明确。与美国一样，欧洲在制造业方面有一些突出优势，其中德国经济的优势最大。不过，更加全面地回归制造业是一个有待追求的目标。不能把去工业化视为不可避免和不可逆转的现象。虽然欧洲经济增长的主要动力仍然是服务业，但回归制造业的趋势非常明显。制造业与服务业的区隔正在消失，这可能是最大的变化。外在于经济的机构改革与可预见的增长是相辅相成的，明显的例子有：教育、科研与经济的发展；社会福利、养老金与公共机构效率的提高和反应力的提升。移民政策并非欧洲未来繁荣的边缘议题，而是核心问题。其原因在于，它与其他很多重要领域部分重叠。欧盟各国在吸纳大规模移民的过程中所遇到的问题，威胁到社会福利和教育制度的稳定性，以及普遍的团结感。穆斯林移民的大量涌入已经成为紧张关系的主要诱因。尤其是，自此次危机发生以来，就一直有人表示反对移民。然而，没有持续不断的移民潮，欧洲一些最棘手的问题将会变得更加糟糕，比如如何应对人口老龄化的问题。

59

为确保这些目标大部分能够实现，发展国际合作极为必要，其中一些合作应该不断深入。当前世界秩序中非常可耻且应当控诉的是，全球流动资本中约有一半无论何时都趴在避税港里以逃避交税，因而也不可能增进社会福祉。其他形式的逃税也层出不穷。这些领域的改革在不久以前似乎是不可能进行的，现在情况正逐步好转。已经提出的欧盟与美国之间的自由贸易协定，可能成为工作岗位和财富创造的重要来源。与日本的一项协议目前正在实施中，可能影响不是那么深远，但也是另一个重要来源。

我在本章中主要讨论前文列出的问题。剩下的内容在本书其他章节中会谈到。我将首先讨论有关紧缩的问题，分析欧盟 1 的增长策略。此处很有点纸上欧洲的意味。在真实世界中，要考虑交织成乱麻一般的多种因素所带来的影响，包括今天科技急剧变革可能带来的影响。接着，我将讨论美国重新平衡经济的做法，分析这些做法是否适用于欧洲。我称之为“把工作找回来”。但是，我们也必须“把钱找回来”，也就是，重新占有国内消费和投资所急需的资源。与此同时，要开始纠正极度不均衡的问题。

60

紧缩的影响

不是仅在欧洲，而是在所有工业化国家，有关紧缩的讨论正逐步展开。然而，由于前面所提到的因素，如果要重返繁荣，我们还有很长的路要走。近期出现了一种惯常论断，认为紧缩方法在欧洲已经失败，有人甚至提出了“紧缩幻觉”（the austerity delusion）。[①] 后一种图景比前面的说法还要混乱。紧缩不仅是经济上的，也是政治上的；不应将其视为一种永恒状况，而应视为一种有可能无法避

---

① Mark Blyth：*Austerity：The History of a Dangerous Idea*. Oxford：Oxford University Press，2013.

免的短期策略。如果一个国家的债权人拒绝贷款，它也就无法继续借到钱。在欧盟各国今天的状况下，紧缩的关键不仅仅在于使账面更接近平衡，而是要部分地借助其冲击力（shock value）来强化创新改革。紧缩就像一剂苦药，味道不好，有不讨人喜欢的副作用。[①] 吃药主要是为了治疗疾病，但如果不结合其他一系列治疗方法，如大量的自律行为和为未来而改变习惯，病人是不可能痊愈的。合适的剂量非常重要，如果剂量过大可能会使要挽救的病人送命。一旦走出困境，治疗的本质就应该发生变化，把重心放在积极的康复上。

61

这种比方能说清当今欧洲的情形吗？智库"里斯本理事会"（Lisbon Council）和贝伦贝格银行（Berenberg Bank）每年发布的《欧元加监管》（*Euro Plus Monitor*）有助于我们做出判断。它详细分析了欧洲经济的发展状况。这项研究涵盖了欧元区 17 个成员国，还有英国、瑞典和波兰，用到了两种评价尺度：第一个评估了在紧缩计划的压力下结构改革的进展如何；第二个评估了相关国家的整体经济状况。

该研究的发现很重要，也揭示出一些问题。正在发生的变化是"不均衡的，且容易引发严重的风险"。然而，总体上看，或多或少正在取得重大进展。最需要改革的那些国家正在努力改革，某些国家的改革速度引人注目。一些欧元区国家得到了大规模的外来经济援助，如希腊、爱尔兰、葡萄牙和西班牙，它们每年都有很大的变化。从结构调整的进度来看，希腊是最快的，其次是爱尔兰，西班牙名列第四，葡萄牙居第五位（爱沙尼亚排第三）。用报告中的话来说就是："这些需要尽快改革的国家正在这样做。"欧元区国家中

① Holger Schmieding and Christian Schulz：*The 2012 Euro Plus Monitor*：*The Rocky Road to Balanced Growth*. Brussels：Lisbon Council and Berenberg Bank，2012. 资源在线。下面的引文也来自这份报告。

存在着一个特例，有个大国即法国落在后面，其竞争力正在弱化。[①]这样，“里斯本议程”（Lisbon Agenda）（见下文）没有实现的“经济收敛”（economic convergence）正在进行中。经济衰退使得需求严重下降，阻碍了更进一步的发展。工资成本正在急剧趋同。在希腊、爱尔兰、葡萄牙和西班牙，实际工资成本降低了很多。然而在此前控制工资成本的国家，其中最引人注目的是德国，工资成本却上升了。这些结果表明，“在货币联盟范围内，深刻的结构调整可能出现了，且正在进行中”。

62

政府债券利率

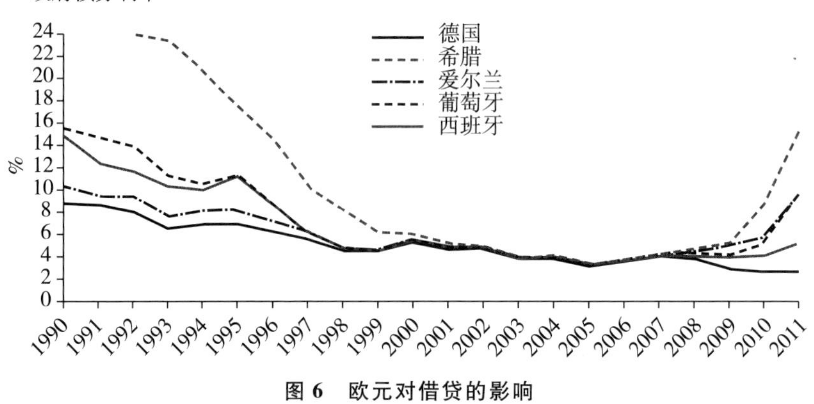

图 6　欧元对借贷的影响

资料来源：OECD；Armin Schäfer and Wolfgang Streeck（eds）：*Politics in the Age of Austerity*. Cambridge：Polity，2013。

从整体经济状况来看，成员国的排名看上去与变革活力的排名完全不同。爱沙尼亚和卢森堡两个小国在这一方面排名最高，紧随其后的是德国、瑞典和荷兰。希腊垫底，葡萄牙只在希腊的前一位，西班牙和爱尔兰则稍高一点。意大利和法国也排名靠后。英国

63

在两项测算中都表现平平，即便其现在的增速已有提高，但问题依然很严重。特别是希腊，正面临卷入“死亡漩涡”（death spiral）的

① 参见 Holger Schmieding and Christian Schulz：*Euro Plus Monitor*, Spring 2013 Update。

风险，因为没有做好充分的准备，严厉的紧缩计划对其造成了很大的冲击。在极度困难的情况下，希腊虽然取得了长足的发展，但依然没有止住债务占国内生产总值比例（debt-to-GDP ratio）的上升势头。从国内生产总值来看，在过去五年里，希腊经济总量缩水四分之一。欧盟需要将希腊作为特例来处理。（国际货币基金组织于2013年1月发布的希腊国家报告中也有类似的提法。）[1] 该研究得出这样的结论：是时候开始新一轮投资了，因为紧缩已经艰难地为新一轮投资打下了基础。

堵住堤坝漏洞的手指

这种结论肯定是正确的，尽管这份报告并未对其进行详细阐述，也没有为希腊提供可采用的策略。希腊的产值占欧盟生产总值的比例不到2%。我在这里专门谈这个国家，而不谈西班牙和意大利等处于困境中的更大经济体，这是有原因的。希腊回归增长非常重要，远非仅仅具有象征性。就目前整个欧元区以及欧洲其他国家而言，它是那根堵住堤坝漏洞的手指。尽管希腊退出欧元区可能不至于引发灾难性后果（参见结论部分），但没有人敢肯定。如果希腊回归（即便貌似）短期繁荣，努力维持一定的政治稳定，这将成为整个欧洲的一个重要转折点。2008年以前，希腊是一个经济高增长国家，或者说看上去如此。2002年该国加入欧元区，之后的六年中，其增长率一直远远高于欧盟的平均值，实际上也高于美国。然而，事实上所有的经济增长都是政府和消费者因低利率而增加开支的结果。希腊的私人消费比欧盟平均水平高出差不多20个

64

① IMF：*Greece*：*Country Report no 13/20*，January 2013. 资源在线。

百分点，这种需求大多还是国内需求。即便那些原本应该受出口驱动的产业，尤其是旅游业，面向的也主要是国内消费者。① 政府部门的支出建立在不断提高的公共债务水平之上。

2009 年，乔治·帕潘德里欧（George Papandreou）就任总理后问自己的一个幕僚："我们有多少公务员？" 没有人能答得上来。他派人进行普查，想看看准确的数字是多少。结果发现有将近 100 万人，而该国总人口只有不到 1200 万人。② （这个数字到现在已减少了差不多 20 万，未来还将继续减少。）希腊的生产率非常低，比 2009 年欧盟 15 国的平均值低 29 个百分点，比美国低 40 个百分点，其就业率在欧洲也是最低的。即便在过去，青年失业率也很高。直到不久前，希腊公务员按宪法规定还是终身制的。这一陈旧的法律原本是用来防止政党轮换导致公务员队伍解散的。在欧盟，希腊是管控最严的经济体之一。它对劳动力市场的严格限制，是造成青年失业率居高不下的原因之一。整个社会从上到下的逃税和庇护主义，使该国深受其害。

考虑到这种十分不利的状况，它在过去五年中取得的进步相当巨大。国际货币基金组织对里斯本理事会所提交的这份报告中的发现表示认同。按照国际货币基金组织的看法，与同一历史时期的其他国家相比，希腊财政调整的进展是非常快的。希腊正在实现财政收支基本平衡。③ 换言之，如果不把利息支出计算在内，开支大致与收入相等。进口已经大幅度减少。与欧盟中表现最佳的成员国相比，希腊的竞争力依然远远落后，但与此前的垫底相比，已经有了

---

① McKinsey & Company：*Greece 10 Years Ahead：Defining Greece's New Growth Model and Strategy*. Athens，March 2012. 资源在线。

② Interview with George Papandreou：'A growth strategy for Greece'，Council on Foreign Relations，20 March 2013，www. cfr. org.

③ IMF：'Greece makes progress，but more effort needed to restore growth'，IMF Survey，5 June 2013. 资源在线。

很大改善。

65

税收依然是一个突出的重点。税收改善的部分来自由雇主代缴个税的工人。然而，与欧盟15国的平均水平相比，自由职业者的报税水平依然较低，而在欧盟中来自自由职业者的税收占很大一部分。逃税依旧猖獗。在希腊，大约所有经济活动的30%发生在第二经济(secondary economy)中。这种经济活动使得原本可能受束缚的劳动力市场有了某种灵活性。但是，它给税收造成了巨大的漏洞。据估计，每年大约流失150亿到200亿欧元的税收，约占国内生产总值的9%。这个数字相当于超过80%的财政赤字，也许还要更多。

希腊所实施的广泛变革应该有助于促进私人投资重新上升。然而，仅仅靠这些变革显然不够。许多人没有工作，甚至连得到工作的指望都没有。应该由欧盟2推动，制订一项针对希腊的投资计划，但同时要有严格的条件限制，就像紧急援助的做法一样。与紧急援助一样，它应符合更多欧洲国家的利益，在抑制希腊与德国在公民层面上日趋严重的对立方面发挥很大的作用。希腊郑重地提出了要求德国就二战在希腊的暴行进行赔偿的问题。根据媒体报道，希腊政府提交了一份关于这个问题的秘密文件①，就德国占领时造成的破坏提出1080亿欧元的索赔，外加540亿欧元用以偿还强制"贷款"，即二战期间德国强迫希腊贷的款。尽管德国和希腊都就此事进行过公开讨论，但这件事情还是使两国群情激昂。②

这种主张确实不大可能得到德国官方的支持。反过来，德国领导人与公众是站在一起的，他们认为对希腊的进一步援助应建立在公众接受的基础之上。以一种具体的方式给予希腊希望，是符合德

① Vassilis Paipais：'The politics of the German war reparations to Greece', LSE Eurocrisis blogs, 8 May 2013.

② Jorgo Chatzimarkakis：'A new chapter in Greece's quest for reparations of the Second World War', 11 June 2013, Ekathimerini. com.

66 国利益的，也是符合欧盟整体利益的。但希腊所需的进一步外来援助不仅仅是投资，还包括其他形式的帮助，如深化改革过程中的指引和支持等。改革不应该——且超过某个临界点后就不能——靠减少开支的措施来驱动，即便这些措施还是必须继续实施下去。比如，进一步缩减公共部门的开支是必要的，但与此同时应进行实践优化改革，以更新系统并使其专业化。对于这种干预，以及完善结构性改革的其他干预，给予资助是有道理的。如果里斯本理事会所提及的“死亡漩涡”成为现实，其后果将波及整个欧洲。

67

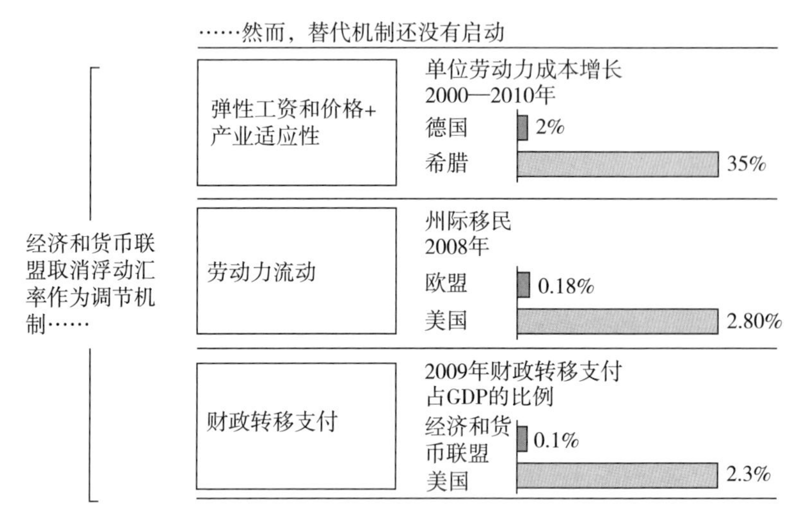

图7 经济和货币联盟（EMU）缺少必要的调节机制，以弥补汇率弹性的缺失

资料来源：European Commission；Eurostat；OECD；US Census Bureau；Tax Foundation；Bureau of Economic Analysis。

今天的希腊必须更加面向世界，它应致力于吸引外资，努力提升生产力水平。在所有这些方面，希腊都取得了令人欣慰的进步。所以，在耽搁多年后，希腊终于开始实施私有化计划。该计划已消除了各种问题，事实上正在吸引投资者把钱注入这个国家。“我们必须传递出这样的信息，即这是个不一样的希腊。”发展部部长科斯蒂斯·哈齐达基斯（Kostis Hatzidakis）这样说道。他这话确实很对。他还说，目标是使希腊开始国际化，变成一个外向型国家，而不是一个闭门造车的国家。① 我们从许多国家的经验可知，私有化远非百试百灵的灵丹妙药。所有的私有化都必须根据长期的战略意义以及直接的经济回报来判断。然而，这是另一个问题，需要希腊和欧盟一道制订战略计划予以解决。

在下一个十年，希腊如果要恢复繁荣，其表现就必须远远超过欧盟的平均水平，因为其起点太低了。目前的“财政冲击”（fiscal shock）需要外部的鼓励和支持，辅之以积极行动（activism）。有迹象表明，这种积极行动正在希腊出现，尽管与之相伴而来的还有绝望和怨恨。外来援助应该进一步推动这种变化。希腊人的思维模式好像正在改变。例如，在旅游业这一重要领域，这些变化是看得到的。2014 年到希腊旅游的游客数量是有史以来最多的，估计有 1800 万人，约为该国总人口的 1.5 倍。许多从事旅游业的人说，过去几年的事情使他们认识到，必须改变并提升其工作业绩。放宽对中国、俄罗斯和土耳其游客的限制确实有用。经过了前几年的大幅下降，预定夏季从德国来希腊的游客人数急剧上升。②

68

简单来说，为了帮助希腊摆脱困境，欧盟所支持的投资计划应该是什么样的呢？它应该是，围绕目标提供专业建议和帮助，提高公共部门和私人部门的绩效——也就是此刻希腊所发生的一切的扩展版。一个最为根本的问题是：逃税。本章下面将谈到，鉴于拥有离岸账户的希腊公民人数众多，对避税港采取行动将极大地缓解这一问题。欧盟可能希望确保这些账户受到严格追查。对于中小企业来说，经济援助加上改革可以极大地促进其复苏。基础设施投资，

---

① Helena Smith：‘Greece becomes trade battleground as foreign investors swoop’, *The Guardian*, 27 May 2013.

② Helena Smith：‘Greece：the sequel’, *The Guardian*, 25 June 2013.

尤其是能源和交通方面的投资，可纳入促进整个欧洲大范围增长的总体计划中。①

增长战略

欧盟委员会的“欧盟2020战略”（*Europe 2020* initiative）确定了欧盟到2020年所要达成的目标，其中包括提高欧盟各国竞争力的一揽子改革。它取代了2000年根据签约城市命名的“里斯本战略”（Lisbon Strategy），（更多的人称之为“里斯本议程”）。“里斯本议程”原本计划使欧盟“到2010年，成为世界上最具竞争力、最具活力的知识经济体（knowledge-based economy）”。这一愿景，说得客气点，是有点不切实际的。“欧盟2020战略”为整个欧盟定下了到2020年要实现的五大“重要目标”，外加七个“旗舰计划”（flagship initiatives）。这些目标是：

就业：20岁至64岁人口的就业率达75%。

研发：至少投入欧盟国内生产总值的3%。

气候变化/能源：温室气体排放比1990年水平降低20%，如果条件许可，争取达到30%。

教育：辍学率降低到10%以下；30岁至34岁人口中，至少30%受过高等教育。

贫困与社会排斥：与2010年相比，贫困或可能陷入贫困的人口至少减少2000万。

七个“旗舰计划”都是关于增长的，按照实现“智慧”增长、“可持续性”增长、“包容性”增长来排列。“欧盟2020战略”旨在

① 相关讨论参见McKinsey & Company：*Greece 10 Years Ahead*, Section 3。

弥补长期存在的结构性缺陷，而且要把解决结构性问题与消除危机的影响结合在一起。为了完成这些计划，并且促进财政规范，欧盟通过“欧盟学期”的协调将这些计划与各国的国家目标整合在一起。

“智慧增长”一词有些不寻常。事实上，这种增长并非智慧的增长。根据其对主要目标的表述，欧盟委员会的意思是：经济的增长需要有智慧的人和有智慧的策略。“智慧增长”意味着升级教育和创新、研发以及信息与通信技术。对于这一点，我没有很多要说的。“可持续性”是一个用烂了的术语，我后面还要再谈谈（第五章）。我这里要说的是，不能认为“智慧”与“可持续性”是不相干的。我们的智能水平——我们的创新能力——将极大地影响经济与环境可持续性的真正内涵。欧盟委员会从广义上界定“包容性增长”。它指的是：提高就业率；帮助更多妇女加入劳动大军；使更多年龄较大的人也能找到工作，年轻人也一样（自2008年以来青年失业率急剧攀升）；减少贫困；使欧盟各国和各地区均衡增长。尽管这个定义有些宽泛，但还是没能把一切都涵盖进去。我们还必须加上“减少不平等”，并将其置于首位。把“包容性”增长放在最后来说并不充分，这一点后面还将进一步探讨。

70

欧盟委员会说，必须全面重建单一市场。它可以在创造就业机会和促进增长两方面发挥重要的作用。由于在一定程度上受经济危机的影响，“目前一体化进程已显露疲惫乏力的迹象”。[1] 跨境障碍还没有完全消除。在有些情况下，企业做一单生意时，不得不面对二十八套不同的法律制度。单一市场的设计，始于互联网到来之前。新的数字化服务为此提供了大量的可能性，但目前面临的却是一种四分五裂的状况，欧盟的“服务指令”（Services Directive）远未充分实施。

① European Commission：*Europe 2020*. Brussels，2010，p. 23. 资源在线。

71

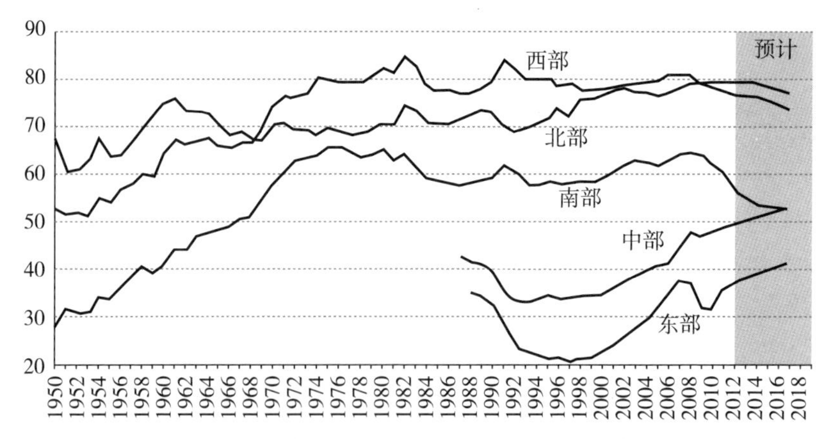

图 8　1950—2017 年欧盟各区域人均生产总值（以美国为参照，美国 = 100）

资料来源：Zsolt Darvas：*The Euro Crises*：*Ten Roots*，*but Fewer Solutions*. Bruegel Policy Contribution，October 2012。

说句实话，“欧盟 2020 战略”制定得非常详细，覆盖面很广。然而，就像“里斯本议程”一样，尽管被称为“战略”，但实际上并不是这样。几乎所有勾勒这一战略的冗长文件，都只是说了要做什么，却没说如何做。它看上去非常诡异，就像已经终止的里斯本进程：有宏大的抱负，却没有实现目标的手段。这反映出欧盟 1 的局限性。这种状况令人不安，因为它的失败不仅是纸上欧洲的问题，而且是当前危机的根源之一。欧盟委员会对“里斯本议程”进行了详细分析后，不得不承认其目标全都没有达成。我们可能无法肯定地说，至少到 2008 年为止，确实发生过某些积极的变化。因为这些变化都集中在那些**先锋**（avant-garde）国家，而不是那些表现不尽如人意的国家。欧盟委员会说有证据表明“里斯本议程”在促进改革上起到了重要作用，但它实际上却没有提供相关的证据。[①]

72

在“欧盟学期”中，欧盟成员国相互配合、密切协作，对于即将进行的财政一体化很有帮助。但就经济增长而言，问题的核心与

① European Commission：*Lisbon Strategy Evaluation Document*. Brussels，2010. 资源在线。

“里斯本战略”的情况一样：缺乏有效的制裁措施，以确保那些落在后面的成员国朝着正确的方向前进。“里斯本战略”中只有一个条款指出：没有达到所规定标准的国家将被罚款。然而，罚款并不会立马就施行，且最多只占该国国内生产总值的0.5%。考虑到成员国政治上的敏感度，有人怀疑该项措施是否真的会被采用，因此不可能产生很大的遏制效果。这一措施将会使紧急受援国的债务水平进一步提高。另外，受罚的国家是否真的会支付罚金，还是个值得讨论的问题。可以肯定的是，只要是牵扯到那些在困境中挣扎的成员国，唯有欧盟2可以决定这个进程。

正如欧盟委员会所强调的，服务业还有很大的增长潜力可挖。西方经济肯定仍旧会以服务业为主导。我要说的是，必须把制造业的复兴放在非常突出的位置。然而，如果只是这样说说，就有可能忽视目前正在发生的一些重大变化。正如此前已经提到的，受互联网以及更为普遍的数字化的影响，制造业与服务业之间的界限正在消失。数字技术和其他创新正在使原来的“制造业”和“服务业”发生转型。“信息与通信技术”这一最常用来指称数字世界的词语已经变得不合时宜了。我更愿意用数字技术（DT）一词，因为数字化的背后不仅是信息和通信系统，还包括我们干预自然世界的能力。比如说，正是它使我们得以整合纳米技术、生物技术和信息科学。这些发生在我们眼前的事情，可能会对我们的生活产生深远的影响。①

73

制造业和服务业转型的来临

安·梅特勒（Ann Mettler）和安东尼·威廉姆斯（Anthony Wil-

① Ray Kurzweil: *The Singularity is Near: When Humans Transcend Biology*. London: Duckworth, 2005.

liams）的一部著作清楚地说明了，这些不同寻常的革新将为中小企业（SMEs）带来机遇，或者事实上已经带来了机遇。[①] 实际上，99%的欧盟企业都可以划归为中小企业，其中90%是雇了十个或更少员工的小微企业。数字技术的出现有可能使欧洲乃至全世界的中小企业发生变革。小公司可以利用在线企业平台接入全球智库，寻求新业务，同时也创造新业务。所有这些都非常复杂，原本只有大公司才能做到。中小企业在很多方面都是欧洲经济复苏的关键。然而，直到现在，从全球来看，它们的表现都比较糟糕，欧洲劳动力市场的老问题在此再次凸显。葡萄牙的一份研究报告在结尾部分指出：劳动力市场的限制在很大程度上致使该国中小企业表现不尽如人意。中小企业，而非大企业，在不稳定的经济环境中才有机会存活下来。葡萄牙劳动力市场的限制阻碍了小企业起步，也意味着中小企业不能足够迅速地对经济状况的变化作出反应。基于这个原因，许多成功的企业即便有机会进一步扩张和国际化，也还是决定保持原有的小规模。[②]

数字技术无法代替改革，改革是必要的。但是，它能够且确实形成了一种完全不同的动力。研究表明，互联网公司的平均创业成本1997—2008年间降低了90%，主要原因在于云计算的应用和开放性资源。过去需要传统大公司所有部门共同参与才能完成的任务，现在一些中小企业就有可能做到。当然，一个公司在创业之初，就通过互联网接入了全球企业及潜在客户的网络。只要具备原来建设研发中心所需费用的很小一部分，就可以进行研发工作。可

74

---

① Ann Mettler and Anthony D. Williams：*Wired for Growth and Innovation：How Digital Technologies are Reshaping Small- and Medium-Sized Businesses*. Brussels：Lisbon Council, 2012. 资料在线。

② European Monitoring Centre on Change：*Portugal：ERM Comparative Analytical Report on 'Public policy and support for restructuring in SMEs'*, 14 May 2013. 资源在线。

见，数字技术比企业的任何单一类型投资都更能提高生产力。

梅特勒和威廉姆斯提出，数字化单一市场（digital single market）的出现可能对经济的复苏起决定性作用。数字技术的采用不是一个有利可图的市场问题，而是影响到整个经济的问题。即便数字技术并非企业模式的核心内容，但大大小小的公司都依靠高质量的数字服务以获得竞争力。数字化单一市场的建设有助于更广泛的单一市场取得更大的成功。这样，欧盟约 50% 的零售商提供在线购物服务。然而，只有略超 20% 的零售商在另一个或多个欧盟国家销售它们的商品。此时此刻，对于欧盟经济至关重要的是建立高速宽带，使用超快光纤网络（而非现有的铜线）。"欧盟 2020 战略"中提出的目标之一就是：到 2020 年，所有网络线路中至少有一半是超快的。这又是一个宏伟大志，但是还有很长的路要走。目前只有 2% 的线路使用了光纤，比美国和亚洲一些国家的比例都要低很多。

可用于此类计划的公共资金数量非常有限，尤其在欧洲层面上。另外，银行借贷也差不多处于历史的低点。因为欧洲经济遭受一连串失败的打击，私人投资更是全面缩减。自 2007 年以来，私人投资减少的金额是私人消费减少的金额的 20 倍。[①] 在 2007—2011 年这段时间里，欧盟 27 国的私人投资减少了 3540 亿欧元，远远超过国家部门的投资总额；国家部门的投资共减少了 120 亿欧元。这一现象并不仅限于欧洲，2007 年以后在所有工业化国家都可以看到。欧洲的下滑幅度大致与美国和日本的情况差不多。2007—2011 年，欧盟 27 国的投资减少了 15%。但在欧盟各国中，这些变化情况并不一样。西班牙、葡萄牙、希腊和爱尔兰在其中占了很大的比例。因为这些国家都经历过房地产的繁荣，最后泡沫破裂了。西班牙在前面说到的那段时间里投资下降了 27%；在葡萄

75

① McKinsey Global Institute：*Investing in Growth*：*Europe's Next Challenge*，2012. 资源在线。

牙，这一数字为34%；希腊为47%；爱尔兰为64%。然而，英国和法国的私人投资也大幅下滑。

前面提到的这一系列国家的国内生产总值实际是下降了，且私人投资至少减少了10%。对于这一问题的一项研究证实，目前的状况是前所未有的。[①] 私人投资在过去的经济复苏中一般扮演主要角色，但这次却不是这样。一些国家（如西班牙）的家庭甚至在2007年以前就已债台高筑，目前只是在非常谨慎地维持开销。政府没有办法介入其中，因为在大多数情况下它们必须减少赤字。出口也不大可能产生预期的作用，至少短期内不行。有人分析了早期的经济下滑情况，结果发现，在过去，当经济开始复苏时，私人投资带动了大约三分之一的增长。经历了那个过程之后，它会回归到“正常”水平即大约四分之一。过去的平均复苏时间为五年。这次的情况看起来不太一样。这再次表明，我们面对的是结构转型问题，而不仅仅是昨日重现。

“欧盟2020战略”制定者的看法，与梅特勒和威廉姆斯的分析不谋而合。他们认为，在扩大投资的同时，在微观经济层面需要有目的的积极行动。过去的干预行动往往效果不佳，主要是因为它们并非基于地方的具体情况和系统的研究。私人投资所面对的一些障碍是可以调控的。然而，也有一些是前面所谈到的行业或环境的内在障碍。政策措施的制定必须有一个坚实且完全可靠的基础。需要深入了解，哪些领域的投资是有成效的。政府部门或机构应该与私人部门开展积极协作，明确最佳选项，即清晰合理的投资对象。全世界最佳的做法都应该学习。投资的钱从哪里来呢？比如，2011年欧洲上市公司就拥有7500亿欧元，钱多得没处去。大多数都在观望哪里有适合的投资渠道。宏观经济改革显然必须继续下去，因

76

① McKinsey Global Institute：*Investing in Growth：Europe's Next Challenge*，2012. 资源在线。

为持续的不稳定会使投资环境恶化。然而，在地方层面上，创造机会吸引资本投入将变得极端重要。

数字化生产

数字世界——计算机世界——与真实世界的界限已越来越模糊，这是技术发展的重要历史时刻。计算机在过去往往被用于商品设计和生产过程。而现在，计算机可以直接用于生产制造。3D 打印机已经可以用来生产各种不同的东西，包括器官。数字化生产正在与纳米技术和生物技术相融合，有望在现有打印机技术——它们看上去非常了不起——的基础上更进一步。

这直接关系到中小企业。有些观察人士和从业人员谈到了手工生产的回归——小作坊的再次崛起，它们在全世界或许会如雨后春笋般涌现，与大工厂竞争，甚至大量取代它们。这种可能性之所以会出现，是因为个人计算机取代了大型主机。3D 打印机目前尚不能进入大规模制造技术所主导的规模经济。然而，随着新旧生产技术发生融合，未来也有可能出现。据说，聚焦于 3D 打印机就像 20 世纪 50 年代有人说微波炉是烹饪的未来一样。真正的革命在于“把数据变成实物，以及把实物变成数据”的能力。[①] 克里斯·安德森（Chris Anderson）引用了加利福尼亚州弗里蒙特的特斯拉汽车工厂（Tesla car factory）的案例。[②] 工厂车间里大量使用机器人。这里主要生产高科技的电动汽车，但工厂经过重新改造后，几乎能生产出任何产品。它现在已经差不多将“大规模定制”（mass

77

① Neil Gershenfeld：‘How to make almost anything’, *Foreign Affairs*, 91 (2012), p. 46.

② Chris Anderson：*Makers*：*The New Industrial Revolution*. London：Random House, 2012.

customisation）的设想变为现实。汽车的每个细节都可以按照客户的意愿进行调整，以最终制造出成品。因为车辆是在工厂内组装完成的，所以传统制造商所需的一系列库存也就没有了。正如安德森所说的，工厂“一有需要，就自行生产”①。

从减少碳排放来看，净收益很大，因为运输成本极大地降低了。由于缺少订单，通用汽车公司和丰田汽车公司的分公司关掉了，特斯拉汽车工厂取而代之。这是一家自动化的工厂，但创造了1000个辅助性服务的新岗位。凑巧的是，该厂的机器人是在德国生产的。该厂的首席执行官伊隆·马斯克（Elon Musk）为该公司制定了大规模生产电动汽车的宏伟目标。这家公司现在扩张到拥有3000名雇员，在英国设有分厂，已经打入了国际市场。它也开始与梅赛德斯公司开展合作，为后者所生产的微型系列中的一些汽车（包括两座的Smart汽车）开发电动版。数字化制造公司在欧洲已经有不少了，准备好了在将来——甚至不远的将来——发挥非常大的影响。现有技术的尖端性已经使小企业的创业变得容易。这类公司通过网络建立起来，借助网络资源取得飞速发展，并且让销售成本不断降低。它们已经在全球舞台上开展竞争，这具有重要意义。因此，进口对它们的影响比对传统公司的影响要小得多。伴随着数字化制造一起到来的就是，更为广泛的促进回岸（promoting re-shoring）进程（见下文），因为现在无须考虑可能掣肘的复杂供应链和各种干扰，无须考虑是否靠近消费者，无须考虑是否放松对产品质量的检查，等等。

就像本书所谈到的许多其他转型变化一样，这些发展动向充满了不确定性。关键在于：唯有目前尚处萌芽期的变革变得普遍和彻底，这些不确定性才可能完全消除。这个过程与移动电话的发展过

---

① Chris Anderson：*Makers*：*The New Industrial Revolution*. London：Random House，2012.

程类似，可能发生得非常快。因此，欧盟必须乘变革之浪，而不能只是站在一边袖手旁观。机器人科学的进步将对失业造成什么样的影响呢？经济发展历史上的证据表明：整体来看，技术革新所导致的失业往往少于其所创造的新岗位。机器人科学的影响会不同吗？有些人认为是这样的。[①] 现在机器所从事的工作，过去被认为只有人能做，比如，理解人的日常语言。它们能代替人做的不仅是普通的工作，或是医疗领域中的专业化治疗，而且包括某些专业人士才能胜任的工作。但到目前为止，有证据表明：由于机器人技术所引发的分流和生活方式的改变，它已创造出了纯粹新的工作岗位。[②]

把工作岗位带回来？

与离岸相对的是回岸。这一过程在两种意义上与本章非常相关：第一，那些漂洋过海的工作岗位能再回来吗？第二，同样重要的是，在民主制度的控制下，目前大量逃避税收的自由资本会再回来吗？我将其称为岗位和资金回归的两个过程。当然，不能过多地从字面上来理解这两个词语。

79

对于制造业回岸的讨论，美国波士顿咨询公司（Boston Consulting Group）的报告最初提出过一个非常重要的观点。波士顿咨询公司2011年发布了系列报告中的第一份报告，题为《重回“美国制造”时代》（*Made in America, Again*）。[③] 其副标题为“制造业为何

① Erik Brynjolfsson and Andrew McAfee: *Race Against the Machine*. Lexington, MA: Digital Frontier Press, 2011.

② Metra Martech: *Positive Impact of Industrial Robots on Employment*. London, 2011. 资源在线。

③ Boston Consulting Group: *Made in America, Again*. Boston, 2011. 资源在线。

将回归美国”。哈罗德·希尔金（Harold Sirkin）领导的写作团队提出：各种经济力量正在削弱中国制造业相对于美国的优势。中国工人的工资急剧增长，而作为竞争对手的美国工人的工资却没有多大的变化；全球商品运输成本很高，如果石油价格居高不下，可能会进一步增加商品运输成本；发货链（delivery chains）又长又复杂，很容易出问题；在新兴经济体中运营的企业发现其专利难以得到保护，它们将不得不雇用本国员工来监管生产和确保标准。

中国虽然越来越多地使用自动化技术，但这并不能保持其成本优势，事实上反而可能进一步破坏这种优势，因为这些技术可以在美国复制或改进。中国人的需求可能会增加，创造出更大的国内市场和减少出口需求。这对于中国的未来繁荣的确非常重要，它也造就了中国今天的繁荣。制造业不可能从中国转移到如越南、印度尼西亚或者墨西哥等其他地区，因为它们缺少合适的基础设施和有技术的劳动力。另外，与中国的情况相比，这些国家对于知识产权的威胁还要更大。他们认为，中国制造业将继续增长，因为它将专注于满足快速扩张的国内市场需求。在后续的一项研究中，波士顿咨询公司明确指出了七个在最近的将来有可能回归美国的生产领域。[①]

80

令人感兴趣的是，作者把许多技术水平相对较低的领域和高科技领域都囊括进来了，比如商品运输、计算机和电子产品、金属制品、机械制造、塑料与橡胶、日用电器和设备，以及家具。

通用电气公司的首席执行官杰夫·伊梅尔特（Jeff Immelt）把离岸外包和业务外包称为“昨日模式”（yesterday's model）。通用电气公司正在将旗下的信息技术工作岗位、家电生产业务撤回美国。[②]同样的事情也正发生在一些服务行业，如呼叫服务中心。除了严格

① Boston Consulting Group：*U. S. Manufacturing Nears the Tipping Point*. Boston，2012. 资源在线。

② ‘Welcome home’，*The Economist*，19 January 2013，p. 11.

意义上的经济因素外，还有其他一些因素的介入。政治压力是其中之一，对顾客的新的责任意识也是一方面。许多人抱怨说，那些应答缺少地方知识（local knowledge），而这些知识是提供适当的个人服务所必需的。波士顿咨询公司预计，美国经济在相当短的时间内可能会净增200万到300万个新工作岗位，这意味着每年1000亿美元的产出。这些工作岗位主要不是来自实际的制造过程本身，而是来自配套服务。不仅是美国制造业有回流的趋势，而且出现了国外公司搬迁到美国的趋势。生产力水平高是一个重要的因素。如果根据生产力来测算，大致上美国工人的平均工资比欧盟相应岗位工人的工资低35%。根据波士顿咨询公司的研究，如果当前的趋势继续下去，五年内美国的生产成本将比德国低15%，比日本低21%，比意大利低23%。

在欧洲，还有一个更重要的因素是能源价格。欧洲的能源价格现在远高于美国的，这主要是因为美国的页岩气革命（参阅第五章）。页岩气和石油不仅极大地减少了美国对外部能源的依赖，也创造了就业岗位。用于资源勘探、回收和运输的钢铁制品几乎都在美国生产。美国钢铁产业还在苦苦支撑，但许多企业已经开始复苏了。海外企业正在进行新的投资。未来五年，美国钢铁市场预计实现20%的增长，油气产业则有望贡献三分之一。[①]

81

波士顿咨询公司的报告并不是没有人提出异议。批评人士指出，企业向低成本领域转移只是美国制造业岗位流失的部分原因，许多制造业岗位的消失是因为自动化水平的提高。有些人否认回岸真的会出现。他们对波士顿咨询公司的说法进行反驳，认为生产如果真的撤离中国，事实上有可能转移到其他低成本生产国，而不会回到工业化国家。蒂姆·罗尼格（Tim Leunig）还指出，中国的生

① Ed Crooks: 'Steelmakers reap benefits from US shale gas revolution', FT. com, 18 June 2013.

产力比美国的更低。[1] 中国的电子产业雇了 300 万人。如果其中十分之一的产能回归美国，中国将失去 30 万个就业岗位，而美国净增的就业岗位不到 4 万个。由于自动化水平越来越高，所有工业国家从事生产制造的劳动力比重都将继续下降。

应该如何理解这些看法呢？情况非常复杂。自动化生产抢走了工厂里的工作岗位，但也可以在其他经济领域创造新的岗位。美国的一项研究表明，制造业每创造一个就业岗位，平均就可创造 2.91 个额外工作岗位。相应地，商业服务将派生出 1.54 个其他工作岗位。而在零售业，这一数字仅为 0.88 个额外工作岗位。[2] 比如，围绕智能手机，有一系列连锁的产品和服务，至少部分制造业已经搬回美国。另外，我们完全有理由质疑这一想法，即无论多大规模的制造业，都不会再在工业国家进行生产。欧洲的产业模式与美国的不同，与中国的相互依赖程度也不是很深。然而，回岸应该有可能导致欧洲大范围的再工业化。一些公民社会组织最近发布了一则声明，标题为"让我们欧洲再工业化"。[3] 负责工业和创业事务的欧盟委员会委员安东尼奥·塔亚尼（Antonio Tajani）指出："我们不能再让我们的产业离开欧洲了。"这是对的。[4] 在美国，回岸的说法已然进入地方和国家制定的政策中。比如，最近有一系列广告出现在不同的媒体平台上，向那些打算回岸的企业宣传当地和城镇的优势。它们大多介绍的是美国相对较穷的州——如果想要类比的话，

82

① Tim Leunig：'Stop thinking of "reshoring" jobs from China', *Financial Times*, 31 October 2011.

② Devon Swezey and Ryan McConaghy：*Manufacturing Growth：Advanced Manufacturing and the Future of the American Economy*. Breakthrough Institute, October 2011. 资源在线。

③ Confrontations Europe：*Manifesto for Growth and Employment：Let's Reindustrialise Europe*. October, 2012. 资源在线。

④ 引自 Europa：'Industrial revolution brings industry back to Europe', 10 November 2012, p. 1。资源在线。

相当于欧洲南部的国家。在欧盟，目前似乎没有出现类似的积极行动。

最近的一项分析证实，美国完全走在了前面。[1] 研究人员考察了许多欧盟成员国和美国的再工业化的系列相关指标，其中包括工业生产能力、制造业的就业趋势、生产投资、全球贸易中的市场份额和天然气价格。该研究表明，只有美国出现了清晰可见的再工业化迹象；在英国似乎可以看到一些可能性正在冒头——尤其是就业和投资方面；在西班牙和葡萄牙，全球出口的市场份额有一定增长，但没有发现其他迹象；该研究最后说，在法国、意大利和希腊，根本看不到任何再工业化的迹象。

欧洲的再工业化会不会危及欧盟已经制定的减少碳排放的目标？它有可能意味着对这些目标进行调整。目前，那些目标没有包括温室气体的“出口”排放，因为制造业从欧洲转移到了世界其他地方。即便所有制造业都撤回欧洲，这些生产过程也不会影响到世界碳排放的增减。如果运输的因素因此被排除在外，也许净值还会有所下降。然而，制造业和投资绝大多数完全有可能是低碳的，尤其是在尖端制造方面。欧盟委员会提出，必须把能源投资置于欧盟直接投资战略的中心位置，这是有道理的。然而，欧盟当前的能源和气候政策需要进行彻底的重新思考，我后面将谈到这一点。

83

创造就业岗位最重要的举措之一就是，欧盟和美国协商达成一个跨大西洋自由贸易协定。这是一种回岸形式，因为大量的工作岗位可以保留下来，否则有可能流失到世界其他地方。2013 年 6 月，制定这样一份协议的提议得到了欧盟和美国的赞同。在大西洋两岸，甚至有人提出了更加雄心勃勃的方案：如果成功建立自由贸易区，那么就按照欧洲已经实施的商品、服务、资本和人员自由迁移

---

① Natixis Economic Research：*Where Can We See Signs of Reindustrialisation?*, 14 February 2013. 资源在线。

的原则，形成一个跨大西洋的单一市场。对于自由贸易区的影响问题，贝塔斯曼基金会（Bertelsmann Foundation）进行过系统研究。[①]结果显示，全面的贸易协议会极大地影响欧盟和美国的国内生产总值，也会促进就业岗位的创造，对于提高处于困境中的南部经济体和欧洲其他地区的就业水平将起到重要的作用。（更多相关讨论参见第六章）

把资金带回来

与几年前相比，今天对避税港和更普遍的避税行为采取行动要更为切实可行。原因之一是，在目前的经济环境下有更大的政治意愿去做这件事情。还有一个原因是，后面有民意的大力支持。最后，也许最重要的是我所谓的透明原则。在互联网时代，面对政治机构有组织的监察，保守秘密变得困难多了。“避税港”并不像第一眼看上去那样容易定义。避税港绝非都是小岛或公国，尽管它们有一些确实如此。它们在欧洲内部，以及其他许多地区迅猛扩张。对避税港的最佳定义为保密管辖地，即一种确保交易免受金融监管的环境，人们可以利用这种环境逃税或交最少的税。在欧盟国家的心脏区域就存在避税港或避税网，如伦敦金融城就被称为“全球离岸系统最重要的中心”。[②]

84

对全世界约70个保密管辖地进行研究之后发现，2010年它们的资产已达到21万亿美元。税收正义联盟（Tax Justice Network）

① Global Economic Dynamics：*Transatlantic Trade and Investment Partnership*. Gütersloh：Bertelsmann Stiftung, 2013. 资源在线。

② Nicholas Shaxson：*Treasure Islands*：*Tax Havens and the Men who Stole the World*. London：Bodley Head, 2011, p. 15.

提供了一份最全的保密管辖地所在国的排名。2011年，瑞士（目前正面临越来越大的国际压力）排名第一，美国第五，德国第九。欧洲小一些的避税港包括马恩岛（Isle of Man）、根西岛（Guernsey）、泽西岛（Jersey）、卢森堡、列支敦士登、摩纳哥、安道尔、直布罗陀、马耳他和塞浦路斯。2013年塞浦路斯遇到的问题几乎给整个欧元区带来灭顶之灾，该国的银行负债是国家收入的很多倍。尽管人们紧盯着富裕的个人，但一些最复杂的避税系统都是那些有着全球经营网络的大公司在运用。保密管辖地内60%的交易都是在跨国企业（multinational companies）内部进行会计核算的。这对发展中国家甚至比对发达国家更加有害。在避税港，“合法”交易与毒品生意、内部交易、洗钱和许多其他直接犯罪活动得来的金钱交织在一起。当前的紧缩正在影响社会中最贫困群体中一些人的生活。这种反差让人感到难受，而且这完全是搬起石头砸自己的脚，因为一些现金枯竭的国家本身就是保密管辖地的大本营。这是全球规模的腐败，必须终止。

2013年4月，六个主要欧盟国家聚在一起，决定采取新的行动，开放保密管辖地。它们一致同意，定期交换数据资料以便提高征税效率。该协议既适用于企业，也适用于个人。2010年美国通过的一项立法，有助于美国与其他国家建立类似的双边协议。避税港在回归增长的语境中非常重要，但为何要针对避税港采取行动呢？首先是大量资金应该放在政府或者纳税人的手里，应用于生产性目的。其次是为了减少日益扩大的不平等现象，因为它们对社会结构造成了威胁。还有就是，要把当地各种形式的腐败置于阳光下，其中一些腐败已经影响到了政治和企业高层。最后则是，通过非法途径把钱存起来恰恰是某些国家麻烦的根源之一。国际调查记者同盟（International Consortium of Investigative Journalists）的研究揭露了成千上万的个体和企业的离岸资产情况。受调查的是107家

85

在希腊开展业务的企业，其中只有4家在税务部门登记注册。公司的所有者包括许多中产阶级的个体和家庭，不仅仅是富人。①

这样，我们就回到了本章开始时所谈及的主题。欧盟应该与美国，与八国集团（G8）、二十国集团（G20）的其他成员，以及与国际机构紧密合作，促进全球经济变革。显然，这里面存在许多利益分歧，包括新兴经济体与发达国家截然不同的利益。然而，从改革的角度看，也有很多共同的利益。在2013年6月举行的一次八国集团会议上，各国就避税和逃税问题达成了十点计划。会议声明指出，国家税务部门应在全球范围内实现信息共享，并采取行动改变规则，不允许企业将利润转移到海外避税。该协议受到了抨击，批评人士指责它没有具体的政策提议（policy proposals）。但是，它使人们更加清楚地认识到：什么可能成为且应该成为不可阻挡的变革潮流。全球公司被前所未有地置于聚光灯下，如微软、苹果、谷歌和星巴克。它们通过低税率或零税率的保密管辖地把利润转走了，在业务开展国却只交极少的税。它们虽然没有违犯法律，但是通过这种方式逃掉了巨额税款。八国集团的这项协议旨在建立一种新机制，使跨国企业不得不公开它们向哪个国家交了什么税，以及它们在避税港的账目情况。

随后，这项改革获得二十国集团的支持，而且确实得到了扩充。2013年7月，一个以八国集团协议为基础制订的“百年一遇”计划（‘once-in-a-century’ programme）得到了广泛支持，该计划旨在引入新的国际体制以应对逃税和避税。经济合作与发展组织（OECD）为其提供了研究支持和政策指导。协议的部分内容预计在一年内启动。其中的一项措施是，有商品分发仓库的跨国企业

① Harry Karanikas and Marina Walker Guevara：‘Taxmen have little clue of offshore companies owned by Greeks’, International Consortium of Investigative Journalists, 3 April 2013. 资源在线。

(transnational companies）由分发中心所在的国家予以征税。亚马逊公司就是这样，因为注册地点为卢森堡，它在英国有 42 亿英镑的营业额，但交的税却非常少。协议要求企业向所有国家的税务部门公开账目，公布其利润、所交税额和收税的国家；引入一系列新政策以应对企业利用复杂的金融工具掩盖其真实收入的状况；与此配套的是，将采取更强硬的措施，迫使保密管辖地披露信息。例如，按计划引入新的规范，防止高价值的知识产权转移到避税港。当然，由于参与国之间存在可见的利益分歧，这些计划中的一些（甚至全部）有可能脱离预定的轨道。然而，这些计划确实得到了中国、印度、巴西以及发达经济体领导人的支持。重点在于，不仅要把收益带回来并投入那些迫切需要的国家，而且要利用这些资金来刺激贸易的发展。

德国、法国和其他九个欧盟国家已经制订了征收金融交易税的计划，但遭到银行业的激烈反对，尤其是伦敦金融城。这里面有一些利害关系需要考虑，比如，这种税可能对主权债券市场、养老基金和个人储蓄产生影响。然而，潜在的利益要远远大于困难。欧盟委员会提议对股票和债券征收 0.1% 的税，对衍生品征收 0.01% 的税。如果金融交易税得以设立，就有可能实现这一税种的创始人、美国经济学家詹姆斯·托宾（James Tobin）多年来的夙愿，即遏制金融市场上交易员的过度投机。它还会带来极为可观的收入，根据欧盟委员会的预测，可能达到每年 350 亿欧元。这个税种预定在 2014 年 1 月正式引入，但现在已经推迟了好几个月，部分原因就在于前面所提到的几件事。“包容性增长”，用欧盟委员会喜欢的话来说，必须名符其实。处于底层的人不能被抛到一边、放任不管（参阅第三章）。正如发生在社会上层的事一样，都很重要。如果好处差不多全给了 1% 的最高收入者，增长又有什么社会作用呢？然而，近年来在几乎所有的工业国家，这种事一直在发生，即

87

便处于危机中也是如此。在美国，2009—2010年总体收入增长率为2.3%，1%的最高收入者在这段时间的收入增长了11%，剩下的99%的人的收入仅增加了0.2%，这是个微不足道的数字。

在德国、英国、意大利、西班牙以及大多数更小的欧盟成员国中，1%的最高收入者的收入增长超过所有其他国民。与他们的美国同伴一样，即使在经济衰退时期，其收入所占的总份额依然实现了增长。他们是如何做到的呢？他们之所以能做到这一点，是因为他们属于超然于外的群体，能够从全世界的经济联系中获利。他们形成了“新财富虚拟王国”（new virtual nation of mammon），无论在经济上还是物质上，都与“芸芸众生”截然不同。[①] 他们大多在金融部门工作，或通过投资赚钱，但也有一些人是大型跨国企业的领导者。他们能够利用不规范的世界市场寻找机会。他们放在离岸账户里的收入金额以及他们所管理的组织都是庞大的。那些钱大部分是属于国家的，本应用于社会福利或进行投资以促进增长。欧洲社会模式下的福利是我下一章将要讨论的主题。下一章与这一点尽管息息相关，但关键问题不在于这种社会模式在经济衰退时期是否有足够的资金支撑下去，而在于这种社会模式如何能适时地进行调整和改革以重新焕发活力。

88

① Chrystia Freeland: *Plutocrats: The Rise of the New Global Super-Rich and the Fall of Everyone Else*. London: Allen Lane, 2012, p. 5.

第三章　取消社会模式?

2013年4月，一个妇女走进位于西班牙东部城市阿尔马索拉（Almassora）的银行，用汽油淋湿自己的身体，然后自焚了。[①] 她欠银行的钱，银行给她发了通知，要强制收走她的房子。自焚前，她呐喊道："你们把我的一切都拿走了！"她后来因伤势过重而死亡。她的这一举动成为整个欧洲乃至其他地区许多国家的头版新闻。在希腊，许多失业人士自焚，也成了媒体的头条。失业和无家可归——尤其发生在青年人身上——又一次使欧洲备受诟病。欧洲福利制度本应在经济动荡之时为人们提供安全与保护，但这声呐喊却让人完全看不到希望。备受褒扬的欧洲社会模式似乎处于极其危险的境地。

它对亲欧派的重要性由来已久。2003年，有两位著名的公共知识分子写了一封有关伊拉克战争对欧洲未来之影响的公开信：其中一位是来自德国的尤尔根·哈贝马斯（Jürgen Habermas），另一位是来自法国的雅克·德里达（Jacques Derrida）。两人将欧洲与美国的情况进行对比后说，福利国家是"社会安全的保障"，"对国家

---

① Murciatoday. com, 13 May 2013.

90 的文明力量的信任”以及国家“矫正市场失灵”的能力是欧洲的关键特征。[①] 然而，到底什么是欧洲社会模式（ESM）呢？描述起来好像有点难，要下定义就更难了。有一种恰当的说法是：欧洲社会模式并非完全是欧洲的，并非完全是社会的，也并非只是一种模式。如果它指的是供给公共教育和医疗保险，以及为失业者和弱势群体提供保护计划的国家制度，那么这种制度在所有工业国家（包括美国）都可以看到。欧洲社会模式并非全然是“社会的”，因为它在根本上有赖于经济繁荣和从富人到穷人的经济再分配。它不仅仅是一种模式，因为不同的欧盟国家对福利制度的本质、不平等程度（levels of inequality）和其他许多特征的认识有很大的分歧。

南北分化重现于此，因为福利国家制度在诸如斯堪的纳维亚国家、德国和法国的发展比在西班牙、意大利或葡萄牙等国的发展要更为完善。欧洲社会模式实际上是各种社会准则、成就和愿景的混合体。在不同的国家，这些东西以不同的方式组合在一起，实现的程度各不相同。这些社会准则包括：通过社会保险分担风险、控制经济和社会的不平等、增进工人的权利、培养全社会的相互责任意识或团结意识。

黄金时代，抑或不是?

今天大多数欧盟成员国都以紧缩政策为主，所以欧洲社会模式受到了抨击。然而，其问题的根源要回溯到很久以前。人们有时会说，20 世纪 60 年代和 70 年代初是欧洲福利国家的“黄金时代”：

---

① 引自 Anthony Giddens：‘A social model for Europe?’, in Anthony Giddens, Patrick Diamond and Roger Liddle（eds）：*Global Europe*, *Social Europe*. Cambridge：Polity, 2006, p. 14。下面一部分内容也是受该文启发。

经济发展态势良好；失业率很低；不平等现象相对来说并不严重；医疗保障发展成熟。有人认为，自那以后，福利国家因经济自由主义的出现而逐渐受到削弱或侵蚀。现实情况却更加复杂。对于当前 91 的一些欧盟成员国而言，因为福利供给很有限且不充分，所以从未有过黄金时代。然而，即便在那些福利制度较为发达的国家，一切都远非黄金时代的美好。妇女的社会和经济权利受到限制。在多数国家，只有很少一部分人（多为男性）接受了高等教育。医疗制度所提供的治疗范围也比今天的更为有限。一旦到了固定的退休年龄，年龄大的人一般情况下就不能继续留在工作岗位上，即使他们想要这样做。

那些在重工业领域就业的工人在相当原始的条件下工作，常常会出现严重的健康问题，因而不得不提前退休。国家一般把依赖福利制度的人视为消极的主体，而非积极的公民。过去的一个笑话在此处非常应景。有个医生正在查房，他对站在一张病床旁边的护士说："护士，病人死了。"病人说："不，我没死。"护士回应道："闭嘴，医生最清楚不过了。"

尽管"社会欧洲"可回溯到很久以前，但"欧洲社会模式"只是到20世纪80年代才真正广泛流行起来。那时，自由市场观念正开始得势，成为新的正统。"欧洲社会模式"的引入就是为了维护"欧洲路径"（European approach）。然而，恰恰是在那个时候，具有不同具体形式的欧洲社会模式被迫作出调整以适应其他变化。其中一些变化是鼓舞人心的进步，例如，妇女逐渐获得解放，预期寿命不断延长。还有一些就不太受人欢迎了。在大多数欧洲国家，出生率下降，有时甚至低于更替率；单亲家庭和独身者的数量增加了；越来越多的妇女和儿童生活在贫困中；某些重要行业的失业率不断 92 上升。外来移民的人数增加，一般会带来明显的经济利益，但也会给迁入的国家造成很多问题。因为移民的族群背景完全不同于欧洲的主流群体，这些国家面对新移民的大量涌入极不适应。

公众的消费水平不断上升，但欧盟大多数成员国的国内生产总值的增长率却逐年下降。目睹了欧洲这一幕的一位著名观察家在2003年写道："'欧洲模式'的可持续性越来越成问题了。"[①] 那时，福利国家的分析人士已经认为，需要一个所谓的"永久紧缩"时期。[②] 除特殊情况外，鉴于经济增长水平低，欧洲社会模式如不进行深度变革，将无力维持下去。表现最好的国家是北欧各国，包括那些欧盟以外的国家，如挪威和冰岛（尽管冰岛因其银行过度借贷，不到十年就全面破产了）。北欧国家与其他国家不同的是，它们在经历了经济衰退和重新调整后，在经济上取得了成功——至少相对于大多数欧盟大国来说是这样的——而且使福利制度维持在稳健的状态。从生活质量的指标来看，它们也轻而易举地超过了其他大多数欧盟国家（以及美国）。它们全都是人口小国，这可能使其调整起来比大国更加容易。然而，国家小并不意味着一定会出现革新，葡萄牙和希腊就是显而易见的例子。

北欧国家把经济的持续发展与有效的福利制度结合起来了。女性进入劳动力市场的比例曾经（现在也）很高。这些国家的退休金改革也走在其他欧盟国家的前面。比如，瑞典引入了与预期寿命增长相配套的自缴保费制度（contributory system）。[③] 北欧国家在人力资本上的投入很大，但与此同时，也对福利国家制度进行了全面改革。从受教育的程度来看，芬兰在世界上总是名列前茅。瑞典和丹麦对教育和医疗体制进行了彻底且富有争议的改革，允许公共机构

93

① Andre Sapir et al.: *An Agenda for a Growing Europe*. Brussels: European Commission. July 2003, p. 97.

② Paul Pierson (ed.): *The New Politics of the Welfare State*. Oxford: Oxford University Press, 2001.

③ 'Northern lights', *The Economist*, 2 February 2013.

和私人企业直接参与竞争。它们还对公共服务机构进行管理改革，使其成为客户友好型的服务机构。

许多在“里斯本议程”中备受推崇的方案，只要是涉及福利制度、退休金、医疗、教育和劳动力市场改革的，都在北欧国家开花结果了。尽管其中依然有很多问题，但这些国家几乎已经成功实现了“里斯本议程”所要推进的“社会平等与经济高效的艰难结合”。[①] 其他一些主要欧盟国家，如法国、意大利和西班牙等大国，不愿意或不能够推进相应的革新。例如，它们坚持严格监管劳动力市场，把有合法稳定工作岗位的局内人与从事不稳定工作、兼职工作甚至根本没有工作的局外人区分开来。

在技术革新日益加速和无法预测的时代，“就业能力”（employability）——愿意并能够在不同工作岗位之间转换——成为首要的事情。由于技术进步或知识增长，同一工作“不断发展变化”时常发生。灵活性（flexibility）不应等同于随意雇用与解雇。我们完全有理由认为，这种做法本身并不能给我们带来预期的结果。因为如果这样做，即便劳动者在特定时间点上有工作，他们也有可能变得意志消沉。

比如说，德国的共同决策（co-determination）方式并不会有碍于灵活性，反而能不断增强灵活性。同样的情况也发生在代表和协商上。在经营得最好的企业里，协商——还有革新——是自上而下、自下而上来回反复的。我不想否认，在那些冷漠无情的雇主那里，“灵活性”有可能是一种或多或少否定工人权利的符号。然而，这个词经过恰当改造而成为“灵活保障”（flexicurity）后，它就以一种卓有成效的方式与当代社会日常生活中的各种趋势紧密相连。 94

① John D. Stephens: ‘The Scandinavian welfare states’, in Gøsta Esping-Andersen (ed.): *Welfare States in Transition: National Adaptations in Global Economies*. London: Sage, 1996, pp. 85-86.

无论男女，许多雇员出于照顾家庭的考虑而想要从事具有灵活性的工作，还有兼职工作。如今，在所有社会层面和各个年龄段，大多数人都习惯于在各种各样的生活方式中进行选择，而不像上一代人那样稳定。

从福利国家到社会投资型国家

正如欧盟的其他许多地方一样，欧洲社会模式的所有不同变种都必须重建和改进。从大约十五年前起，我与其他许多人一样，开始思考在当代社会条件下福利国家应该变成何种模样。当代的社会条件已经与战后福利国家建立之初迥然相异。我相信，在加入了一些非常重要的内容之后，我那时所阐述的框架今天依然有效。战后福利国家的建立者并没有深入考虑福利制度与财富创造之间的关系，例如威廉·贝弗里奇（William Beveridge）。我们现在必须把这些联系视为核心问题。福利国家应该转变为社会投资型国家（social investment state）。[①] 所谓社会投资型国家，即专注于财富创造，而非只是在情况变坏之后收拾烂摊子的体制。[②] 在社会投资型国家，将出现从消极福利向积极福利（positive welfare）的转型。贝弗里奇曾经说要消除已有的社会和经济症结，强调抵制“五大恶”（five evils）：愚昧、肮脏、贫困、懒惰和疾病。我们今天的目标应该是把消极抵制转变成积极追求，即对某些抱负的追求。换言之，重点是要提升教育和技能，促进繁荣，选择积极的生活，推动社会和经济参与，以及追求健康和充实的生活方式。

95 与其著名的后继者 T. H. 马歇尔（Thomas Humphrey Marshall）

① Anthony Giddens: *The Third Way*. Cambridge: Polity, 1998, chapter 4.

② Anthony Giddens: *Europe in the Global Age*. Cambridge: Polity, 2006.

一样，贝弗里奇也特别重视权利。[1] 我们今天必须承认，福利不仅假定了公民的权利，而且假定了公民的义务。这些义务必须通过奖惩措施在某种程度上予以强化。比如，失业救济金曾经一度主要被定义为权利，但事实上却事与愿违，“福利依赖”是一种非常真实的现象。引入积极的劳动力市场政策，即领取失业救济者在一段时间后必须去找工作或参加培训，已经被证明能有效地减少失业。经典福利国家是一种风险管理制度。它提供保险，抵御诸如健康、工作或个人环境等方面出现的个体无法独自应对的风险。其目的在于使风险最小化，风险最小化也被称为“安全”。然而，当我们将其视为积极的生活机会时，风险也就成为一个更细致和微妙的概念。显然，冒险往往会有积极的方面，尤其是在世界急剧变化之时。我们又回到了机遇与风险的复杂关系上。与降低或回避风险相比，积极应对风险往往可以确保安全。这种说法对于企业家来说如此，对于广大劳动者而言同样如此。“灵活保障”概念的提出恰恰就是要表明这种相互作用关系。

许多作者从“去商品化”（de-commodification）的角度来看待福利国家定义，尤其是政治左翼。在一个完全市场化的经济中，金钱、价格和利润无疑在绝大多数生活领域中起着主导作用。换言之，货物及人类劳动都是可以买卖的商品。有人说，福利国家创造了一个独立领域，它使其他价值观念得以发展，市场力量的介入会玷污这些价值的基本特征。然而，即便是这种表述也无助于揭示两者的区别。例如，工作场所可能完全由经济考量所主导，但许多其他价值观念也能够且应该在其中发挥作用；即使干着不体面的工作，许多人还是看重从中获得的满足感，而不仅仅是其所带来的收

96

[1] T. H. Marshall: *Citizenship and the Social Class*. Cambridge: Cambridge University Press, 1950.

入。相反，许多福利国家提供的服务可能是“免费的”，但这个词语总是指“接受服务时免费”，即前面所说的享用服务的个体可以不用付钱。显然，福利国家必须为此买单。即便对于利用这一制度的个人而言，“免费”享有的东西通常也并不免费，因为这个人将通过他/她的纳税而支付部分费用。

在今天的环境下，福利制度的受益人在纳税方面必须有直接的贡献。所设计的“免费”服务尽管体现了一种高贵的理念，但有着众所周知的难处。它们往往被滥用、被看扁，有时形成一种使人不断堕落的恶性循环。即使直接贡献比较小，也能促使穷人在享用服务时抱着负责任的态度，从而起到帮助作用，而不会对穷人产生遏制作用。否则，原本设计用来减少不平等的制度，结果反而造成了不平等。由此导致的一种趋势是，发展出了一种双层结构。在这种结构中，富人选择直接退出。在医疗、教育和其他领域，私人供给和公共供给逐渐分离开来，那些有购买力的人可以享用有别于共同体其他成员的、不同层次的照顾和资源。因此，贡献原则——享用者的直接贡献——必须更加普遍有效，尤其在当前的条件下。改革的主要目标之一应该是使不平等最小化，使那些退出的人也受到公共服务的覆盖，这与创造条件确保那些更贫穷的人不至于边缘化一样重要。

社会公平对于社会投资型国家依然至关重要。然而，对于减少不平等而言，投资未来的重要性丝毫不亚于事后的再分配。比如，我们知道，一个人的“教育成功”的机会往往取决于儿童时期的经历。在这一点上，预防性投资（pre-emptive investment）在帮助家境不好的孩子方面可能非常重要，更确切地说，是头等大事。正如前面一章所谈到的那样，在过去二十年左右的时间里，不平等现象在大多数工业国家（包括欧盟各国）已急剧增长，主要是因为一小部分精英的收入已积累到惊人的水平。这种不平等现象是不可能简

97

单地通过税收制度予以纠正的，唯有积极干预那种催生了它们的经济秩序才能减少这些不平等。

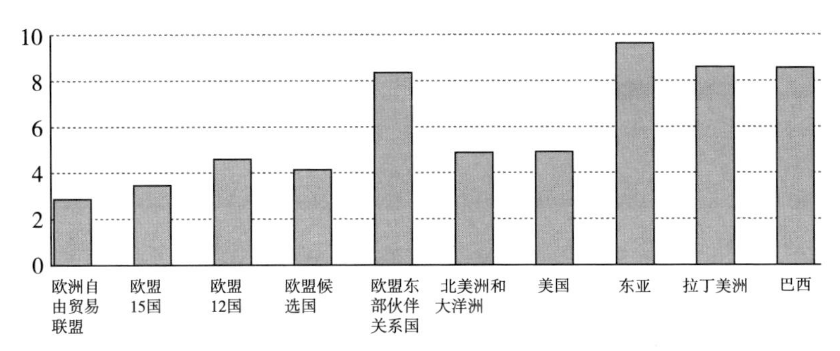

图 9 与其他地区相比，欧洲工资水平的分化没那么严重

（2007—2009 年，最高和最低工资十分位数的比率）

注：工资级差是以十分位数比率测算的（D9/D1＝工资水平最高的 10% 的工人工资÷工资水平最低的 10% 的工人工资）。“欧盟候选国”指的是申请加入欧盟的国家；“欧盟东部伙伴关系国”指的是与欧盟建立东部伙伴关系的国家。申请加入欧盟的国家，仅以阿尔巴尼亚为代表。对于法国、卢森堡、荷兰和瑞典（欧盟 15 国），以及匈牙利（欧盟 12 国）和菲律宾（东亚），所使用的数据是 2001—2006 年的；对于阿尔巴尼亚，所使用的数据是 1995—2000 年的。

资料来源：World Bank：*Golden Growth*：*Restoring the Lustre of the European Economic Model*；International Labor Organization，2012。

福利国家改革——或者说把它转变为社会投资型国家——必须把重点放在“国家”二字上。在经典福利国家中，个体往往被视为消极的主体，就像我前面引用的“医生，医生!”笑话中的病人一样。一个人一旦登记为失业，就可能被相关官员傲慢或冷漠以待。国家系统往往会变成庞大的官僚机构。官员的利益及其所关心的，可能完全不同于他们所服务的公民。给福利享用者赋权和使决策去中心化都必须提上议事日程。这些过程应该与私有化过程截然不同。对人的培养以及社会资本的增长是——且应该成为——福利制

98

度的关键内容。教育改革——从早期上学的权利一直到高等教育和终身教育——因而成为最基本的内容。人力资本和社会资本不仅对于积极公民身份，而且对于劳动力市场的成功都非常重要。因此，社会投资型国家必须比经典福利国家更具有干预性。

危机的后果

甚至在金融危机出现之前，大多数欧洲社会模式就已陷入困境。随着紧缩政策开始产生严重的影响，它现在还有什么希望吗？大多数欧盟国家正在减少用于福利项目的开支，最弱势群体常常受到伤害。在 2012 年 2 月的一次公开采访中，马里奥·德拉吉强调，欧洲各地的劳动力市场需要改革，尤其批评了劳动力市场一直不统一的状况。接着，有人用不大纯正的英语问道："你认为欧洲会改变一直以来所定义的社会模式吗？"他答道："当我们看到青年失业率在一些国家居高不下时，欧洲社会模式就已经不存在了。"[①] 在我看来，他不是说欧洲社会模式已死，而是说如果不进行非常全面的改革，至少如果不在多数欧盟成员国进行改革，它将会死去。最近有人研究了紧缩计划对欧洲社会模式的影响，其后提出了同样的看法，研究报告开头的第一句话便是："存在着一个公开的秘密：福利国家已成为一个空架子。"[②]

99

上述研究考察了欧盟国家的福利承诺是如何因借贷限制或减少而受到影响的。我们必须记住，紧缩政策的重点不仅在于减少借

① Robert Thomson, Matt Karnitschnig and Brian Blackstone: 'Interview with Mario Draghi', *Wall Street Journal*, 24 February 2012. 资源在线。

② Arne Heise and Hanna Lierse: *Budget Consolidation and the European Social Model*. Berlin: Friedrich Ebert Stiftung, 2011, p. 3. 资源在线。

贷，还在于促进结构变化。该研究涉及七个不同的欧洲国家，其中包括德国。德国的经济统计数据比较好看，但是政府被迫制订了一项紧缩计划，从 2011 年开始实行，这是“联邦共和国历史上最大的紧缩计划”。其目标是，每年节省的福利支出占国内生产总值的 0.8%，社会开支的削减几乎达到三分之一。紧缩政策开始着手削减或计划减少失业救济金、家庭福利和育儿福利。虽然台面上没有重大的退休金改革计划，但金融危机爆发前国家退休金就有了调整，基于保险制度的德国医疗需要病人支付更多的费用。这些改革所宣称的目标（从欧洲其他国家的标准来看）是，使那些依赖国家福利的人具有更多的社会责任意识和主动性，从而促进经济增长。无论能否做到这一点，其短期效果肯定会和其他地方一样，将降低困难群体的生活水平。

其他地方的行动自然要激进得多。福利计划的大规模削减再次影响到人口结构当中的一些最弱势群体。西班牙的福利制度一直以来都没有德国那么完善。2007 年，西班牙的社会支出占国内生产总值的 21%，仅略高于东欧各成员国的平均数。在西班牙，由于福利水平非常低，登记的失业者中有三分之一的人没有享受到有效的福利保障。自 2010 年起，政府引入了退休金改革和医疗改革，但改革的主要效果却是负面的。比如，由于实行退休金制度改革，工作不稳定者和低收入者到退休时比有更加稳定工作的人所享受到的国家福利要少。[①] 自民主转型以来，普遍医疗就一直是西班牙的头等大事。2000 年，其医疗体系被世界卫生组织（WHO）评为全球第七。即便在小村庄，也有许多初级诊所。但自此之后，也因紧缩政策而大量削减：这些情况造成了中央政府与地方之间冲突不断。

100

西班牙的失业率在欧盟高居第二，仅次于希腊。从 2008 年起，

① Arne Heise and Hanna Lierse: *Budget Consolidation and the European Social Model*, p. 15.

总体失业率逐年攀升，尽管现在有人认为已经到顶了。除福利削减外，它还导致大量租客被赶出家门，以及抵押品赎回权丧失。不同于其他许多欧洲国家，租客在西班牙没有什么权利可言。如果租客逾期一个月不能支付租金，银行有权收回房屋贷款。银行一旦收回房产，就可以再卖出去，即便销售价格高于此前负债人所欠的款额，它也能够占有全部。对于驱逐租客的做法，公民自发组织起来抵制当局的政策。例如，**科拉拉**（corrala）运动出现了，一群又一群的人接收了没有人居住的公寓楼。① 他们并非非法占有，因为他们在接收建筑物时会给房东一点租金。在这一点上，西班牙的法律对他们有利。只要他们表明该处所为其主要居住地，至少在某些情况下，法庭可驳回产权所有人可能提出的异议。

如在希腊一样，西班牙也出现了大规模公众示威游行，反对削减福利，抗议缺乏工作机会。2011 年 5 月，**愤怒者**（indignados）运动首次出现在街头。除了福利削减外，示威者的抗议还针对传统的政治体制、腐败，以及银行家和金融机构的过分行为。在一些城市，抗议者与警察发生了严重的对峙。街头抗议后来平息了下去，尽管西班牙的经济和社会状况实际上更加恶化了。然而，该运动中的某些东西被保留了下来，并为公民倡议提供了支持，如前面所提到的科拉拉。他们致力于本地货币、物物交换体系和合作网的建立。

101

我还要以爱尔兰而非希腊为例谈谈。2008 年以前，爱尔兰被大多数人视为欧盟最成功的案例之一。爱尔兰的问题并不在于政府过度借贷。正如西班牙的情况一样，其问题源于银行的大肆借贷所引发的房地产泡沫。② 公共收入越来越依赖于房产交易税，因此当

---

① Solidarity Federation：‘Corrala utopia：a direct action response to the housing crisis’, 5 March 2013. 资源在线。

② Ide Kearney, ‘Economic challenges’, in Brigid Reynolds and Seán Healy (eds)：*Does the European Model have a Future*? Dublin：a Social Justice Ireland, 2012, pp. 1-17.

泡沫破裂时其急剧减少。爱尔兰在 2000—2007 年间公共支出尚游刃有余，而 2009 年政府借贷占国内生产总值的比例攀升到 14%。银行系统需要政府干预，由于干预力度非常大，因此两年后银行相关负债占国内生产总值的比例上升到 110%。2010 年 11 月，爱尔兰政府被迫请求欧盟和国际货币基金组织给予 675 亿欧元的紧急援助。这笔贷款是总计 850 亿欧元的一揽子贷款中的一部分。其中，爱尔兰政府配套贡献了 175 亿欧元。

在这种情况下，福利制度直接受到巨大的影响。在经济发展看似稳定和健康的那些年里，爱尔兰政府建立了国家养老储备基金，将其收益用于支付养老金。然而，在 2009 年，其中相当大的比例转为支持处于困境中的银行。失业率从不到 5% 上升到 2012 年的约 15%。长期失业（指失去工作超过一年）的人数一直在激增，当年占到失业总人数的 60% 以上。如同西班牙和其他一些欧盟国家，失业的厄运主要降临在青年人身上。爱尔兰与西班牙——实际上包括大多数欧洲国家——一样，都有“迷惘的一代”（a lost generation）的说法。这代人可能余生都在劳动力市场的边缘徘徊。

102

财富、贫困与不平等

正如其他各种福利指标一样，欧盟各国的财富和收入不平等状况也不一样。在 2008 年以前的约二十年时间里，大多数国家的不平等状况一直愈演愈烈。以 2007 年为例，欧盟有大约 7900 万人生活在贫困当中，其中大多数为儿童。南北之间的分化非常明显。在瑞典、丹麦和芬兰，在总体人口中儿童贫困率不到 4%，而在希腊，这个数字达到 20%，在意大利为 18%。在多数国家，单亲家庭贫困和儿童贫困的比例都是最高的。相比之下，在欧盟南部的一些国家中，生活在“正常”家庭的穷人的比例要高得多。

在谈到贫困时，人们通常把它当作一种统一而无变化的状况——一旦身陷贫困社群（poor communities），就毫无出路。这样的情况存在，但实际上并不普遍。无论在各国内部还是在不同国家之间，“贫困”都是千差万别的。即便在一个社会中，也存在很多类型的贫困地区、区域或居住区，更不用说整个欧洲了。它们是受不同甚至矛盾的动力机制驱动而形成的。所以，使得一个地区兴旺的那些动向（trends），在另一个地方可能导致贫困。正如城镇出现了超市反而使得农村更加贫困一样。最近的研究也表明，脱贫和返贫远比人们过去所想象的要频繁得多。在 2007 年，欧盟 15 国中约 40% 的贫困人口在一年之内就脱贫了。从这项研究可知，我们必须以不同于以往的方式来看待“贫困社群”。即便一个地区“一成不变”，居住于其中的人大多也在不停地搬进搬出。这个发现还表明，不仅移民群体如此，本地人员也大都一样，有时甚至有过之而无不及。此前人们对这一点尚不清楚，因为大多数研究的时间跨度很短。因此，有人对英国的博尔顿和布拉德福德进行了长时段的研究。在这些地方，有相当大比例的东亚族群。该研究表明，大多数东亚移民都从市区搬出去了。他们尤其向往搬到郊区或乡村去，许多人最后也都实现了这一目标。

103

在德国进行的研究揭示了该国入贫和脱贫的流动性情况。有些个体存在“旋转木马效应”（carousel effect），即脱贫后旋即返贫，甚至有可能终其一生来回反复。不过，大多数脱贫者都一直是这样的。德国研究者区分了影响个体贫困体验的三种情况：（1）处于贫困的时间有多久？在脱贫与返贫之间的时间内发生了什么？个体处在哪个年龄阶段？（2）此人是否因得到社会救助而未变得边缘化？（3）贫困体验是不是“生平的”（biographical），也就是说，特定生活事件的结果，如离婚或患病？这些事情所导致的并不只是收入的损失，而且其后果还难以消除。

经典福利国家注重改善陷入贫困之人的境况。今天再强调这一点已经不合时宜。预防性福利（pre-emptive welfare）的目标更多在于从一开始就避免人们陷入贫困；一旦实现了脱贫，也要防止他们再度返贫。“灵活保障”在此过程中非常重要，因为与传统救济金不同的是，它是一种积极的方式，强调通过再教育实现再就业。预防性政策（pre-emptive policies）最早出现在美国，在欧洲也可以看到。其中一项措施取得了很好的成效，例如，当某些行业面临危机时，允许其从业人员在失去特定工作岗位之前申请再培训。当地大学通过互联网进行培训，同时辅之以周末课堂授课。还有一项计划是弹性学制。在美国的一些城市里，引入了终身学分（lifetime learning credits），在这个项目中，国家为工人的在职学习和再培训支付 20% 的费用。这些计划在稳定年龄偏大的工人的工作这一事情上，确实起到了特别重要的作用。

对儿童的投资（investment in children）尤其重要，这不仅因为儿童贫困是一个重要的问题，而且因为现在越来越多的研究表明，人生早期经历在很大程度上决定了一个人日后的能力如何。正如社会生活的其他阶段一样，童年的本质也一直处于变化之中。对于发达国家而言，这是一个“珍视儿童”（prized child）的时代。无论家庭的收入水平如何，对于大多数父母来说，生孩子只是因为决定要孩子。这就是为何历史上曾属于正常现象的少女怀孕（teenage pregnancy）现在被认为是一件可怕的事情。现在的平均婚龄比上一代要晚得多，避孕也更加简单方便。大家都认为，生孩子应当是一个理性的决定。所以，少女怀孕违背了各种社会禁忌。她有可能来自较为贫困的家庭，如果没有父母或伴侣的帮助，一定会过得非常艰难。

在过去二三十年里，大量女性加入到劳动大军。这对贫困的动力机制产生了很大的影响。双职工家庭很少有贫困的，不管这个家庭是否有孩子。平均来看，妇女入职、离职比男性更为频繁，这个因素影响到了她们整个生命历程中的贫困模式。那些旨在减少儿童贫困的政策必须关注家庭，着眼于早期照顾的本质。家庭中要是没人有工作的话，很可能导致儿童贫困。另外，只有一人工作的家庭（不论单亲家庭与否），也可能导致儿童贫困。在欧盟各国中，很少有国家能达到欧洲理事会所设定的到 2010 年应实现的关于儿童照顾空间（child-care spaces）的巴塞罗那目标。[①] 也就是，3 岁到学龄前的儿童中至少 90%，3 岁以下的儿童中至少 33%，应该得到适当的日托照顾。然而，除非提供公共日托，否则儿童照顾可能会加重而非减少贫困。在几乎所有的欧盟国家中，收入最高的家庭所购买的儿童照顾服务（child-care services）也是最多的。

105

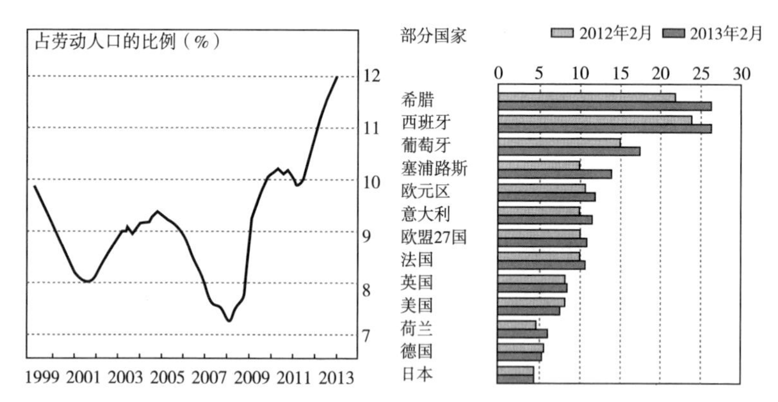

图 10　欧元区及欧元区之外的失业率

资料来源：*The Economist*，2013。

由于欧洲经济的衰退和高失业率的重现，除非设法采取某些补救措施，否则贫困和不平等现象一定会增加。根据欧盟统计局（Eurostat）最新公布的指标，在 2011 年，有 20% 的欧洲人“面临贫困或社会排斥风险”（at risk of poverty or social exclusion）——所谓

① Europa：*Report on Childcare Provision in the Member States*. Brussels：European Commission，2013.

AROPE 指数（AROPE measure）。这一概念指涉：有可能在特定年份掉到贫困线以下的那些人；处于“严重物质匮乏”境地的那些人；生活于全家都没有稳定工作的家庭中的那些人。各成员国的 AROPE 指数差异很大。欧盟各国中，比例最高的是保加利亚，达到 49%；紧随其后的是罗马尼亚和拉脱维亚，大约是 40%。在希腊，这个数字达到 30%。即便是那些表现最好的国家，程度也很高，比如德国、奥地利和荷兰约为 16%。显而易见的危险是，在东部和南部国家中，贫困急剧增加。其中，大多数国家的福利制度都不如更加富裕的国家。但是，即便是富裕国家，现在也面临着福利制度崩溃的威胁。由于救济金被削减，越来越多的个体和家庭有可能陷入贫困。欧洲社会事务专员拉斯洛·翁多尔（László Andor）非常中肯地说，如果目前的趋势继续下去，那些失去工作的人将面对“巨大的贫困陷阱”。[①]

106

削减开支与利益改革是否兼容?

今天的欧盟各国因受各种不同因素的影响而处境不同——比如，受经济衰退影响的程度有多深？以何种具体的方式受到影响？在 2008 年之前是否建立了发达的福利制度，抑或是否正在努力建构某种福利制度？自那以后，其改革进展如何？所采取的紧缩措施力度如何？存在的一个根本问题是：是否在处于深度危机的状况下开始变革——尽管它不可避免地会破坏欧洲社会模式？这种社会模式是否可以挽救？

如果要挽救欧洲社会模式，改革就必须考虑周全，尽力追求成

① László Andor：‘Employment and social developments’，*Europa*，8 January 2013.

功。我必须再次强调此前提过的几点。在许多欧盟国家，社会模式更像是一种抱负而非现实。那种抱负今天应该依然是欧洲生活的指导原则。它是一套不断变化的理念、策略和实践。即便发展成熟，经典福利国家也并非只是一种解决问题的方法，反而它恰恰是某些问题的源头。[①] 一旦建立起来，福利制度往往会导致一种很强的惰性。那些从中获得各种好处的人会组织起来抵制任何变化，即使这种变化能给更多的人带来利益，实现更广泛的社会公平。福利依赖是真实存在的，并非仅仅是右翼政治评论人士所想象和捏造出来的。即便是免费医疗也会产生意想不到的消极后果。在经济危机发生时，这些问题可能受到比平时更加猛烈和坚决的抨击。

107

在大多数国家，革新的压力要远远大于几年前。正如经济领域一样，维持现状不再是一个可选项。这次的改革无法拖延下去，必须强力推行。紧缩抑或投资的问题在此处再次凸显出来。削减开支肯定有必要，尤其是对于经济困难的国家而言，在某种程度上甚至对于任何国家都是如此。然而，这种做法应该为长期及短期投资奠定基础，目的在于尽可能使福利改革与经济增长合二为一。[②] 对于那些最受影响的人，必须给予特别的帮助。虽然从这个意义上看，救火是关键，但显然必须进行更加深入和彻底的重建。

在很多情况下，显然需要作出艰难的抉择。北欧国家有很多地方值得学习，甚至欧盟中那些福利制度迥异的国家也应向北欧国家学习。即使在经济衰退时期，北欧国家也设法维护了社会团结，抑制了经济不平衡，同时还满足了公民对决策发挥影响的要求。瑞典是个再恰当不过的重要案例。它的医疗体系超过30%掌握在私人企业手里，但受到国家的严格监控。就目前来看，尽管其中当然也会

① Patrick Diamond and Guy Lodge：*European Welfare States after the Crisis：Changing Public Attitudes*. London：Policy Network，2013. 资源在线。

② 参见 Heise and Lierse：*Budget Consolidation and the European Social Model*。

有缺点和问题，但效果却非常喜人。比如，平均就医等待时间在过去十五年中下降了约25%。[1] 瑞典人可以掌控自己的退休投资账户，可自行从数百家公司中选择服务提供者。医生和医院收取小额的费用，这样人们就会稍微思考一下——他们去医院看病是否有必要，但同时让人们对个性化服务产生了期待。非营利部门很有实力，也得到了大力扩张。

成本—效益现在非常重要。许多国家的问题在于，总是喜欢摘低矮树枝上的果实（瞄准容易实现的目标），比如，主要考虑的是削减哪项公共支出公众抵制的声音可能最小。然而，如果削减开支的结果是让已有的结余减少了，那削减开支也就有名无实。所以，削减支出的眼光应该放长远一些，考虑到上述这一点。在发展经济的同时，致力于改善服务质量，这才是应该选择的道路。 108

再以医疗部门为例。在今天所有的医疗开支中，老年人的医疗服务支出占相当大的比例，尤其是那些孱弱的老人，他们可能需要长期照护服务。然而，从经济成本的角度来看，预防性政策确实能节约很多钱。这些政策支持健康和积极的生活方式。研究表明，政策结果不仅推迟了需要看护的起始时间，而且事实上能使人们更长久地保持健康状态（在患上慢性病之前）。2012年欧盟各国的出生时平均预期寿命，男性为77岁，女性为83岁。要实现这一目标，就必须借助公共医疗政策，弥合这两个年龄数字与“健康预期寿命”——直到某人患上慢性病或处于失能状态那个时间点——之间的距离。目前，这一数字差距对于男性平均为十五年，女性为十九年。预防原则的目的是尽力缩小两者之间的差距，这不但将提高生活质量，而且会大大节约开支。新技术原则上可以使广大区域的病人或健康者自行监控自己的健康状况，并相应地采取预防措施，避

① ‘Northern lights’, *The Economist*.

免可能出现的病情。正如在其他方面一样，当前的危机暴露了现有医疗形式的低效，但还有补救的机会。比如，在一些国家，乱开处方的现象非常严重；无论医院内部还是外部的护理，都没有很好地衔接起来，造成大量重复性浪费；管理过程没有实现计算机化，因此行动迟缓且不妥当。到目前为止还从未有人尝试过进行成本—效益评估。

109

安尼卡·阿赫托宁（Annika Ahtonen）列出了一份有说服力的改革目录，不仅有助于削减开支，也可使欧洲医疗体系的某些重要方面重新焕发生机。[①] 一是要比今天更为有效地协调医疗服务与社会服务之间的关系。大多数国家都存在有待改进和提升的许多领域，其中包括诊断、治疗、出院后的护理、康复和健康促进。二是提高疗效和护理质量。这方面涉及遏制乱开处方，但也包括评估各种医疗技术是否有疗效，减少排队等候的时间，解决病人、医生和医疗机构相互沟通不畅等其他问题。

三是加强公共医疗。为了适应社会投资型国家的需要，应重点强调健康促进，而非单纯的医治疾病。虽然安尼卡·阿赫托宁没有提及这一点，但这一重要因素牵扯到快餐企业、烟草企业和酒精饮料企业。从目前来看，这些企业的产品对人们的身体健康造成了伤害，但它们为之付出的代价却微不足道，几乎所有支出都是由纳税人来买单。有些国家已采取强有力的措施来降低脂肪和糖的消费量，减少烟草和酒类消费，尤其是青年人的此类消费。对于其他国家而言，还是路漫漫其修远兮。接着，要让病人和专业人士有机会在不同医疗机构之间进行比较。这种比较往往可以促进质量和效率的提高。最后，正如我已经强调的，要授权给病人。这是对公共服务进行更全面改革的基础。无论技术水平如何，都要进行革新，这

---

① Annika Ahtonen：*Economic Governance*：*Helping European Healthcare Systems to Deliver Better Health and Wealth*. European Policy Centre，2 May 2013. 资源在线。

一点在这一领域极为重要。例如，可以广泛应用在线咨询或电话咨询，但要有明确的质量监控。计算机如果使用简单的密码就可登录，那么即便患有晚期痴呆症的病人也可借此走出孤独。

目前我们能做的只是为建立泛欧福利制度打下基础，尽管这应该是一个长期的目标。无论如何，好的做法可以全面共享；在供需矛盾特别尖锐的领域，可以尝试进行直接干预。当前的一个例子是，希腊工作组（Task Force for Greece）为希腊重建医疗体系提供技术支持。令人不安的是，这一尝试表明：大多数的削减开支计划缺乏长远目光，没有考虑到未来。现有体系中一些最糟糕的地方实际上反而得到了强化。例如，由于服务等待时间过长，一些病人会贿赂医疗人员以便插队。不过，唯有采用经过全面慎重考虑的策略，才有可能彻底改进医疗体系。希腊确实出现了许多积极变化，他们引入了新的在线处方服务（online prescription service），以减少多年来一直存在的混乱和腐败。这样，医生和药剂师就不能开虚假处方并从中牟利了。 110

未来最紧迫的任务之一，是建立统一的欧洲劳动力市场。整个欧盟都致力于建立共同的福利标准，这可能会产生积极的效果。如今，工人如果离开西班牙或希腊到欧洲其他地方工作，人们常说他们是“在逃离这个国家”。万一所需的专业人士突然大规模地离开，确实非常令人担心。但是，要成功地建立起单一市场和统一的欧元区，就需要劳动力具有很高水平的流动性。2013年2月，有新闻报道芬兰正积极地从西班牙引进医疗专业人士。两个国家对这个消息的反应都是五味杂陈。在芬兰，失业率达到7%，但没有足够的护士和护工（health-care workers），无法满足日益增长的老龄人口的需要。芬兰积极地从欧洲其他国家大规模引进雇员。有4000名西班牙护士向芬兰提交了求职申请。他们将在西班牙接受包括语言技能学习在内的好几个月的培训，到达芬兰后他们还要进一步接受其 111

他方面的培训。[①]

未来的冲击

由于数字技术的发展，我们可能正处在福利制度转型的拐点，其深刻程度不亚于那些影响到我们的其他社会制度转型。在数字技术时代发生的一些变化，无疑会降低福利服务的成本，同时引发效率和覆盖面的变化。大家想想，比如高等教育和医疗领域所发生的一切。在互联网发展的初期，很多人认为正规大学教育会因网络教育的推广而遭到削弱。许多人试图建立起依托互联网课程的机构。大家以为，校园大学（campus university）可能会逐渐走向终结。一些网络大学曾经在某个阶段非常成功——比如，亚利桑那州的凤凰城大学（University of Phoenix)，但近来也进入了衰退期。

在技术飞速进步的同时，全球用户的人数也在急剧增长。教与学的新形式不断涌现，看上去潜力无限，远超从前的任何一次革命。一位知名学者这样评论道："著名学府坚实的古典建筑物看似牢不可摧，现在却受到了变革浪潮的冲击。"[②] 高等教育——也许整个教育都包括在内——可能因为这些全球性浪潮而动摇根基。即便是本书，也深深打下了这些潮流的烙印。几乎所有就业领域的工作性质都发生了改变。所以，在减少失业方面，教育资格证和职业资格证可能变得前所未有的重要。终身学习可能成为在岗的前提条件，而不再是个空洞的口号。然而，由于普遍收取学费，支出越来

---

① 'Finland hires Spanish nurses', 22 March 2012, WordPress. com.

② Lawrence Summers: 'Foreword' to Michael Barber, Katelyn Donnelly and Saad Rizvi, *An Avalanche is Coming*: *Higher Education and the Revolution Ahead*. London: IPPR, March 2013, p. 1. 资源在线。

越多，超出了个体和国家的承受能力。在美国，学生的总体债务差不多是1万亿美元，其中高达30%的债务可能永远无法还清。然而，大学学位不再像过去那样是就业的通行证。近来许多欧盟国家的毕业生的失业率很高，这非常令人担忧。

112

由于其他形式的资格证书和学习模式的出现，传统大学授予的学位的价值很可能下降。随着新的数字化学习模式走到前台，全日制教育与业余教育之间的区分将会消失。美国的一些高校已决定全面重组教学模式。它们取消了学期的划分，一年四季都在授课。网络教学已取代大多数传统的授课制。学生组织线上和线下学习小组，与过去相比承担起了更大的责任。与老式的高校相比，开支下降了很多，但教职员工依然有极好的研究机会（research opportunities）。[①]

无论从内容还是形式来说，高等教育都变得越来越全球化了。在线课程——包括互动模块，而且往往是免费的——不仅可以影响到广大受众，还能提供强化训练。学生可以与世界任何地方的其他人进行探讨、争辩，有点像数字化生产领域中普遍存在的开源协作。只要付费，学生就可以与世界上某些顶级学者和研究人员直接互动。“全球课堂”已经不是仅停留在人们想象中的概念。无数的革新正在酝酿之中，比如美国的世界教育大学。这所大学提供各种学位课程和证书课程。它声称要成为世界上第一所免费在线的高等教育机构，不接受来自国家的任何资助。其收入来源于广告和捐助；招收任何年龄段的学生；学生可在任何时候申请和开始学习；尽管每周有建议学时，但学生可自主决定学习的进度。该大学的校训是：“欢迎任何好学之人，无论其学历水平、年龄、国籍、所在地及其他一切情况如何。”[②]

113

在医疗领域，可以发现类似的，甚至更为有趣的情况。许多人

① Barber et al.: *An Avalanche is Coming*, pp. 18-20.

② World Education University, at www. theWEU. com.

现在都戴着一个手环，时刻监测自己的身体状况，包括心跳、能量消耗、睡眠质量以及其他医学数据。它反映的是人与机器不断结合的另一个阶段，不过这想来应该是一个有益的过程。医学诊断和治疗就像教育一样，正开始变得越来越脱离时空的限制。远程数字化医疗可能引发医疗革命，可以部分地解决医疗服务负担过重的问题。所有新开发的技术都在融合。新的通信技术使人们可以对迫切需要照顾的人群进行二十四小时监控，包括住在家里的老人。医疗人员借助互动设备与个体进行交流，可对其身体状况进行远程监控。例如，最近推出的心脏起搏器不仅对心脏有用，而且还可以把数据流发送给医院或医生。近年来，图像和数据处理能力已经得到极大提高，这使我们可以在全球任何地方与其他人进行治疗信息交换。

运用新的数据采集和图像处理手段，机器人可以跨越无限距离实施手术。外科医生在一个地方，而机器人和病人则在另一个地方。现在，软件可以把CT图像转换成三维模型。不但可以添加颜色，而且可任意旋转，供医生从不同的角度观察。原则上，这可以节省大量的开支，同时对病人大有裨益。[①] 比如，目前很常见的情况是：病人去看病时，医生在一个地方进行诊断；扫描检查却可能在几里路之外的另一个地方；接着去某处进行活体组织检查；再去找另一位医疗专家分析检查结果；还要另外找个时间和地方做手术。所有这些今天都能整合在一起，在一个地方全部搞定。大多数步骤都能在同一时间内完成，无须间隔等待。

114

还有一个例子是监狱，值得在此简单提及，即便监狱一般情况下并未被看作是福利国家的一部分。监禁犯人的开支极大，而且能否将其改造成守法公民充满了不确定性。“没有围墙的监狱”也许在这两个方面都用得上。对于那些被评估为不具有危险性的囚犯实

① Stephen Schimpff: *The Future of Medicine*. Washington, DC: Potomac, 2007.

施电子监控，这可能是一个不错的选项。与此前的设备相比，新设备要小巧得多，可以防干扰，实现无间断监视——包括洗澡在内。如果能与积极改造相结合，其结果将有助于切断监禁与持续犯罪之间的关联，这一点在监狱里很难做到。

我在阐述这些观点时，不想让人觉得我是一个单纯的“技术控”。技术含量低的措施，或者简单的方法往往与那些令人瞠目结舌的技术一样重要，甚至有过之而无不及。所以，有人研究了手术前的程序后发现，如果每个外科医生在手术开始前把重点大致列出，可以救人性命。所有的技术都可能用来害人，包括暴力犯罪或战争。那些用于远程医疗诊治的先进技术，同样可以用于军用无人机。然而，无法否认的一个结论是：我们社会经济生活的诸多领域正处在转折点上，这会对未来产生深远的影响。米歇尔·福柯指出，医院、学校、大学、监狱和工厂都是现代性的产物。[①] 它们在这一点上有着相似的特征，其中包括监视和纪律要求。他提出，这一切的原型是杰里米·边沁（Jeremy Bentham）所谓的“全景敞视监狱”。在这种监狱模型中，看守处于中心的瞭望塔，而囚犯则被关押在四围弧形的一个个囚室中。这样，囚犯一天二十四小时都处在监视下。通过对囚犯的远程监控，可以达到同样的效果，而且监视甚至更具连续性和完整性。[②] 这种情况以后还有可能会发展到极致。在将来某个时点上，福柯所谈到的组织形态有没有近乎完全解构的可能呢？换言之，远距离行动（action at distance）可以使人们无须聚集在特定的机构。医院、监狱和学校等机构可能被解散，从而散落在时空当中。这不是历史的倒退，而是向前跃进了一大步，超越了过去两个多世纪以来一直为人们所熟悉的组织形态。

115

---

① Michel Foucault：*Discipline and Punish*. London：Penguin，1991.

② Graeme Wood：‘Prison without walls’，*The Atlantic*，11 August 2010.

老龄化与年轻化

从人口结构特征来看，欧盟各国正受到两面夹击。一方面，人口正在老龄化。除非进行彻底改革，否则大量人口将陷入贫困，退休金制度将不堪重负，医疗质量将不断下降。这些变化是长期存在的，在金融危机之前就已经出现。但它们与其他领域的变化一样，使得原本困难的境况进一步恶化。另一方面，欧盟许多国家年轻一代的人口在不断萎缩，而且今天失业人数也在不断增加。1995 年，年轻一代——年龄不到 24 岁的人——占欧盟总人口的 31%，今天这一比例下降到了 27%。这两个趋势是紧密联系在一起的，因为年轻一代必须养活他们的长辈。除非进行改革，否则在实施现收现付退休金制度的国家，他们将背负起其中很大一部分责任。

这些变化的程度和对于这些变化的反应模式，欧洲各国大不相同。比如，英国受到移民很大的影响，其出生率高于欧盟其他国家的。其他一些成员国的出生率是有史以来最低的。由于存在这样和那样的差异，人口老龄化所带来的影响大不一样，这一点在危机爆发之前就已显现出来了。一些受经济衰退影响最严重的国家如果不进行改革，最为沉重的负担将落在公众的钱袋子上。此类国家包括意大利、希腊、西班牙和爱尔兰，以及荷兰、罗马尼亚和斯洛文尼亚。对于英国、德国、比利时、匈牙利和捷克共和国等另一类国家而言，人口老龄化的代价依然相当高昂。但这些国家已开始进行养老金改革，因而它们的负担减轻了。第三类国家是北欧各国。它们推行的改革更加深入，不过这些国家依然有很大的资金缺口需要补上。

116

表 1　欧洲部分国家 65 岁及以上人口占总人口的比例（%）

（1985 年、2010 年和 2035 年）

国家	1985	2010	2035
瑞典	17	18	23
英国	15	17	23
德国	14	21	31
比利时	14	17	24
法国	13	17	25
意大利	13	20	28
荷兰	12	15	26
芬兰	12	17	26
西班牙	12	17	25
爱尔兰	11	11	19

资料来源：Office for National Statistics，2012。

尽管人们的寿命在不断延长，但是欧盟各国退出劳动大军的平均年龄却一直在降低。在过去四十年左右的时间里，人均寿命延长了十年，与此同时，平均退休年龄也有相应的降低。在一些国家，这种趋势一直到最近都为公共政策所加强。贝恩德·马林（Bernd Marin）在对老龄化和福利国家进行全面系统的研究后指出，欧洲非就业（non-employed）人口的比例远远超过登记在册的失业人口的比例。[①] 两相比较，前一人群中 18 岁以上的人口是后一人群的四倍。失业男性占所有非就业男性总数的五分之一不到。处于劳动大军之外的女性是登记失业的女性的六倍。

117

养老金制度建立的最初基础是：预期大多数就业者在整个或大部分的职业生涯中都待在同一个工作岗位，并且过着稳定的家庭生活。那时是以男性的职业生涯为基准来确定需求的。由于职业女性

① Bernd Marin：*Welfare in an Idle Society*? London：Ashgate，2013，part 2.

的比例急剧增加，劳动力市场的分化越来越严重，再加上分居、离婚和独居的比例上升，使得情况发生了急剧改变。在养老金制度方面，南部国家大多落在了北部国家的后面，它们主要依靠家庭来赡养老人。虽然如此——或者正是由于这一事实——这样一些国家的平均退休年龄在欧洲是最低的。

在这些趋势的共同作用下，出现了明显的性别差异。在几乎所有的欧盟国家中，老年妇女最有可能生活在贫困当中，也最有可能被隔离在广大的社区之外。她们离开带薪工作岗位的原因也与男性工作者不同。2011 年，经合组织（OECD）对 50 岁至 64 岁刚离开工作岗位一年的人进行了一项研究。[①] 结果显示，在低退休年龄的国家和可选择提前退休的国家（意大利、匈牙利、希腊、法国、捷克共和国和比利时），脱离劳动力市场的男性在退休（指有退休金的情况）总人数中的占比非常高。相比之下，该研究中的其他欧盟国家（包括西班牙、瑞典、英国、芬兰和斯洛伐克），大多数人是因为长期失业或失能而离开劳动力市场的。与男性相比，绝大多数妇女脱离劳动力市场是因为要照顾其他家庭成员。

118

提高两性的退休年龄，目前还是绝大多数国家的基本策略。但这些国家的退休年龄太低，目标将难以实现。这也是那些欧盟成员国在迫不得已寻求紧急援助时，无奈接受的调整方案中的关键内容。不过，无论在哪一个国家，它都遭到了改革对象的激烈反对。另外，退休金方案本身显然也亟须改革。尽管成效不一，现在欧盟的大多数国家都已开始着手进行退休金方案改革了。通过改革，英国养老金体系中相当大的一部分已移交给了私人部门。这种做法带来了很多麻烦：覆盖面小且不稳定；组织机构效率低下；人们工作变动时会有问题出现；没有覆盖到穷人。然而，那些最重要的改革

---

① OECD：*Pensions at a Glance 2011*：*Retirement-Income Systems in OECD and G20 Countries*. Paris：OECD，2011. 资源在线。

策略都是基于我此前所说的积极福利。这些策略包括对老龄化这一概念本质的重新界定。从某些方面来看，我们生活在一个**年轻化**的社会（请见谅，这一术语并不是很恰当），而非老龄化社会。换言之，青年与老年之间的某些对立已经消失。福贾·辛格（Fauja Singh），一个生活在英国的印度裔移民，80 多岁时首次参加马拉松比赛，自那以后还参加了很多次。到 101 岁时，他决定不再参加马拉松长跑，转而参加只有十公里的长跑。许多老人经常锻炼，保持身体健康；在世界各地旅行；开始学习新课程；以及从事各种工作，有偿的，或在第三部门（the third sector）服务。他们的性生活、婚姻和离婚等模式都与青年人类似。

积极鼓励人们改变生活方式在很大程度上会有助于解决“老龄化问题”，因为它将直接影响相关人员对于退休的看法，也将影响到年轻一代对老一辈的态度。这对于消除工作场所内外的对老人的歧视非常重要。有人认为，退休是“补偿”给老年人的一种特权。只要有可能，就必须完全抛弃这种看法。老年人应该有工作的权利，政府必须采取合适的措施鼓励他们继续留在工作岗位上；使得两性的终身学习成为现实；同时，认可兼职工作的重要性。国家不应该把所有这些事情都抓在手里，企业和非营利组织也可以在其中扮演重要的角色。例如，商业公司可使所有年龄段的在职人员都参与到再培训计划（retraining schemes）中来，帮助他们适应技术的进步和市场的变化。

119

北欧国家在这方面又一次走在了前面，尽管各国政策在细节上有所差异。它们是最早实施退休金制度改革的欧洲国家，旨在引入更具弹性的工作方式。这些国家采取了很多政策来鼓励老年人继续留在原来的工作岗位上，或从事兼职工作。对于许多过去领取伤残津贴并因此离开工作岗位的老人（所谓伤残抚恤人士），这些国家也进行了严格的控制。它们特别重视为劳动能力下降的人寻找工作。对于那些长期申领疾病津贴的人也是如此。它们主要采取激励性的方案，而不是仅仅采用惩罚性的政策，来提高从前依靠津贴生活的老人的就业率，结果取得了很大的成功。不过欧洲其他大多数国家还有很长的一段路要走。

如果在职老年人的比例提高了，是否意味着年轻一代更难找到工作了呢？答案非常明确：绝对不会。那些老年人在岗水平最高的国家，青年失业水平也是最低的。自从金融危机出现以来，欧洲青年失业率一直是耸人听闻的新闻头条。欧盟青年的失业情况确实非常令人忧心，尤其是在经济最困难的国家。然而，有些引用数字几乎可以肯定是夸大了的。测算青年失业率比较困难，因为 25 岁以下的青年中很高比例的人员都在接受教育和培训，因而没有“在岗”（不计入劳动人口）。

120

要测算无业青年的真实水平，除了失业率，最好的办法是运用经济学家所说的失业“比率”（unemployment ratio）。[①] 这实际上是一个更加准确的统计数据。它测算的是某一国家或地区所有青年人口中失业人数所占的比例，其结果完全不同于通常所引用的失业率。2012 年，欧盟 25 岁以下人口的失业率为 22.8%，但失业比率却只有 9.7%。[②] 同一年，希腊青年失业率为 55.3%，这个数据看似非常惊人，但失业比率却为 16.1%，两个数字相差非常大。西班牙的失业率统计数据为 53.2%，而失业比率为 20.6%。当然这里面还有一些问题。因为在情况更加糟糕的一些国家中，那些还在上学或接受某种培训的青年人，原本有可能是要去找工作的。

这些考虑因素实际上影响了人们当前常做的欧盟与美国之间的比较研究。2012 年美国青年的失业率高达 16%，但似乎远低于欧

---

① Steven Hill：‘Youth unemployment is bad but not as bad as we're told’，*Financial Times*，24 June 2012.

② 所有数据来自 Eurostat：EU Statistics，2012。资源在线。

洲水平。然而，这种对比具有误导性，因为美国有大量的青年正在接受教育或培训。美国的青年失业比率实际上要高于欧洲的。[①] 也许在进行对比时，最有说服力的数字是不就业、不升学、不接受培训或不参加就业辅导的青年（NEETs，尼特族）所占的比例：2012年美国的数字为14.8%，高过欧盟的13.2%。然而，无论从欧盟还是从美国来看，这个数字从过去到现在一直都在上升。正如其他大多数统计数字一样，欧洲各国之间也存在很大的差异。在德国和北欧各国，这个数字要低于10%。2012年，在西班牙和希腊，这个数字分别为18.8%和20.3%；意大利最高，达到21.1%。

121

在当今欧洲的情形下，专门针对不就业、不升学和不接受培训的青年制定政策是有道理的，尤其是南部欧洲那些勉力维持的经济体。不过，这并不是说，那些比例低的国家完全没有采取相关政策。那些国家都为既未就业也未在接受某种高等教育的青年人提供了一系列培训项目。最为人称道的是德国的学徒计划。年轻人到十五六岁就开始参与该计划，在一年半到三年的时间里，在工厂车间工作实习，同时也参加课堂学习。显然，那些问题最严重的国家无论如何都应在多个领域采取行动，并且要立刻采取行动，大幅度降低这些数字。当然，这些经济体的整体目标必须是提高财富水平，创造就业岗位。采取各项政策对分裂的劳动力市场进行改革，无论对于目标的实现还是对于解决年轻人的特定问题而言，都至关重要。

以青年失业水平低的国家所实施的方案为基础，欧盟开始推行帮助青年就业的“宏大计划”。其想法是，所有欧盟国家都应按照惯常的做法追随某些国家的步伐，倾其所能。该计划将为所有25岁以下的青年人提供“青年保障”（youth guarantee）。所有青年人在

---

① Jacob Funk Kirkegaard：‘Youth unemployment in Europe’, Voxeu. org, 13 October 2012.

离校或离岗四个月内，如果没有其他事情可做，都可获得工作、成为学徒或接受培训的机会。到目前为止，该试验计划获得的资金支持为400万欧元，很小的一笔钱。不论从来源还是从具体内容来看，法德两国最近的一项提议非常有趣，引发了很大的反响。[①] 这项新提议包括三项内容：首先，根据问题的大小提供资金支持。其次，中小企业将可获得600亿欧元的低息贷款，用以创造更多的就业机会。资金将来自欧洲投资银行（European Investment Bank）、欧洲结构基金（European structural funds）和欧盟的一次性投资。最后，将制订一项涵盖在校培训和在岗培训的全欧培训计划。高等教育领域的伊拉斯谟计划将得到扩展，允许职业培训加入其中，从而成为“所有人的伊拉斯谟计划”。弗朗索瓦·奥朗德证实，安格拉·默克尔会支持该项即将提交给欧盟各个机构的计划。欧盟2在此再次发挥了作用，或者说至少我们希望是如此。否则，它依然是纸上欧洲。

122

本章所讨论的大多数问题都与移民及更广泛意义上的多元文化主义问题有很多重叠之处。我在后面将继续分析。

---

① Ursula von der Leyen, Wolfgang Schäuble, Pierre Moscovici and Michel Sapin：‘How Europe’s youth can recapture hope’, German Federal Ministry of Finance, 28 May 2013. 资源在线。

第四章　世界主义要务

欧盟在协调边境管理并将其与友邻关系和外交政策倡议等联系起来方面，起到了重要甚至是不可替代的作用。欧盟委员会承认需要制定“一项连续、均衡的欧盟移民政策”，因为现在尚缺乏此类政策。[①] 它否认自己正在建立一个“欧洲堡垒”（fortress Europe）。与所谓的“外部世界”（这种说法有点老套）开展对话是有必要的，这样做不是为了防止不想接收的移民跨过边境线，而是帮助欧洲吸引那些它真正想要的移民。现在有项新的战略框架，即“全球移民和流动管理方法”（Global Approach to Migration and Mobility）。欧盟移民门户已然开始建设，也有人提议建立欧洲边境监控体系。“智能边境”（smart borders）计划将有助于简化那些频繁进出欧盟的人员的跨境手续。另一项革新是“单一许可指令”（Single Permit Directive），以确保合法移民享有与在籍公民一样的权利。欧盟已采取各种行动，促进日益多样化的欧洲人口内部实现社会团结。然而，正如社会模式的情况一样，重要的权力大部分依然掌握在各成员国手中。

---

① European Commission：*3rd Annual Report on Immigration and Asylum*. Brussels，30 May 2012，p. 2. 资源在线。

124 我下面并不打算就这些政策展开分析。虽然引入这些政策很有必要，但它们主要是在纯粹技术的层面应对移民，将其视为一系列有待管理规范的问题。我要把重点集中在围绕多元文化主义展开的讨论上面，因为在这个问题上存在各种异常激烈的争论。我想要证明的是，我所谓的“**世界主义要务**”（cosmopolitan imperative）不仅是应对大规模移民的基础，而且是欧洲整个未来不可或缺的一部分。我说的世界主义要务，是指适应全球化世界生活的紧要事务。在全球化的世界中，各种不同的信仰和生活方式相互交织，已是司空见惯。我要说的是，由于日常电子通信的普遍存在，移民的本质已然改变。我们进入了一个“超级多样性”的时代。我认为，这种转型与欧洲整体身份认同问题密切相关，也直接影响到欧洲经济的未来。大多数有关移民是否有益于接收国的讨论，都把焦点放在诸如移民对工作、福利计划等事情的影响上。在本章中，我想阐述一个更为宏大的论点，即欧盟各国最大的经济利益将来自其面对超级多样性的新世界所采取的积极且富有建设性的方式。

全球化与移民

一个世纪以前，当欧洲人大规模移民到美洲和其他地方时，他们基本上切断了与母国的联系，因为那时的通信非常缓慢。今天，不管一个人走多远，他/她与家人都可以每天保持联系。即便这个人非常贫穷，也同样可以做到这一点，因为电子通信几乎是免费的。而且，有无数的网站可以提供必要的信息，可以交换看法，完全不受个体所处的物理和社会环境的影响。二代移民即使从未离开过其出生的国家，也完全有可能对世界另一头的某个国家或地区的政治表现出异乎寻常的热情。这种情况过去常被称作**残酷交易**

125

(brutal bargain)，即移民来到异域国家，不得不放弃许多难以割舍的特征和风俗。当然，在某种程度上这种状况依然如故，只不过今天很重要的一点是，无论我们之间的差异有多大，我们都生活在"同一世界"中，这个事实使得问题有所缓和。它减少了新移民和原住民双方所感受到的冲击，但在某些条件下以另一种形式出现，使情况变得更为严重。

与经济问题一道，移民问题被称为欧洲的"另一个危机"，甚至是"最严重的慢性病"。[①] 随着全球化的到来，人们在全世界范围内迁移。然而，这种影响到欧洲的变化却是前所未有的，因为它们标志着历史模式的逆转。人口迁移一直存在，被迫移民是这块大陆暴力史的基本组成部分。在第二次世界大战期间，数百万人流离失所，许多人被强制迁徙到别的地方。难民四处寻找安身之所。然而，从自愿移民来看，大约两个世纪以来，欧洲各国一直是向外移民的国家。尤其是，数百万人离开欧洲前往美洲。其中，1850—1930年，德国就有500万人移民美国；1820—1930年，进入美国的英国移民是350万，爱尔兰移民为450万。在一个世纪左右的时间里，总计2500万欧洲人迁移走了。

近来，尽管全世界移民到美国的人数飞速增加，但移民也开始转向了欧洲。20世纪60年代到70年代初期，由于缺少劳动力，欧洲一些国家积极尝试吸引外国劳工。以在这一时期抵达德国的土耳其移民为例，他们是作为"外来劳工"(guest workers)来到德国的，德国人原本预期他们会在某个时候回归自己的祖国。然而，他们中的绝大多数都留了下来，后来又有更多人加入到他们的行列。今天，有超过300万土耳其裔生活在德国。2000年通过的立法，允许生活在德国的外来人员的子女在居留八年后归化为德国公民。然

126

① Christopher Caldwell：'Europe's other crisis'，*New Republic*，4 May 2013；*Reflections on the Revolution in Europe*：*Immigration*，*Islam and the West*. London：Allen Lane，2009.

而，德国不允许拥有双重国籍，18 岁至 23 岁的土耳其裔个体必须两者择其一作为自己的国籍。此外，还有一些国家也把移民视为临时之举，但时间久了发现情况并非如此。它们也采取了类似德国的做法。尽管那时许多欧洲大国吸引移民，但它们不像美国那样有着“熔炉”的想法，甚至也没想过接受族群多样性。最近几年，当移民开始大量涌入时，欧洲各国（英国及一两个国家除外）几乎一点准备都没有。

表 2　2008 年进入欧盟 27 国的移民的国籍（前十位）

欧盟公民（包括本国国民）		欧盟公民（不包括本国国民）		非欧盟公民	
国籍	千	国籍	千	国籍	千
罗马尼亚	*	罗马尼亚	384	摩洛哥	157
波兰	302	波兰	266	中国	97
德国	196	保加利亚	91	印度	93
英国	146	德国	88	阿尔巴尼亚	81
法国	126	意大利	67	乌克兰	80
意大利	105	法国	62	巴西	62
保加利亚	92	英国	61	美国	61
荷兰	81	匈牙利	44	土耳其	51
西班牙	61	荷兰	40	俄罗斯联邦	50
比利时	48	葡萄牙	38	哥伦比亚	49

* 至少有 384 000 人

资料来源：Eurostat，http：//epp.eurostat.ec.europa.eu。

金融危机爆发前，进入欧盟的移民每年多达三四百万人。我们无法得到一个准确的数字，因为非法移民的规模到底有多大不得而知。也有许多人移民到欧洲以外的地方，所以危机爆发前净迁移人口每年大约为 200 万。许多人来自北非、中东、印度、巴基斯坦及其他前殖民地国家，因为有“移民通道”将特定的国家连接起来。

127

如近些年，三分之二来欧洲的摩洛哥人去了西班牙。2012 年最新的统计数据表明，160 万移民通过合法途径进入欧盟，而非法进入的人数就无法得知了。英国、德国、西班牙和意大利接收的移民数量最多。不过与接收国的总人口相比，一些小的欧盟国家所接收的移民人口比例要更高些。

中东地区和北非一些地方的动乱正使欧盟边境承受的压力急剧上升。数百万人因叙利亚、伊拉克、利比亚、马里、苏丹等国的冲突而无家可归。他们中的许多人把目光投向了欧洲，将其视为避难所和开始新生活的机遇。不过，并非只有欧洲遇上了这样的事情，这种情况在某种程度上是世界性的。例如，美国、加拿大、澳大利亚等国家在过去曾经向一代又一代移民敞开怀抱，但现在也计划采取严苛的政策，限制移民涌入。各国都在想办法应对那些极度渴望进入的人所带来的压力。这些人往往冒着生命危险试图移民进来。所有国家都在严格控制非法移民，同时想方设法吸引合格的技术移民。

地中海国家尤其成为那些逃离灾难地区的人的目标。意大利就是一个最好的例子。在 2014 年上半年，有 6.5 万移民试图从海路进入意大利。许多人在渡海时遇上危险，尚未登陆就需要进行海上救援。在未来若干年，这个数字肯定还会增加，也许会剧增。在欧盟政策制定层面，这是另一个需要在现有基础上进一步加强合作的领域。目前的状况非常危险，充满了未知的风险。欧盟边防局（Frontex）的总部设在华沙，远离南部边境。二十年前，人们认为，移民主要来自东欧的前苏联卫星国。没有人会料到“阿拉伯之春”（这一名称似乎是物极必反，春去不复返）及其所引发的各种灾难。然而，更普遍地来看，欧盟针对北非和中东的一些政策一直都声称是出于良好的目的。如果确实有这样的目标，那不过是纸上欧洲的又一个例证罢了。

128

在欧盟政策出台以前，2002年西尔维奥·贝卢斯科尼政府采取的策略是在公海拦截后把这些移民遣返各自国家。无论从实践层面还是从缺少某种合乎伦理的庇护政策的角度来看，这种做法显然是一大败笔。[①] 尽管后来采用了更为宽容的策略，但由于想跨海入境的人数实在太多，也行不通了。因为在欧洲层面没有行之有效的办法，这些国家只能采取宽松的态度，至少尽力为那些上岸寻求庇护的人提供住处。它们常常签发临时许可证，允许他们借道前往第三国。目前欧盟还未建立起统一而有效的庇护制度，因此许多人不是沦为流民就是非法打工。这种情况又进一步引发了公众对移民更加普遍的憎恶。

欧盟现在已就欧洲共同庇护制度（Common European Asylum System）达成了一致意见。2014年6月，欧洲理事会一致认为，“有必要”全面实施该制度。此次会议强调，有必要与移民来源国签署坚决有效的合作协议，比如向其提供帮助，协助它们强化边境管理。在那些深受内乱之苦的国家实施区域保护和重新安置计划，筹集更多资金予以支持。在兰佩杜萨岛（Lampedusa）海岸载有500名难民的船只沉没的悲剧发生后，欧盟成立了地中海工作组（Task Force Mediterranean），以尽可能地减少此类事件的发生。

129

欧盟正处于一个不同寻常的矛盾情境中：一方面严格管控和限制外来移民；另一方面欧盟官方却鼓励人员内部流动，因为人员要跟随工作地点迁徙，整个欧洲需要更多互动才能建构起更加有效的欧洲身份。签署《申根协定》（Schengen Agreement）完全是为了方便人员的迁徙。2013年，远超100万人在欧盟内部从一个国家迁徙到另一个国家。正如人们所预期的，在当前的经济形势下，大量内部移民正从南部向北部迁徙。在过去一年中，从西班牙、葡萄牙、

① Massimo Franco：‘Italy's struggle to hold back the tide’, *Chatham House*, August 2014. 资源在线。

希腊和意大利迁徙到德国的移民增幅达40%。同时，南部国家移民离开欧盟的人员数量现在似乎也在增加。所以，在过去三年中，大量人员从西班牙和葡萄牙移民去了拉丁美洲。直到几年前，欧洲一些小国都是十分封闭的，民族成分单一。挪威就是一个例子。但到2012年，大约12%的人口是归化移民，他们来自超过220个不同的国家和地区。与欧洲的普遍情况一样，移民大多数生活在城区。奥斯陆居民中有26%出生于其他国家。在许多欧洲城市中，有些街区50%以上的人口是从欧盟之外的地方迁移来的第一代或第二代移民。

今天欧盟大部分国家的公民都非常关心移民问题，它也是极右翼政党和民粹主义政党所关注的大事之一。如果让选民把最关心的事情排序，大多数人也将其排在前列。最近出版的一部引发热议的著作就谈到了这一话题，其作者是来自荷兰的保罗·谢弗（Paul Scheffer）。他指出，大规模移民对欧盟造成的冲击并非虚幻的，非常令人担忧。

130

> 我们正处于深刻的变革中，假装这些变革微不足道或干脆对其不问不闻，都非明智之举。我们曾经多少次听到诸如此类的言论，“移民一直与我们同在”，“人类一直在迁徙，我们这个时代也是如此”？……从摩洛哥、土耳其来的外来劳工使荷兰处处都在发生变化，他们不同于从德国转道而来的季节性工人。那些季节性工人过去每到旺季都会来低地国家。历史上犹太人曾从葡萄牙逃到荷兰，以躲避天主教宗教裁判所的审讯。但这些历史事实并不能成为伊朗和阿富汗难民来我们这里生活的理由。①

与其他许多人（包括一些著名政治领导人在内）一样，谢弗认为多元文化主义已经失败。正如他所解释的那样，其基本观点如

① Paul Scheffer: *Immigrant Nations*. Cambridge: Polity, 2011, p. 8.

下。不同文化的互动是一个相互学习和促进的过程。然而，如果许多移民只是生活在封闭的社区，遵循着不同于主流社会的价值标准和规范，甚至是抱着仇视的态度，那又如何能实现这个过程呢？人们往往认为，移民会使社会变得更加开放、更加宽容，倘若移民（如对言论自由和两性平等）死守偏狭的态度，又如何能做得到这一点呢？谢弗说："大规模移民常常引发摩擦和冲突，我们有必要更加坦诚地面对和解决这些问题。"事情确定如此，尽管由于各国经济状况、新来者与原住民的文化差异、种族主义观点的影响程度不同，这类冲突的严重程度和目标指向也有很大的不同。

表 3　每年的旅游人数：一个高流动性但不均衡的世界

	1990 年（单位：百万）	2007 年（单位：百万）	2007 年的市场份额（%）
世界	436	903	100
欧洲	252.7	502	55.6
亚洲及太平洋地区	58.9	181.9	20.1
美洲	99.8	149.7	16.6
中东	8.2	27.8	3.1
非洲	9.9	26.7	3.0

数据来源：UNWTO，2008。

当代的移民不再只是一个地方或者区域的问题，而是全球化的结果和实现方式。早先适用于大规模移民的接受和同化模式，比如20 世纪初从欧洲到美国的移民，不一定仍然有效。只要电子通信普遍可及，并且能够即时到达任何地方，各种新情况都有可能出现。如从前非常普遍的"两步"（two step）同化过程原本可使二代移民变得更像当地人，现在可能不大适用了。例如，最近出版了一部有关欧洲的著作，作者以欧洲的穆斯林为切入点，用他的原话来

131

说就是：专门研究了“第二代的反叛”。[1]

全球化还具有其他后果，它几乎对于每一个人都产生了全面的影响。这种情况既有积极的一面，也有消极的一面。人们常说，由于移民的存在，许多欧洲人感觉即便在自己的祖国都像是外乡人，这种变化几乎对于每个人而言都是深刻的。世界经济变化莫测，一个地区或城镇可能要不了几年就完全变了样。无论是在何处，都可能因怀旧而出现“回到过去”的情结，尤其是那种理想化的过去。确实，宗教原教旨主义基本上是一种以理想的过去为未来目标的回归现象，也可以被看作民族主义复兴的不同版本。各种分歧和矛盾都需要仔细梳理。正是这些对移民现象抱怨不已的人，欢欢喜喜地出去吃中餐。在他们热心支持的足球队中，大多数（有时甚至是全部）球员、经理和训练团队都是外国人。由于现在的机票非常便宜，人们都想到全世界去自由旅行。他们希望对那些进入自己国家的人进行严格控制，但自己在旅游目的地国家通关等上两个小时就愤怒不已。第一代和第二代移民除非很贫困，一旦有了官方证明文件，现在都会像其他人一样四处旅行。这是一个大规模流动的时代。

132

谢弗描述了他去摩洛哥丹吉尔市的一次经历。在那里，他遇到了一个熟人，这个人是摩洛哥后裔，但住在阿姆斯特丹，说着带有阿姆斯特丹口音的荷兰语。他对谢弗说：“这是我的祖国。你觉得她怎么样?”那人说话像个荷兰同胞，但现在是在“他的”国家。在他的寒暄语中，谢弗发现的不仅是仪式性问候，而且还有一种“苦甜交织的报复”。他的身份在回到“家”后又倒过来了，有可能产生优越/自卑的感受。他的寒暄语“几乎是一种挑衅，使荷兰访客注意到他们在处理外来者问题上的短板”[2]。谢弗说，至少他是这样认为的。

---

① Robert S. Leiken：*Europe's Angry Muslims*. Oxford：Oxford University Press，2012.

② Scheffer：*Immigrant Nations*，pp. 1-2.

非传统的传统

就像尤奇·贝拉（Yogi Berra）说过的一句名言，未来不会是过去的延续——这并非一个好听的笑话，而是当今世界一个复杂的社会学真理——传统亦是如此。当然，传统一直处于创造和再创造当中：许多风俗和做法常被认为是古已有之，然而从历史来看，却是最近才出现的。① 基督教可能有两千年的历史，但在其发展过程中又有多少变化、革新、复古和分裂啊！然而，由于不同的价值观和因素不断相互作用，如今的传统在非常短的时间里就会发生改变，比以前更加变化多端。所以，穆斯林社区中戴面纱的做法看似回归传统，然而，它实际上可能是一种重建的传统。现在这样做的妇女事实上大多是家庭中的第一代移民。今天伊斯兰的“保守主义”有些其实是新出现的，主要是为了与现代接轨，甚至是为了强调现代性。那些被视为“保守的人”，可能日常生活中天天都在使用手机、社交媒体和网络，这样做似乎也没有什么问题。戴面纱一般情况下无疑是对女性权利的压制，但至少有部分戴面纱的妇女认为这样做是为了维护女性的权利，即避开男性色迷迷的目光，避免打扮成男性欲望的目标。在欧洲，围绕着伊斯兰教发生了激烈的争论和冲突，许多人认为它与“西方的”价值观格格不入。然而，伊斯兰教与基督教一样都是“西方的”。它们都诞生于这个世界的同一地区，它们的历史息息相关。

在某种程度上，移民往往会带来全球流散，但今天他们所形成的社群既有真实的，也有虚拟的。一般来说，与过去相比，他们对

---

① Eric Hobsbawm and Terence Ranger: *The Invention of Tradition*. Cambridge: Cambridge University Press, 1992.

此有更强的自我意识。他们的分化和细微差异有时候可能是国家或地区层面的，但这种分化和差异常常在全世界无限延伸。以“圣战分子”为例，他们或者是生活在西方国家的第二代和第三代移民，或者是因为某种理想而放弃世俗身份皈依伊斯兰教的人。他们只不过是某一普遍过程中最为醒目的例子罢了。穆罕默德·梅拉赫（Mohamed Merah）出生于法国，其家人均为阿尔及利亚裔，2012 年 3 月他突然发动袭击，开枪打死了三名未携带武器的法国士兵，还有一所犹太学校的一名拉比和三个小孩。

梅拉赫在枪击士兵时用阿拉伯语高呼“真神伟大”。他在脖子上挂了一个微型摄像头，记录下杀人的过程，并把录影片段发送给半岛电视台，尽管这家电视台并没有将影片播出。起初，人们认为他的行为是自发的，尽管知道他曾以游客身份多次到访中东和阿富汗。后来，人们才发现，他与世界不同地区许多有着同样想法的团体和个人有过接触。他的电话记录显示，他打了 1800 个电话，给来自 20 个国家的 180 个不同的联系人。其中许多北非裔个体否认与梅拉赫的举动有关。梅拉赫的行为使图卢兹地区陷入恐慌，最后他在与警察突击队的枪战中被击毙。然而，他也得到了当地社区及他的家庭的大力支持。梅拉赫的母亲不愿劝说儿子向警方投降；他的兄弟说为他感到骄傲；他的父亲起诉法国政府非法杀人。① 有一种说法已经变得司空见惯：欧洲的“第二危机”正在削弱欧盟，其影响程度要远远超过经济衰退。正如理查德·杨斯（Richard Youngs）所说的：“宗教极端主义、移民和变动不居的‘欧洲身份’……的凸显，有可能比任何东西都更使人确信：在面对新显现的世界秩序时，欧洲被恐惧的情感所笼罩。正是这种情况，引发了最夸张的说

134

① ‘Father of Toulouse killer Mohamed Merah sues for murder’, BBC New Europe, 11 June, 2012. 资源在线。

法：'欧洲的终结'和欧洲大陆的'文化之死'。"①

焦虑时刻

2010年，一个中左社会民主党成员、著名银行家蒂洛·萨拉辛（Thilo Sarrazin）出版了《德国自取灭亡》(*Deutschland schafft sich ab*）一书②，引发了轰动，一年之内卖出了150万册。他宣称，德国因移民而有动摇国本之虞，尤其是出现了如此之多的穆斯林社群。因为这些社群的出生率更高，所以他们会"通过生育征服"德国。《明镜周刊》把萨拉辛称为"德国的分裂者"，因为他的观点似乎使这个国家分化成两个对立的阵营。他坚称，多元文化主义是失败的。穆斯林社群大多与德国社会的其他部分相分离，无论从哪种意义上说都没有融入德国。许多社群的受教育水平很低，其出生率高于本地人。

135

他指称，许多移民赖上了国家，没兴趣与广大社会接触。生活在柏林的土耳其裔和阿拉伯裔人口大多依靠社会福利，与此同时却否定为其提供福利的国家的合法性。萨拉辛谈到伊斯兰教时说："欧洲其他宗教从未提出过如此多的要求。没有哪一个移民群体像穆斯林社群那样对福利国家提出如此多的权利主张，同时犯罪率却如此之高。"大多数政治领导人都谴责萨拉辛，因此他辞去了在德意志联邦银行的职位。大家都指责其为种族主义者。然而，他的这部著作契合了汹涌的民意。有些批评人士认同这一普遍看法，即他

① Richard Youngs: *Europe's Decline and Fall: The Struggle against Global Irrelevance*. London: Profile, 2010, p. 92.

② Thilo Sarrazin: *Deutschland schafft sich ab*. Munich: Deutsche Verlags-Anstalt, 2010.

揭示了此前被掩盖的问题。[1]

2012年，萨拉辛又出版了《欧洲不需要欧元》（*Europa braucht den Euro nicht*）一书。[2] 他认为，德国因大屠杀之罪正承受着巨大的压力，不得不为那些走下坡路的欧元区国家提供帮助，并不断作出让步。有些国家要求德国把钱交到欧洲手里，为过去的暴行赎罪。特别是正在给予希腊支持的事实表明，德国在“精神病理学上的负罪情结，使其在二战结束后的67年里，面对外国自私自利的要求，几乎是完全予以满足”。[3] 萨拉辛说，欧元并未促进德国的出口。所以，自单一货币发行以来，德国与欧元区外国家间的贸易增长，远远超过与欧元区内国家间的贸易增长。德国因其成功而遭受惩罚。在单一货币体系中，一旦其他国家需要帮助，德国往往要随时承担起责任。萨拉辛反对更加紧密的政治联盟，主张回归国家货币。

136

在萨拉辛出版其第一本书后不久，安格拉·默克尔公开参与了对该书的讨论。她承认说，在20世纪60年代，德国国内雇了大量外国劳工。人们原本以为，这些工人会返回自己的国家——土耳其或其他国家。正如默克尔所指出的：“我们有点自欺欺人。我们说，‘他们不会留下来，他们总归会走的’，事实上情况却并非如此。”尽管她对萨拉辛的看法予以否定，但她又说德国想要建立起一个多元文化的社会，“国民共同幸福地生活，彼此欣赏……（但）失败了，彻底失败了”。[4]

2012年3月，德国内政部就生活在德国的穆斯林的状况发布了

---

① *Bild* newspaper, 26 August 2010.

② Thilo Sarrazin: *Europa braucht den Euro nicht*. Munich: Deutsche Verlags-Anstalt, 2012. 也参见‘Sarrazin strikes again: German author says Berlin is hostage to Holocaust in euro crisis’, Spiegel Online, 22 May 2012。

③ 引自‘Sarrazin strikes again’, p. 2。

④ 所有引文都来自BBC News Online：‘Merkel says German multicultural society has failed’, 17 October 2010。

一份内容广泛的报告。该报告建立在全面调查的基础上，同时也参考了针对关于伊斯兰的媒体报道的分析。根据官方统计数据，约有400万穆斯林生活在该国，其中大约一半人为德国公民。调查结果表明：几乎80%有德国公民身份的穆斯林都赞成融入；不具有公民身份的穆斯林中仅有略超50%的人同样持赞成融入的态度。与此同时，不少穆斯林（约20%）被视为“怀疑论者”。一部分14岁到22岁的二代穆斯林可说成是“严守教义者”。他们表现为“对西方极度反感，易采取暴力，不愿融入”。这类人占到穆斯林公民的15%，占非公民穆斯林的24%，是一个不小的数字。这份报告分析说，萨拉辛谈移民问题的书实际上有可能使那些人贬低融入。内政部的研究报告所基于的调查，有些是在该书出版之前就进行了的，有些是在其后。前后结果实际上没有显著的差异。该书所引发的强烈公开抗议可能产生“不良的后果”，使非德国籍穆斯林感到他们受到社会其他人的敌视。[①]

137

安格拉·默克尔说多元文化主义“彻底失败了”。这一说法得到了欧洲许多政治领导人的应和，尤其是那些持极端立场的人。她说的话对吗？我并不认同。我对这些事情的看法差不多完全相左。多元文化主义在德国，或更广一点说在欧洲，根本就没有失败。事实上，它**还没有开始**。更准确地说，它仅仅在有限的范围，以及在有限的几个国家里刚刚开始。多元文化主义最早源于学术圈子，与在大多数公共话语中的所指几乎完全相反。它并不等同于价值相对主义——不存在据以判断不同文化主张和活动的共同标准。它不意味着接受（更谈不上强调）划分不同社群的物理界域和道德界域。正好反过来，它意指通过积极的日常接触，把这些社群聚集起来。

荷兰和法国的移民政策可能看起来完全不同，过去被视为两种

---

① 引自 Charles Hawley：‘Muslims in Germany’，Spiegel Online，1 March 2012。

对照鲜明的做法。荷兰实施的是“少数族裔政策”，这是一个建立在“分立和平行线”基础上的系统。其政策导向几乎就是借助广播电台、电视和新闻报纸，鼓励移民回归各自国家。这种“积极鼓励非归属（non-belonging）的做法”[①]，与多元文化主义几乎是背道而驰的，也引发了各种反弹。20 世纪 90 年代新引入的“融入政策”，尽管被很多人看作是一种反文化多元主义的做法，但实际上应将其理解为更贴合于多元文化主义的政策。荷兰设立了公民入籍课程，还强制要求学习荷兰语。然而，在建立有效程序以减少贫困、社区隔离和种族主义等方面，并没有什么进展。法国不承认少数族裔的存在，而是倾向于一种“全体公民身份”的政策。其积极的多元文化政策无关乎族群本源，因而根本就不收集这一数据。其结果是，与欧盟其他国家的情况相比，少数族群（尤其是北非裔族群）与其他族群之间的真实区隔更大。这两种政策似乎分属两个极端，但实际效果却很相似。

138

多元文化主义是什么？

多元文化主义的政治和知识源头在加拿大，即在查尔斯·泰勒（Charles Taylor）等人的论著中，他们的看法到今天依然有价值。[②] 泰勒说，一谈及某个社会（或更大的集合）内部的文化差异，就会牵扯到两种观念。第一个是所有人应享有同样的尊严，无论其文化特征为何，也无论其生活方式为何。因此，多元文化主义意指一个社会内部普遍公民身份的原则。第二个是多元文化主义假定了“一

---

① Ali Rattansi：*Multiculturalism*. Oxford：Oxford University Press，2011，p. 87.

② Charles Taylor：*Multiculturalism：Examining the Politics of Recognition*. Princeton，NJ：Princeton University Press，1994. 还可参考后来的很多书和文章。

种承认的政治”。它不是指孤立的身份，而是指相互认可，及随之而来的相互交往。确切地说，就是当群体被视为或自认为“孤立且疏离”时，问题就来了。多元文化主义认为，不应该让那些群体自行其是，或者放任自由，而是应该采取行动减少这种情况的发生。用泰勒的话来说就是，“我们正努力创造的自由、民主及在某种程度上愿意平等共享的社会，需要其公民的强烈认同”。他说，多元文化主义在国家层面上“需要爱国主义”。①

139

平等地位（受法律支持）并不意味着不加分析地接受他人的信仰和做法。如果某一特定行为严重损害他人的权利和尊严，不能把“这就是我们的行为方式”当作辩护的理由。一旦发生了那种严重的侵权事件，往往只得诉诸法律，因为法律系统体现了泰勒所提及的原则。然而，在全球化的世界中，文化交流纷繁复杂，我们应该对其中可能出现的困境一直保持警觉。

法国的“头巾战”（headscarf wars）是一个很好的例子。法律限制在校生戴头巾或面纱，这引发人们的不满，并导致穆罕默德·梅拉赫的疯狂杀人。按照法律，头巾被视为伊斯兰教义下妇女不平等地位的象征，因而是对法国两性平等立场的藐视。最早的案例可追溯到1989年10月，该事件引发了公众异常激烈的争论。在离巴黎不远的一所学校里，有三个女生因拒绝脱去头巾而被驱逐。对于该事件，许多人视之为穆斯林社群拒绝接受法国的世俗主义。随后的公众调查得出的结论是：在学校里不能穿戴“明显的”宗教象征物，不仅包括头巾，还有像锡克头巾帽和犹太小圆帽之类的饰物。这一原则最终变成法律条文却是很久以后的事情。这些女生不是因为来自家庭的压力或者来自社区宗教人士的压力而戴头巾去学校的。她们这样做实际上是出于自我意识而非父母的愿望。这一事件

① Charles Taylor：‘Why democracy needs patriotism’, *Boston Review*, 19 (1994), p. 72.

的戏剧性转折是，穆斯林社群领袖说服摩洛哥国王介入此事后，她们中的两个人最终同意不在教室里戴头巾。法国其他的女学生戴上印有法国国旗的头巾，上面写着“自由、平等、博爱”。[1] 140

在地方性、个体性和全球性三者永无止境的相互作用过程——如今已成为日常生活的一部分——中，三个女生的行为只不过是一瞬间的事。由于已经进入全球化的时代，欧洲围绕着伊斯兰教所展开的争论不大可能再像上一代那样了。[2] 世界上很多不同地方、不同国家都在就戴头巾和面纱的问题进行讨论。有些国家大多数公民是穆斯林，而其他一些国家几乎没有穆斯林。例如，在日本也出现过相关的行动和探讨。一直到近些年，土耳其这一以穆斯林为主的国家，甚至比法国更加全面地禁止戴头巾。

有人认为，生活在欧洲的穆斯林少数族裔会对欧洲国家的核心价值观造成威胁。无论“本国的”抑或外来的恐怖分子给我们带来了何种真正的危险，这个看法都是很可笑的。无论从起源还是信仰来看，欧洲穆斯林都是一个多样化的群体。真要以一个标准来衡量的话，比如假设指的是那些定期参加礼拜和祈祷的人，欧洲大多数穆斯林都并非信教者。那些持保守立场的人大多想要融入，却不想被同化。他们希望能参与到更广阔的社会中来，但不必放弃其宗教信仰和宗教活动。我们应该牢记，基督教的教会和犹太教的教会都有极端正统教徒。我们不应依据那些极端分子的想法来判断这些宗教，在穆斯林问题上同样也不应该这样做。[3]

---

① 参见 Rattansi：*Multiculturalism*, chapter 2。

② 此处引自我的‘No giving up on multiculturalism!’一文，参见拙著 *Over to You, Mr Brown：How Labour Can Win Again*. Cambridge：Polity, 2007。

③ Philippe Legrain：*Immigrants：Your Country Needs Them*. London：Little, Brown, 2006.

移民与团结

在萨拉辛的书问世多年以前，英国的戴维·古德哈特（David Goodhart）就发表了文章，较缜密地分析了萨拉辛所谈的那一类问题。[①] 其后，古德哈特又撰文更深入细致地探讨了这类问题。他说，就英国的移民问题而言，这个国家"移民太多，太快。近年来尤其如此"。[②] 他的文章引发了热烈的讨论——尽管没那么热闹，没有像萨拉辛那样激起公众争论。古德哈特说，英国社会主要因为移民而变得多样化，许多人常常会与异乡人打交道。团结之情被冲淡了，从而威胁到福利国家的延续。公民如果感到自己与其他许多福利受益人无共同之处，他们就不大愿意支持累进税，也不大愿意支持福利制度的发展。与萨拉辛事件一样，古德哈特的观点受到广泛的批判，他被斥作种族主义者。有位批评人士写道："善良的人也有种族主义……有些很不错的人将国家的真正问题归于有太多太多各种各样的移民。"[③]

141

古德哈特的观点对吗？有证据表明是错误的，尽管所涉及的问题显然并不简单。针对这个问题，有一项重大的研究深入分析了包括英国、德国、荷兰、美国和加拿大在内的多个不同国家。威尔·金里卡（Will Kymlicka）和基斯·班廷（Keith Banting）在文章中指出，古德哈特实际上提出了两点看法。一是种族差异破坏了团结之

---

① David Goodhart：'Too Diverse?', *Prospect Magazine*, 20 February 2004.

② David Goodhart：*The British Dream*：*Successes and Failures of Post-War Immigration*. London：Atlantic Books, 2013, p. xvi.

③ Trevor Phillips：'Genteel xenophobia is as bad as any other kind', *The Guardian*, 16 February 2004.

情。随之而来的是，总人口中的少数族裔越多，就越难以维持福利国家的繁荣。二是如果政策认可了少数族裔的特殊要求，这些政策就会降低人们对于福利制度其他方面的信任度。如果这两点被证明属实，不仅欧盟国家，其他大多数工业国家都将面临非常大的问题。在这些国家中，今天有许多都对移民入境进行了严格的限制，除非是它们积极设法引进的那些人员（主要是技术工人）。然而，完全有理由认为，移民将依然是大规模的，因为没有年轻一代的发展壮大，就无法养活老龄化人口；而且，欧盟及其成员国都不能完全将移民之路堵死。的确，未来有些国家可能需要补充工人，因为目前工人正在从欧盟迁移出去。 142

金里卡和班廷采用各种方法研究后得出结论，种族混杂的人口实际上并没有不可避免地削弱福利制度。不论在哪一个国家，国外出生人口的比例与社会支出水平之间并不存在关联。为了考察可能的政策相关性，他们罗列了各国不同的政策战略（例如，取消着装规定、允许双重公民身份，或者资助双语教育）并加以对比。他们比较分析了 21 个国家所采用的政策，结果发现没有证据表明这些政策的引入与福利国家的削弱之间存在系统性关联。[1]

跨文化主义

在欧洲，围绕着多元文化主义和移民问题的讨论持续多年，这已经成了老话题。现在是时候冲破束缚，换个不同的角度对其进行

---

① 参见 Will Kymlicka and Keith Banting：'Immigration, multiculturalism and the welfare state', *Ethics and International Affairs*, 20 (2006)：281-304；以及 Kymlicka and Banting：*Multiculturalism and the Welfare State*. Oxford：Oxford University Press, 2006。

重新思考了，即将其与日新月异的世界放在一起分析。在这一点上，从最近的研究文献来看，我认为“多元文化主义”一词已跟不上时代。主要有三个原因：第一，该词因多年以来的误用而受到污染。有人一直将其理解为所谓的“自由放任的多元文化主义”，即允许百花齐放，而不是将其视为内容丰富和复杂的概念。因而可能永远无法将其真正含义带入公共话语。第二点更为重要，那就是多元文化主义概念出现时，全球化尚未发展到今天这种程度。由于互联网的普及，多元文化主义如今已迅速全面扩张。文化互动不再是某一社会内部的事情，甚至不是整个地区（像欧盟这样）的事情。今天的全球指的是整个地球，尽管全球性有可能体现于细微行动，例如手机的使用。与此同时，它也深深扎根于本土，在全球与本土之间存在着无数复杂的层级。[1]

143

第三，多元文化主义所用到的“文化”一词含义复杂，它在某种程度上很可能是指三十年前而不是现在的文化。持该立场的人往往以为，包括民族文化在内的文化有着明确的边界，不会随着时间的推移而变化，其内部也没有分化，甚至根本不存在不同的声音。即便情况确曾如此，现在也肯定不一样了。最终，人们显然倾向于认为：“西方”文化在本土生成发展，与世界其他地方的文化没有什么共同之处。因此，西方（或欧盟，带着“文明使命”）必须传播那些在其他地方尚未发展起来或不存在的思想。以下我将对此做进一步探讨。

跨文化主义（interculturalism）一词可以更好地表达这一事实：我们——全体人类（collective humanity）——正处于一个多样性和社会凝聚的新时代。这是固守本土的时代，从根本上说也是全球化的时代。不管是从“世界范围的”意义上看，还是从超越特定时空

① Ted Cantle：*Interculturalism*：*The New Era of Cohesion and Diversity*. Basingstoke：Palgrave Macmillan，2012. 也参见 Rattansi：*Multiculturalism*，结论部分。

界域的能力来看，都是如此。它是这个充满机遇和风险的社会的文化维度。跨文化主义并非仅仅是要为社会内部的“异”文化群体找到容身之地，要促进少数族裔与主流社群（host communities）及国家之间的互动，或者是要减少不平等现象——尽管所有这些目标都非常重要。毋宁说，它把主要目标集中在协商和对话过程上，以积极重建公共空间。即使是复杂的多元文化主义，其所关注的也主要是提高“少数族裔”的地位，而非共享身份（包括文化多数群体的身份）应如何重新协商。因此，在**头巾事件**中，法国女学生对“自由、平等、博爱”的祈求，向多数群体及多数群体所支持的法律原则提出了疑问。普遍标准和跨文化机构（如人权法院）是持续对话的前提条件，但是，它们本身又（或应该）受到持续对话的制约。这样，那些机构才能得到定期审查和重组。 144

联系和参与的超级多样性（super-diversity）正在取代城市、区域和广大社会内部文化群体的简单划分。在一些欧洲大城市，现有的语言群体已经超过 300 个。[①] 2005 年 7 月的连环大爆炸案反映了伦敦人口结构的多样性。当时死去的 52 个人来自世界各地，其中有 5 个人是穆斯林，分别来自突尼斯、孟加拉国、阿富汗和印度尼西亚。有一个青年女性据说是“完全现代的穆斯林。她喜欢巴宝莉（burberry）格子纹手包和时装，同时也尊重家人的愿望，在家有时会穿传统的沙丽克米兹（salwar kameez）。她会和朋友一起去伦敦西区购物，而每周五都会去清真寺做礼拜”[②]。其他死者则来自罗马尼亚、意大利、尼日利亚、以色列、新西兰、越南、毛里求斯、澳大利亚、斯里兰卡、格林纳达、印度、爱尔兰和牙买加。

超级多样性占主导时，许多个体——或者大多数人——不再感到自己所拥有的是单一身份。他们的忠诚也许是混合的、流变的；

① Cantle：*Interculturalism*，p. 5.

② 引自 Legrain：*Immigrants*，p. 4。

根据人口普查所回收的填答问卷也不能准确预测其行为方式。一个人是黑人、白人、基督徒还是穆斯林，并不能表明他们过着何种生活，他们的社会需求为何，例如在福利供给方面。[①]“土生土长的恐怖分子”通常就是这种混合模式的一部分。例如，伦敦爆炸案中的炸弹放置者表面上看似乎融入了当地社群。生活在西方国家的穆斯林并非像媒体常常描绘的那样，是处于广大社会秩序之外的同质性群体。

图 11　伦敦爆炸案发生后：穆斯林女性公开抗议暴力

当然，极端分子和恐怖主义的威胁确实存在。然而，在这起穆斯林事件中，这些事实被荒谬地泛化了。卡迪夫大学的一项研究分析了报纸上刊登的 1000 篇主要有关穆斯林的文章。其中，提及激进分子的次数是提及温和派群体的 17 倍，但温和派群体实际上占

146

① 参见 Simon Fanshawe and Dhananjayan Sriskandarajah：‘*You Can't Put Me in a Box*’：*Super-Diversity and the End of Identity Politics in Britain*. London：IPPR，2010。资源在线。

绝大多数。“恐怖分子”“好战分子”“伊斯兰主义者”是最常用的词。[①] 事实上，极端主义者可能是，也确实是多种多样的。欧洲近年发生的一起最凶残的袭击事件（在奥斯陆），行凶者安德斯·布雷维克（Anders Breivik）是极右翼成员。在该事件中，77 人死亡，受伤总人数达 260 人。

政府的善意举措可能面临这样的危险：他们想要改变的特征可能因为这些举措反而被强化了。把整个穆斯林社群视为潜在的恐怖主义源头，恰恰会催生“他们与我们对立”的心态。这是我们所必须避免的。正如阿马蒂亚·森（Amartya Sen）所强调的那样：“把穆斯林的多重身份与其伊斯兰教信徒的身份混为一谈，不单单是一种错误的描述，它还会严重威胁到我们所处的这个变动不居的社会的和平。”[②]“移民”一词本身需要根据各种具有社会影响的变化予以解构，从本土到全球，再从全球到本土，循环反复。围绕该词的积极情感和消极情感——无论是新移民还是主流社群都经历过——与许多其他的变化交织在一起。比如说，很多影响身份认同和社区的其他变化被误认为是“移民”造成的。差不多就在大量移民涌入欧洲的同时，由于重工业消失或转移到海外，原来的工人社区正在被掏空。因为费用低且有房可租，移民常常移居到这些区域。人们在感到自己的身份及社区精神丧失的时候，可能会把他们当成替罪羊。实际上，这些丧失感大多是由其他因素所引发的。本土与全球的各种交叉在此呈现，也许那些深受影响的人在很大程度上都是“灯下黑”。[③]

---

① Kerry Moore, Paul Mason and Justin Lewis: *Images of Islam in the UK*. Cardiff: Cardiff University Press, 2008. 资源在线。

② Amartya Sen: *Identity and Violence*. New York: Norton, 2006, p. 75.

③ 参见 Montserrat Guibernau: *Belonging: Solidarity and Division in Modem Society*. Cambridge: Polity, 2013。

今天的移民也伴随着深层次的变异。有一种很基本的感受，即我们现在都是移民，在无法预估未来的世界中随波逐流，旧身份正在经受压力，新身份却还未落实。我们是处于新的社会和技术前沿阵地的先锋，即便在任一时间点上，这些都是我们日常行为不可或缺的组成部分。与（个体的和群体的）身份相关的各种问题都是因为这些状况而出现的。互联网与其所呈现并改变的人类社会本身一样，充满矛盾性和复杂性。它推动了积极对话，解除了环境的限制，但它同时带来了，甚至放大了所有情感，包括仇恨。伴随着所有这些变化，移民给个体和群体的身份带来了一系列复杂的后果。

“欧洲”价值观？

欧盟多数国家现在对移民所采取的强硬立场在整个欧洲得到效仿。欧盟2008年制定的“遣返指令”（Return Directive）使欧盟在许多国家的眼中形象大跌。目前，加强针对移民的巡防的费用大约占欧盟“自由、安全和公正”区域建设预算的60%。欧盟政府（EU governments）——在某种程度上包括整个欧盟机构（EU institutions）——“自欺欺人地认为，某种形式的欧洲沙文主义是一种应对非西方世界秩序的可行和进步办法”。[1] 跨文化主义的原则应该运用于欧洲，与此同时，欧洲肩负“文明使命”的想法必须予以重新评价。民主、法治、个体自由和宽容等核心理念往往被认为源于希腊和罗马，因而本质上是“欧洲的”。[2] 约翰·基恩（John Keane）所撰写的权威论著探讨了民主问题，彻底动摇了前面这种观念。他指出，他的研究是为了“使民主的历史民主化”。民主有

① Youngs: *Europe's Decline and Fall*, p. 118.

② John Keane: *The Life and Death of Democracy*. New York: Norton, 2009.

很多来源，呈现出各种不同的形式。希腊的公民大会，可以追溯到比其早两千年的美索不达米亚文明。基恩批评了把雅典民主理想化的倾向。在“民众”(demos)与“统治”(kronos)的结合中，后者更为重要。“统治”实际上指的是以军事力量为支撑的权力。雅典人把命运理解为统治群体的主要动力。 148

基恩强力驳斥了这样的观点：随着希腊城邦国家的衰落，民主在好几个世纪里一直陷入冬眠状态，直到在欧洲和新崛起的美国中再现。恰恰相反，在这一漫长时间里，民主在世界其他地方继续发展，如在中东和远东地区，以及撒哈拉沙漠以南的非洲地区。民主是通过穆斯林才回归欧洲的。欧洲的议会最早出现在12世纪的西班牙南部，是基督教君主对当时急剧扩张的民主伊斯兰政权的直接回应。基恩拒绝为代议民主制(representative democracy)的到来而欢呼，他认为那至多只是一大包杂七杂八的东西。他分析了19世纪和20世纪拉丁美洲的民主，那时民主尚未降临欧洲。尽管那些国家可能充满暴力和腐败，但他并未将那一时期的巴西、阿根廷和墨西哥等国家视为非正常国家。它们实际上是欧洲代议民主制的先驱，当时的欧洲正深陷暴力的泥潭，在战争中挣扎。大众民主以及与之关联的公民身份是与对整个民族“肆无忌惮的谋杀”——在欧洲及欧洲的殖民地——相伴而生的。

这同样适用于除民主之外的其他“西方价值观”。宽容就是一个很好的例子。它绝非一个纯粹的西方概念。比如，在公元前3世纪印度阿育王所著的书中，我们可以找到对这一概念的系统讨论。奥斯曼帝国在宗教上也是非常宽容的，允许这一时期繁荣起来的不同宗教群体拥有各自的辖区。[①] 我们还可以找到其他各种各样的资料，它们都极为重要。把来自其他文化的移民视为前现代的，认为 149

① Rattansi: *Multiculturalism*, p. 155.

他们对完全源于西方的价值观形成了内在的威胁，这是极为错误的。“好社会”背后的价值观存在多种来源，都是建立在某种普遍的基础之上的，不一定非要从西方“出口”到世界上相对蒙昧的其他地区。

从政策方面来看，跨文化主义路径在某种程度上与多元文化主义——甚至是复杂的多元文化主义——形成鲜明的对照。它所寻求的并不只是整合少数族裔，而是要为整个社会及其内部的不同社群提供统一的视角，以及一个鲜明的跨国视角。今天，不仅欧盟面临着身份认同问题，许多（或者说大多数）国家也是如此。从某个方面而言，这是碎片化的结果，或者是本土民族主义重新崛起的结果。但是，这也是国家层面的选择多样化的结果。比如美国、俄罗斯，它们对于民族认同应当是什么和如何形成，各自有许多不同的看法。民族认同（national identity）也许还与大家耳熟能详的本尼迪克特·安德森（Benedict Anderson）所谓的“想象的共同体”——包装成神话的历史——密切相关。[①] 不过，其日益成为具有竞争性的未来选项。在美国，有人撰文对萨拉辛的忧虑做出了回应。例如，塞缪尔·亨廷顿（Samuel Huntington）撰写了《我们是谁?》一书，探讨了拉丁美洲人大规模移民美国所造成的影响。[②] 美国的合法信条是造就英语移民，这是“一种与众不同的新教文化”的表达。拉丁美洲，尤其是墨西哥移民的涌入大多集中在南方，给这些地方带来了其他的文化价值观，基本上都是天主教的价值观。南部一些州可能会逐渐在美国内部形成一种特殊的文化联盟，从而对该国的主流价值观造成威胁。

此外，有些人对美国身份也做出了非常不同的解释。无论从外部还是从内部来看，都存在着多种问题和可能性。例如，美国应该

---

① Benedict Anderson：*Imagined Communities*. London：Verso，1983.

② Samuel Huntington：*Who Are We?* New York：Simon & Schuster，2004.

在多大程度上转向亚洲？美国正在变成一个太平洋而非大西洋国家吗？阿拉伯世界爆发革命后，美国在中东地区扮演何种角色？至于俄罗斯，它也同样面临着各种问题。俄罗斯在苏联解体后经历了身份转变和权力丧失之痛，如何作出最佳应对呢？弗拉基米尔·普京（Vladimir Putin）曾对此说道："西方对待我们，就像我们是刚下树（直立行走）的人一样。"俄罗斯的疆域一直延伸到日本边缘，它还是一个欧洲国家吗？这是一个早就面临的窘境，只不过现在以新的形式表现出来罢了。还有一个问题就是，俄罗斯与国内各穆斯林群体的关系处于割裂状态。 150

中国的快速崛起令全球瞩目，从而引发了有关其国家身份的激烈讨论。近年来在中国内外都有许多人提出了国家"身份危机"的问题。对于中国社会，许多中国人有一种认识，即中国社会是独立于其他文化之外的千年传统延续的必然结果。然而，除了一两个特定时期，中国文明一直都是在与更广阔的世界相互影响的过程中发展变化的。与"欧洲的"一样，无论过去和现在，所谓"中国的"其所指也存在着各种争论。张维为在《中国震撼》一书中提出了一个论点：当代中国正在开拓一种不同于西方且优越于西方的社会发展模式。他说："今天中国是世界上最大的政治、经济、社会和法律改革的实验室。"他还说："我们的眼光已经超越了西方模式……我们正在摸索下一代的政治、经济、社会、法律制度。""西方越来越多地实施选举制度。我有时称之为'游戏民主'或'好莱坞民主'，这更多的是靠表演技能而非领导才能。"①

张批判了西方民主观，认为中国的决策民主形式要优越于西方的议会制度。每五年中国就要制订一个国家发展计划，它是中国社会许多不同层面开展了成千上万次讨论的结果。在张看来，该过程 151

① Zhang Weiwei: *The China Wave: Rise of a Civilizational State*. Hackensack, NJ: World Century, 2012, p. 161.

才是一种真正的民主参与形式。而且，与西方国家的形式相比，它可能更有助于制订更加理性的发展计划。他说，就决策民主而言，西方可能是“本科生”水平，甚至也许是“高中生”水平，而中国已经是“研究生”水平。弗朗西斯·福山（Francis Fukuyama）与张展开了激烈的辩论。[①] 欧洲和美国的民主并不能说已经处于合理状态，即便其核心区域也是如此。在谈到腐败问题时，张严厉批评了希腊、意大利等欧洲国家。他曾对一位希腊朋友开玩笑说，中国可以派一队人马去帮助希腊励精图治。张与福山的公开论战提供了一个卓有成效的公开对话案例。

欧盟建构一个统一身份的任务，与各国的任务显然大不相同，因为最重要的是找到一种跨国叙事（a transnational narrative）。“欧洲”的历史绵延超过两千年，其中包括好几个世纪的殖民时期。然而，在欧盟建立——一个非常短的历史时期——之前，欧洲从未像今天这样有过明确的治理制度形式。自古罗马人以降，在我们今天所说的“欧洲”，所有崛起的帝国都仅覆盖其部分疆域（诚然，这一疆域并不明确）。欧洲从何处开始，又在何处终结？其东侧边界在很大程度上并不是很确定。瓦茨拉夫·哈维尔（Václav Havel）对于欧洲身份问题的一些思考很有说服力。[②] 他指出，今天问及“什么是欧洲身份”这一问题时，往往牵扯到这一争议：应将多少国家主权从成员国的手中移交到欧盟各机构的手中。从这一点来看，这一问题有人为的成分。它不是一个自然而然产生的问题，在很大程度上是一个技术的问题。哈维尔继续说：“当我问自己‘我在多大程度上觉得自己是欧洲人’时，我首先想到的是：我为何早

---

① ‘The China model: a debate between Francis Fukuyama and Zhang Weiwei’, *New Perspectives Quarterly*, 28 (4), 2011.

② Václav Havel: ‘Is there a European Identity, is there a Europe?’, speech made to the European Parliament in Strasbourg on 8 March 1994. 资源在线。所有引文均来源于此。

先没有考虑过这个问题？是不是因为我认为这个问题无关紧要，或者我只是对此习以为常？”他认为基本上是后一原因，不过其中还有另外一个因素：“我有一种感觉，如果我写过或说过我是欧洲人以及感受到了欧洲的存在，我看上去就会有点奇怪。”这种说法显得有些“感伤且矫情”。

哈维尔接着指出，许多生活在欧洲的人持类似的态度。他们骨子里就是欧洲的，所以甚至从未想过这一问题。在日常生活中，他们并不会把自己描述为“欧洲人”。民意调查时，如果当面问起他们的欧洲身份，他们会感到有点讶异。那时，他们会宣称自己就是欧洲人。为什么直到最近欧洲才开始关注自己的身份呢？哈维尔认为，原因在于欧洲（虚幻地）认为它就是整个世界。或者换一种说法，欧洲人认为自己优越于世界其他地区的人，以至于他们感到没必要在给欧洲下定义时将其与其他地方联系起来。所以，“有意识的欧洲主义”并非悠久的传统。一种反思性的欧洲意识“正从不证自明的模糊状态中现身”，哈维尔对这一事实表示欢迎。我们的探究使问题浮出水面，并使其明朗化。这一过程在当前显得尤为重要，这恰恰是“因为我们发现自己处于一个多元文化的多极世界中。在这个世界里，为了能与其他身份共存，承认自己的身份是一种前提”。进行批判性反思，就必须承认许多欧洲的价值观和原则可能有“两面性”。但如果滥用或妄用的话，哈维尔强调，它们实际上会“把我们带入地狱”。此外，自觉的身份不能建立在经济、金融或行政考量的基础之上。

153

第二次世界大战结束之后，已无必要再对我们所保卫的价值观进行争论，因为它们是不言而喻的。（西方的）欧洲需要统一起来，以防止重回过去的冲突状态，并且阻止独裁统治的蔓延。这里没必要提及那些价值观，因为它们是理所当然的存在。唯有军事威胁消失后，欧洲才有动力深入反思其重新团结的“道德和精神源泉”和一体化欧洲的目标。

哈维尔指出，在探讨“欧洲价值观”时，有必要反思欧洲留给这个世界的双重遗产——他的话完全正确。他所说的就是人权、自由和法治等价值观。然而，那些价值观很少运用于生活在欧洲广大殖民地的人民身上。此外，“20世纪最糟糕的事情——世界大战、法西斯主义和极权主义”大多发生在欧洲。他在分析欧洲的进一步一体化时认为，我们“必须证明对立文明可能造成的损害是可以预防的”。包括欧盟成员国在内，世界各国现在都忙于重新思考自己的身份并提出各种解释。这一事实表明，欧盟的单一叙事目标不会奏效。毋宁说，其目的在于构建一个话语空间（discursive space），让大家可以就不同的主题进行争论，从而攫取公众的眼球。身份不仅取决于政治实体的自我界定，它也要与世界上的他者相互呼应。欧洲领导人可能想当然地认为，欧洲已把其殖民历史抛在了身后，因而可以对它此前所压迫的那些国家自由地宣扬那些极其抽象的价值观。然而，过去并不会如此轻易地被埋葬。比如，欧盟在中东斡旋时就遭遇这样的问题：这个地区冲突的种子很大一部分是欧洲人自己种下的。张维为从中国的视角出发也提出了完全相同的看法。[1]

154

① Zhang Weiwei: *The China Wave*, pp. 70-71.

第五章　气候变化与能源

155

欧盟在应对全球变暖问题上一直争取走在国际社会的前列，这是一个急迫且必要的追求目标。人类活动导致的气候变化前所未有，这是人类在21世纪必须面对的一个最可怕的问题。没有哪一个文明曾经像我们今天这样对大自然形成深远的干预，影响到日常生活的基础。我们人类作为一个整体，正在不断地改变世界的气候，很可能使其发生深刻的变化。另外，就我们所知，气候变化是不可逆的过程。一些主要的温室气体，包括最重要的组成部分——二氧化碳，将在大气中存续好几个世纪。欧盟应对气候变化的基石是其所提出的“20：20：20”战略。即到2020年，成员国必须实现温室气体排放比1990年减少20%，可再生资源占能源总量的20%，能源利用的效率提高20%。为了确保全球平均气温上升不超过2℃，欧盟的目标是到2050年至少减排80%。

碳排放交易体系

156

在与这些目标相关的许多行动中，欧盟最雄心勃勃的措施是引入欧盟碳排放交易体系（ETS）。该计划于2005年开始实施。作为欧盟气候变化议程的一部分，欧盟起初考虑的是开征碳税（carbon tax）的可能性。由于欧盟没有干涉成员国财政事务的权力，所以没法这样做。尽管碳排放交易体系事实上不过是换了一个名字的税种，但它更容易获得通过。排放交易市场实际上源于美国，其首先被用于控制酸雨的主要诱因即二氧化硫的排放。该计划在美国获得了成功，一些政治人物受到鼓舞——其中最著名的是时任副总统阿尔·戈尔——致力于将许可交易市场的想法用于限制碳排放。然而，碳排放交易在美国联邦政府层面最终只停留在想法上，欧盟则接过了接力棒。

建立碳排放交易体系是为了减少某些形式的能源生产（大多为化石燃料）和能源密集型产业的废气排放。这些产业和某些成员国四处游说，使得完全拍卖计划受阻。欧盟经过反复磋商后提出了一个相互妥协的体系，无偿分配了一些指标额度，允许成员国制订各自国家的分配计划。那时，并不是所有成员国都有明确的二氧化碳控排措施。在分配各国具体的控排目标时，各成员国都尽可能争取最有利的条件。虽然建立了一个交易市场，但该市场与美国人当初所提出的“总量管控与交易”（cap-and-trade）的想法相距甚远，即所有的许可都进入市场进行拍卖。[①] 在碳排放交易体系建立的最初几年里，出现了大量的资金转手，该计划的结果证明它并不能实现其主要目标，即减少二氧化碳的排放。刚开始的时候，碳排放价格

157

（carbon price）急剧上升，但随即出现灾难性下跌。因为国家的分配方案中有富余，发放了许多免费许可，所以出现了大量的剩余配额。一些公司在此过程中发了意外之财，它们在碳排放配额（carbon credits）高价时把价格负担转嫁到消费者身上，即便这些配额是免

---

① Anthony Giddens: *The Politics of Climate Change*. Cambridge: Polity, 2011, chapter 8.

费发放的。据估算，在2005—2008年这一段时间里，这项利润几乎达到140亿欧元。[①]

我们很难准确估计，碳排放交易体系在经过这一初始阶段后对二氧化碳减排所产生的效果，因为同时还有很多其他因素在发挥作用。有一项较详细的研究得出了下述结论：整个欧盟的碳排放量比原本可能出现的排放量降低了约7%。[②] 然而，在该项计划实施前一些欧盟国家报告的碳排放量高得离谱。如果把这一点考虑进去，这一阶段表面上的获益几乎烟消云散了。欧盟委员会承认，初始阶段的碳排放交易体系有很大的缺陷，故此称之为"学习阶段"。第二个版本的碳排放交易体系于2008年1月引入，目标在于堵住导致前一版本无效的漏洞。配额的分配一般集中进行，不再放到成员国手中，审查更为严格，用于拍卖的比例远比此前更高。涉及进出欧洲的飞机的航空排放（aviation emissions）也被纳入碳排放交易体系。但是，由于世界各航空公司的抵制，该提议直到2012年才引入实施。尽管进行了调整，第二阶段的碳排放交易体系（一直运行到2012年底）还是持续不断地碰到各种问题。

第三阶段的碳排放交易体系计划从2013年1月开始，将实施到2020年底。其中有许多改进之处，对排放限额的管理也更加严格。该计划扩展了原有的领域并纳入了一些新的领域，所包括的温室气体种类也比以前多了很多。最重要的是，免费的排放许可也逐渐取消。拍卖成为主要的分配形式：88%的份额根据2005年的碳排放量或2005—2007年的平均排放量——以两者中较高的量为准——

158

① Sander de Bruyn et al.: *Does the Energy Intensive Industry Obtain Windfall Profits through the EU ETS*? Delft: CE Delft, 2010. 资源在线。

② A. Denny Ellerman and Barbara Buchner: *Over-Allocation or Abatement?*, Report no. 141. Cambridge, MA: MIT Joint Program on the Science and Policy of Global Change, 2006.

在成员国之间分配。其中还包括再分配形式：10%的份额分配给欧盟内相对贫困的国家，以推动其在低碳技术方面的投入；剩余的2%分配给那些自1990年——《京都议定书》（Kyoto Protocol）规定的时间节点——以来的十五年中碳排放量减少了20%及以上的成员国。在第三阶段，所谓的碳泄漏（carbon leakage）受到特别关注。碳泄漏指的是这样一种情况，如果某国或某地区的碳排放费用比其他国家或地区的高，那么企业就会转移到那些管理体制更为宽松的地方，在这里是指欧盟之外的国家。这种情况的出现到底在多大程度上是碳排放交易体系所导致的，目前尚不得而知。不过，碳泄漏甫一出现就进入了碳排放交易体系制定者的视野。欧盟委员会已开始着手研究这一现象，打算把研究结果应用于这一阶段的计划。那些碳泄漏风险特别高的行业不能参与拍卖，以防止产业转移到欧盟之外的地区。

整个宏伟计划存在的唯一问题，也是最大的问题，即碳排放交易体系实际上似乎处于崩溃的边缘。不断的修订已使该计划变得过于复杂。对于该构架下的那些国家和公司来说，碳排放交易体系极其繁复和低效。每次修订都会加入新条款和细分条款。该体系对于普通公民来说绝对是无法理解的。为彻底改变这一状态，欧盟需要朝更透明、更明晰的方向努力。温室气体的排放近年来已大幅减少，但这种减少是经济衰退的结果，而不是因为受到政策的影响。由于碳排放价格不能保持相对稳定，该计划的目标在很大程度上落空了。2013年初，市场上多余的碳排放份额约为20亿吨，等于欧盟各国全年排放量的总和。[①] 在最需要的时候，却没有出现有效的价格信号以推动对相关产业的投资。

159

还有一个问题就是，事实已表明，碳排放交易体系很容易被钻

① Ecologic Institute: 'EU ETS- from slumping to jumping?', 25 February 2013, p. 1. 资源在线。

空子。为了确定可交易的碳排放配额，欧盟不得不采用一系列的间接测量（proxy measures）来使碳排放的测量标准化。2010年，一桩有关碳排放交易体系的大舞弊案曝光了，该事件导致50亿欧元的损失。其后，因奥地利、捷克政府的碳排放配额被盗，该体系下的交易不得不暂时停止。[①] 2013年2月，欧洲议会就碳排放交易体系的未来进行了一次关键性投票。那时，因为碳排放价格降到了极低的水平，该计划据说只是“苟延残喘”。[②] 一大批公司签名请愿，要求进一步改革以提高碳排放价格，使该项目重焕生机。然而，所提议的方法非常复杂，可能使本已晦涩难懂的体系变本加厉。为了维持价格稳定，欧盟委员会提出了另一项提议，即所谓的“折量拍卖”（back-loading），试图将某些地区的碳排放配额的定期拍卖延后数年。

欧洲议会在2013年4月就这一想法进行了投票，开始时被否决了。碳排放价格立刻降到从未有过的低点。其后，欧洲议会签署了该提案，尽管那时该提案还有待欧盟理事会的批准。然而，这个变化不亚于一时间拿掉了碳排放交易体系的生命维持设备。这不仅是说碳排放交易体系深陷困境，也表明其功能已经丧失了活力。最近的一项研究表明，该计划可能会抵消掉其他政策所降低的7亿吨碳排放量。[③] 该计划还面临另一个问题，即由于新条例要把碳排放交易体系中的京都配额砍掉，许多企业都急于处理掉这些补偿性的排放配额。碳排放交易体系的失败以及限排遭受的重挫使得欧盟大为头疼。欧盟原本的设想是，碳排放交易体系作为一种先锋政策为 160

---

① Carbon Trade Watch：‘It is time to scrap the ETS!’, 4 February 2013. 资源在线。

② Fiona Harvey：‘EU urged to revive flagging emissions trading scheme’, *The Guardian*, 15 February 2013.

③ Sandbag：*Drifting toward Disaster? The ETS Adrift in Europe's Climate Efforts*, 25 June 2013. 资源在线。

其他国家和地区所效仿，从而造就世界范围的碳排放市场。包括中国这一从温室气体排放量角度看最为重要的国家在内，尽管许多国家正致力于引入碳排放交易体系，但从目前来看，该体系成功的可能性就像联合国进行永无止境的协商以求达成有效协议一样，遥不可及。正如许多批评者所注意到的，碳排放交易体系或许可以对广大世界形成有效的影响，但它与最初缔造者的构想却有很大的不同。它展示了一个"无为"（how not to do）的教训，进而指明了须避免的问题。所以，加利福尼亚州在多年情况不见好转后引入了碳排放交易体系。与欧盟的情况不同，这个碳排放交易体系包含了一个"地板价"（最低价）和一个"天花板价"（最高价），以限制价格疯狂波动。

欧盟已经作出了很多努力，投入了巨大的人力和物力。因此，不可能一下子停下来，总想对其修修补补，希望情况会突然变好。然而，如果碳排放交易体系只能一瘸一拐地前行，欧盟的声望将如已在其他领域受到的损害那样，会进一步遭到重创。其困境有点类似于欧元所遇到的情况。欧盟需要有效地大规模加强碳排放交易体系，否则它就会垮掉。该体系失灵所引发的另一个重大后果是，煤炭成为能源生产中的廉价选择。而从碳排放来看，煤炭是化石燃料中最要命的。关于这一点，我将在以下部分进一步探讨。

联合国进程

欧盟一直大力支持政府间气候变化专门委员会（IPCC）的活动。政府间气候变化专门委员会的主要任务是总结和阐释气候变化科学知识的现状，提出防止气候变化的策略。1990年，即"里约地球峰会"召开的两年之前，政府间气候变化专门委员会进行了第一

161

次评估。1997 年，联合国制定了《京都议定书》。据此，发达国家承诺在 2008 年至 2012 年间使温室气体排放量在 1990 年水平的基础上减少 5% 左右。美国拒绝签署该协议，是工业国家中唯一例外的大国。欧盟公布了远远超过世界其他国家的各项目标。其根据"欧洲气候变化计划"（European Climate Change Programme），全面制定了各种措施。

在国际法的框架下，欧盟自《京都议定书》签署后一直致力于扩大自己在联合国气候变化协商过程中的影响力。欧盟当局对将于 2009 年 12 月在欧洲（哥本哈根）举行的联合国会议抱有很高的期望，希望此次会议最终能在促进世界各国减排方面取得突破性进展。在此之前，大家都对会议可能取得的成果非常乐观。美国在乔治·布什执政期间离开了多年之后，又在奥巴马总统的带领下回到了谈判桌上。中国作为一个新兴经济体，不需要就《京都议定书》作出任何承诺。然而，哥本哈根会议即将召开之际，中国政府宣布将制定自己的减排目标，到 2020 年单位国内生产总值二氧化碳排放比 2005 年下降 40%—45%。由于预期很高，哥本哈根会议成为迄今为止此类会议中规模最大的一次。4 万多代表出席，事实上几乎世界上所有国家都派人参加了会议：122 个国家元首和政府首脑到会，是联合国历史上在纽约之外举行的会议中聚集人数最多的一次。然而，结果却是，因为主办方丹麦组织不力，以及出现了其他各种意外情况，会议最终差不多是草草收场。奥巴马总统在会议最后一刻才到场。希拉里·克林顿见到他时说道："总统先生，这是我自参加八年级学生会以来，所有参加过的会议中最糟糕的一次。"[①] 发达国家与发展中国家之间以及各自内部都争吵不休，主

162

① 引自 Per Meilstrup：'The runaway summit：the background story of the Danish presidency of COP 15，the UN climate change conference'，*Danish Foreign Policy Yearbook 2010*，pp. 113-135。资源在线。

办国政府各部门之间也是如此。各方唇枪舌剑，协商于是破裂了。

奥巴马与中国、巴西、印度和南非的领导人闭门协商，达成了一项非正式协议，以防止整件事情彻底崩盘，讨价还价的结果即为《哥本哈根协议》(Copenhagen Accord)。这对于欧盟来说是一件很丢面子的事情。欧盟不但没能向世界其他国家和地区展示其为应对气候变化所作出的努力，反而发现自己被排除在会议文件的制定之外。这一事件再次提出了从一开始就一直困扰着欧盟的问题：谁是欧洲的代言人？在欧洲内部，许多人随后极力淡化欧盟成员被排除在关键决策过程之外的事情。然而，在这次会议上，欧盟原本是要显示其在限排上的领导地位的，却遭受了重挫。奥巴马与其他四国领导人开完会后，协议被作为一揽子计划带回会场。由于根据议程会议马上就要结束了，时间极其紧迫。会议演变成激烈的争吵后，越来越多的国家参与其中。《哥本哈根协议》没有得到正式批准。到会各国要做的事情只是“做记录”罢了。文件所规定的内容没有任何约束力。那些签约国只是自愿签名，同意将各自国家的减排计划提交给联合国。尽管许多国家最终都这样做了，但绝大多数都只是轻描淡写、不够完善。

到目前为止，联合国在坎昆、德班和多哈又召开了三轮磋商会议。由于哥本哈根会议的惨淡收场，参加这三次会议的国家或政府领导人很少。但至少在原则上，这三次会议都取得了进展。在坎昆，联合国首次正式采纳了欧盟多年前通过的2℃控制目标，同意设立一个基金以帮助贫困国家提高应对气候变化的能力和采用可再生能源，预计到2020年每年的资助金额高达1000亿美元（但直到今天钱也没有到位）。在某种程度上可能是因为没有过高的期许，许多人声称坎昆会议很成功，并且其后的两次会议同样取得了成功。正如此类会议的一般套路，德班会议也是比原定的闭会时间延长了三十多个小时，反复磋商后，最后一刻才达成协议。与坎昆会

163

议的情况一样，欧盟此次扮演了非常重要的角色，最终促成了会议成果。虽然没有签署任何条约，但到会各国都同意 2015 年之前制定一份有法律约束力的条约以应对全球变暖，并于 2020 年实际生效。

这份被称作“德班平台”（Durban Platform）的协议既包括发展中国家，也包括欧盟和美国。欧盟代表非常振奋。在大会结束时，会议主持人迈特·恩柯纳-马萨班（Maite Nkoana-Mashabane）说会议取得了很大的成功。她宣称：“我们在德班所取得的成果将发挥重要的作用，从今天开始拯救明天。”2012 年 12 月的多哈会议并未在“德班平台”的基础上取得新的突破。不过在多年的犹豫不决后，各国终于达成了一致意见：《京都议定书》应继续维系下去。然而，美国、俄罗斯、加拿大和日本却没有签署该议定书。人们有理由怀疑：欧盟最信赖的协商方式实际上是否真的有可能产生实质性的效果。我们可以把这种方式视为一种放大版的纸上欧洲。会议已经断断续续开了二十多年，带来的实际成果却真的很少。除了哥本哈根会议外，其他会议一般仅以宣告突破而告终。这让人想起了电影**《黑客帝国》**（*The Matrix*）。这部电影中的人物生活在一个一切看似正常和可信赖的日常世界中，实际上却是一个计算机虚拟的世界。外面的世界——真实世界——却是肮脏和充满暴力的，人类在其中是一种边缘性的和处于战争状态的存在。

164

与此有些相似的是，气候变化磋商发生在一个由正式商讨和所谓的协议建构起来的超现实世界中。它不是从在现实世界中取得重大成就来定义成功，而是从会议是否在不断进行以及是否作出了纸面承诺来定义成功。与此同时，在外面的现实世界中，情况变得越来越令人担忧。必须指出的是，气候变化与全球其他绝大多数问题不同，因为它具有积累性和永恒性的特征。温室气体目前正在不断增多，在大气中存续多年。比如，大气中的二氧化碳就是好几个世纪累积的结果。

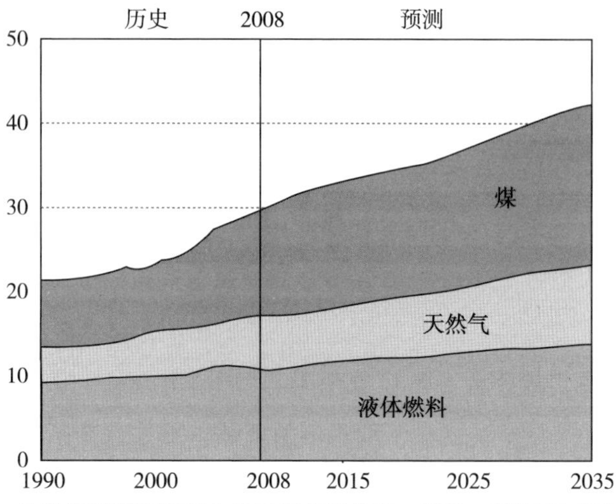

图 12　世界能源消耗过程中的二氧化碳排放，1990—2035 年（10 亿吨）

资料来源：US Energy Information Administration（September 2011）。

当今世界在减少温室气体排放问题上根本就没有取得进展。位于夏威夷莫纳罗亚山（Mauna Loa）的大气测量站发现，2013 年 5 月的二氧化碳浓度首次突破 400 ppm，至少是六十万年以来最高的。工业革命前的均值为 280 ppm。碳排放量每个十年都在直线上升。如果把水能和核能排除在外，可再生能源在世界能源中的占比微乎其微。从全球来看，我们对化石燃料的依赖程度比以前任何时候都更高。北极冰盖夏季的融化速度现已远超我们几年前所预料的速度。我过去认为，这可能会唤起全世界采取更多的行动以应对日益严重的气候变化。结果证明，情况恰恰相反。北极圈附近的国家已批准油气钻探以及探矿，争夺这一地区的领土权。现在人们对南极海域（Southern Ocean）所发生的事情严重关切，因为它可能导致大气环流模式发生全球性变化。① 南极海域变暖的速度是地球其他海域的两倍。国际能源署（IEA）虽然在预测未来风险时持保守的态度，但也表示全球陆地平均温度升高将不少于 4℃。然而，陆

165

① Anil Ananthaswamy：'Making waves'，*New Scientist*，219，20 July 2013.

地表面的温度或许不再是判断整体气候可能发生的变化的最佳途径，因为海洋深处在吸收不断增加的热量。

欧盟要引领世界气候变化政策的制定，我对这一目标完全赞同。然而，欧盟把宝押在碳排放交易体系和联合国进程之上，坦率地说，从目前来看已经失败。可以说，欧盟需要对其气候变化政策的各个方面进行重大反思，与此同时，也确实需要对其在环保方面的做法进行全面反省。目前气候变化政治的情形，与大约 20 年前欧盟开始其气候变化政治事业时的状况已完全不同。联合国会议还将继续召开，欧盟各国也应该继续参与其中，尽管是美好愿望大于真实预期。真实的行动各国都有，尤其是从欧盟及其主要参与国在重大政策方面的种种做法来看。美国和中国尤为重要，因为它们两国的排放量占到全球总排放量的 40% 以上。

一个“非典型环保主义者”的告白

166

反思欧盟的气候变化战略和能源战略要从最基本的事项开始。“绿色（环保）运动”以其现代的面目出现在欧洲，对欧盟的思维产生了重大影响。从许多方面来看，这种影响都是正面的。然而，这也掩盖了一些重要的问题和局限性。我把自己视为“非典型环保主义者”(ungreen green)。我这样说是指在某些方面我与“绿色运动”有着共同的愿景，尤其是我们都把限制气候变化的影响作为至关重要的事情。不管怎么说，至少在某些方面，“绿色运动”是在这些想法的推动下形成的。但这些想法并不足以应对我们今天所面临的环境威胁。气候变化是一个很大很大的问题，它是我们必须面对的许多新风险的一部分。比如全球人口可能增长到 100 亿，还有动物种群、森林和植物都在加速消亡，这些都是新的风险。

随着工业主义在全球扩散，早在我们对其破坏性的一面形成充分认识之前，“绿色运动”就已经有了苗头。它脱胎于一种对城市侵蚀乡村以及机械化生产的浪漫主义回应，其动力来自（对环境的）保护与恢复，即保卫乡村，使广阔的自然维持原始状态。有一个很有名的环保先锋团体，叫作“地球之友”，非常正确地把握住了这一定位。必须保护自然，使其免受人类的劫掠，并且抵制他们对生态系统的入侵。然而，地球不需要我们的友谊——无论我们怎样，它都依然在那儿，岌岌可危的并不是地球的未来，而是我们的未来。我们必须走出我们能够保护“自然”的迷思。包括气候的方方面面，我们所谓的“自然”大多根本就不再是自然的了。我们已经进入地质学家所说的“人类世”（anthropocene age）。在这个时代，已经没有不受人类影响的自然：“我们人类正成为地球变化的主导力量。”[①]“绿色哲学”（Green philosophy）所立基的那一个世界已然不见踪迹，导致的后果是，它的一些核心理念和价值观受到怀疑。其中，最重要的概念是**保护**、**可持续性**和**预警原则**（precautionary principle）。它们是“绿色运动”的重点，已进入社会的主流。

167

“调和生态学”（reconciliation ecology）的创始人迈克尔·罗森茨维格（Michael Rosenzweig）的观点很有道理：如果想要避免环境灾难，我们就必须超越以往的“保护与恢复模式”。他认为：“我们今天已经站在了悬崖边缘，危险的程度类似于生命史上最广为人知的二叠纪-三叠纪生物灭绝事件。那次大规模生物灭绝发生在2.25亿年前，地球上95%以上的物种都灭绝了。”[②]他接着说，没

① 参见 Paul J. Crutzen and Christian Schwägerl：‘Living in the anthropocene：toward a new global ethos’，*Yale Environment 360*，24 January 2011。资源在线。

② Michael L. Rosenzweig：‘Reconciliation ecology and the future of species diversity’，*Oryx*，37（2），2003：194-205. 还请参见 Emma Marris：*Rambunctious Garden：Saving Nature in a Post-Wild World*. London：Bloomsbury，2011。

有一位生态学家相信，用目前的方法可以挽救超出5%—10%范围的物种，保持生物的多样性。补救的办法必须以人类对自然世界的支配这一现实状况为起点，而不是以传统的区别人类与自然的环保主义观点作为前提。环保主义者不能再仅仅聚焦于“原始荒野”，而应聚焦于人类生存的整体环境，包括最“人为”的部分；目标不应只是保护，还有重塑。应该在看似最远离“自然”（森林和田野）的空间里，以及在整个都市环境中，采取积极的政策重建物种的多样性。[①] 可以借助于生物科技增加不同物种的多样性和耐受性，通过拓展有利于物种生存和繁盛的环境以保护那些否则就有可能失去的物种，即制造多样性。

广为援引的可持续发展观念应按照类似的方式予以重新表述。《布伦特兰报告》（Brundtland report）中有关可持续性的定义众所周知：人类“确保既满足当代人的需求，又不对后代人满足其需求的能力构成危害”的能力。[②] 该定义的问题很大程度上不在于如何表述，而在于如何做出解释——通常都是从极限（limits）的角度做出的。因此人们着手定义地球的“承载力”（carrying capacity），这个术语实际上源于传统的生物生态学。然而，我们几乎没法定义任一时间点上的承载力。在承载力这一方面，人类与动物有着巨大的差异。人类的制胜王牌是创造力和创新力，而且现在还在大步前进。比如，即便是在十年前，谁又想到过美国的能源能够实现自给自足呢？我们最好是根据创造性的挑战来重新定义可持续性。如果说某一特定趋势是不可持续的，就等于认定必须改变这一趋势。有时，答案也可能是努力限制这一趋势，或使其倒转过来。但更好的

168

---

① Michael L. Rosenzweig: *Win-Win Ecology: How the Earth's Species Can Survive in the Midst of Human Enterprise*. Oxford: Oxford University Press, 2003.

② Report of the World Commission on Environment and Development: *Our Common Future*. Oxford: Oxford University Press, 1987, p. 3.

策略往往是，寻求重新定义或超越它。正如我在整本书中一再强调的，机遇和风险是复杂地交织在一起的。

机遇与风险的复杂性把预警原则带到了我们面前。这是欧盟政策架构中的一条正式原则，但这一概念却有着严重缺陷。1992 年的里约地球峰会给出的一个定义有很多人引用，即“遇有严重或不可逆转损害的威胁时，不得以缺乏科学充分确实证据为理由，延迟采取符合成本利益的措施防止环境恶化”①。欧盟对此给予了官方认定，并将其写入《里斯本条约》，只是表达语序有点出入。预警原则还有许多不同的定义，有大量的学术文献探讨了这一问题，其中包括欧盟如何才能将其付诸实施。② 然而，仔细分析就可以发现：预警原则的内容很混乱。它实际上是把一种常识性的说法置于另一种说法之上，但这些说法往往需要放在特定语境中加以考察。这两种说法是，“稳妥总比后悔好”（预警的说法）与“迟疑必失良机”。在日常生活的“常识”中，这两种说法通常只用于**事后追溯**，没有任何前瞻性价值。在我们面对不确定的未来而不得不按照某种说法去做决策并承担真实的后果时，显然就要抓瞎了。如果有人总是依据“稳妥总比后悔好”行事，他/她就一定会小心翼翼、战战兢兢、患得患失。然而，这种态度本身可能就极其危险。以为不作为就不会有风险，这是一个极大的错误。无论在哪种情况下，都必须在机遇和风险之间找到平衡；几乎总是存在着灰色区域，可以发现这样

169

---

① United Nations General Assembly：*Rio Declaration on Environment and Development*, June 1992, Principle 15.

② 请参见 David Vogel：*The Politics of Precaution*：*Regulating Health*, *Safety*, *and Environmental Risks in Europe and the United States*. Princeton, NJ：Princeton University Press, 2012；Jonathan Wiener et al.（eds）：*The Reality of Precaution*：*Comparing Risk Regulation in the United States and Europe*. Washington, DC：RFF, 2011。

或那样的机会。[1]

我们必须用开放式的风险评估取代“预警原则”。比如，由于世界人口的增长，人们考虑种植转基因作物，或更一般地说，应用生物技术。环境污染的风险无疑应尽可能降低，但必须与无法养活世界急剧增长的人口的风险进行对比。不存在单一的决策“原则”。这同样适用于我们在气候变化方面的努力。各种可再生能源肯定是欧盟减少碳排放战略的关键一环。然而，正如我在下一部分将要说的，非常规天然气（unconventional gas）可能同样重要，至少在过渡时期是如此。原因在于，如果它的生产过程受到严格监管，其排放的温室气体将远远少于煤炭的。必须把这一优势与生产非常规天然气对当地环境的影响放在一起权衡。但是，这种权衡具有积极的意义，因为防止气候变化是我们这个时代压倒一切的目标。

在欧盟，这些观念将催生新的想法。可再生能源技术，如风能、太阳能等，似乎“贴近自然”，但其实不一定比天然气或核能更“环保”。这个问题的关键在于：要考虑各种碳排放水平的后果，以此权衡任一时间点上的机遇与风险。总而言之，欧盟的气候变化政策应如何重构呢？我下面简单地谈谈。就像前面说到的那样，预警原则应予以抛弃，代之以一种更加巧妙的处理机遇和风险的办法。在我看来，确定无疑的是，美国从未接受这一原则（这一不同之处可能影响到跨大西洋自由贸易区的讨论进程，因为它会在监管方面引发连锁反应）。假如这一原则还要继续沿用，那么碳排放交易体系就必须进行彻底的改革，在这一过程中出现的政治问题也必须予以解决。

170

欧盟的大规模政治和经济整合将使欧盟控制气候变化的能力发

---

① Cass R. Sunstein: *Laws of Fear: Beyond the Precautionary Principle*. Cambridge: Cambridge University Press, 2005.

生重大变化。美国宣布了其减排的重大措施，中国也这样做了。这两个国家以及巴西和印度都没有完全按照联合国大会协商的结果行事，而是把许多责任置于自己的掌控中，它们的国家政策将决定事情的进展。根据线性预测，到 2020 年，欧盟的温室气体排放将远不止减少 20%。然而，正如前面已经提到的那样，研究表明：迄今为止，大部分的减排都是经济下滑的结果。如果经济恢复增长，情况又会怎样呢？另外，即便从现有的数字来看，那些已经采取措施的欧盟成员国也只有一半可能达到这一目标。其他国家也发生了积极的变化。但对于可再生能源而言，情况就会比较糟糕，它们因此次危机而受到很大的影响。目前，大多数成员国看上去不可能达成其目标。然而，有些国家将超过设定目标，比如德国。欧盟可再生能源的目标存在很大的问题。就减排而言，重要的不只是可再生能源所占的比重，还有其余 80% 的能源是什么。一个国家消耗的能源如果 20% 为可再生能源，而其他的都是煤炭，那么它对于应对气候变化就没有作出多大的贡献。

171

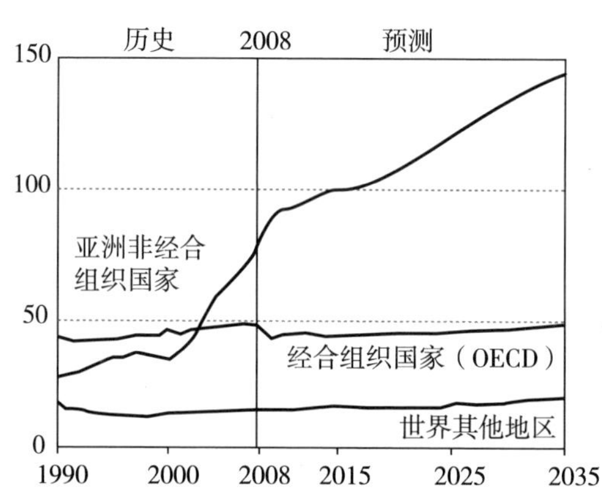

图 13　世界不同地区的煤炭消费量（1990—2035）（千兆英热单位）

资料来源：US Energy Information Administration（September 2011）。

能效的进展情况远远落后于“20：20：20”目标中的其他两个。此外，我们完全有理由怀疑，提高能效是否如通常所想象的那样能有效地减少碳排放。所有这一切都取决于节省下来的钱如何支出，即所谓的反弹效应（rebound effect）。比如，那些对自家住宅进行隔热处理的人可能把节省下来的钱用于购买更大型的汽车，或用于去国外度假。其结果可能是，碳排放量比先前的更高了。对此的研究表明，大多数反弹效应在10%到80%之间。[①] 因为其中有些是宏观经济层面的反弹效应，其影响可能非常大。欧盟应该考虑公布其以消费为基础的碳排放会计账（consumption-based Accounting）及其内部目标。研究表明，中国所排放的温室气体，大约三分之一来自出口生产，这一数字对于工业国家来说显得非常庞大。如果把运输也计算在内，大约9%来自对欧盟的净出口。在德国、法国、西班牙、意大利和英国，净“进口排放”占消费排放的20%—50%。如果把这些数字与碳减排目标放在一起计算，情况就大不一样了。以英国为例，以通常的方法计算，自1990年以来碳排放减少了约18%。如果把净进口排放和运输排放也计算在内，碳排放在这一时期实际上增加了超过20%。

172

北极圈冰盖的快速融化可能直接导致喷射气流（jet stream），这对整个欧洲的天气都会产生影响。我们很有可能已经感受到了这种影响。过去几年，欧洲大陆的许多地方、加拿大和俄罗斯都出现了反常天气。然而，2013年欧洲环境署（European Environmental Agency）发布的一份报告发现，其32个成员国中，只有一半真正制订了应对气候变化的计划。只有少数国家真正为此开始实行特定的计划。然而，其背后更可怕的是：气温以及降雨和干旱模式的变化，将影响到所有地区的农业生产；水资源短缺将与洪水泛滥交替出现；森林大火在南方地区将越发频繁和严重；欧洲可能常常会出

① 参见英国能源研究中心（UK Energy Research Centre）提交的各种研究报告，如Horace Herring and Steve Sorrell：*Energy Efficiency and Sustainable Consumption：The Rebound Effect*. Basingstoke：Palgrave Macmillan，2008。

现未知的疾病。如果不采取应对措施，坐等这些状况变得越来越糟糕，肯定是不行的。

“地球工程”（geo-engineering）在欧洲一直是一个充满争议的话题。有些民间团体将其视为原则问题予以强烈反对。他们还认为，看重“地球工程”将会削弱进一步全面减排的动力。然而，鉴于事实上全球减排并未取得进展，推动地球工程研究不再是一个可能的选项，而是成为一种必要。欧盟应大力支持马克斯·普朗克气象研究所（Max Planck Institute of Meteorology）所进行的此类研究。[1] 这一研究把德国、斯堪的纳维亚国家和法国的科学组织团结在一起，其目的在于探讨各种气候干预形式的可能性，并评估其利弊。

173

能源的三难困境

能源政策对于欧盟的未来至关重要，因为它同时牵扯到三个关键问题：碳排放、经济繁荣和资源安全。在经济增长停滞的背景下协调这三个问题，是欧盟目前面对的“能源三难困境”。[2] 在承担应对气候变化的责任的同时，必须保证供给的安全，确保能源价格的变化不会进一步侵蚀竞争力。欧盟各国是石油和天然气的主要进口国，因此显然极易受到价格波动的影响。有些东欧国家的天然气百分之百从俄罗斯进口。欧洲消费了大量的石油，但是，直到最近，石油安全问题才成为议事日程的重点。其原因在于，欧盟成员国满足于躲在美国的保护伞之下，尤其是在中东石油供给安全问题上。

---

① 参见马克斯·普朗克气象研究所的网站，www. mpimet. mpg. de/en. html。

② House of Lords, European Union Sub-Committee ‘D’: *No Country is an Energy Island: Security Investment for the EU's Future*, HL Paper 161. London: TSO, 2013. 资源在线。

下一章我将更详细地讨论这一点。许多欧洲领导人一直高调批评美国的政策，在这个问题上同样如此。然而，一旦美国因为能源自给自足而削减其军事存在，欧洲将更加脆弱。

应对这些问题不是一件容易的事情，尤其是当能源政策依然大多掌握在其成员国手里时。自欧洲煤钢共同体时代起，能源从一开始就是欧盟的核心问题。然而，与农业政策和竞争政策不同，它不容易受欧盟的直接影响。《里斯本条约》的签署在某种程度上改变了这种状况。因为它至少在原则上把重大权力让渡给了欧盟。然而，该条约也申明，欧盟所采取的任何措施都不应损害成员国选择能源来源，以及决定其整个能源结构的权利。所以，欧盟各国或多或少倾向于走自己的路，各自的能源体系存在着很大的差异。其中一个最鲜明的对照是德国与法国。法国非常依赖核能，核能发电量差不多占到其发电总量的 80%。德国致力于完全淘汰核能，这个决定是在 2011 年日本福岛（Fukushima）核事故的影响下作出的。此前一直执政到 2005 年的红绿联盟（red-green coalition）已经宣布，德国的核电厂最终都会关闭。但 2008 年安格拉・默克尔政府上台后采取了相反的政策，表示在未来很长一段时间里将继续使用核能。然而，福岛核事故后，这一政策又发生了变化，所有核反应堆要在 2022 年之前废弃。

174

175

在欧盟及其他地区，许多国家已经决定调整它们的核政策。意大利通过投票决定维持弃核政策，西班牙和瑞士不再建设新的核反应堆，法国就该国是否应废弃某些核电厂进行了公开辩论。但其他一些国家正在兴建核电厂，或计划这样做。比如 2013 年 6 月，正在建设的反应堆就有 4 座，1 座在芬兰，1 座在法国，还有 2 座在斯洛伐克。另外还有 16 座计划修建，其中 4 座在英国，芬兰、捷克共和国、波兰和罗马尼亚分别计划修建 2 座。在欧盟的所有成员国中，有不少于 132 座反应堆在运营。因此，无论个别国家决定如

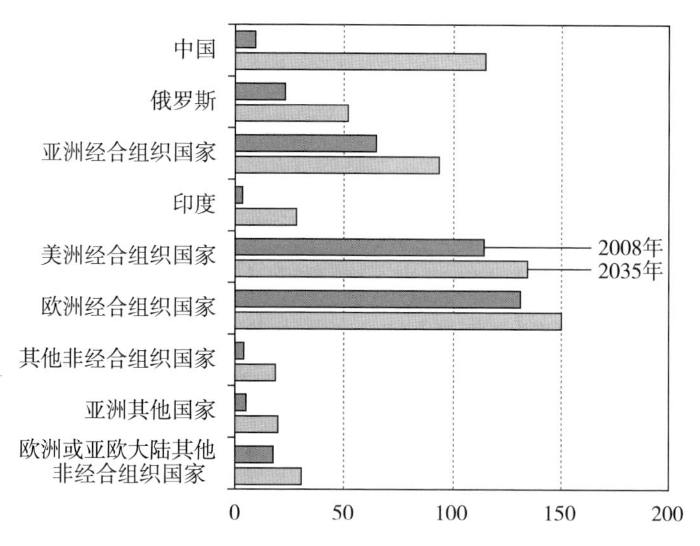

图 14　世界核能生产能力（2008 年和 2035 年）（千兆瓦）

资料来源：US Energy Information Administration（September 2011）。

何做，在未来很长一段时间里，核能都是欧洲能源结构中的一部分。目前，欧盟生产的所有电力中，它的贡献占到了大约 30%。因此，那些出于安全和环境考虑而拒绝核能的国家将依赖欧盟的监管，以免邻国发生核事故或核泄漏而殃及池鱼。《欧洲原子能共同体条约》（Euratom Treaty）制定的目的是，要使整个欧洲大陆的安全标准维持在较高水平。核能对于降低欧洲的碳排放发挥了重要的作用。尽管核电厂在建设过程中存在温室气体排放，但一旦建立起来，它们的排放量就几乎为零。欧盟委员会并未提议整个欧洲最终应该放弃核能。不这样做是对的。尽管并不情愿，但我还是支持核能的，不情愿是因为核能有危险，因为核废料的处理问题。然而，减排是最重要的事情。另外，持续投资核能可能会推动钍核能电厂（thorium-powered plants）的发展，也许可以促进核聚变的开发利用。

就钍而言，它不会引发类似福岛核事故那样的灾难。挪威的托尔能源公司（Thor Energy）已经开始了一项为期四年的测试，以

176 检验钍是否能用于奥斯陆附近的一个常规核反应堆。德国、英国和荷兰也开展了一些其他的实验项目。然而，从研究资金的投入来看，欧盟有被中国和印度甩在后面的危险。有报告称，2014 年中国有 20 多座在建核动力堆，此外还有若干修建计划。与此同时，该国正在投入巨资进行核能相关研究，尤其是在钍燃料研究方面。中国有丰富的钍资源，印度也是如此。印度正在开发一种钍基核反应堆（thorium-based reactor），预计今年晚些时候开始运转。

尽管如此，德国试图放弃核能的做法引发了整个欧洲以及世界其他国家的广泛关注。德国这样做的目的是，尽快拓展可再生能源的来源。**能源转型**（Energiewende）已在进行中，现有核电站将不断关闭。这一日程表建立在以前所取得的成就的基础上，因为德国在可再生能源方面已牢牢占据一席之地，尤其是在风力涡轮机和太阳能电池板方面。在既有太阳又有风的日子里，风能和太阳能的发电量可以占到德国所需电量的 85%。目前，其全部电力供应的 22% 是通过可再生能源发电获得的。这一数字到 2020 年预计将上升至 40%。对于如何解决风能和太阳能发电的不可持续性问题，已有大量的研究。其设想是，基荷电厂（base-load plant）最终将消失。天然气和煤炭只是临时用用。

德国的能源计划制订者承认，太阳能和风能发电量的增加，必将对未来的电厂提出全新的要求。这些电厂必须能够在很短的时间里迅速增加和减少发电。天气的变化很难准确预报，因此，要考虑不使用可再生能源发电的状况，电厂必须具备非常大的灵活性。从长远来看，德国所计划的以生物质电厂（biomass plants）取代大部分燃煤电厂（coal-fired plants），需要投入大规模资金研究能源的存储。这是因为，这一领域如果取得突破，将会给可再生能源带来革命性的变化。 177

按照德国政府的设想：到 2022 年，每天使用几个小时的可再生能源就能满足一天的能源需求。[1] 政府需要提供大量的补贴，资助风能和太阳能电厂的引入和运营。这两者都需要先期投入大量的资金，但一旦开始运作，经营成本极低。然而，关闭核电厂的决定意味着，至少在较长的过渡期内德国将严重依赖煤炭。从温室气体的排放量来看，这种化石燃料是最有害的。有些电厂依然以褐煤作为燃料，这就比使用传统燃煤更糟了。在接下来的几年里，德国将要建设大量新的燃煤发电厂，尽管有些发电厂可能由于面对法律诉讼而没法建成。德国政策所产生的各种影响还有待观察，尤其是对温室气体排放的影响。

过渡时期的技术

绝对有必要在整个欧盟层面对可再生能源进行投资，这关乎我们的未来。再者，这种投资可能为欧洲带来竞争性优势。然而，我们也应该严肃地考虑过渡时期的技术。应对气候变化有两件看似有点重复但绝对必须做的事情：一是认真减排；二是尽快减排。因为全球变暖是累积的，一旦温室气体进入大气，我们就没有办法将其去除。只要在能源生产中用天然气取代煤炭，尤其是褐煤，就能大大加快日程表中全面转向天然气的进度。在能源革新和减排相结合的过程中，欧洲最重要的是大幅减少煤炭和褐煤的使用。波兰的能源大约 90% 依然来自煤炭，捷克共和国为 56%，希腊为 55%，德国为 44%。另外，煤炭使用量已然下降的一些国家，现在又开始走回头路，这些国家包括德国、英国和法国。欧盟应丢掉过去那种简单的等式，即“碳减排就等于利用可再生能源”。从碳排放量来看，煤炭

178

① Agora Energiewende：*12 Insights on Germany's Energiewende*. February. 2013. 资源在线。

是污染最严重的燃料。最重要的目标应该是完全停止燃煤发电厂的建设，关闭现有的燃煤发电厂。欧盟这方面的政策应该更激进一些。然而，许多这种电厂依然在建设中，而规划建设的就更多了。有些国家已经开始从美国进口煤炭，因为美国的煤炭价格受页岩气的冲击下降了。

从死亡、受伤和患慢性疾病的人数来看，“煤炭国王”远比核能更加危险。每年全世界煤炭每生产一个单位的能源，其导致的死亡人数比使用核能要多出 4000 人。即便欧洲的煤炭工业受到严格的监管，实现了机械化，也注重工人的健康，但每年还是有成千上万的人死于空气污染、矿井中毒和汞泄漏。有人研究了欧洲最大的 300 个燃煤发电厂，结果显示它们每年致使 22 300 人死亡。[①] 2010 年，欧洲因此而丧失了总计 24 万生命年数（years of life），外加 48 万个工作日，整个医疗体系为之付出了沉重的代价，更不用说其所带来的痛苦。研究所调查的这 300 家电厂每年生产欧盟四分之一的电量，然而，它们排放了欧洲 70% 以上的二氧化硫和 40% 以上的氮氧化物。

欧盟及其大多数成员国对于页岩气革命持保守（比如，警惕）的态度。法国和保加利亚完全禁止页岩气生产，德国大体上也不赞成。法国的决定尤为重要，因为据估算法国是仅次于波兰的欧洲页岩气储量最大的国家。[②] 波兰坚决要开发和利用页岩气资源，这将使其在摆脱对煤炭的严重依赖方面向前迈出一大步。预计波兰政府到 2015 年将开始生产页岩气。不过，到目前为止，进展并不大。英国是另外一个对此表现出极大兴趣的国家，但也进展缓慢。尽管

179

① Greenpeace International：*Silent Killers*：*Why Europe Must Replace Coal Power with Green Energy*. June 2013. 资源在线。

② David Buchan：*Can Shale Gas Transform Europe's Energy Landscape*? London：Centre for European Reform，July 2013. 资源在线。

如此，其页岩气储量似乎也很可观。欧盟不能对能源产业出现的革命性力量冷眼旁观，它必须确保有个明确的监管架构在其中发挥作用。[①] 由于页岩气牵扯到当地的环境问题，因而在欧洲争议很大。另外，批评人士常常指出，欧洲的人口密度比美国空旷地区的人口密度大得多。不过，只要监管得力，这些问题都可以迎刃而解。与减少碳排放这一重大问题比起来，这些都不是什么大问题。在页岩气问题上，出现了“只要不在我家院子里就行”的邻避态度。不过，这种情况在其他形式的能源生产和分配上也同样可见。

在许多年以前，美国似乎就完全退出了减少温室气体排放的运动。然而，在过去五年里，美国的温室气体排放已下降了13%，这在很大程度上是由于页岩气取代了煤炭。在美国，页岩气被说成是“煤炭杀手”。[②] 尽管它引发了重大的环境问题，但与煤炭所导致的问题相比，就没有那么严重了。从2005年到2012年，美国煤炭发电在能源结构中所占的比重从50%下降到37%。对这两种燃料的生命周期的比较研究表明：非常规天然气的温室气体排放水平只有煤炭的一半，尽管其重要前提是防止甲烷泄漏。

美国页岩气革命的经济利益也很巨大，不仅因为能源产业创造了净增的新工作岗位，而且因为它在美国制造业生产中引发了连锁反应。页岩气生产意味着要在地方兴建不受人欢迎的电厂。但是与煤矿，尤其是露天采矿——在欧洲的一些地方依然常见——相比，它们对景观的影响非常有限。页岩气所改变的不仅是美国，而且包括整个世界。中国的页岩气储量也非常大，它已经开始着手实施一

180

① 想了解非常到位且影响深远的分析，请参见 Dieter Helm：*The Carbon Crunch：How We're Getting Climate Change Wrong–and How to Fix It*. New Haven，CT：Yale University Press，2012。

② Alex Trembath et al.：*Coal Killer：How Natural Gas Fuels the Clean Energy Revolution*. Oakland，CA：Breakthrough Institute，June 2013. 资源在线。

个令世人瞩目的项目，开发和利用页岩气。这将有可能在减少温室气体排放方面产生巨大的影响，因为这个国家的所有能源消费中70%还是依赖煤炭，而且大多还是来自老旧的火力电厂。不仅在欧盟内部，而且包括其周边国家，尤其是阿尔及利亚和乌克兰，可利用的页岩气资源看起来极为丰富。天然气价格有望与石油价格永远脱钩，这一变化意义重大。原则上，天然气可以广泛用于运输业，目前该行业几乎完全以石油为主，尽管电车可能也占有一席之地。

欧盟委员会最近发布了三项有关页岩气的研究结果。[①] 它们考察了页岩气对能源市场的潜在影响和对碳排放的作用，以及提取页岩气可能对当地环境造成的威胁。研究结果对于欧洲开发页岩气的可能性大体持积极的态度。由于欧盟对于非常规天然气没有明确的态度，其精确储量依然没有探明。到目前为止，其估值都是根据地质资料而非钻井勘探得出的。如果欧盟各国不能在各自的领土上开发页岩气资源的话，它们将不得不转向北非和中东国家获取能源。今天，页岩气开发利用的历史进程再次证明，欧洲总是推出各种各样的文件和报告，而美国却一直在行动。就防止气候变化的目标而言，转而使用天然气的主要困难在于“锁定”（lock-in）问题。我们最终要做的是减少大气中的碳含量，从这点来看，使用天然气并不是一劳永逸的办法。故此，以后要不就放弃天然气，要不就使碳捕集与封存（CCS）成为一种高效且有成本竞争力的策略，或者把两者结合起来。碳捕集与封存似乎对于将来很有必要，但化石燃料在今后很多年里依然会在欧洲能源结构中占据主导地位。应用的大前提是碳捕集与封存针对天然气而非煤炭，假定至少欧洲的煤炭生产可以大幅下降。然而，欧盟原计划到2015年会建好的碳捕集与封存工厂，实际上根本就没有开建。

181

① Marie-Martine Buckens：‘EU studies aim to reassure’, *Europolitics*, 14 June 2013. 资源在线。

能源投资与经济复苏

确保制定出正确的能源政策与欧盟目前所面临的其他许多难题几乎同样重要。能源方面的密集投资应该是振兴欧盟经济一揽子刺激计划中的关键一环。目前，与其他大多数领域相比，能源政策方面甚至更称得上是纸上欧洲。计划与真实成就之间存在着巨大的鸿沟，尤其是以碳排放交易体系的表现作为背景。这导致欧洲能源的未来变得极不确定且充满危险。这件事情非常重要，因为大多数资金来自私人资本，投资者在进行巨额投资前总想看得更明确些。欧盟层面的行动确实有很多，其中包括一揽子内部能源市场计划、各种可以追溯到若干年前的气候和能源预测、2012 年的“能源效率指令”(Energy Efficiency Directive)、“连接欧洲设施”(Connecting Europe Facility）项目的各种提案、“工业排放指令”(Industrial Emissions Directive)、“可再生能源路线图”(Renewable Energy Roadmap）和“能源路线图”。这些层层叠叠的计划和提案是深谋远虑之举吗？我不这样认为，原因我在分析可持续性概念时已经谈了。气候变化和能源安全问题提供了典型案例，说明生活在这样一个机遇与风险相互交织的社会中究竟对我们意味着什么。应对这种未来不确定性的办法是，应用情境思维（scenario thinking)，而不是提出各种路线图。只要有一项重大发现，比如找到以经济的方式长期储存电能的办法，就能使现有能源体系发生翻天覆地的变化。

182

根据欧盟委员会的预测，从 2010 年到 2020 年，欧盟需要投入超过 1 万亿欧元以改造升级能源系统。这笔资金将用于电力生产和传输等重要方面，包括电网的现代化。电网的升级是最基本的。这将有助于优化间歇性能源的利用，使能效迈上一个新的台阶——这本身就是欧盟政策的目标。高效率电厂所发的电将输送到广大地区，从而使电力成本下降。它还可以让广大地区共享欧盟的水电资源，其相当于欧盟六周的满负荷发电量。在欧盟层面已有多项电网改造的提案，其中包括，比如有可能建立波罗的海国家电网，涉及德国以及北欧国家、爱沙尼亚、拉脱维亚、立陶宛和波兰等国。其他的想法还包括提议建立连接中欧国家的“低电网”（Low Grid），尤其是将德国、荷兰、比利时和法国联系在一起，以及建立连接欧洲和北非的“高电网”（High Grid）。后者的一个版本也叫“沙漠科技”（Desertec），现已取得具体进展，其计划将北非和中东地区的太阳能电力输送到欧洲。然而，由于两个主要合作方存在分歧，该项目可能受阻。

一个明确而又异常重要的问题是，欧盟内部目前存在“能源孤岛”，即爱沙尼亚、立陶宛和拉脱维亚等国，这些国家严重依赖俄罗斯的天然气，这在某种程度上是受到地缘政治的影响。它们的基础设施与其他欧盟国家几乎没有连接。同样的情况也发生在斯洛伐克、保加利亚、匈牙利和罗马尼亚等国家。即便是德国，在某种程度上也出现了相似的状况，它修建了连接俄罗斯的北溪天然气管道（Nord Stream pipeline）。欧盟委员会指出，德国应该加强管道的连通性。由于德国的**能源转型**，出现了奇怪的一幕。作为欧洲最大的天然气生产国和出口国，荷兰与邻近国家有着广泛的能源管道互联互通，其中就包括德国。为了建立单一的欧洲市场，荷兰实行能源市场自由化。有段时间，德国以“负电价”（negative price）将电力出口到荷兰，只要顾客消费了电力，不仅不用付费，还可以得到补贴。其原因在于，为了支持可再生能源的推广，德国政府设立了补助金，这意味着发电企业不管价格如何，都会不停地供电。

183

乌克兰冲突表明，能源安全须摆在欧盟议事日程的首要位置。欧盟各国所使用的天然气中有30%以上来自俄罗斯，而这些天然气近一半要通过乌克兰输送。一般来说，欧盟严重依赖能源的海外进口。欧盟 88% 的原油、66% 的天然气、42% 的固体燃料（包括煤炭）以及 95% 的核电厂所使用的铀都来自进口。面对俄罗斯的对抗，欧盟委员会迅速作出反应，在 2014 年 5 月宣布了一项新的能源安全策略。所提出的短期措施包括：提高天然气的储能，增强应对突发事件的能力，减少不确定的能源需求，以及转向替代燃料。中期可能采取的策略包括：提高能源效率，完善欧盟内部的能源市场，增加欧盟国家的能源生产，在对外能源政策上“用一个声音说话”。[①]

也许，新出现的紧急事态将有助于提高各国的集体意愿和投资，使之达到前所未见的程度。欧盟成员国在能源政策上一直存在分歧，这是欧盟极其低效、极其脆弱的一大原因。如果动员得当，在增强能源安全的同时，还可以获得短期和长期的积极经济效益。

毫无疑问，作为一揽子刺激计划中的一部分，大范围投资升级电网将产生重大的乘数效应（multiplier offect）。但在当前资金匮乏的状况下，能找到所需的投资吗？可以预料，困难将会很大。欧盟委员会对潜在的投资人进行了调查，其中包括大型养老基金，结果显然是困难重重。所调查的金融机构回应称，它们仅考虑在有限的几个欧盟国家投资，因为其他国家的经济状况太糟糕了。尽管如此，还是必须制订一揽子切实可行的计划。目前想到的办法大多是片面的，尽管从它们本身来看都很不错。有一个例子，就是 2012 年 7 月签署的“项目债券倡议”（Project Bonds Initiative）。它将改善欧洲投资银行所资助的一些特定项目的信贷条件。欧盟 2 肯定牵扯其中。南部国家，尤其是希腊的能源基础设施投资，可能会有双重的乘数效应。它会帮助国家经济复苏；如果把它与泛欧电网的总体开发相结合，也将更大范围地刺激欧洲的经济。欧洲投资银行已经

① European Commission：‘Energy：security of energy supply’，28 May 2014.

提供了2.15亿欧元，用于投资天然气和国家电网的升级。这至少是一个好的开端。

据估算，电网现代化所需的投资约85%将来自私人资本。机构投资者，尤其是养老基金，必须为股东带来稳定的收益。所以，明确、可信的政策框架是必不可少的。目前，由于现有政策存在问题，这种框架还未建立。然而，这个问题还不是首要的问题。首要的问题是，这些政策目标应如何达成。围绕着碳排放交易体系、页岩气的影响和整个欧洲对核能模棱两可的态度，有太多的不确定性与整个经济所面临的风险交织在一起：在最近一次对机构投资者的调查中，发现只有不到10%的人认同：碳排放交易体系卓有成效地促使投资从碳排放密集（carbon-intensive）工业转向低碳工业。没有一个调查对象相信，碳排放交易体系提供了长期的价格信号。这些不确定性直接影响到投资电网升级的可能性。[①] 尽管有许多自上而下的电网重建计划，但从吸引投资来看，几乎可以肯定这不是一条正确的道路。最有效的办法应该是以一种渐进和本地化的方式建设一个泛欧电网。各个区域的电网都必须“网备”（grid-ready），以便随时接入泛欧电网。这样建立起的超级电网，将能兼容各种传输地方能源的微型电网。然而，无论何种类型，新电网系统的建设都可能遭遇地方的激烈反对。德国的情况就是这样。该国有大量的风能要从南方输送到北方，但公众担心会影响到当地环境，导致该计划至今已拖延了许多年。

185

欧盟绝不能放弃其气候变化政策先行者的角色。然而，与应对这一紧迫问题的远大抱负形成对比的是，至今所取得的具体成效却一直很有限。部分原因还是在于欧盟存在的老问题，即欧盟在能源需求和消费方式等方面主要受制于其成员国各自的决定。还有，正如我所揭示的，欧盟所制定的战略和政策也有很大的问题。

---

① Institutional Investors Group on Climate Change: *Shifting Private Capital to Low Carbon Investment*. London: IIGCC, 2013. 资源在线。

186

第六章　寻求关联性

第二次世界大战的结束标志着欧洲世界霸权的终结。这是一个重大的转折点。美国与苏联对峙的形成，在将近半个世纪的时间里主导了全球政治。美国在欧洲建立了军事存在，直到今天依然以某种形式继续维持。法国和德国，加上其他西欧国家，在全球更大的舞台上都只不过是微不足道的客串演员。对抗时期出现的主要战争都发生在欧洲之外，但原本事情可能会不一样。有好几次真是剑拔弩张，非常危险。虽然这已成过往，但历史很容易重演。不过确实可以说，从未有人想到过苏联会如此迅速地解体。我回想起，1990年我曾与人类学家兼哲学家厄内斯特·盖尔纳（Ernest Gellner）漫步在布拉格。他在捷克斯洛伐克长大，不过人生大多数时光是在英国度过的。他当时告诉我说，苏联人来的时候他就在这座城市，但他从未想过能在这里看到苏联人离开。他曾经以为苏联可以延续上百年。

187

欧洲共同体的繁荣昌盛以及随后欧盟的建立，完全应该归功于一个外人，即米哈伊尔·戈尔巴乔夫（Mikhail Gorbachev）。如果没有苏联的**改革**（perestroika）与**开放**（glasnost），如果不是他决定放弃对波兰、民主德国和匈牙利等国的运动进行军事干涉，就不会有今天的欧盟。戈尔巴乔夫先生与欧盟都获得了诺贝尔和平奖，真是实至名归。历史的车轮再次走向欧洲的团结，但事实上如果苏联人采用了武力，这块大陆可能会再一次四分五裂。欧洲共同体东扩无论从哪方面来看都是历史的转折点。欧盟第一次真正“依靠自己”，其有可能成为世界上一个更有影响力的行动者，而不再像过去四十多年那样是一个受限的实体。但“界限”的问题出现了：哪里是欧盟东面的疆界？当前形式的欧盟是一个进程而非固定的实体吗？与过去一样，欧盟现在被许多人看作是不断发展的全球化时代——在这一时代，单个国家已丧失其曾经拥有的权力——跨国治理的可能模式。

自由贸易组织在世界其他地方纷纷涌现，如东南亚的东盟（ASEAN）和拉丁美洲的南方共同市场（Mercosur）。它们会走上与欧盟类似的道路吗？为了尊重人权、民主和法治，抛弃“威斯特伐利亚”（Westphalian）规范和放弃暴力，这是一种权力发展的新形式吗？当美国依然在以武力冒天下之大不韪时，欧盟的和平方式是否能够比美国发挥更大的影响力？发生袭击双子塔和五角大楼的“9·11”事件之后，欧洲应该作出何种反应？

权力及其弱点

21世纪初，这些问题引发了许多思考，大量的相关文献也陆续发表。我在这里只想谈谈罗伯特·卡根（Robert Kagan）和马克·伦纳德（Mark Leonard）的论述。两篇文章皆写就于美国及其盟国第二次入侵伊拉克后不久。大多数欧洲国家拒绝参加伊拉克战争，这种冲突使得欧洲分化了。卡根引用了一本畅销励志书中的比喻，对欧盟和美国进行了类比分析。他的类型说几乎与原著一样广为人

188

知：欧盟“来自金星”，美国则“来自火星”。按照他的说法，“欧洲正在远离权力”，正按照康德指引的路线走向“和平、相对繁荣的后历史天堂”。另一方面，美国则“依然深陷历史的泥潭”，认为真正的安全和推动自由秩序的建立都取决于部署军事力量的能力。卡根承认，这种对比在某种程度上是漫画式的夸张。不过他坚持认为，这种类比传达了核心的真相：欧盟与美国之间的分歧事实上可能“无法弥合”。

卡根指出，欧盟国家军事上的虚弱（与欧洲数个世纪的帝国统治形成了鲜明对照）因欧盟在冷战中的特殊情形而被掩盖了。一旦两极世界消失，欧盟立马就栽了一个大跟头，如果没有美国人施以援手，根本就无法处理巴尔干地区的战事。当欧盟自己家门口出现一个冲突时，尽管极其残酷但相对有限，如果欧盟不能应对，它如何能标榜自己的超级强权地位呢？卡根说，欧盟紧抱着多边主义不放是因为它无能。它的策略和目标“是弱者的招数”。“欧洲的新康德秩序之所以日臻完善，仅仅是因为依照霍布斯旧秩序行事的美国为其提供了保护伞。”①

对此，马上就有人做出了回应。回应的数量还很多，因为卡根的分析触及了某些敏感的神经。马克·伦纳德想要展现出一种很不一样的立场。他完全站在卡根的对立面，认为美国军事力量的局限性已经显而易见了。伊拉克不太平，美国及北约其他国家在阿富汗也深陷泥沼。欧洲正在塑造一种不同的权力，它将产生更为深刻和更加长久的影响。卡根想要颠覆欧洲的理想主义，他把这种理想主义视为对虚弱的掩饰，但这一想法本身是一种误解。欧盟“不用成为仇视的对象”就为这片大陆的大部分区域带来了和平。如果欧盟是通过征服来达到这一目标的，那么它早就成了人们憎恶的对象。

189

① 所有引文均出自 Robert Kagan：‘Power and weakness’，*Policy Review*，no. 113 (2002)，pp. 1-18。

伦纳德接着指出，欧盟直接介入世界不同地区的冲突时，并不是自行其是，而是在国际组织的支持下采取行动。恰恰因为其发挥的影响在某种程度上“不可见”，欧盟才能够在达成目标的同时不引起别人的反感。不出头，恰恰是其力量的来源。由于欧盟是以网络的方式运作的，因此这一整群国家具有分散但遍及世界的存在感。

另外，欧盟不是一个封闭的实体，它向邻近国家开放并接纳新成员。欧盟并不威胁说要征服它们，而是像磁铁一样吸引它们。自从1989年以来，我们所看到的是“政体发生了史无前例的变化，但一枪未发”。欧盟所影响到的不仅仅是那些将来某一天会被接纳为正式成员国的国家。伦纳德说，欧洲睦邻政策（European Neighbourhood Initiative）可能会使世界上三分之一的人口受其影响。不过，在伦纳德看来，当火星对上金星，金星是排在首位的。例如，对比一下欧盟此前对克罗地亚与塞尔维亚战争的介入同美国人对哥伦比亚内战的干涉。美国有或曾有过强力的军事干预，想要影响当地政治以打击毒品。美国提供过一些发展援助，但是没有像欧盟那种结构基金（structural funds）计划，也没有要求参与宏观民主框架的建设以及长期的经济发展。

在伊拉克和阿富汗发生的一切已经清晰地展现了军事力量的局限性。军事上的胜利不会持久，也没有效果，除非有积极的重建，并引入法治。“踽踽独行的超级大国可以收买，可以威逼，可以把自己的意志强加给世界上任何一个国家”，但只要它背过身去，影响力会立刻下降。欧盟则是包括东亚和拉美在内的其他地区的效仿对象。 190

伦纳德指出，在近期一些重要国际机构的建立过程中，欧洲人往往因为美国人的抵制和冷漠对待而没能扮演重要的角色。是欧洲人推动了世界贸易组织（World Trade Organisation）、国际刑事法院（International Criminal Court）的建立和《京都议定书》的签署。单一民族国家首先出现在18—19世纪的欧洲，今天欧洲正在开拓一种新的全球模式。在21世纪，“欧洲人的做事方式将成为世界的方式”。伦纳德承认，他的研究结论看起来与欧盟那时的实际状况并不合拍。当时的情况是，《欧洲宪法条约》（European Constitutional Treaty）看着已经死了并且已被埋葬。他认为，至少五年以后才可能签署新的条约。《里斯本条约》实际上签署于2007年12月13日，即伦纳德写下这句话的一年之后。他还指出，欧盟应该制订更多有条件限制的一揽子改革计划。“我们应该抛弃单一欧盟的想法，拥抱多欧洲（many Europes）的观念。”我们应该丢掉效仿美国而在未来建立联邦制的“欧洲梦”。①

让我首先回到卡根，分析一下他对欧洲一体化计划的颠覆。他认为，欧洲一体化计划本质上是基于伪善，是弱者想要占领道德制高点而凌驾于强者之上——可以说，这种观点来自尼采。这种观点有正当性吗？我确定无疑地认为，是的。欧盟是这么来的：欧洲国家之间的战争导致数百万人死亡，为了结束这场战争而制订了一项重要计划。该计划受到众口一词的嘉许，从而催生了欧盟。然而，191 其成功的原因不仅在于各主要参与方的决心和坚持，还在于美国军事力量提供的保护。自第二次世界大战后初期及去殖民化时期以来，欧盟及其成员国一直在尽力应对权力的急剧丧失——与美国相比尤其如此。它们想到的办法是：与好战的过去相反，创造或者说宣扬一种新型的影响力。尽管这种做法也许是有道德和有意义的（事实上两者兼有），但这里的道德在某种程度上是出于必要性。伦纳德评述道，美国没有“欧盟现行法规体系”（Acquis Communiutaire）等类似机制。这是事实。伦纳德把拉美视为美国无能的例

① 引自Mark Leonard：‘Why Europe will run the 21st century’，speech given in 2006。资源在线。我参考的这份资料不是伦纳德的同题论著。因为这份资料是在那部论著出版一年后发表的。

证。不过，拉美在最近这些年至少一直被视为民主化进程的一部分，正如东欧邻近欧盟的前苏联国家。我并不是说，阿根廷、巴西、智利和其他拉美国家的民主，是美国那些饱受诟病的政策带来的直接结果。然而，拉美的例子表明，民主化是一个有着更广泛基础的过程，不仅仅限于欧洲的影响。南方共同市场和东盟都不过是自由贸易区，非洲联盟（African Union）也只是刚刚起步。

欧盟不是一种先驱的治理形式，也不是其他国家学习和效仿的跨国合作新典范。其未来很可能发展成为一种区域化的世界体系。联邦模式与这样的理念无法兼容，即认为其独特性在于其形式。卡根及其他学者都发现，欧盟信守和平主义，遵守国际法，尽管可能真的出于善意，但透露出其背后的软弱。其他政治集团和国家也看出了这一点。虽然卡根的某些观点可能有道理，但现在是时候抛弃这种二元主义了。它们，即伦纳德、罗伯特·库珀（Robert Cooper）和那一时期其他作者的论著，都建立在二元主义思想的基础之上。[1] 金星与火星的对比，很像约瑟夫·奈（Joseph Nye）所提出的软实力与硬实力的区分。然而，奈一直小心翼翼地强调，二者以很多不同的方式联系在一起，比如，几乎所有的游说都建立在某种制裁的基础上，反过来也是一样的。[2]

192

另外，卡根十年前所说的某些话现在听起来已经过时了。卡根写道，美国人与欧洲人的“相互理解越来越少”，“大西洋两岸的分歧是深刻的，渊源已久，而且还可能持续下去”。[3] 然而，美国和欧盟在乌克兰问题上，以及在应对伊拉克、叙利亚的极端组织问题

---

① 参见 Robert Cooper：*The Post-Modern State and the World Order*. London：Demos，2000。

② Joseph Nye：*Soft Power：The Means to Success in World Politics*. New York：Public Affairs，2004. 其后他陆续发表了很多论述，探讨了这个问题。

③ Robert Kagan：*Paradise and Power：America and Europe in the New World Order*. London：Atlantic，2006，p. 3.

上，正在开展直接合作。本书的一个重要论点是，我们欧洲应该设法建立起新型的跨大西洋关系。这一次，应该建立的是基于平等的合作伙伴关系，而不是基于依赖的不稳定关系。跨大西洋自由贸易区就是一个不错的起点。约翰·肯尼迪总统早在 20 世纪 60 年代就提出了这个想法。他使用了“跨大西洋伙伴关系”这个概念，直到今天，它依然是最佳的用语，当时贸易是强化欧美关系的唯一内容。肯尼迪之所以对跨大西洋自由贸易感兴趣，部分原因在于那时欧共体国家在经济上领先一筹。在他的“宏伟计划”（Grand Design）中，肯尼迪把欧洲说成是“一个我们在完全平等的基础上交往的伙伴”。随着肯尼迪的去世以及一些欧洲国家（尤其是戴高乐执政时期的法国）表现出敌意，这个观点消失了。诚然，这可能是法国想要脱离北约的原因之一。[①]

2013 年，奥巴马在国情咨文中表达了对跨大西洋自由贸易区计划的支持。欧盟和美国成立了一个促进就业与经济增长的高级别工作组，协商其可能性。但这绝不是一个一帆风顺的过程，两边都有各种政治和经济的重大障碍。奥巴马能使这样一项计划在国会获得通过吗？在欧洲则当然是需要欧盟 2 的力推。这次不能再像欧盟惯常的做法那样，永无止境地商谈下去。美国人说，必须“一脚油门踩到底”，尽快达成协议并付诸实施。欧洲人能够做到进展神速吗？这项计划潜在的好处令人难以抵制，尤其是如果它能为其他类型的合作（诸如强化安全关系等）铺出一条大道的话。跨大西洋经济体每年的商业销售额将达到 5 万亿美元，并确保两岸 1500 万工人的“在岸”工作岗位[②]，外商的直接投资水平将尤其高企。问卷

193

① Douglas Brinkley and Richard T. Griffiths (eds): *John F. Kennedy and Europe*. Baton Rouge: Lousiana State University Press, 1999.

② Daniel S. Hamilton and Joseph P. Quinlan: *The Transatlantic Economy 2012*. Center for Transatlantic Relations, Johns Hopkins University, 2012. 资源在线。

调查表明，对于跨大西洋自由贸易区，大西洋两岸有着广泛的公众支持。2010 年皮尤基金会（Pew Foundation）的一项调查显示：58%的美国人认为，增加与欧洲的贸易合作将对美国有益，只有28%的人持相反意见。[①] 在欧洲各处的调查也得到了相似的数据。

必须面对各种可能出现的批评。它是否会对新兴经济体产生不利的影响？法国致力于保护自己的文化遗产，提出了“**文化例外**”（exception culturelle）的概念，像这种棘手的问题要如何应对呢？把精力放在与新兴亚洲国家商谈自由贸易区上，岂不是更符合逻辑吗？每个人对此都有自己的答案，至少原则上是有的。美国和欧洲的经济陷入停滞并不符合新兴国家的利益。此外，世界经济并非零和游戏。法国经济正面临着巨大的问题，其有可能从跨大西洋伙伴关系（transatlantic partnership）中获得巨大的好处。部分协商会牵扯到一些例外，这需要从共同利益出发进行权衡。正如我在本书许多地方一再强调的，建立面貌一新的跨大西洋伙伴关系，并不仅仅是为了自由贸易本身。

冷战及其后

194

欧盟用了很多年时间才廓清其目标，这一目标深受冷战的影响。欧盟所有的局限性在此再一次出现。欧盟 1 与欧盟 2 之间不协调的关系显而易见。欧盟 1 和欧盟 2 所主导的各领域的纸上欧洲——如欧盟各国以及欧盟各机构制订的计划、规划的项目和提出的倡议等——也一目了然。这些计划中，既有涉及重塑欧盟与北约关系的，也有试图统一欧盟外交政策的，但进程一直很缓慢且困难重

① German Marshall Fund of the United States：*A New Era for Transatlantic Trade Leadership*, February 2012. 资源在线。

重，即便《里斯本条约》已赋予欧盟更多的统一外交政策领导权。两年前，欧盟国家对利比亚问题的介入，如果没有美国通过北约提供后勤支持，根本就无法实现。法国在马里的行动同样如此。美国的空中加油机出动了200多架次，为法国的军事干预提供支持。没有美国的帮助，法国人不可能到达马里或部署其空中力量。并不能说欧盟缺少军事力量，如果从武装人员的装备和数量来看。欧盟成员国每年的军费支出加在一起超过2000亿欧元；有160万武装人员，这比美国的人数还要多；另外还有一支由各类军舰组成的舰队。这里的主要问题是，两极世界的遗产仍在延续。这不仅仅是各国军队协调性差的问题，而且装备的大多数武器都只是针对地面入侵。

在过去二十年里，欧盟一直试图把分散在欧洲各地的军事力量拧成一股绳，使军事技术现代化，但只取得了有限的成果。在1999年于赫尔辛基召开的欧洲理事会会议上，讨论了由几支战斗部队组成“欧洲快速反应部队”（European Rapid Reaction Force）的计划。2004年，欧盟根据英法此前一年在圣马洛（ST Malo）提出的联合倡议，组建了这支部队。欧盟国家答应派出50个旅，5万人到6万人；部队要在接到通知后60天内全部部署到位；这支部队执行任务的时间至少为一年，并且能够得到新的兵员补充。2010年，这一构想又扩展到各种人道主义任务和维和任务。欧盟现已宣布这些战斗部队开始投入使用，尽管其规模不如最初的构想。然而，到目前为止，尚未看到这些部队的任何行动。法国军事战略研究专家卡米尔·格兰德（Camille Grand）揶揄道：欧洲在军事上正迈向“无能力者与不情愿者的联盟”。[1] 欧盟中两个最重要的军事大国，即英国和法国，因为经济状况不佳而削减军费开支，开始显得捉襟见肘。

195

2010年里斯本峰会上，关于北约未来发展的“新战略概念”得

---

① Camille Grand, quoted in Steven Erlanger: ‘Shrinking Europe military spending stirs concern’, *New York Times*, 22 April 2013.

到采纳，同时也讨论了北约与欧盟在新领域合作的问题。两个组织都同意双方各层级的人员按照协议定期碰头，讨论的问题涉及冲突的预防、冲突的管理及事后的稳定。议事日程中最重要的是，双方一致同意开展更广泛的合作、节约经费、促进更大程度的整合。然而，欧盟相当不情愿地依赖美国的军事力量。因此只能得出这样的结论：就其自身的防御能力而言，北约的存在使欧洲承担了系统的道德风险。欧盟知道，不管它在关乎自身利益的问题上如何松懈，都能得到应急支持。因此它会满足于推卸责任，关起门来争吵不休，但这种状况不一定能够长久。像欧洲国家一样，美国也在努力减轻其巨额债务负担。2001 年，美国承担了北约费用的 60% 以上。今天，这一数字已经上升到了 75%。美国正在不断施加压力以期军费更均匀地分摊。

196

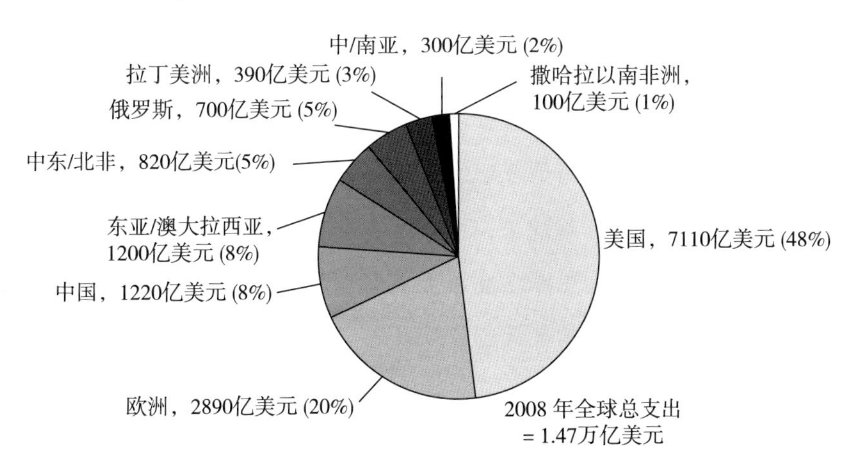

图 15 2008 年美国的军事支出与世界其他地区的军事支出对比

（以 10 亿美元为单位，并计算在全球军事总支出中的占比）

注：数据来自国际战略研究所的《军事力量对比（2008）》（*The Military Balance 2008*）和美国国防部。美国的支出总量使用的是 2009 财政年度预算数据，其中 1700 亿美元用于伊拉克和阿富汗的军事行动，以及资助核武器的实验设计。其他所有数据都是以 2006 年为基础推算的，因为这是有确切数据的最近一年。

资料来源：Center for Arms Control and Non-Proliferation。

在世纪之交，欧盟扩大到了过去的东欧地区。在这一时期，欧盟看起来好像是在其东部和南部腹地有了相当稳定的区域。但是随着俄罗斯与乌克兰发生冲突，以及中东和北非地区出现混乱状况，所有这一切现在都已发生变化。欧洲所面临的威胁是多方面的。无论乌克兰东部发生些什么，该国所面临的未来都将是难以预测且非常艰难的。乌克兰要想走出一条新的发展之路，与其国内普遍存在的腐败决裂，使其经济现代化，就需要欧盟和美国提供更多的帮助，而非象征性的支持。这些都是艰巨的任务，尤其是乌克兰在能源方面还将继续依赖俄罗斯。

197

欧盟与俄罗斯

自弗拉基米尔·普京掌权以来，由于其目标是要重建俄罗斯在世界上的权威，欧盟与俄罗斯的关系一直很紧张。然而，随着德国的油气进口量开始远超过去，欧盟对俄罗斯的严重依赖还将持续下去，而且程度甚至会更深。北溪天然气项目（Nord Stream gas）是近些年来最具争议性的能源创新项目之一。这是俄罗斯天然气工业股份公司（Gazprom）与德国、荷兰、法国公司的合资项目，不过俄气持有其中51%的股份。项目计划用两条管道将俄罗斯的天然气输送到国外。第一条管道已于2011年完工，第二条管道将于明年建好。两条管道都经过欧盟中的原社会主义国家，这些国家自身也严重依赖俄罗斯的油气。项目刚一开始实施，它们就感到会对自己不利，因而都严词抗议。

其结果之一是，德国和俄罗斯两国的利益变得密切相关，俄罗斯因而有机会对欧盟的政治发挥影响。与此同时，两国的关系明显具有一种摇摆不定的特点。安格拉·默克尔一直批评俄罗斯的人权纪录，指责其不民主。当塞浦路斯濒临破产的边缘时，这些问题终于结出了恶果。许多俄罗斯富人把钱存进了塞浦路斯的银行。不过，俄罗斯政府坚决拒绝为塞浦路斯提供紧急经济援助，同时还批评在德国主导下欧盟对此事的处理。

198

德米特里·梅德韦杰夫（Dmitry Medvedev）担任总统时，曾致力于引入《欧洲安全条约》（European Security Treaty），其覆盖的范围超出了欧盟，包括俄罗斯和高加索地区。他反对“因循守旧，继续采用集团政治思维”。[①] 梅德韦杰夫建议召开高峰会议。北约和欧盟安全机构，还有俄罗斯自己以及其他属于所谓“大欧洲”的国家，都可以派代表参会。他的设想是，美国和加拿大也参与新条约的草拟，继续在新建立的安全框架内发挥作用。作为提议的一部分，俄罗斯政府同意在国内人权问题上作出改进，并鼓励周边国家同样致力于发展人权。俄罗斯政府起草了条约草案，分发给各个国家和国际组织传阅，条约涉及的各方将通过一系列合作来降低冲突发生的可能性。

与往常一样，欧盟各机构和各国的反应莫衷一是，分化严重。当时的北约秘书长安诺斯·福格·拉斯穆森（Anders Fogh Rasmussen）公开指出，没有必要签署新的条约，因为已经有了这种条约框架，比如1997年签署的《北约-俄罗斯基本文件》（NATO-Russia Founding Act）和2002年签署的《北约-俄罗斯罗马宣言》。真正的问题在于遵守这些原则。一些主要的欧盟国家，包括德国、法国、西班牙和意大利，认为应该慎重对待这一提议，与俄罗斯人开展对话。然而，这一倡议最终却不了了之。

弗拉基米尔·普京于2012年再次就任总统后，出现了明显的

199

① 引自 Cato Institute：*Cato Handbook for Policymakers*. Washington，DC，2008，p. 574。

政治转向。部分原因在于，其国家内部出现了持不同政见的群体的反对声音。欧盟领导人对于梅德韦杰夫的掌权感到更为满意——即便其实际上受到普京的影响。对于反对的街头运动和博主们，他们遥表同情。普京在新的执政期更直接地表现出与以往不同的韵味。他似乎认为，欧洲陷入了一个无法挽回的衰落过程。他不再把欧盟视为与俄罗斯未来息息相关的思想源泉，而是将其视为弱国的抱团取暖。俄罗斯人不考虑接受新的、关乎全域的条约，而是在拆解20世纪90年代所制定的一些协议。“莫斯科在精神上‘远离西方’，不再假装其与欧盟国家有着共同的价值观，或是渴望以某种创造性的方式加入其中。”① 在第一个任期内，普京政府几乎完全依靠油气价格的上涨，逐步提高了俄罗斯人的生活水平。世界经济下滑，页岩气革命导致天然气市场巨变，以及天然气液化技术的进步使得运输更为便利，这些变化严重破坏了普京原来的策略。于是普京无论在国内还是在国外都采取了更加强硬的政策。

俄罗斯人并没有否决联合国第1973号决议。正是基于这个决议，北约2011年才能在利比亚采取保护平民的行动。然而，俄罗斯领导人认为推翻卡扎菲政权是未经授权的行动，因而感到不快。俄罗斯外交部长谢尔盖·拉夫罗夫（Sergey Lavrov）抗议说：“该决议并未授权采取这些行动，也不赞同这些做法，联合国的决议并不支持利比亚的政权更迭。”② 这件事情是促使俄罗斯在叙利亚冲突中转变政策的原因之一。俄罗斯阻止联合国通过一系列谴责阿萨德政府行为的决议，并继续向该政府提供武器。俄罗斯有意与美国和欧洲保持距离，转向东方寻求可能的帮助。与奥巴马的情况一样，

200

---

① Dmitry Trenin：‘The end of the EU-Russia relationship as you know it’, Valdai Club, 8 January 2013, p. 1. 资源在线。

② Sergey Lavrov, quoted in RT：Question More, 7 April 2011.

普京开始以亚洲和太平洋为“中心”。其中的原因是，如果与西方打交道，俄罗斯的内政将不可避免地成为关注的焦点。

德国对军事力量部署的态度非常摇摆不定。它在介入利比亚问题上袖手旁观。对于在叙利亚应当如何行动，欧盟起初也未达成共识。在2013年5月的欧盟外长会议上，法国和英国拒绝延长欧盟对叙利亚反对派的武器禁运，导致其他一些成员国的反弹。俄罗斯人在这个问题上比这两个国家技高一筹，立即向叙利亚提供新的导弹防御系统。同年8月，美国提议动用导弹打击叙利亚，德国又一次拒绝参与。英国在进行议会辩论后也拒绝了，这使美国和法国暂时被孤立起来。

欧盟当然深度介入了克里米亚的各种事件，其后也对东乌克兰的异议团体予以支持。梅德韦杰夫提出的《欧洲安全条约》原本旨在使欧盟与俄罗斯之间的动荡地区安定下来，还有就是维护其所谓的俄罗斯战略利益。尤其是，无论过去还是现在，北约的无限扩张都是俄罗斯最关心的问题。但无论好坏，欧盟的乌克兰政策大多忽视了俄罗斯所关心的这些问题。欧盟提出要与乌克兰签订一项联系国协定（association agreement），但后来在具体实施问题上陷入了艰苦的协商。普京表示反对这项协议，并且对乌克兰的亚努科维奇（Yanukovych）总统施压，要其延后签署该协议。此事引发了迫使亚努科维奇下台的街头抗议。在俄罗斯对克里米亚采取行动后，2014年3月欧盟终于通过了这项协议。无论发生在乌克兰的军事对抗导致了什么样的结果，欧盟都承担着巨大的责任。乌克兰的经济很脆弱，竞争力低下，腐败严重，在未来很长一段时间里都将继续依靠俄罗斯的能源。然而，鉴于俄罗斯希望将其重新纳入自己的势力范围，欧盟所承诺给予的帮助和指导一定要有实实在在的内容。

201

欧洲安全，抑或安全缺失

欧盟能够在削减武装部队的同时提高并重建其军事实力吗？如果能，那如何才能做到？答案显而易见，与其他领域并无两样，即接受更全面的一体化，还要有令人信服的未来策略。换言之，一直在讨论中却从未出现的欧洲部队应该组建起来。这是实现规模经济、现代化和整合领导的唯一途径。即便经济处于困境之中，只要分配得法，也有足够的资源。最近的一份欧洲安全报告读起来很有趣。这份报告并非敷衍了事。其撰稿人尼克·威特尼（Nick Witney）分析说，欧盟共同安全与防务政策（CSDP）像是“只见笑容不见猫”*。[①] 他在使用了这个暗喻后接着说道：可以将其归纳总结为三点，即胆怯、迟缓和装模作样。由于受到金融危机的严重影响，每个人嘴巴里念叨的都是共担共享，但在真实世界中“实际上并无任何变化”。

尽管听起来很刻薄，但是真有人不认同这些说法吗？即使在目前这样的经济状况下，欧洲的防务依然是装腔作势。在签署了《里斯本条约》和任命凯瑟琳·阿什顿为欧洲“外交部长”后，外交政策应该有新的重点。但是，一方面因为纸上欧洲莫衷一是的特点，另一方面则由于欧盟2的存在，她被束缚住了手脚。欧洲大国躲在幕后，有时甚至是非常公开地限制她的发言和行动。有人指出，欧

202

---

① Nick Witney：*Where Does CSDP Fit in EU Foreign Policy*? London：European Council on Foreign Relations，13 February 2013，pp. 2-3. 资源在线。

* “只见笑容不见猫”指的是英国小说《爱丽丝梦游仙境》中的柴郡猫，是一只咧着嘴笑的猫，拥有凭空出现或消失的能力，甚至在它消失以后，它的笑容还挂在半空中。它总是咧嘴微笑着，一直冷眼旁观，以平静、诱人的微笑来掩盖自己胆怯的个性。此处指的是缺乏具体、真实的行动。——译者注

洲之外的国家没有必要对其分而治之，因为分歧已经存在。

组织机构、战略计划，以及这些名称的首字母缩略词数不胜数。有上面提到的CSDP（欧盟共同安全与防务政策），它是CFSP（欧盟共同外交与安全政策）的一部分；EEAS（欧盟对外行动署）；HRVP（高级代表，阿什顿的官方头衔，后面两个字母意指她是欧盟委员会的副主席）；FAC（欧盟外交事务委员会）；ENP（欧洲睦邻政策）；以及ESS（欧洲安全战略）。还有人加上了ROTW（世界其他地区：欧盟只有进行整合，采取统一的行动，世界其他地区才会把它当回事）。欧盟安全问题研究所（Institute for Security Studies）公布了一份报告，其结论令人信服，即尽管欧盟国家担心在安全问题上会丧失主权，但是，“欧洲人因为**不**团结、**不**优化、**不**革新、**不**区域化、**不**整合其军力，实际上正在丧失主权”①。这一判断我完全同意。它用另一种方式表达了我所谓的**主权升级**。这一点需要突破。

有多少成员国，就有多少国家安全战略，却没有一个心怀使命和通盘考虑的安全战略。比较一下这些不同版本的国家安全战略，就能知道欧洲“战略上不和谐的声音”。这份报告的撰稿人奥利维耶·德弗朗斯（Olivier de France）和尼克·威特尼在报告的结尾部分指出，大多数公布的战略都“前言不搭后语、缺乏创意、无共同欧洲的地缘战略形势意识，且早已过时”。② 这里最清楚不过的是，欧洲国家的领导人骨子里从未想过要两全其美。他们的战略政策强调相互依赖，但各国实际上却各行其是。因此，各国在过去几年削减防务支出时，根本就没有欧洲使命感。这种不和谐的声音背后，

203

① Antonio Missiroli (ed.): *Enabling the Future: European Military Capabilities 2013-2025*. Paris: European Union Institute for Security Studies, 2013, p. 53. 资源在线。

② Olivier de France and Nick Witney: *Europe's Strategic Cacophony*. London: European Council on Foreign Relations, April 2013, p. 1. 资源在线。

除了不愿意让渡官方主权，也许还有两个原因。一是前文所述的道德风险成分：最后无计可施时，总可以依赖北约。二是在安全防卫问题上的观点分歧一目了然。德国的立场依然与另外两个欧洲最强硬的国家（法国和英国）有着很大的不同。其结果是，英国一直嚷嚷着要彻底退出欧盟。

德弗朗斯和威特尼还谈到了一种可能性，即可以按照经济领域已确立的“欧盟学期”机制来建立一个“欧洲防务学期”（European Defence Semester）。然而，在经济和防务这两个方面，问题是一样的：这意味着更多的官僚制度、更多的会议，也许还有更多的纸上欧洲。至少，考虑到“不和谐的声音”的挥霍浪费，推动欧洲经济一体化的各方力量在安全防务问题上可能会照方抓药。

2013年上半年的情况是，武装力量执行“欧盟共同安全与防务政策”所规定的任务共十六次。其中四次主要是军事上的任务，十二次主要是或完全是非军事的。所有这些任务所涉及的范围有限。另外还有十二次任务近年来已经完成。欧盟科索沃法治特派团（EULEX）参与了警务人员、法律工作者和行政管理人员的培训。培训人数超过2000人。这是欧盟承担的最大规模的民事任务。欧洲理事会承认，欧盟必须“承担更多维护国际和平与安全的责任”。军事力量的重组和经费的投入有助于经济的增长和竞争力的提高。尽管这里又一次提到共担共享，但没有给出详细的做法。“共同安全与防务政策”只是一个骨架子，上面还需要多长一些肉。除了传统所关注的军事问题外，还须应对各种新出现的风险，最显而易见的是网络安全问题。谈得很多，但取得的成效即便有，在泛欧洲层面上也非常少见。我们所目睹的恰恰是战争的本质正在发生变化。自动化和机器人技术正在向军事领域渗透，情形正如这些技术在工业和商业领域中广泛传播一样。

204

图 16　2008 年 2 月，在科索沃宣布独立前一天，普里什蒂纳的一家餐馆将欧盟的旗帜与阿尔巴尼亚国旗并排挂起

美国现在一般使用无人驾驶飞机作为远程攻击的手段。[①] 它可以说是高科技版的自杀式炸弹，但杀伤力却要大得多。两者尽管引发了无数的伦理问题，但无疑都在全世界范围内受到追捧。无人机并不会像看上去那样离我们“很遥远”。一旦其他国家有能力在西方部署无人机，它们就会这样做。那该如何回击这些威胁呢？用其他的无人机来监视或击毁来犯的敌机可能会有用。战争的机器人化也在进行中。根据美国军方的说法，无人机可以“无视投放极限”而投入战斗。但是，唯有美国在技术上一直领先于其他任何国家，才能确定无疑地做到这一点。德国有计划要购买无人机，目前正在与以色列政府接洽此事；英国已在本土投入使用无人机；法国正在协商购买美国的“收割者”（Reaper）无人机（监视用），同时也在与以色列接触，商谈购买事宜。2013 年 6 月，欧洲最大的三家国防

205

① 参见 Akbar Ahmed：*The Thistle and the Drone：How America's War on Terror Became a War on Tribal Islam*. Washington，DC：Brookings Institution Press，2013。

承包商，即欧洲宇航防务集团（European Aeronautic Defence and Space，“空中客车”的母公司）、法国的达索飞机制造公司（Dassault Aviation）以及意大利的芬梅卡尼卡集团（Finmeccanica）提出了一项新的无人机制造计划。[1] 如果该计划进展顺利，这几家公司将合作生产一种中空（medium-altitude）无人机，供战时使用。该机型主要用于监视，但也能装载导弹。

3D 打印技术已经进入军事领域。当军舰需要补充弹药和其他装备时，通常得回到母港。美国海军正在研究，其军舰将来是否可以携带高级 3D 打印机和打印粉末材料，这样就不必再运送零部件了。一有需要，就可以直接打印所需的设备。军事战略家迈克尔·兰萨（Michael Llenza）呼应了麻省理工学院媒体实验室（MIT Media Lab）的设想，认为“终极目标是，用 3D 打印机制造出一架无人机时，飞机就已经装备了电子设备和动力系统”[2]。所有这些都是非凡的进步，就像其他领域的许多新发展一样，把我们带入了一片新的天空。尽管有些成员国正想方设法要得到无人机，但欧盟在无人机的军事运用上并没有整体的政策立场。民意调查发现，欧盟有许多人反对美国在未正式宣战的情况下采取定点清除行动的政策。[3]

我们迫切需要一种泛欧安全战略。还有很多地方性和区域性的问题，欧盟也尚未做好应对的准备。就像在中东和北非，情况正在朝着越来越危险的方向发展。不过，今天的安全防卫还必须考虑本土与全球的相互贯通，这是我们这个时代的显著特征。

---

① Nicola Clark：‘European firms want a drone of their own’, *International Herald Tribune*, 17 June 2013.

② Michael Llenza：‘Print when ready, Gridley’, *Armed Forces Journal*, May 2013. 资源在线。

③ Anthony Dworkin：*Drones and Targeted Killing*：*Defining a European Position*. London：European Council on Foreign Relations, 3 July 2013. 资源在线。

高级代表与世界其他地区

206

欧盟外交政策越来越普遍地依靠 CSDP（欧盟共同安全与防务政策）、CFSP（欧盟共同外交与安全政策）、ESS（欧洲安全战略）、EEAS（欧盟对外行动署）及 HRVP（高级代表/欧盟委员会副主席）发挥作用（此外，还有很多这样的首字母缩略词可以加进来）。欧盟共同外交与安全政策在这一方面应该发挥主导作用。然而，其可行使的权力却受到严格限制，因为欧盟本质上就是一个政府间组织。各种权力并没有让渡给欧盟各机构。只有当意见统一时，这些机构才能作出决策。因此，很容易因不同成员国之间利益和观点的分歧而无所作为。在大多数情况下，很多这种分歧都一目了然。《里斯本条约》起草时，欧盟各国都不愿意看到这种情况发生变化。因此引入了 HRVP 职位，与 EEAS 合作，协力制定更有效的政策。

以 HRVP 为首的一群欧盟委员会委员一直忙着协调各种外部关系。他们在一些外交斡旋中取得了成功，尤其是在巴尔干问题上。事情的进展之所以如此顺利，还因为欧盟成员国身份具有吸引力。2013 年 4 月，科索沃和塞尔维亚两方签署了一份包含十五点内容的协议，双方议会也指认了这一协议。不过其中也有不少小问题。科索沃的塞族对此表示反对，甚至有人做出了激烈的反应。该协议并不意味着塞尔维亚承认科索沃是一个独立的国家。然而，它确实肯定，双方都不会阻止或支持另一方加入欧盟的进程。塞尔维亚走出了关键的一步，已开始进行加入欧盟的谈判。

在世界上某些遥远之地，欧盟近来也取得了一些成功，如对非洲事务以及最近对缅甸事务的介入就是如此。欧盟多年来都是对缅

甸采取经济制裁，禁发签证。制裁对于普通民众当然会产生不好的
207 影响。然而，随着美国也采取类似的行动，制裁措施似乎使得缅甸的将军们意识到，他们应该让位和下台。原因在于，是他们导致欧洲企业远离缅甸，连带本应进入的投资也消失了。不管怎么说，欧盟确实一直在向贫困国家提供人道主义援助。

在一些大国问题上，欧盟的人权纪录并没有给人留下深刻的印象。有人认为，欧盟在中国问题上所制定的政策已证明，"欧洲的说辞与现实之间的鸿沟，是多么令人尴尬"。[1] 1990 年，欧盟成员国签署了人权委员会（Human Rights Commission）的一份谴责中国人权纪录的决议。多年以来，该委员会每年都在这样做。1997 年，许多欧盟国家在法国的牵头下停止了这种做法，因为它们担心这有可能会影响到贸易。欧盟轮值主席国荷兰公开指出，这个决定使"欧盟人权政策的实质……岌岌可危"。丹麦发起的一份谴责决议得到了另外九个欧盟成员国的支持。中国对此进行了回击，取消了该国副总理原定的访问欧盟计划。1998 年，欧盟各国一道退出了该项决议。对于中国人来说，当他们想要与欧盟建立各种关系或者就一些共同问题进行协商时，他们面临着一个老问题："谁是欧洲的代言人?"在最近一段时间，由于欧盟不能摆脱自身的经济问题，惹得他们和俄罗斯人都很恼火。自 2007 年起，许多欧盟领导人去中国访问，争取经济援助。但得到的明确无误的答复是，欧盟无论如何都应该先把自己家里理顺。当时的总理温家宝指出，欧元问题揭示出，这是"欧盟及欧元区内部问题长期积累的结果"，欧盟有责任予以妥善解决。他还一针见血地批评道："绝不能将新兴经济

---

① Christopher Patten: *East and West: The Last Governor of Hong Kong on Power, Freedom and the Future*. London: Pan Macmillan, 1998, p. 303.

体视为欧盟的'好撒马利亚人'。"[1]

208

中国总理李克强最近首次访问欧洲时，拜访的人是谁？当然是"总统"默克尔。德国是他此次出访唯一访问的欧盟国家。中国在销售太阳能板问题上成功地使欧洲出现了分化。欧盟指责中国以低于成本的价格销售这种太阳能板。因此，实施了反倾销措施，对其征收高额关税。然而，即便自身的太阳能板产业受到严重的影响，德国政府还是告知欧盟委员会，它反对这种关税。德国呼吁通过协商来处理此事，却引发了各方的严厉指责。必须得出的一个结论是，到目前为止，就外交政策而言，欧盟绝非全球范围内的一个重要存在。欧盟当前的经济困境进一步拖累了其在全球的影响力。"欧洲人为何不能采取共同行动？"这句话已经在世界不同的地方为人们所不断重复。

表 4　土耳其加入欧盟谈判进行不下去的原因

（最多编码三个原因）

	法国	英国	希腊	希腊、英国和法国合计
土耳其的文化、地理和宗教不同	102	42	103	247
	34%	47%	68%	46%
欧盟的组织结构难以应对土耳其入欧	40	33		73
	13%	37%		14%
塞浦路斯问题		5	18	23
		6%	12%	4%
法国必须说"不"	20			20
	7%			4%

① Friends of Europe：'Europe and China：rivals or strategic partners', policy briefing, November 2011, p. 2. 资源在线。

续表

	法国	英国	希腊	希腊、英国和法国合计
经济、文化的原因，如移民			20	20
			13%	4%
土耳其在欧盟的影响力会太大	12			12
	4%			2%
土耳其需要应对亚美尼亚人/库尔德人/塞浦路斯等问题	10			10
	3%			2%
欧盟会变成一个单纯的贸易区	10			10
	3%			2%
从欧盟部分国家和法国政府方面来看，这个进程不民主	10			10
	3%			2%
其他	94	10	11	115
	32%	11%	7%	21%
合计	298	90	152	540
				100%

资料来源：Ralph Negrine et al.，‘Turkey and the European Union：An Analysis of How the Press in Four Countries Covered Turkey's Bid for Accession in 2004’，*European Journal of Communication*，23（2008）：47-68。

欧盟在界定其边界方面所作出的努力表明，其本质基本上是模糊未定的。它是否能呈现为一种“方法”、一种“生活方式”，如果推广得当，会使邻近国家心生向往？或者说，它是一个有着地理扩展限制的地域实体吗？答案为，它是两者的复杂混合体。这种模糊性源于政府间主义与联邦主义之间的张力。如果它是一种涉及多个国家的松散体制，这些国家享有某种共同的治理规则，那么欧盟原则上就有无限扩张的可能。它越是朝联邦制的方向发展（我整本书都在说，如果欧盟要存续下去，这是不可避免的），那么在将来某个时候就必然直接面对界域的问题。在大多数情况下，欧盟已经是一个有界限的实体。虽然南部的边界已有明确的界定，但它们对此并没有特定的原则。毕竟，在数个世纪里，地中海周围的国家并非仅仅是欧洲的一部分（即便后来确实是如此），地中海是欧洲文化的中心。然而，对于东部而言，它还是一种“方法”，其最终的适用范围依然模糊不清。这种模糊性正是格鲁吉亚以及乌克兰发生冲突的源头。目前，正式欧盟成员国身份对于乌克兰来说，就像是长长甬道尽头摇曳的灯光。 209

那么，土耳其的情况又将如何呢？欧盟这五十年来一直对其示好，而且土耳其长期以来都是北约以及其他各个欧洲组织的活跃分子。欧盟对该国的态度一直模棱两可，土耳其国内对于争取欧盟成员国身份的支持率因此急剧下降，也就不足为怪。从经济增长的速度来看，自 2007 年以来，土耳其的经济发展超过了在困境中挣扎的欧盟。欧盟又一次分化了。一些欧洲国家宣布，如果土耳其真的有望被接纳为成员国，它们将举行公投。在塞浦路斯问题上的僵持，挡住了土耳其加入欧盟的道路，土耳其国内的库尔德人问题也是如此。随着“伊斯兰国”的出现，这些问题导致土耳其入欧的难度达到了一个新的高度。法国现政府的反对立场丝毫没有松动，不同意启动土耳其正式加入欧盟的进程。土耳其入欧谈判已经持续了七年多，但几乎没有取得任何进展。2013 年 5 月和 6 月，在土耳其城市出现了多起街头抗议，使此事受到了更大的挫折。由于土耳其政府对街头抗议进行了严厉镇压，欧盟暂停了谈判。[①] 雷杰普·埃尔多安（Recep Erdogan）自 2003 年起担任土耳其总理，但他现在已确立了新的总统制，并当选为首任总统。有人指责他效仿普京，想要通过这种方式保住自己的权力，这样做会使民主化的进程受到损害。 210

① 精彩深刻的分析，参见 Fatos Tarifa：*Europe Adrift on the Wine-Dark Sea*. Chapel Hill, NC：Globic Press，2007，chapter 3。

无论是支持还是反对土耳其加入欧盟，给出的理由都非常片面，我在这里不再重复。我的观点一直以来都是：应该向土耳其敞开大门，不要总是指望拖延到未来的某一天，而是按照一份现实的时间表接纳其为成员国。我的理由是：要表明一个世界性的欧盟并非只是某个版本的纸上欧洲，而是一种现实的存在；要承认土耳其在各个领域中所取得的进步；要帮助维护这个国家的世俗性和开放社会——这是一个持续存在的问题；还有就是，作为一个实现了整合的政治经济共同体的成员，欧盟各国和土耳其都将变得更加强大。

在处理世界事务的过程中，其他各个领域掣肘欧盟的问题也都显现出来了，使其世界影响力受到限制。由于缺乏领导力和资源，欧盟被其他领域的很多人视为联合国的一个区域性版本，虽然有着美好的意愿且在很多方面有所作为，但由于内部太过分化，不能作出真正有效的决策。欧盟的“行政管理”本质（欧盟委员会的角色）与其一直对外宣称的价值观之间存在着内在的巨大鸿沟。

211

欧盟照搬了民族国家的某些东西，想要给人一种团结的表象，但在国家层面上却几乎没有得到任何情感回应。欧盟的旗帜让很多生活在欧洲的人肃然起敬，却无法唤起多少感情或情绪体验。那些敌视欧盟的人往往对其倾注了大量的情感，而大多数公民则是以一种实用的态度看待欧盟。能否建立起一种深埋于内心的归属感呢？如果欧盟能够经受住目前最大的考验，改变它所面临的状况，那么在接下来的几年里，这就是一个重要的问题了。攸关成败的是，欧盟在广大世界中能否扮演一个更有自信和影响力的角色，而不是现在这个样子。本章所讨论的不是“做不做随便”的事情。这些问题与前几章所讨论的改革同等重要，需要严肃以待。欧盟各国急于保持自己在外交关系中的独立地位，这是没有任何用处的。在这个领域，主权升级的原理就像在其他语境中一样有用。由于广大世界在不断发展，以及成员国更多参与北约的行动，欧盟各国的主权业已丧失，这绝不是名义上的丧失，而是非常真实的。欧盟有别于其他机构的理论基石是这样一种观点，即其在国际关系中所发挥的特殊影响力，可以促进各国的合作和推动法治。但这种想法似是而非。欧盟从开始建立到今天，一直依赖着以“美国担保”形式出现的暴力手段。

在此，有必要总结一下前面几章的内在含义。欧盟之所以会面对巨大的挑战，不仅是因为欧元计划的不完善，还因为各个领域出现的各种变化正在对工业化国家以及更广阔的世界产生影响。今天许多评论人士犯的一个大错是，总是盯着欧元区的两难困境来加以评判。福利政策（受益于文化多样性）、能源政策和外交政策基本上都掌握在成员国的手里。然而，这些领域所出现的结构性问题却直接影响到欧洲经济的未来。反过来同样如此。如果欧元要继续存在下去并取得进一步发展，就需要政治一体化，但不能仅仅停留在经济范围内。在其他领域，至少在某些情况下，也要有一定程度的进一步整合。不断深化的全球化，使我们今天必须应对机遇与风险之间复杂的平衡。日益加强的全球相互依赖性，不应被理解为一个走到一起的简单过程，而应视为一整套矛盾、复杂的实践活动。这些实践活动既作用于大的机构，也对个人生活甚至亲密关系产生很大的影响。灵活性、创新性和日常创造性不应再被视为对于安全的威胁，它们往往是确保安全的必要条件。因此，是时候把欧洲国家的所有政策和战略都拿出来全面彻底地加以分析和批判了。我所努力做的正是这样一项工作。

212

213

结　论

一位非常著名的亲欧人士约施卡·菲舍尔（Joschka Fischer）曾经问道："我们如何才能防止欧盟变得一点都不透明，因为更加陌生和不了解而妥协，以及公民由于最终实在别无他法才接受欧盟。"① 持有偏见的评论人士也许会说，所有这些情况现在实际上已经出现在欧盟了。欧盟 2 闭门进行决策，很少甚至根本就不会让公众事先参与。公众直接参与的唯一方式似乎就是到街头去抗议示威。掌权者对此再也不愿过多理睬，即便作出各种"看似奇怪的妥协"，也只是为了帮助成员国和银行摆脱困境罢了。这些妥协往往是彻夜详谈、讨价还价的结果。

在欧洲建立一种新的相互依赖关系，即作为命运共同体的欧盟，这种倾向恰恰等同于制造参差不齐的分裂体。正如一家重要的新闻媒体所指出的，德国是"领头羊，但不受人爱戴"。这家报纸还指出，从西班牙、意大利到希腊和塞浦路斯的街头，都有抗议者高举着印有默克尔总理的海报，海报上的默克尔被画上了希特勒式的小胡子。西班牙《国家报》（*El Pais*）网络版有一个特色栏目，把

214

① Joschka Fischer：'From confederacy to federation：thoughts on the finality of European integration', speech delivered at Humboldt University, Berlin, 12 May 2000, p. 5. 资源在线。

默克尔夫人的政策与希特勒的政策进行对比，尽管内容很快就被删除了。[①] 意大利西尔维奥·贝卢斯科尼传媒集团旗下的《新闻报》（*Il Giornale*）也曾以“德意志第四帝国”作为新闻标题。在标题下面的图中，安格拉·默克尔把手抬在空中，看起来就像是在行纳粹礼。

反德情绪在东欧的一些地方也广泛存在。波兰反对党领袖雅罗斯瓦夫·卡钦斯基（Jarosław Kaczyński）利用了人们对德国和俄罗斯一直以来的恐惧。他在最近的一本书中含蓄地写道，默克尔夫人被选为德国总理，“并非完全是巧合”。当有人追问他是不是指东德国家安全部即“斯塔西”（Stasi）帮助默克尔上台时，他只是回答说：“此事暂且不谈。”[②] 他还试图在波兰挑起人们对德裔少数群体的不满。卡钦斯基所在党派“法律与公正党”的区域组织领袖召集了一次群众性集会，打出“这里是波兰”的口号，抗议德国对下西里西亚省（Lower Silesia）的影响。[③] 除此之外，在许多原属东欧的欧盟成员国，也出现了不满欧盟的抗议。2012 年 1 月，约有 100 万人聚集在布达佩斯，反复喊着“我们不要做欧盟的殖民地！”的口号，抗议“三驾马车”* 介入匈牙利事务。

我们应该清楚危险何在。从表面上看，欧元的出现是所有混乱、疑虑和敌视背后的原因所在。从具体的层面来看，情况也确实

① Melissa Eddy：‘Germany：leading but not loved’，*International Herald Tribune*，28 March 2013.

② ‘Kaczyński campaigns with anti-German innuendo’，*Gazeta Wyborcza*，5 October 2011. 资源在线。

③ Elzbieta Stasik：‘Stoking anti-German sentiment in Poland ’，*Deutsche Welle*，15 December 2012.

* “三驾马车”指的是欧洲中央银行、国际货币基金组织和欧盟委员会。——译者注

如此。欧盟是生存还是毁灭，取决于它能否有效地应对欧元危机。[①]然而，正如我在本书中所论证的那样，欧元的引入所产生的作用是，迫使欧盟正视其历史，即面对结构上的问题。在过去，对这一问题基本上只是敷衍了事。绝大多数德国人都不愿意放弃马克。因为他们认为，放弃马克会拖累其经济，把经济发达的德国与欧盟捆绑在一起。它所产生的影响绝非表面看上去那样简单。尽管说“德国的欧洲”已经出现，但德国实际上严重依赖其他欧元区伙伴国。德国被迫成为欧洲的德国，不仅是因为它非常严肃地对待“永不再战”的承诺，还因为这个国家从本质上讲已经与欧元绑在一起了。它之所以取得成功，在某种程度上就是因为它的单一货币的成员国身份。欧洲最大的问题不在于德国的主导等诸如此类的问题，而在于欧盟 1 的无所作为，不但没有民主参与，也缺少有效的领导。

215

德国所关心的是经济上的互动。德国感兴趣的是通过欧盟 2 来摆脱欧洲领导权的束缚。目前，该国在某些方面实际上吃力不讨好：一方面，欧盟希望德国慷慨解囊，帮助其他成员国走出困境；另一方面，出现的结果却是，德国变得不受欢迎，甚至遭到谩骂。正如现在很多人所担心的那样，“德国的欧洲”不是一种可以无限延续的状况，它必然是暂时的，本质上是不稳定的。这就是联邦制的解决方案在欧洲层面更具合法性和领导力，因而是唯一切实可行的前进之路的原因。我在这里想要展示的是随之而来的各种可能的后果。

既然是唯一的前进之路，那么是否有后退之路呢？如果欧元垮了，真的会出现灾难性后果吗？自危机形成以来，就一直有各种关于欧元崩溃的预测。例如，2012 年 5 月，经济学家保罗·克鲁格曼

---

① David Marsh：*The Euro*：*The Battle for the New Global Currency*. New edn，London：Yale University Press，2011. 尤其请参见其中的第 7 章和第 8 章。

（Paul Krugman）写了一篇题为《欧元暮色》（Eurodämmerung）的文章。他写道："我们中的一些人一直在谈论它，现在游戏看似要结束了。" 接着，他依次列出了一系列事件：

1. 希腊退出欧元区，"很可能就在下个月"。

2. 西班牙和意大利的银行储户要把他们的钱大量转移到德国。

3a. 有可能采取控制措施以防止存款流往国外，并限制取现。

3b. 与此同时，或作为一种可选项，欧洲中央银行为各大银行提供大额资金援助。 216

4a. 德国为西班牙提供债务担保，揽下意大利和西班牙巨额的公共间接债权，同时同意提高欧盟通胀目标。

4b. 欧元的终结。

克鲁格曼还加了一句："我们所说的是几个月而不是几年之内，这一系列事件就会逐一发生。"①

不过，他的预测 1（迄今为止）是错的，至少时间上肯定不当。从某种意义上来说，预测 3a 已经发生了，尽管到目前为止只是在欧盟的一小块地方，即塞浦路斯。它至少有可能在其他地方全面实施。3b 已经发生了，但 4a 还没有。4a 就是引发我前面所说的对德国的憎恨的缘由。然而，没有人可以抹掉 4b 发生的可能性。这里有两个原因：一是欧盟四处救火，到目前为止已把欧元抢救了下来；二是危机的根源是更深层次的，不仅仅是欧元建构中的缺陷，或者是欧盟政治上的问题。

如果欧元失控并且崩溃，不仅会给欧元区国家，而且会给所有

① Paul Krugman：'*Eurodämmerung*'，http://krugman.blogs.nytimes.com/2012/05/13/eurodammerung-2/?_r=0.

欧盟成员国以及整个世界经济带来巨大的损失。欧元的创立是为了使欧盟各国在经济上相互依赖，这一目标肯定已经达成了。欧元要是崩溃了，就意味着成千上万的合约、商务合作和经济企业几乎在一夜之间不复存在。非欧元区国家也将像欧元区成员国一样立即受到沉重打击。债务将被迫取消，或按照当地货币重新计算，从而导致巨大的金融失衡。一些国家将不得不宣告破产，银行和公司因无力偿还国内和国外债务而倒闭。所有目前经济上较成功的国家都将与较弱的国家一样受到严重的影响。这完全是因为，这些国家（如 217 德国）的竞争力水平在某种程度上是由其欧元区成员国身份决定的。它对全球的冲击转瞬即至，很可能导致市场崩溃。社会和政治后果同样令人不安。民族主义者或许会欢欣雀跃，但即便是他们，也可能因这些社会后果而面如死灰。2012 年，在欧盟被授予诺贝尔和平奖两天之后，英国政治家文斯·凯布尔（Vince Cable）警告说，欧元突然瓦解所产生的恶果将“无法估量”。[①]“无法估量”可能是个再恰当不过的词。我们所不知道的，根本就不是其发生的可能性，而是其后果到底有多糟糕。尽管欧盟成员国还有时间制订欧元崩溃的应急计划，而一旦崩溃成为现实，这些计划很可能只不过是一厢情愿。

欧元有没有可能以一种可控的方式走回头路，以避免银行倒闭 218 和其他风险？一两个国家起身离去或被踢出局，能使这一事业继续下去吗？有些人指出，德国已经厌倦了为欧元区其他国家提供支持，很可能决定单方面退出并承担其后果。有人认为，也许经过一段非常痛苦的调整时期，德国经济就能摆脱贫困国家所带来的拖累，变得比从前更加强大。即便德国有这样的想法，但只要具体分析一下就可以知道，这样的策略无论如何都是很成问题的。德国要

---

① John Hutchinson: 'Europe could be plunged into war if the euro collapses, says Cable', *Daily Mail*, 14 October, 2012.

图 17 “挽救欧元”

么出面阐述清楚它的目的，要么对整个事情秘而不宣。由于存在一系列的连锁效应，前者将使市场陷入混乱，而后者则根本就不可能做得到。另外，德国经济所需要的“调整”，必然是大的调整。其货币将会急剧升值，其他弱国的货币则反向暴跌，从而削弱德国的竞争力，使问题不断恶化。

更切实可行——也往往被广泛宣传——的是，可能会有一个或多个小国决定退出，或者被其他成员国赶出欧元区。泛泛而谈这种事情的发生是很容易的，但如果追问如何落实，则会发现事情很棘手。凯投宏观（Capital Economics）的一份研究报告非常彻底地揭示了这种可能性。其主要作者为经济学家罗杰·布特尔（Roger Bootle）。[①] 这一报告旨在表明，一两个国家退出欧元区可能真的会发生，而且这个过程对于这些国家以及其他欧元区国家都是有利的。

这里有必要进一步深入讨论该书的细节，因为其揭示了相关问

① Capital Economics：*Leaving the Euro*：*A Practical Guide*. London：Capital Economics, 2012. 资源在线。该报告获得了沃尔夫森经济学奖（Wolfson Economics Prize）。报告中细致入微的分析使我获益不浅，下面的内容就是受其启发。

题所在。如果一个国家退出欧元区，并让其本国货币大幅贬值，将提高其出口竞争力。他们说，经济实力强的国家将从这样的退出中受益，因此出于自身利益的考虑，它们会支持退出。布特尔及其同事认为，如果准备周全，这种退出不会带来很大的损害，因而可能会成功。他们承认，从历史上看，货币贬值会使社会不稳定，导致社会混乱。比如，1955—1970 年的阿根廷、1967 年的巴西和 1971 年的以色列，情况就是如此。然而，欧洲的一些弱国如果继续留在欧元区，那么将面对不确定的未来。这种情况是两害相权取其轻。在脱离欧元区的过程中如何做才好？最好的做法可能是尽可能长时间地保密，以便提前做好冷静的规划。此前有过一些相关例子。比如，在捷克共和国和斯洛伐克成立时，两国决定使用不同的货币。一直到离实施只剩六天的时间都成功地守住了秘密（这几位作者没有提及的事实是，在互联网时代，保守秘密远比从前更难）。但保守秘密也有不利之处。既然是保守秘密，就意味着不可能通过公众的讨论或争论来作出决策。各方要在这个问题上达成一致是不可能一帆风顺的。如果实施后引发了政治冲突，那些认为这些措施将获得成功的公众和潜在投资者的信心将受到打击，随之而来的可能就是社会的全面分裂。

“必须知情”的那类人的数量不能太多，尽管可资利用的专业知识水平可能因此受到限制。即便如此，文件被泄露的可能性也一直都存在，因此，必须尽早采取资本控制及其他监管措施。这些也都只能在没有公众讨论的情况下进行。一旦实施了这些控制措施，只要时机成熟，就必须执行退出欧元区的政策。退出欧元区不是一个普通的货币贬值过程，因为其中牵涉到复杂的法律问题。退出欧元区的决定一旦导致货币严重贬值，就会显著影响政府和私人以欧元为货币单位所签订的合同的义务。欧元区国家的经济相互依赖程度很高，许多国家的经济都超越了国界。一个国家重新引入本国货币后，还是必须用欧元来履行其合同义务，而欧元则可能已经因本国货币贬值而价值上升，甚至是大幅上升。于是，为了清理债权，就有可能进行漫长的法律诉讼。不知道会有多少债务人被迫放弃履行合同，或者要求协商减少其债务。

从纸币和硬币的生产来看，如何安排退出欧元区的事宜呢？尤其是如果必须尽可能地保守秘密，直到退出欧元区的那一刻。有人提出，退出欧元区的国家所发行的欧元纸币（可用序列号来区分）以及带有本国符号的硬币，可以用作新的本国货币。这些纸币可以在印上额外标记后重新引入作为流通货币。这样一种策略不大可能有效。印上额外标记的欧元如果流通到退出国之外的国家，很可能被大家视为普通欧元。另外，私人所持有的欧元纸币也不可能全部上交，只会消失在广大欧元区中。

更好的一个选项是，在一个特定时期内根本就不使用现金。大多数交易都以电子转账的方式进行。今天几乎所有的交易都可以在没有现金的情况下进行，工资和薪金的发放也可以使用同样的方式。现在许多用现金进行的交易都可以用电子、支票或其他借据（IOU）形式来实现。许多小额现金交易依然存在，其将继续以欧元来支付。布特尔及其同事提议，国家在退出时就引入与欧元平价的货币（1∶1）。共同货币还将在这类小型交易中使用一阵子，即便在外汇交易中其价值下降了。明显的问题在于，人们可能不愿意以这种方式把欧元花出去，因为其价值远高于本国货币。也有可能出现这样的情况：在以电子方式支付的过程中，服务供应方宁愿以欧元计价而不愿意接受本国货币。自采用新的本国纸币和硬币之日起，欧元可能重新被视为一种外国货币。[①]

221

如何才能避免资本外逃和银行系统倒闭的风险呢？选择时机和

① Capital Economics：*Leaving the Euro*：*A Practical Guide*, pp. 39-46.

保守秘密显然不是容易的事情。一旦事发，人们就会尽快从银行取出欧元并全部藏起来。宣布退出欧元区的那一天必须是在大多数银行关门或者银行宣布放假的时机。几乎可以肯定的是，在那个时候，有必要实施严厉的资本管控，比如禁止购入新的国外资产，或者持有外国银行账户。另外，还包括控制大部分的传统市场交易，比如买卖各种形式的金融工具。还必须应对一国退出欧元区对其他留在欧元区的成员国产生的各种影响。这些影响可能是深远的。在最坏的情况下，即便一个小国的离去都可能使市场丧失信心，并波及整个欧元区，继而影响到世界经济。因此，国际货币基金组织、欧洲中央银行、世界银行和其他重要的金融机构都需要在这一过程中扮演重要的角色。

即便是一个小国要退出欧元区，也不是一件像说起来那么容易的事。大多数欧盟机构和成员国现在无疑已经“原则上”为这种不测做好了准备——或者说我们肯定希望它们有所准备。因此，如果一两个小国退出欧元区的话，至少有可能应付得了，不会对整个体系造成破坏。但如果一个大国要离开或被迫退出，比如西班牙或意大利，那会出现什么样的情况呢？所有刚才提到过的问题都可能会出现，但规模更大，情况更危险。贝塔斯曼基金会（Bertelsmann Foundation）发布的一项研究成果细致入微地分析了这种情况。如果希腊和葡萄牙一起退出，那么无论是在这两个国家内部还是在广大欧元区，都会出现失业率上升和需求减少，付出的代价将会很大。如果西班牙也加入其中，代价将急剧上升，这时世界其他主要经济体也将受到影响。直到2020年，在这段时间里美国经济所遭受的损失据估算约为1.2万亿欧元。倘若意大利届时也离开，情况很可能失控，有可能会引发更加严重的世界经济危机。根据该项研究，其后果是，这一时期德国将损失1.7万亿欧元，美国损失2.8万亿欧元，中国损失 1.9 万亿欧元。[①]

重要的一点是，必须记住欧元的诞生不仅仅是受政治理想的驱动。欧洲货币不稳定的历史很长。战后初期，货币是不可以自由兑换的。贸易唯有通过国家之间的特定协议才可能进行，但不久之后这个体制就无法运行下去了。[②] 随着布雷顿森林体系（Bretton Woods）在 20 世纪 70 年代初期最终崩溃，各国得以让本国货币兑他国货币或美元的汇率自由浮动。这种新情况导致汇率大范围波动。有一项有关这一历史演变过程的杰出研究，将其称作“不受欢迎的美元体系”。[③] 美国的货币政策尽管对世界其他国家都产生了影响，但直到最近它依然完全是面向其国内的。减少美国货币政策的负面影响符合欧洲国家的利益，这推动了欧洲货币体系（European Monetary system）的建立。欧洲货币体系基本上是一篮子货币，允许双边汇率在一定幅度内波动。这种幅度由相关国家根据各自经济状况的变化来确定。欧盟原本是要根据成员国的经济潜力来建立一个大家或多或少平等的货币体系。但德国实际上占据了主导地位。因为高利率，这一结果反而降低了其他一些欧盟国家的竞争力。

223

意大利和西班牙相继出现了货币贬值，英镑和意大利里拉也退出了欧盟汇率机制。英镑是在一系列戏剧性事件中被迫退出的，当天被称为“黑色星期三”。法国货币在所谓的法郎之战中也面临很大的压力，不过由于德意志联邦银行的积极干预，法郎最终保住了。但欧洲货币体系内的潜在压力并没有消除。西班牙比塞塔（peseta）与葡萄牙埃斯库多（escudo）一起发生了贬值。于是欧洲

① ‘Greece's withdrawal from the eurozone could cause global economic crisis’, press release, Bertelsmann Foundation, 17 October 2012. 资源在线。

② Thomas Mayer: *Europe's Unfinished Currency: The Political Economics of the Euro*. London: Anthem Press, 2012, chapter 1.

③ Ronald I. McKinnon: *The Unloved Dollar Standard: From Bretton Woods to the Rise of China*. Oxford: Oxford University Press, 2013.

进行了货币体系改革，允许各国货币在更大范围内波动。但是，问题并没有得到解决，法国法郎也不得不贬值。各种货币的差异以及缺乏控制货币贬值的有效办法，意味着这些货币兑换全球主要货币即美元的汇率过高。最近几年即便是焦头烂额，欧元在世界市场上也还是成功抵挡住了美国货币。

全面放开管制背后的经济学理论框架或多或少已经破产。如果欧元的状态回归良好，欧盟应该在重建过程中与美国，以及特别是与中国一道，担当重要的角色。当前允许中国等债权国的货币升值，为世界金融秩序注入了更多的稳定性，这也符合这些债权国的利益。不仅可以使债务逐渐降低到更加可控的水平，而且能促使中国进入下一个发展阶段，主要是刺激国内需求。中国领导人这段时间一直在对美国人和欧洲人说，他们靠借钱解决问题的日子一去不复返了，现在是靠自己解决问题的时候了。时间会告诉我们这是否切实可行。但是，我们很难看出当前世界的失衡到底有多少办法可以应对。

过去的欧洲关系紧张、冲突不断，现在的欧洲表面上看去依然如此。这是“动荡而强大的欧洲”，动荡不安却又充满希望。由于经济形势的一系列变化超出了成员国的控制能力，欧盟还是有可能垮掉，甚至分崩离析。欧盟要转向更统一、更民主的体制，也许在政治上不太可能。然而，欧盟如果更加一体化，就能成为一种世界性的力量。这是亲欧派当前应积极争取的一种结果。欧盟不仅有可能取得进展，而且可以打破其历史束缚和化解矛盾。“因此我要对你们说，让欧洲崛起！”在跨过七十年的岁月后，丘吉尔的这句话依然振奋人心。

224

索　引

此处页码为本书边码